Project Management Toolbox

Tools and Techniques for the Practicing Project Manager, 2nd Edition

项目管理工具箱

（第2版）

[美] 拉斯·J. 马蒂内利
（Russ J. Martinelli）
德拉甘·Z. 米洛舍维奇
（Dragan Z. Milosevic）

著

陈丽兰　王丽珍　译

电子工业出版社

Publishing House of Electronics Industry

北京·BEIJING

版权贸易合同登记号　图字：01-2016-7255

图书在版编目（CIP）数据

项目管理工具箱 /（美）拉斯·J.马蒂内利（Russ J.Martinelli），（美）德拉甘·Z.米洛舍维奇（Dragan Z.Milosevic）著；陈丽兰，王丽珍译. —2 版. —北京：电子工业出版社，2017.11
（项目管理核心资源库）
书名原文：Project Management ToolBox: Tools and Techniques for the Practicing Project Manager, 2nd Edition
ISBN 978-7-121-32951-7

Ⅰ．①项… Ⅱ．①拉… ②德… ③陈… ④王… Ⅲ.①项目管理 Ⅳ. ①F224.5

中国版本图书馆 CIP 数据核字(2017)第 260527 号

策划编辑：刘露明
责任编辑：刘淑敏
印　　刷：北京盛通数码印刷有限公司
装　　订：北京盛通数码印刷有限公司
出版发行：电子工业出版社
　　　　　北京市海淀区万寿路 173 信箱　邮编 100036
开　　本：720×1000　1/16　印张：28　字数：442 千字
版　　次：2017 年 11 月第 1 版（原著第 2 版）
印　　次：2025 年 3 月第 20 次印刷
定　　价：88.00 元

凡所购买电子工业出版社图书有缺损问题，请向购买书店调换。若书店售缺，请与本社发行部联系，联系及邮购电话：(010) 88254888，88258888。
质量投诉请发邮件至 zlts@phei.com.cn，盗版侵权举报请发邮件至 dbqq@phei.com.cn。
本书咨询联系方式：(010) 88254199，sjb@phei.com.cn。

译者序

最近几年，计算机学科的快速发展推动了网络在全球的普及，使得项目管理本身及项目管理的知识和技能也一直在持续改进。随着项目管理领域的发展及项目工具需求的提升，作者对本书第 2 版做出了相应的调整。

传统观点认为，项目管理工具是帮助项目经理实现项目目标的重要手段。如今，项目管理工具的角色比传统观点更有意义，而且能为组织和项目经理提供更多的益处。

项目管理工具的作用主要体现在：提高项目参与者的效率，为决策制定者提供合适的信息及帮助建立和维护经营战略、项目战略和项目可交付结果之间的基线，为项目经理、项目团队的组织者、项目领导执行团队和项目专家等项目干系人提供方法与手段。

但是，项目管理工具箱的使用效率主要取决于用户个人对项目管理工具的了解。以前根据工具的流行程度选择项目管理工具，而现在则根据项目的实际情况选择最适合项目的工具。为了帮助读者提升这方面的知识，本书介绍了一套全面的工具，用于帮助理解何时、何地及如何选择最有效的项目管理资源。本书还介绍了当前项目管理领域最前沿的工具，能用于项目的计划、执行及收尾阶段，并解释了每种工具的目的、运用条件、扩展内容及优点。

本书不仅提供了大量的项目管理工具实践案例，还对项目管理基础实践领域进行了深入浅出的介绍。本书不仅介绍了传统的项目管理工具，还介绍了一套能反映实践变化的现代项目管理工具。此外，为了加深读者的理解，书中还增加了小贴士、小技巧等有趣的内容。

　　作为本书的翻译人员，我感到非常自豪。能与陈丽兰、仓晓东、辛丽梅、王春梅、杨靖、武春梅、王铁媛、张术丹、孙勇、王长印、杨爱萍合作是我的荣幸。

王丽珍

序 言

自本书第 1 版出版以来，社会出现了很多变化，项目管理领域也一直在持续改进。以前根据工具的流行程度选择项目管理工具，而现在则根据项目的实际情况选择最适合项目的工具。从这个角度看，作为项目管理领域发展的参与者，我们感到非常自豪。

能有幸与许多项目经理和项目办公室负责人一起合作完成本书，是我们的荣幸。他们为本书提供了大量的项目管理工具实践案例。此外，随着我们对项目管理领域发展的理解及项目工具需求的提升，我们对第 2 版也做出了相应的调整。

第 2 版最显著的变化体现在四个方面：我们对项目管理基础实践领域进行了深入的介绍；我们不仅介绍了传统的项目管理工具，也介绍了一套能反映实践变化的现代项目管理工具；为了加深读者的理解，我们增加了小贴士、小技巧及案例的介绍；我们着重介绍了能加深企业战略和项目执行、战略目标和项目可交付成果及高层和项目经理之间联系的工具。

本书既可以作为教材使用，也可以作为实践参考书使用。我们由衷地感谢所有读者，真心希望你们能阅读愉快！

当然，我们欢迎你在 www.programmanagement-academy.com 提出宝贵的建议。相关的辅助资料和模板也可以在该网站下载。

目　录

第 1 部分
PM 工具箱

第 1 章

项目管理工具介绍

传统观点认为，项目管理（Project Management，PM）工具是协助项目经理实现项目目标的重要手段，更明确地说，有益于项目可交付物或结果的实现。然而，我们认为 PM 工具箱（ToolBox）的角色比传统观点更有意义。我们相信它能够为组织和项目经理提供更多的益处，每个 PM 工具都可以是项目经理的 PM 工具箱一系列工具的组成部分。

PM 工具箱服务于一个更高的目的：提高项目管理者的效率；为解决问题和制定决策提供正确的信息；帮助建立和维护经营战略、项目战略和项目执行结果之间的基线。

PM 工具为有效地管理一个项目提供实践、理论和各种各样的程序。它们可以为项目中诸如项目经理、项目团队的组织者、项目领导执行团队和项目专家这些重要的项目管理者提供方法与手段。

PM 工具主要包括办事指南、技术、项目工作过程或项目信息产生过程的工作小贴士，我们所定义的 PM 工具与《项目管理知识体系指南》（PMBOK®指南）和其他相关资料中出现的"工具和技术"并不是一回事。

PM 工具既可能是定性的，也可能是定量的，如团队章程就是定性的分析工具，而蒙特卡洛模拟就是定量的分析工具。团队章程为批准一个团队去完成某个项目提供一个系统过程，属于定性的分析工具。蒙特卡洛模拟是使用一个算法来确定风险的一种风险计划工具，属于定量的分析工具。无论是定性的还是定量的工具，都是项目管理系统过程中的 PM 工具之一。

本书不讨论 PM 工具中的软件方面的工具。当然，不排除本书讨论的工具在某些软件中已经存在，但是我们的重点并不在工具的格式上。相反，本书的重点在于 PM 工具的本质：工具的使用可以提升项目管理的效率和效果。

PM 工具箱应该能够为组织提供理想的项目管理方法和过程，一个高标准的管理方法和过程也反过来要求建立一个高标准的 PM 工具箱。

PM 工具箱设计和使用的标准化程度越低，意味着变数越大，因此结果的不确定性也越大。

实际上，随着组织机构越来越成熟和完善，项目执行的效率和是否可重复执行在组织领导寻求达到持续的经营目标的过程中变得尤为重要。这意味着项目经理必须拥有正确的工具——这些工具可以有效支持经营战略、项目战略及项目管理方法和过程，同时还意味着同样的工具应该被用于项目除了限定条文以外的全部范围。

公司的 PM 工具箱的标准化不是发生于一夜之间的。相反，它是持续改进的过程。从实际意义上说，PM 工具箱刚开始看起来可能非常特别，项目经理开始建立工具箱的意愿主要取决于项目经理对它们的熟悉程度。因此，PM 工具箱在早期阶段不应该注重标准化，而更应注重熟悉某些工具。随着公司逐步完善项目管理实践，开始将管理方法和过程标准化之后，就可以将 PM 工具箱也逐步标准化，使之与组织的经营战略和项目战略相匹配。

建设 PM 工具箱是一个系统驱动过程，这就意味着 PM 工具是公司整体项目组织机制中的重要组成部分。因此，项目的执行必须先与公司战略相一致，才能达到更好的效果。在这种情况下，PM 工具箱与战略就紧密联系在一起了，如图 1-1 所示。

图 1-1 中，向下的箭头说明，经营战略带动项目战略，然后带动项目管理方法和过程，这就影响到 PM 工具箱的设计。按照向下的箭头运行，PM 工具箱为组织采用的项目管理方法和过程提供支持，项目管理方法和过程又能帮助企业实现项目战略，最终实现组织的经营战略，如向上的箭头所示。

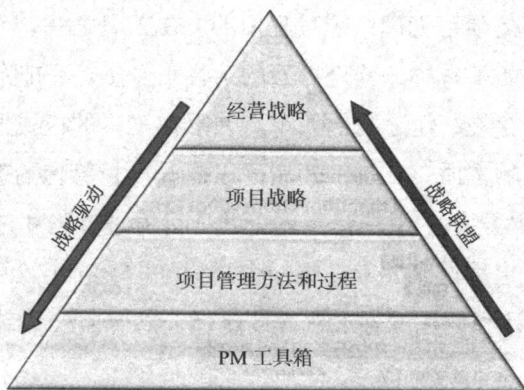

图 1-1　PM 工具箱中的战略协同

1.1　制定经营战略和组织战略

　　要想研究项目和项目管理如何支持组织的经营战略，关键在于理解 PM 工具箱的重要战略意义。由于 PM 工具箱和经营战略的联盟是从金字塔的顶端开始的（见图 1-1），因此我们也从那里开始。

　　从历史上看，一家公司的战略管理和项目管理的功能和过程已经作为相对独立的模块被定义和执行，它们各自具有不同的目的和一系列不同的活动。对于公司来说，无论何种情况都存在时间、金钱和人力投入的约束，并且改善这些功能和过程的独立性并不能给公司带来有利的结果。很快，这个事实促使经营领导者意识到，如果他们希望总是能达到他们渴望的商业效益和商业价值，那么战略和项目执行不能一直保持独立。相反，它们必须是整体的，进而使战略的形成和战略的执行紧密联系在一起。

　　为了证明一个高水平的经营战略、项目战略和PM 工具箱设计之间的联系，最简单的方法就是采用波特模型（见图 1-2）。

　　经营战略的本质在于为企业创造长期的和短期的增长，并维持企业的稳定。企业要依靠自身的资源增加企业的机会。例如，将项目管理的可视化作为一种组织资源。组织也常用可视化的方式体现组织的战略框架，如图 1-2 所示。

差异化		
	低	高
成本 高		**经营战略：** 区别 **项目战略：** 快速的生产周期 **经营战略：** 进度计划 进度管理 风险管理
成本 低	**经营战略：** 低成本 **项目战略：** 成本控制 **经营战略：** 成本计划 成本管理	**经营战略：** 最优成本 **项目战略：** 成本和质量 **经营战略：** 成本计划 成本管理 绩效

图 1-2　经营战略、项目战略和 PM 工具箱的关系

　　为了了解经营战略的影响，我们以波特模型为例来评价三家生产液晶显示器投影仪公司的战略。

　　组织战略的核心是为顾客提供与竞争者不同的东西的一种能力，如图 1-2 中的高差异化/高成本的象限。这些区别也许包括对市场的快速反应能力（以图 1-2 中使用的例子为例，即快速的生产周期）、高质量、创新的技术、特色、高级服务等。液晶显示器投影仪公司为了发挥产品优势，可以采用通过提供尖端的产品与服务来让消费者支付更高的价格的战略。

　　公司专注于低成本战略目标是建立一个比对手更有优势的成本（低成本/低差异化象限），目的是用低成本优势作为战略，将对手的定价调低并且夺取更高的市场份额。另一个战略选项是通过趋近市场价格销售赚取更高的利润，特别适用于有一些功能不错的基本产品，不断追求在不降低质量和兼顾产品基本功能的同时减少成本开支。

　　以最优成本为战略目标的公司把高级功能和低成本结合起来（低成本/高差异化象限），这种公司可以通过达到/超越顾客对产品功能的期望，或者超越顾客对产品价格的期望，从而达到卓越的价值。与此同时，公司也会以中级或高级功能且有成本优势的低成本为目标。由于这类公司比具有同样地位的竞争对手更具有成本优势，因此可以把这种战略称为最优成本战略。

　　如图 1-2 所示，高成本/低差异化战略在追求短期或长期业务增长方面并不可行，因此没有公司会采用该战略，故以空白表示。

我们以 Sirius、Park 和 Prima 三家企业为例，通过运用该模型来阐述经营战略如何影响项目策略。

Sirius 公司以区别战略作为企业的经营战略。技术创新和快速反应市场是企业的竞争优势。这个经营战略是通过产品开发项目执行的，它的工作是更快推出新的、先进的液晶显示器投影仪芯片。为了实现项目目标，公司通过并行工程缩短项目生命周期，并通过风险管理管理新技术产生的风险，这种侧重于项目进度管理和风险管理的项目战略将有益于组织经营战略的实现。

Park 公司的经营战略和 Sirius 公司的经营战略有很大不同。Sirius 公司强调提供差异化的产品和快速反应市场的战略，而 Park 公司致力于成为行业中的低成本的领导者。为了发展成为行业中的领导者的能力，Park 公司不得不通过项目战略来实现项目和产品成本的不断降低，这就需要公司在项目内一直致力于完善项目成本计划和管理来降低成本，这些能力支持 Park 公司的低成本优势。

Sirius 公司和 Park 公司主要通过进度管理和成本管理来实现组织的经营战略，相比之下，Prima 公司主要通过最优成本战略来实现组织的经营目标。该公司的目标是在拥有能与其他竞争对手相比的质量的条件下，提供最优的成本。因此，他们的项目战略侧重于高质量和低开发成本，项目管理的方法和实践的目标是通过卓越的成本和绩效管理来完成成本和质量目标。

这三家公司的例子为更好地理解项目战略和经营战略提供了基础。首先，尽管每种不同类型的战略都有共同的目标——创造和维持组织业务增长，但实现目标的方法却千差万别。公司选择的经营战略是它们服务于市场的内在手段，有的公司采用区别战略，有的公司采用低成本战略，还有的公司采用最优成本战略。其次，公司的项目战略与其经营战略是紧密相连的。因此，在这种情况下，Sirius、Park 和 Prima 三家公司的项目战略重点是不同的：Sirius 公司侧重于进度，Park 公司侧重于成本，Prima 公司侧重于成本/绩效。当然，这些方法都是合理的、可接受的。最关键的是要注意确保项目及其相关的项目战略与企业的经营战略相一致。

1.2　项目管理方法和过程

当一个组织在实践中成长和日渐成熟时，更需要采用标准化的方法和过程，这主要是因为项目成果对可复制性和一致性提出了要求。但是标准化的真正内涵是什么？

如果我们的目的是寻求一系列的项目活动（项目可交付物或成果），这种情况下标准化的意思就是在这类活动中的变化程度，如图 1-3 所示。

极端地说，项目管理方法和过程是急剧变化的。确切地说，每个项目都有不同的实施方法，在这种情况下，显然，100%的完全不同意味着标准化是 0，这也通常被称为特殊方法。另一个极端，管理方法和过程能被 100%标准化，这也意味着每个项目都是以同样的方式被实施的，在这种情况下，变化的可能性为 0。在这两种极端情况之间的是连续的、具有不同标准化和变化概率的方法和过程。

例如，图 1-3 中水平轴的某过程 S 是多种项目管理方法中可能的一种，标准化程度与变化程度之和为 100%。如果我们沿着对角线向下移动到达其他方法，标准化程度会增加，而变化程度会降低，但两者之和一直保持在 100%。若沿着对角线向上移动，将会导致标准化程度降低、变化程度增加，而且两者之和保持在 100%。通俗地说，变化程度越低，则标准化程度越高；变化程度越高，则标准化程度越低。

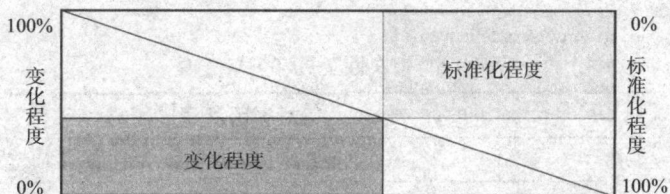

图 1-3　方法和过程的连续性

这意味着组织在开展方法和过程管理时有一系列的选择——可以更高标准化或更低标准化。标准化就意味着产生一个可预测的过程，即使在不同项目中、由不同项目经理执行，项目的活动也会被同样实施。简单地说，标准化可以减少项目实施者为每个独特的项目实施一种新方法和新过程带来的麻烦。结果会导致尽管客户期望转变或管理变更，但项目的管理过程是可重复的。标准化程度越高，可重复性越高。

在建立标准化的方法和过程的时候，组织可以有一系列的选择。有些公司采用诸如项目 PMBOK®、PRINCE2 或 Scrum 这些著名项目管理体系中的标准化管理体系；还有些公司以他们日常执行的项目工作作为基础建立自己的方法体系和过程；还有的公司根据自己的组织文化，通过对标准化管理体系进行扩充和修改，形成自己公司的方法体系和过程。

关于如何对项目管理体系和过程进行标准化，主要是对其标准化程度和变化程度（柔性）进行决策，这主要取决于经营战略和为了实现组织战略而需要的项目的类型。一般来说，高确定性的项目需要高标准化和低变化程度的管理体系与过程；低确定性的项目需要低标准化和更高的柔性的管理体系与过程。专家指出，大部分项目都是高确定性的项目，都需要高标准化和低变化程度的管理体系与过程。

假定每个项目经理都拥有丰富的经验是不现实的，在大多数情况下，那些缺乏丰富经验的项目经理，很少能够快速且一致地选择自己所需要的工具。这些 PM 工具将让这些项目经理不再浪费时间于寻找正确的 PM 工具、学习如何使用这些工具，以及了解这些工具带来的各种各样的结果。相反，拥有标准化的 PM 工具，可以为项目经理提供使结果变化程度最低的一系列方法和过程（见表 1-1）。

表 1-1 一次性工具和 PM 工具

需　　求	对项目管理过程的影响	
	一次性工具	PM 工具
速度	低	高
重复性	低	高
同时发生	很少	很多

通常情况下，项目经理会认为一个 PM 工具箱可以适合现实中的任何情况，

这种想法是错误的。因为不同的 PM 工具箱具有不同的尺寸、形状和口味，从逻辑上来讲，这就是一个关于项目管理方法和项目类型相匹配的问题。PM 工具箱是和项目采用的项目管理方法相联系的，这就导致方法的标准化水平直接影响着 PM 工具箱的标准化水平。例如，方法的标准化水平越高，则 PM 工具箱的标准化水平也越高。

1.3　建立和改造一个 PM 工具箱

　　PM 工具提供了两个角色。第一，在常规角色中，PM 工具是获得项目可交付物的一种手段。第二，在新角色中，PM 工具是构建 PM 工具箱的基石。

　　为了某个具体项目或项目集建立和改造一个 PM 工具箱有三个主要步骤，每个步骤又包含各自的分步骤（见图 1-4）：

　　1. 与战略保持一致。

　　2. 定制 PM 工具箱。

　　3. 持续改进。

　　如前所述，PM 工具箱需要和组织的经营战略相一致，这告诉我们在众多类型的 PM 工具中如何去挑选适合本组织经营战略的 PM 工具。在此之后，可以完成下一步，为项目挑选特定的工具，即定制 PM 工具箱。在现实项目中，PM 工具箱在实施过程中可能出现缺陷或可以进一步提升，这就需要进入第三个步骤，即持续改进。下面将对每一步如何实施进行详细的描述。

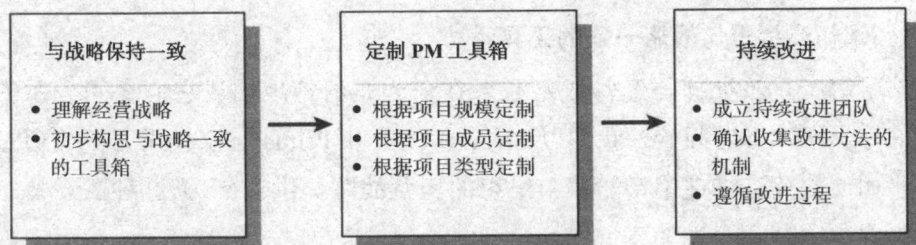

与战略保持一致	定制 PM 工具箱	持续改进
● 理解经营战略 ● 初步构思与战略一致的工具箱	● 根据项目规模定制 ● 根据项目成员定制 ● 根据项目类型定制	● 成立持续改进团队 ● 确认收集改进方法的机制 ● 遵循改进过程

图 1-4　建立和改造 PM 工具箱的步骤

◼️ 1.3.1　与战略保持一致

PM 工具箱的主要功能之一是通过项目的执行促使组织战略目标的完成。为了达到这个目的，就像我们在本章开始谈论的那样，PM 工具箱需要和组织战略、项目战略两者结合。

1. 理解经营战略

要想设计成功的工具箱，项目经理必须理解组织的经营战略，至少了解自己的公司的基本战略是成为市场领导者，还是成为市场追随者？是成本领导者，还是客户服务的领导者？

然而，很多项目经理并没有了解公司的基本战略。为什么？原因有很多，其中有一点就是在很多组织中战略的制定和执行被认为总经理的责任，总经理制定整个企业的经营战略。项目经理经常没有渠道去获得这些信息或对这些信息不感兴趣。即使项目经理不能获知组织的战略，为了执行他们所承担的项目，项目经理也需要顽强地探索挖掘出组织的战略。

项目经理缺乏战略信息将给项目管理工作带来很多障碍，这也会限制他们将 PM 工具箱与战略保持一致。要解决该障碍，项目经理需要和高层管理者交流，并说服他们经营战略是项目计划和项目执行的关键，项目经理需要这些知识，从而有助于达到他们在项目上的期望收益。

我们的要求非常简单：获得组织经营战略方面的信息并进行深入的理解，否则设计工具箱会像在雾中射箭一样没有方向，我们不知道目标在哪，也不知道我们是否击中了它。

2. 初步构思与战略一致的工具箱

了解工具箱如何与经营战略联系在一起是清楚地描述它们之间关系的一部分。在本章的开始，我们以 Sirius、Park 和 Prima 三家公司为例，通过描述如何使项目管理工具能够为组织的经营战略提供支持，为这种联系奠定了基础。

为了将这种联系形象化，在图 1-5 中，三条曲线分别表示 Sirius、Park 和 Prima 三家具有可比性的公司将 PM 工具箱与组织的经营战略相联系的投资曲线，更准确地说就是净现值曲线。

　　每条曲线都包括四个要点：项目起始；部署开始；盈亏平衡点；回收点。项目起始是项目开始消耗资源、时间和费用的时间点，因此现金流开始为负，投资和现金流出继续增长，直至项目部署开始。与此同时，项目的产出（产品、服务或其他性能）也在逐步形成，直至项目实施完成。一些项目经理更喜欢项目周期或采用实施完成来代替部署开始。注意，通常现金流会在部署开始点达到负现金流的最高点。在那之后，项目的现金流开始回升（税收、节约成本、效率收益），并且曲线开始上升。向上的趋势会持续到至少达到了盈亏平衡点，这个点是这个项目所有的投资与支出相等的点。超过这个点之后，现金流开始为正值且持续上升，直到项目产出被回收。

　　我们通过曲线解释了前面讨论过的三家公司中的每个 PM 工具箱与经营战略相结合的本质。深入分析发现，以 Sirius 公司为例，Sirius 公司的经营战略的不同之处在于其以快速的项目周期为战略目标。如图 1-5 所示，该公司的部署开始时间与盈亏平衡点的达到时间比其他两家公司更快。

　　在这种情况下，Sirius 公司就需要进度驱动的工具箱，主要目的是帮助加快项目的生命周期。

　　这里可能包括一些将在第 6 章详细介绍的工具，如甘特图、时标网络图、关键路径图、里程碑图等。这并不意味着其他典型的 PM 工具箱中的工具，如管理成本、风险和干系人的工具是不需要的。相反，这些工具也很重要，并且在工具箱中有自己的作用，但是它们从属于进度驱动的工具。

　　Park 公司的情况和 Sirius 公司有很大不同。Park 公司采用成本领先型的战略，因此，Park 公司的大多数项目都是成本驱动的，公司会竭尽全力降低项目的成本。如图 1-5 所示，Park 公司的现金流曲线中的现金流出比 Sirius 公司和 Prima 公司都要少，这是公司的主要目标并影响着项目的活动。要完成项目战略，Park 公司愿意花最长的时间去达到部署开始点与盈亏平衡点，在这种情况下，以降低成本为目的的成本驱动工具箱对公司尤为重要。相应地，公司会认真计划项目的成本估算和成本基线，并以此为基础评估项目的投资回收率，甚至有可能会小幅度削减项目成本，具体方法将在第 5 章详细介绍。

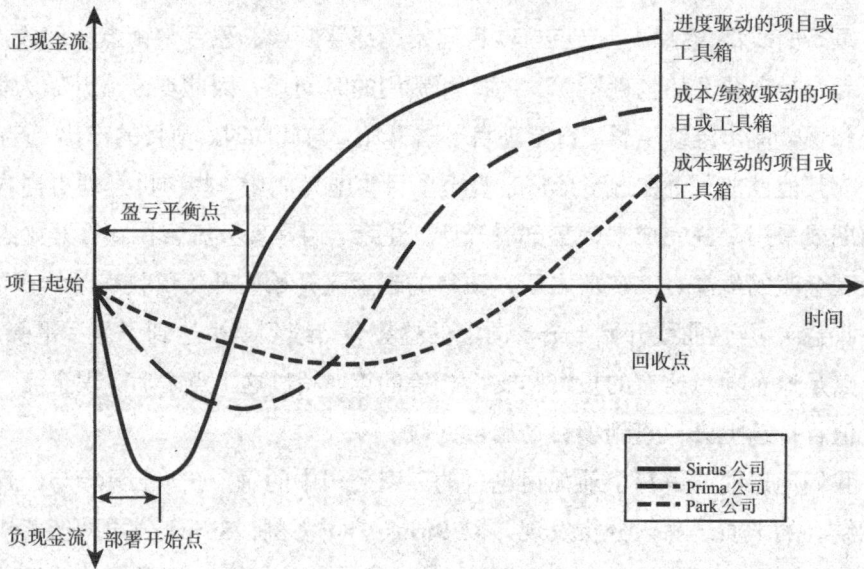

图 1-5 形象化的战略驱动工具箱

在 Prima 公司，使 PM 工具箱和经营战略相匹配的意图也是非常具有挑战性的，最优成本战略这股强劲的力量也能体现在项目战略中。如图 1-5 所示，部署时间点和盈亏平衡点都比 Park 公司的要短，但是比 Sirius 公司的长。这意味着成本比 Park 公司低，比 Sirius 公司高。这样的成本主要因为它比其他两家公司更加强调绩效目标。在这种情况下，该怎样利用一个成本/绩效驱动 PM 工具箱？最优的途径就是采用能有效平衡绩效和成本的工具，一些正式的或非正式的来自满足顾客的要求或具体需求的工具，如成本估算和成本基线的相关工具。对于 Prima 公司及其顾客，进度也是非常重要的，因为如果不能保证在承诺的时间内提供顾客满意的交付物，客户的满意度也将无法保障。然而，进度目标是从属于绩效和成本目标的。其他工具，如风险管理计划可能更注重于降低成本而不是加快进度（具体内容将在第 14 章详细描述）。

从上述讨论可以得出，工具箱的组合种类反映在两个问题的平衡上。首先，大部分工具都已经在三个工具箱里；其次，根据三个工具箱的特征找到适合的工具（见表 1-2）。

表 1-2　战略与工具箱相匹配的特征

PM 工具箱的特征	公司的核心经营战略		
	区　别	低成本	最优成本
	PM 工具箱的种类		
	进度驱动	成本驱动	成本/绩效驱动
进度工具是核心角色和优先考虑的事项	✓		
管理的重点在于进度绩效	✓		
项目经理花费大量的时间管理项目进度	✓		
进度工具是决策的主要依据	✓		
其他工具都是进度工具的辅助工具	✓		
成本工具是核心角色和优先考虑的事项		✓	
管理的重点在于成本绩效		✓	
项目经理花费大量的时间管理项目成本		✓	
成本工具是决策的主要依据		✓	
其他工具都是成本工具的辅助工具		✓	
成本/绩效工具是核心角色和优先考虑的事项			✓
管理的重点在于绩效和成本			✓
项目经理花费大量的时间管理绩效需求和成本			✓
绩效和成本工具是决策的主要依据			✓
其他工具都是绩效工具的辅助工具			✓

■ 1.3.2　定制 PM 工具箱

为战略定制一个相一致的 PM 工具箱需要考虑若干影响因素，最常见的有三种情况：

1. 根据项目规模定制。
2. 根据项目成员定制。
3. 根据项目类型定制。

以上是挑选和调整工具箱的三种情况，每种情况的目的都是为项目管理工具箱挑选和调整合适的具体项目管理工具。为了使之成为可能，每种情况都需要采用独特的方法，这也会对工具的选择产生重大的影响。

由于你需要理解每种工具是如何作用于项目可交付物的，所以在做任何选择的时候都需要全面掌握每种独特的工具。我们将按照如上的顺序依次详细描述每种情况，并为选择某种进行运用提供指导方案。

1. 根据项目规模定制

很多组织在制定 PM 工具箱时都以项目规模作为关键变量，它们的逻辑是大项目比小项目更加复杂，或者认为项目规模的不同将会导致项目管理方法的复杂程度不尽相同。这个推理的逻辑是说，随着项目规模的扩大，与项目相关的活动和项目可交付物也会增加，同时它们之间的相互作用也在增强。最糟的情况是，这些相互作用的关系通过复合的形式而呈非线性的增强。相互关系如此复杂，这也会导致大型项目需要增加更多的工作去协调它们之间的相互关系。

由于不同规模的项目需要不同的项目管理过程和工具，我们首先需要对项目的规模进行分类，然后再根据规模定制它们适用的工具箱。我们利用一些公司的经验对项目的规模进行了分类，如表 1-3 所示。所有的公司都可以根据费用、人员–工时预算分为小、中和大三个等级。在确定规模的基础上，公司决定项目分类和过程管理的复杂性，这种复杂性能够进一步确定 PM 工具箱的组成。表 1-4 是一个简单例子的说明，为了简化，没有考虑项目的可交付物，仅对项目管理工具箱进行了说明。

表 1-3　项目分类的例子

项目和公司类型	项目规模		
	小	中	大
产品收入为 10 亿美元的高科技制造企业中的产品开发项目	100 万～200 万美元	200 万～1 000 万美元	大于 1 000 万美元
年产值为 3 亿美元的食品加工公司中的基础设施技术项目	小于 5 万美元	5 万～15 万美元	大于 15 万美元
年产值为 4 000 万美元的顾客关系管理软件公司中的软件开发项目	300～400 小时	1 000～3 000 小时	大于 3 000 小时

表 1-4 通过项目规模定制 PM 工具箱的例子

项目规模	项目阶段			
	启 动	计 划	执 行	收 尾
小	项目章程	范围说明 WBS 责任矩阵 里程碑图	进度报告	总结报告
中	项目章程 技能库	范围说明 WBS 或 PWBS 责任矩阵 成本估算 甘特图 风险计划	进度报告 变更过程 变更日志 甘特图 成本降低 风险表	总结报告 变更日志 事后分析报告
大	项目章程 干系人矩阵 干系人战略	范围说明 WBS 或 PWBS 责任矩阵 成本估算 时标网络图 P-I 矩阵	进度报告 进度指标 变更过程和日志 时标网络图 偏离图 EVM 风险表	总结报告 事后分析报告 结束清单

如表 1-4 所示，不同规模的项目，工具箱中的一些工具是相同的，也有一些工具是不同的。例如，因为所有项目都需要报告其绩效，所以所有项目都用总结报告（见第 12 章）。因为三种规模的项目管理的复杂性不同，所以不同的管理流程需要不同的工具。例如，只有规模大的项目为了成功需要一个 P-I 矩阵。设计工具箱的管理团队需要在特殊规模项目需求的工具和标准工具之间进行仔细平衡。

这些公司的经验为通过项目规模定制 PM 工具箱提供了若干指导性方针：

- 确定少量的项目类型及其方法。
- 按大小参数定义每个类别。
- 为不同规模的项目配备适当的工具箱，每个工具都支持一个特定的项目可交付成果。

特别注意，根据项目规模定制项目管理工具的方式比较简单，但它在实施过程中会遇到风险，因为其忽略了环境的可变性。在某些情况下，这些其他可变因素可能会变得至关重要。我们将在下一节进行详细阐述。

2. 根据项目成员定制

当工具箱与战略相一致时，你可以根据其在一个行业内的项目成员类型来定制它的工具箱。许多公司都根据项目成员定制工具箱，并且相信项目成员在其行业内是非常独特的，也就是根据独特的项目成员定制独特的方法和工具箱。

作为彼此之间直接竞争的组织的集合，一个行业可以以它的环境和商业风险为特征进行分类。例如，高技术产业公司面临着技术的飞速发展，正因为如此，它们的项目组合都需要快速投入市场，从而满足客户持续购买最新和最好的技术产品和服务的需求。同时，项目中的商业环境和风险也面临类似的挑战。例如，在高技术产业中，新产品开发项目都会面临相似的挑战。很多其他在同一产业中的项目都面临相同的挑战，如设备管理项目、制造项目、销售项目和信息技术项目。

一般情况下，项目成员都可以根据项目产品的功能进行定义。总体来说，新功能越多，项目越复杂。这是因为在项目中产品创新越多，不确定性也会越大，这也导致工具箱需要更多的灵活性。例如，产品创新越多，将导致：

- 需要更多的范围说明和 WBS。
- 项目进度更具有易变性。
- 进度和范围的变化将导致成本估算随之变化。
- 需要识别和管理更多的风险。

表 1-5 用一个简单的例子反映了三种不同类型的项目成员在工具箱选择方面的偏好。

如表所示，这三种类型的项目在一些地方是相同的，而在其他地方是不同的。例如，所有进度报告都是相同的。不同的是，简单项目的进度管理可以采用一个简单的里程碑图，而复杂项目进度管理采用一个滚动式的时标网络图，很显然，项目创新性的变化是导致它们采用不同工具箱的主要原因。

表 1-5　根据项目成员定制的工具

项目成员	项目阶段			
	启　动	计　划	执　行	收　尾
衍生项目	项目章程	里程碑图	进度报告	总结报告
	财务评分模型	需求基线		
		WBS		
增量项目	项目章程	范围说明	进度报告	总结报告
	财务评分模型	WBS 或 PWBS	变更日志	变更日志
	利益相关图	需求基线	甘特图	回顾
		成本估算	成本降低	
		甘特图	风险表	
		风险计划		
突破项目	项目章程	范围说明	进度报告	总结报告
	投票模型	WBS 或 PWBS	项目指标	事后分析报告
	利益相关图	需求基线	变更过程与日志	结束清单
	干系人战略矩阵	责任矩阵	里程碑图	
		成本估算	偏离图	
		里程碑图	EVM	
		P-I 矩阵	风险表	

EVM=挣值分析；P-I=概率-影响；PWBS=项目群工作分解结构；WBS=工作分解结构。

3. 根据项目类型定制

前面所提到的两种 PM 工具箱定制的方法有的依赖于每个项目的复杂性，有的依赖于项目成员的创新程度。根据项目的类型定制，既需要考虑项目的复杂性，也需要考虑项目成员的创新程度。

为了将它更好地运用于实际，我们将简化模型，同时也保持该定制模型综合性的本质。两个维度都各自包含两个水平：项目创新性（高、低）；项目复杂性（高、低）。据此创建一个具有常规、行政、技术和特殊四种项目类型的 2×2 矩阵，如图 1-6 所示。

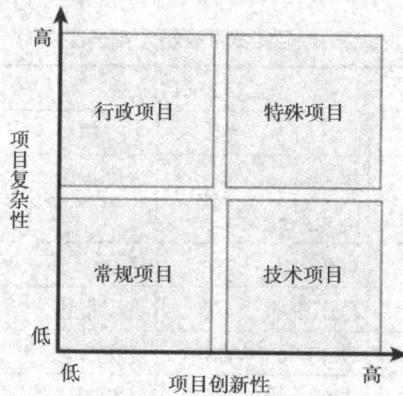

图 1-6 四种项目类型

　　常规项目是指创新性较低（新特征少于一半）和复杂性较低（项目内部相互依赖程度较低）的项目。由于创新性与复杂性的水平较低，项目范围在项目执行之前或项目执行阶段早期之前就会确定，范围在执行过程中也保持相对平稳，变更很少。由于范围持续保持平稳，所以项目计划、成本管理和绩效管理总是相对稳定不变的。一般的常规项目都会由某个单一组织或组织的某个部门组织实施（如基础性技术）。典型的常规项目包括：

- 某个部门持续改进项目。
- 升级一个现有的软件应用或产品。
- 在一座现有的酒店里加一个游泳池。
- 在现有的洗衣机产品线上发展一个衍生模型。
- 扩大已建立的生产线。

　　行政项目在创新性方面与常规项目相似，创新水平较低，经营目标与范围已经被良好、稳定、详细地确定。增加的复杂性需要多个组织部门相互协调和许多部门之间相互依赖，但是由于创新能力较低，可以采用标准化的进度管理技术与方法。由于复杂程度的增加，通常项目规模也较大，这意味着项目具有较高的财务风险。在企业经营过程中，为了达到财务目标，需要对自下而上的成本估算进行调整。大部分风险主要集中于来自不同部门的项目团队成员之间的相互关系的增加，因此需要增加风险计划和风险分析工具。典型的行政项目包括：

- 公司组织结构调整。

- 为地理分散的组织部署一个标准信息系统。
- 建立一个传统的制造工具。
- 开发新的汽车模型。
- 企业计算机系统的升级。

在项目开始时，技术项目包含了 50%以上的新技术或新功能，这就导致项目的不确定程度较高，并且需要项目的灵活性更高。由于项目的复杂程度较低，项目的目标、范围和 WBS 也比较简单，但是它们可能需要更长的时间才能完全确定。这也意味着只能做 60~90 天的详细进度计划，剩余的进度计划用简单的里程碑图来表示，采用滚动式或类似的方法逐步进行细化。相似地，成本估算也具有很大的不确定性，未来的 60~90 天的成本可以被细化出来，其余部分的估算可以初步大致地估算出数量级水平。增加的创新技术增加了技术风险，所以这类项目需要更严格的风险实施方法和工具。典型的技术项目包括：

- 组织中的新产品开发流程再造。
- 开发新的软件程序。
- 增加一系列最近的半导体制造技术。
- 开发一种新的计算机模型。

大部分创新项目和跨部门的项目都需要将时间花费在特殊的项目、业务目标、详细的范围定义和 WBS 开发中。项目范围这种不断变化的性质导致项目需要不固定的进度计划，可以采用项目总体图和滚动计划等方式调整进度。相似地，在成本管理过程中，成本估算也可以将短期的里程碑活动详细地估算，后期的里程碑活动估算出大致水平即可。由于每个特殊项目都需要多个部门参与实施，导致项目较为复杂，这就需要项目总体图这样的集成工具。项目的创新性和复杂性都很高，导致项目的风险也非常高，以至于项目管理的难度也是四种项目中最高的，这就要求项目需要有一个严格的风险计划，进一步要求项目需要概率-影响分析、蒙特卡洛分析等风险分析工具，具体将在第 14 章描述。典型的特殊项目包括：

- 建立一个城市新型轻轨列车系统。
- 开发新一代的集成电路。
- 开发新的软件包。

- 构造最新的半导体晶圆厂。
- 在一个内部分散的公司开发产品平台。

我们已经对四种项目的类型进行了明确的定义，接下来我们可以进一步阐述项目复杂性和项目创新性两个维度如何影响 PM 工具箱的建设。项目中技术的创新性将产生大量的不确定性，这也导致在选择工具上需要更多的灵活性。在图 1-7 中，我们给出了不同的若干工具，从而适应不同项目类型的管理过程。

通过对四个项目类型的工具的总结可以得出，它们使用的工具非常相似，如它们都会使用 WBS 技术。即便在不同类型的项目中使用同一种工具，但它们的结构和使用方法也会有很大差异。例如，在常规项目和特殊项目中都会考虑使用甘特图和里程碑图，但是使用的方式有明显的不同，这主要是因为项目管理的过程不一样，所以 PM 工具箱也会有所不同。

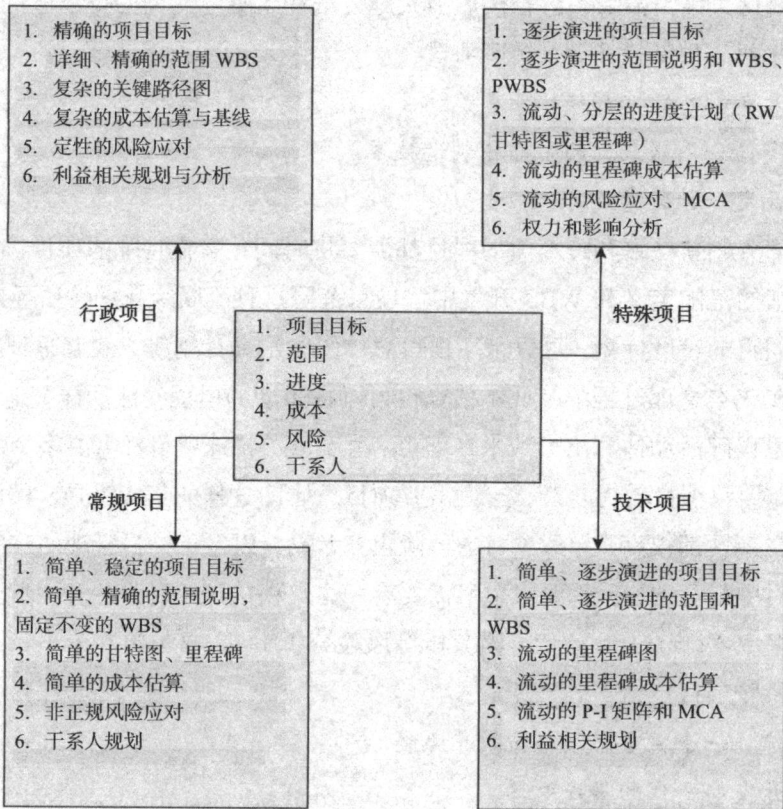

图 1-7 根据项目类型定制 PM 工具

行政项目
1. 精确的项目目标
2. 详细、精确的范围 WBS
3. 复杂的关键路径图
4. 复杂的成本估算与基线
5. 定性的风险应对
6. 利益相关规划与分析

特殊项目
1. 逐步演进的项目目标
2. 逐步演进的范围说明和 WBS、PWBS
3. 流动、分层的进度计划（RW 甘特图或里程碑）
4. 流动的里程碑成本估算
5. 流动的风险应对、MCA
6. 权力和影响分析

（中央框）
1. 项目目标
2. 范围
3. 进度
4. 成本
5. 风险
6. 干系人

常规项目
1. 简单、稳定的项目目标
2. 简单、精确的范围说明，固定不变的 WBS
3. 简单的甘特图、里程碑
4. 简单的成本估算
5. 非正规风险应对
6. 干系人规划

技术项目
1. 简单、逐步演进的项目目标
2. 简单、逐步演进的范围和 WBS
3. 流动的里程碑图
4. 流动的里程碑成本估算
5. 流动的 P-I 矩阵和 MCA
6. 利益相关规划

4．选择哪种定制

我们提供了根据项目规模、成员和类型三种定制化的项目管理工具箱，每种情况都有优点、缺点和风险，并且还有最适合的情形。为了帮助我们选择，可以参考表 1-6。

表 1-6　项目情况和项目管理工具箱的定制

选　　项	项目规模定制	项目成员定制	项目类型定制
定制由简单走向成熟			
不同规模的成熟项目	✓		
成熟度和创新性不同的项目，规模差距不大	✓	✓	
具有极强的行业或专业文化的项目		✓	
创新性和规模不同的项目			✓
所有组织项目需要一个统一的框架			✓

当组织定制由简单走向成熟或拥有不同规模的成熟项目，都可以按项目规模定制工具箱。若在一个组织中项目的成熟度和创新性有很大不同，项目规模差距不大时；或者某项目处于一个强大的行业和特殊文化中，可以按项目成员定制工具箱。当组织拥有大量的规模和创新性不同的项目时，可以选择按照项目类型定制工具箱，如政府相关或采购的一系列项目。为了为组织所有类型的项目提供一个统一的框架，设备生产、制造过程、顾客服务、信息系统等一系列的过程都可以采用按照项目类型定制工具箱。

1.3.3　持续改进

当组织完成工具箱的定制之后，若能持续改进，将会提高工具箱的效果。如果不进行持续改进，工具箱将会逐渐失去有效性及支持项目管理方法、工具和组织经营战略的能力。为了避免陷入这种困境，工具箱需要进行持续改进，具体路径包括：

1．成立持续改进团队。

2．确认收集改进方法的机制。

3. 遵循改进过程。

1. 成立持续改进团队

工具箱改进团队通常是负责设计和管理项目过程的团队的一部分，这个团队负责简化、改进和管理项目管理工具箱的实施。每个成员都负责工具箱的一部分，并且就整体而言，责任应尽可能地分布在整个团队中。在成立团队之后，在项目团队管理和拥有工具箱的过程中，重要的是要了解管理如何执行。由于大部分项目经理都必须拥有项目管理工具箱，我们认为可以按照项目管理的分级制度分配工具箱的持续改进任务。

2. 确认收集改进方法的机制

理想状态下，组织会有大量的改进定制工具箱的建议和想法，为了保证这些想法被采纳，组织可以要求项目团队成员将项目管理工具箱的改进建议作为回顾或总结报告的一部分（具体方法将在第 13 章讲述）。若报告中提出需要对工具箱进行改进的地方，持续改进团队需要提交工具箱变更请求，变更请求可以是在任何时候由项目中的任何团队成员提出的。当然，变更请求并不是改进工具箱的唯一途径，一项调查、非正式的信息收集会议或其他各种渠道都可以收集工具箱的改进建议。

3. 遵循改进过程

工具箱的改进过程需要分为若干步骤进行，这需要包括从接受变更请求到改进完成的一系列活动，其中最重要的是快速收集且快速对项目管理工具箱的变更请求采取行动。即使请求将标准的工具进行非标准化也应该进行改进，因为这样可以增加工具的灵活性。由于大部分变更请求都是项目群中的某个项目发出的，所以要尽快处理，随后组织可以确定是否在后续的项目中都采用修正后的工具箱。

项目管理工具箱建立和调整的效率主要取决于用户个人的项目管理工具的相关知识，为了帮助读者提升这方面的知识，后续章节将详细给出一系列有用的工具，从而帮助你在建立自己的工具箱时选择所需要的工具。

第 2 部分
项目启动工具

第 2 章

项目选择

　　很少有组织的资源会过剩，可以将组织的所有想法和项目都实施。相反，实际上，组织资源在正常情况下都处于紧缺状态，组织需要在可能实施的项目中挑选部分项目实施。

　　通常情况下，组织有许多产品、服务和基础设施的解决方案或结构变更思想，但是缺乏足够的资源执行这些项目。因此，一个组织必须找到一种在有限资源限制下满足竞争需求的途径。项目选择是一种被用来确定最有利于支持实现企业的经营目标的项目，并对项目排列优先级的技术。项目需要根据一系列代表组织价值的指标划分等级并排列优先级，高级管理层能在此基础上进一步实现资源的最大价值，并实现项目的最大战略意义，这有时也被称为资源需求计划。

　　另外，投资组合内的项目是不断变化的，即组织要根据不断变化的经营环境和其他需求，重新评估并选择项目。在条件变化的情况下，项目选择工具有助于项目在启动阶段或终止阶段进行项目选择。

　　本章的目的是在为了实现组织利益最大化或项目收益最高的前提下，帮助组织选择项目。我们给出了一系列可以加入 PM 工具箱的项目管理工具，从而有利于评估项目提供的价值、项目获得的收益及项目对战略的贡献程度。当然，还有很多其他可选择项目的工具。本章给出了我们认为能适用于所有的行业和机构的最常用工具。接下来我们首先介绍效益图。

2.1　效益图

有效的项目选择方式是首先评估一个项目的想法能给组织带来的潜在价值，然后做出对哪种项目想法进行投资和投入资源的决策。我们在前面已经讨论过采用战略驱动的方法管理项目和构建一个项目管理工具箱的重要性。由于组织都必须考虑到长远的经营和使命，所以项目的产出必须通过提供短期或长期的价值有助于企业的长期生存能力。那种可以帮助组织达到长远目标的项目能够为组织提供最大的价值。

什么是价值？英国标准协会（British European Standard，BSI）认为，价值就是需求的满意程度和为了达到满意度而使用的资源之间的关系，如图 2-1 所示。

价值=需求满意度/资源使用

图 2-1　BSI 定义的价值

在美国及世界其他国家，经营和项目管理的价值都与交付预期的业务收益相关，反过来，也经常在效益图中使用价值管理。因此，为了更详细地描述价值，修正后的价值定义如图 2-2 所示。

价值=获得的业务收益/消耗的资源

图 2-2　修正后的价值定义

然而这一切都将导致什么？首先，项目经理必须能够依据项目能为组织产生的业务收益描述项目的价值；其次，组织的管理团队还必须依据每个项目产生的价值对项目进行筛选，从而保证有限的资源不被过度投入。

项目应该被看作管理团队获得可接受的投资回报的一种方式。许多组织都从财务方面客观地衡量项目的价值。还有一些组织通过评估项目能在多大程度上实现企业的战略目标，来对项目的价值进行定性的评估。不难看出，无论使用何种方法，项目的最终结果都是为了获得投资回报，从而为企业带来效益。

下面我们将对企业效益价值的定性评估进行阐述。

2.1.1 实现效益管理

效益管理是指通过项目投资，实现业务目标，即管理项目的需求及要达成的业务成果。效益管理的关键在于发展效益管理战略，建立效益管理战略包括确认能够为实现企业的战略目标提供直接支持的具体的经营成果。

效益管理战略直接影响到项目经营情况的好坏（具体见第 3 章）。效益图是一种能描述投资期望收益的有效工具，能具体描述出从组织经营战略到实现项目产出物的显著效益的路径。它能提供支持项目成本/效益分析和项目经营情况好坏的相关信息。

效益图是一种有用的工具，这种工具可以直观地描述项目可交付物和项目经营的成功因素、期望的经营目标之间的关系，如图 2-3 所示。

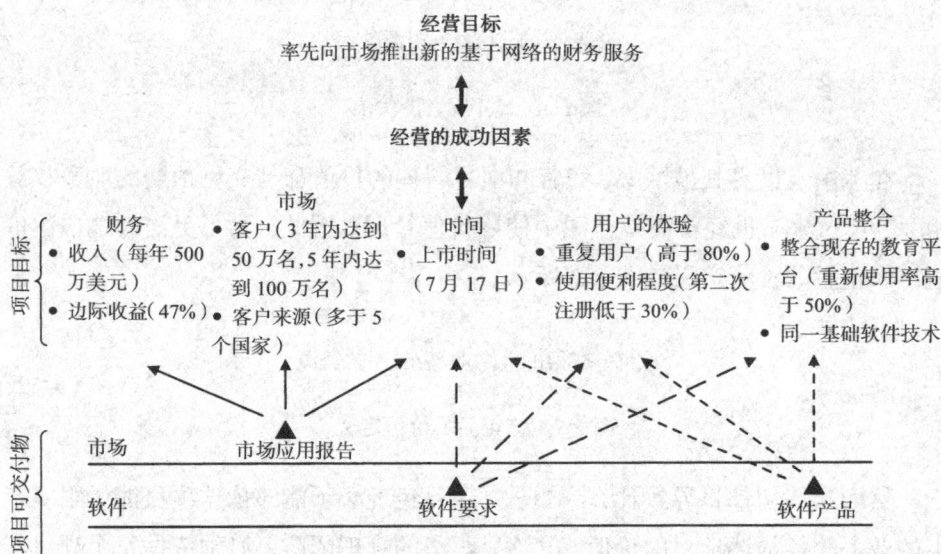

图 2-3　效益图举例

如图 2-3 所示，效益图有助于描述如何将项目目标具体化。不仅如此，效益图还可以变得更加复杂和混乱，可以用来描述项目可交付物和项目目标之间一对多的关系。要想建立一个有效的效益图，关键在于确保每个项目可交付成果或产出物能够对应一个目标，并且每个目标都是经营成功因素。

2.1.2　制定效益图

开发项目效益图并没有一成不变的方法，因为它需要经营战略和项目实施细节两方面的知识。正因为如此，它是一种调整战略的制定和实施的非常有效的工具。战略的两个方面已经在第 1 章进行了详细论述，接下来我们将继续讨论构建效益图的主要步骤。

1．确定经营战略目标

开发效益图的第一步就是要确定满足项目需要的经营战略目标。经营战略目标明确了公司要在特定时间内实现的目标，并且在组织中通常定义为两个层级：企业战略目标和业务单元战略目标。

企业战略目标的目的是使企业各内部组织朝着共同的目标和方向调整，而业务单元战略目标服务于企业业务单元内部的职能部门和工作人员的效用。每个企业都是独一无二的，因此每个企业都有自己的战略目标。一般来说，可以从很多方面找到战略目标，包括：

- 盈利能力。
- 竞争地位。
- 员工关系。
- 产品或解决方案的领导力。
- 生产力。
- 员工发展。
- 公共责任。

应该指出的是，一个企业的战略目标通常不需要包括上述列出的所有领域，而只需要包括那些可以充分支持实现企业使命的领域。

当开发一个效益图时，重要的是设计师需要制定正确的战略目标或项目期望达成的目标，这只能通过学习企业的经营方面的知识或通过一系列与组织的高级领导人的讨论完成。

2. 定义业务成功因素

在战略目标确定之后，接下来就可以定义战略目标的实现程度如何进行度量。用来度量战略目标成功程度的要素也就是这个项目的业务成功因素。

业务成功因素将业务结果从战略目标中分离出来，并将其作为可以指导组织如何规划和执行他们工作的具体成功要素。我们把业务成功因素定义为描述一个项目的经营成果的一组量化指标，它是将战略制定活动与战略实施相结合的成功因素。

尽量减少业务成功因素的数量是非常重要的，最理想的情况是可以减少至3~6个因素。在项目的早期阶段，业务成功因素是指项目发起人、执行者及项目团队对项目成功的意愿表示。他们构成项目业务情况的基础，为整个项目团队建立他们将努力实现的最终状态。

3. 确定项目成果

通过使用项目 WBS（见第 5 章）、可以定义项目的主要产出物。在还未定义详细任务之前，可采用二级或三级的分解结构记录产出物。

一旦确定了项目的产出物，通常可以很容易地根据所有权对产出物进行分类。换句话说，项目每个子团队的可交付物综合起来可以得出项目的可交付成果。

如图 2-3 所示，可以通过一系列的团队"泳道"定义项目的产出物。由于"泳道"看起来具有线性的性质，没有效益图中的时间维度，所以每个小组的结果必须按时间顺序记录。事实上，通常最好不要时间维度，而是试图将他们与他们所支持的业务成功因素联系起来。

4. 实施效益图

这一步仅仅涉及图形化展示。采用一些内部连线，连接项目产出物、项目目标之间，以及项目目标和业务成功因素之间的关系。使用不同颜色的线条连接具体的项目产出物对于大型项目特别有帮助。

5. 验证结果

创建一个效益图的最后一步是验证每个项目的结果是否直接支持一个项目目标的实现，以及项目目标（通过对项目成果的交付）是否直接支持与其相关的经营成功因素的实现。此项工作完成后，项目经理就得到了一个直观的效益图，可以通过项目目标和经营成功因素之间的直接关系，反映项目产出物如何支持公司的战略目标。

■ 2.1.3　运用效益图

结合项目的 WBS 图，效益图可以是一种用于确定项目整体范围，或者展示项目成果和交付与经营成功因素之间关系的有用的工具。

效益图也是高管、项目团队和其他干系人沟通如何将组织战略和项目进行融合，如何实现每项经营利益的工具。

效益图可用于项目的整个生命周期，用来分析当组织的战略和范围发生变更时会给组织带来的变化。第一个需要使用效益图的地方是在经营发展过程中，这时需要一个高级别的效益图描述项目目标和战略意图。然后在此基础上，当完全定义好项目的范围，并且从项目成果到经营收益都具有可追溯性时候，就需要在详细的项目计划中增加一些细节。在已经确定好治理政策和一系列相关流程的组织中，效益图经常被用来监测项目的业务或跟踪项目的进展。

■ 2.1.4　效益图的扩展

对有的企业来说，经营效益就是指对已确定的问题的解决方案。在这种情况下，采用效益图的扩展模型（也称目标树）更适合评估项目价值。目标树的主要作用在于可以用来完善项目的目标。

目标树提供了一种易于理解的图形，可以快速、完整地表达你所遇到问题的范围，主要用于项目定义的最早期阶段。如图 2-4 所示，目标就是解决问题，并被细分成更低层级的细节和特性。

当使用目标树来解决一个问题时，核心问题是改写一个理想的、最终状态的目标。例如，假设我们是一个负责定义、设计和制造我们公司平板电脑这种新产品的开发团队，我们的目标还需要考虑到下一代平板电脑的设计与生产问题。这些主要目标可以进一步细分为能解决主要问题的子目标，至少可以分三个层级，然后通过自己的方式从下至上核查下一级的子目标对上一级目标是否是充分的。

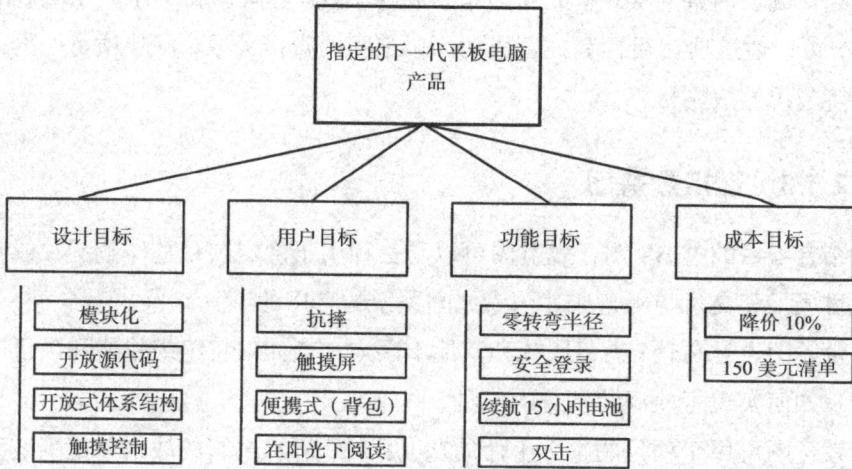

图 2-4　目标树案例

目标树的结果也可以用于项目核心需求的确定，具体将在第 4 章中讨论。

■ 2.1.5　效益图的优点

使用效益图对组织的高管和项目经理都有若干好处。首先，它有助于产生更清晰、更便于理解的项目战略、范围，并能提供目标、产出物、经营效益之间的直接联系。其次，效益图还可以作为成本-效益分析的一部分，为达到经营效益提供系统的过程，这对于在项目或项目选择中评价经营情况是非常关键的因素。最后，效益图有利于通过分析项目过程报告的效益和以基于现实利益的角度评估项目成功的方式，对项目过程进行监控。

2.2　经济分析法

在项目选择过程中，当选择用定量的分析方法定义项目价值的时候，最常用的方法就是经济分析法。我们将讨论三种描述项目价值的经济分析法：投资回收期（Payback Time）、净现值（Net Present Value，NPV）和内部收益率（Internal Rate of Return，IRR）。

2.2.1 投资回收期

投资回收期是一个时间长度，是指项目正式启动到项目累计净现值（或节约成本）为正值所需的时间。在这个时间点上，所有的投资都被收回。如表 2-1 中的三个项目的现金流案例，项目 1 的投资在 6 年内被收回，项目 2 的投资在 5 年内被收回，项目 3 的投资在 8 年内被收回。

表 2-1 项目投资回收期案例 （单位：万美元）

年	项目 1			项目 2			项目 3		
	成本	收益	累计现金流	成本	收益	累计现金流	成本	收益	累计现金流
1	20		−20	30		−30	20		−20
2	50		−70	80		−110	50		−70
3	80		−150	105	147	−68	78		−148
4	120		−270	110	154	−24	80		−228
5	200	200	−170	125	175	**26**	150		−378
6	450	630	**10**	150	210	86	375	525	−228
7	500	775	260	160	220	146	525	735	−18
8	500	775	535	170	223	199	600	840	**222**
9	450	700	785	175	230	254	800	1 120	542
10	450	650	985	170	228	312	750	1 200	992

相比于 NPV 和 IRR，投资回收期是一个非常保守的标准，并能为未来的不确定性提供更多的保护。然而，它对项目的规模不敏感，因为一个具有巨大的投资需求的项目仍可能具有很短的投资回收期。此外，它没有考虑投资收回后未来的经济潜力。

2.2.2 净现值

NPV 考虑了货币的时间价值。由于通货膨胀，今天的 1 美元的价值要低于 1 年前的 1 美元的价值。NPV 主要根据未来值和折现率来确定，具体计算公式如下：

$$\mathrm{NPV}(i,N) = \sum_{t=0}^{N} \frac{R_t}{(1+i)^t}$$

在这个公式中，R_t 表示净现金流量（在时间 t 内，现金流入–现金流出）；i 是折现率或公司需要支付借款的利率，用小数表示；N 表示时间的长度（年、月等）。

也可以用电子表格程序来直接计算 NPV。你只需要在 NPV 功能中输入折现率和一个值，NPV 就可以直接计算出来。在表 2-2 中，通过使用 NPV 函数计算三个项目的净现值，折现率分别为 5%、10% 和 15%。

表 2-2　项目净现金流案例　　　　　　　　（单位：美元）

项目 1		项目 2		项目 3	
IRR	NPV	IRR	NPV	IRR	NPV
5%	5 283	5%	2 320	5%	6 400
10%	2 841	10%	1 254	10%	3 275
15%	1 563	15%	688	15%	1 679

可以看出，IRR 越高，项目的 NPV 越少。在项目选择过程中比较三个项目，在同一折现率的情况下，项目 3 提供的价值比项目 1 和项目 2 的价值更多。这也意味着，NPV 越大，项目的经济价值越大。

NPV 可以用于计算项目的浮动范围和折现率。由于未来值是个不太准确的估算数据，所以 NPV 的计算方法也不是一种非常可靠的估算方法。

■ 2.2.3　内部收益率

IRR 是指当项目 NPV 为零时的折现率。目前为止还没有能直接计算 IRR 的封闭公式。IRR 要用若干个折现率进行试算，直至找到 NPV 等于零或接近零的那个折现率。大多数电子表格都有计算 IRR 的功能，你只需要输入价值的列表值，通过内部函数进行迭代计算，可以大致计算出 IRR 的估算值。通过对表 2-2 中的各个项目进行计算，可以得出各个项目的 IRR 值如下：

项目 1 IRR = 42%

项目 2 IRR = 40%

项目 3 IRR = 36%

根据三个项目计算出的 IRR 值可以得出，项目 1 比其他两个项目更具有经济价值。虽然 IRR 考虑了经济的时间价值，但它没有考虑项目规模的大小，项目 3 能获得的经济回报显著大于项目 1。项目 2 的 IRR 低于项目 1，项目 2 的投资回报需要的时间更长，并且在项目投资回收之前需要较长期的资金投入。

2.2.4　运用经济分析法

基于经济价值的定量分析方法需要项目期望达到的收益（或节约成本）或成本的数据，因此，它主要适用于资本项目或旨在改善现有能力的项目（产品、服务或基础设施）。在这种情况下，经济分析法允许通过直接比较这些项目的资本投资选择项目。

应该谨慎对待，以确保相同的经济方法适用于所有的项目估值计算，从而提供一一对应的比较。同时，也能确保你在进行计算之前就熟知组织的标准折现率。为了对三种经济分析法进行比较，下面给出了一个"经济分析法的选择"的例子。

经济分析法的选择

就像我们前面证明的那样，对于同一组项目，三种方法可以给出三种不同的结果，应该选择哪种方法取决于决策者。

NPV 最适用于评估项目的投资回报，但对未来的不确定性防范较弱。IRR 同样对未来的不确定性防范较弱，更倾向于投资确定且回报较高的项目。投资回收期是一种非常保守的方法，相比于其他两种方法，投资回收期对未来的不确定性防范较强，但它不考虑项目盈利的多少，也不考虑项目未来的成本和收入的折现价值。项目认为哪方面最重要，就可以选择相应的方法。此外，由于这些方法把项目当作资本投资，最合适的选择方法就是公司用于评估其他资本投资的方法，从而使项目投资和其他投资之间可以直接进行比较。

2.2.5　经济分析法的优点

定量的分析方法非常容易理解，能使决策者和项目经理更容易沟通关于项目财务方面的思考，也更容易将项目和其他争夺资本投资的项目进行比较。此外，一旦得到了必要的数据，它们很容易计算。它们也使得调整折现率、时间和其他输入数据的灵敏度测试变得非常简单。可以根据未来的成本和收益进行对比，根据未来的不确定性选择假定的测试值选择方案。

2.3 评分模型

在决策者从一系列候选项目中进行项目选择的时候，相比于一系列的评价标准，采用评分模型进行计算更加有用。决策者首先根据每项标准对项目进行打分，典型的是每项标准被分为几个固定的等级；然后把这些分数乘以权重并得出代表项目绩效的综合得分。得分越高，意味着项目越有价值。

2.3.1 制定评分模型

和其他方法一样，评分模型遵循项目选择过程的基本步骤：创建菜单或列出所有候选项目；开发相关的项目选择标准；根据项目选择标准进行评分；选择项目投入资金和资源。为使模型更加全面和有意义，模型需要如下输入：候选项目的清单；战略目标；项目建议书或商业案例；历史信息。因为模型的目的是帮助公司选择价值最大的项目，理解项目支持的公司战略目标是关键。这些目标都在组织战略和组织的战术计划中进行描述。项目建议书提供项目的具体细节。为了做出更好的决策，决策者也应该依靠过去项目选择决策的结果和过去项目的绩效这些历史信息。当这些输入都有效的时候，你可以用它们来作为选择相关项目的标准。

1. 识别相关评分标准

开发一个成功的评分模型的关键要素是识别出一组能反映公司战略、财务、技术和行为状况的合适的评分标准。制定一个详细的标准常常很诱人，但是烦琐的标准列表会难以管理。压缩几个真正重要的关键标准虽然相当困难，却是十分必要的。例如，可以参考"项目选择中需要考虑的标准"中给出的例子。为了能有效地运用于实际，大部分标准需要更准确的术语，这是将标准进一步压缩提炼的关键挑战。一些公司使用的一种有效方法是通过策划和提炼，将评分标准降低到五条或更少。

项目选择中需要考虑的标准

评分标准中相关项目的选择取决于项目的类型及它们的处境。例如，下面的标准通常被认为是在选择研究和开发一个项目时所考虑的。这个列表提供了一些建议（不包括所有的建议）。

开发成本	预计总收入
技术成功概率	市场成功概率
市场规模	市场份额
战略目标协同	竞争程度
需求人员的能力	组织承诺的力度
管理协同	公司政策协同

尽管这些标准中的许多可用于不同类型项目的选择，但重要的是需要包括与你的项目情况相关的分析标准。

2. 构建模型

为了构建一个评分模型，你必须了解并解决几个问题：

- 你想要使用的模型的形式。
- 你想使用的标准的类别。
- 标准的得分和重要性。
- 标准的测量。

首先，我们会处理模型的形式。一个通用的评分模型有以下形式：

$$\text{Score} = \frac{A(bB + cC + dD)(1 + eE)}{fF(1 + gG)}$$

A、B、C、D、E、F、G 代表项目各项标准的得分，通过对一个给定项目的每个标准进行赋值得到每项的得分。符号 b、c、d、e、f、g 代表赋予每个标准的权重。在模型中，分子代表有益的标准，而分母代表成本或其他不利因素标准。不同的项目标准的取值不同，通常每项标准的取值由项目团队提供。

这个模型使用三个类别的标准：

- 重要标准（如 A）。这些因素非常重要，如果它们为 0，则会导致整个分数为 0。例如，模型中的因素可能是测量绩效的（如效率或总产出），绩效为 0，则应该完全取消一个项目，无论它有多少其他方面的优点。

- 可交换的标准（如 B、C、D、F）。这些因素可以互相交换，若一个因素的得分增加到一定程度，可以适当减少另一个因素。例如，只要成本保持不变，一个设计师可能愿意在可靠性和可维护性两个因素之间进行互换。在这种情况下，权重会影响增加可靠性和可维护性的相对成本。成本 F 代表一个影响所有项目的某一标准。典型的标准包括项目的资金成本，如果这些成本类别之间可以相互折中，则可分解为工资、材料、设施和运输这些成本类别；如果不可以相互折中，成本只能作为一个因素。

- 可选择的标准。这些标准可能并非与所有的项目都相关。若这些可选择的标准被采用，则会影响分数；但这些可选择的标准未被采用，则不会影响分数。注意，成本和收益都可能包括可选择的标准。例如，公式中的 E 代表并不是所有项目都会考虑的益处，它应该只计入相关项目的分数，故它只在与项目有关时才被计入相应分数。例如，E 可能是一项消费者易用性的评级，这项标准就与工业项目不相关。公式中的 G 代表可能不是与所有项目相关的"可选择的"成本。典型的"可选择的"成本是一项代表资源的使用效率比货币成本更重要的成本，如可能会有限制的可用性测试设备、专业的计算机或稀缺的技能如程序员。在这种情况下，时间或其他的有效工具就应该被分离出来，从而只在需要这种资源的项目中使用。

第三个问题关注标准的得分和重要性。一旦选定了模型的形式，模型的设计师就需要区分标准的得分及权重（或称重要性）。在前面的公式中，B、C、D 是某一特定项目的各自的标准得分，而 b、c、d 是分配给各项标准的权重，反映了决策者分配给各项标准的重要程度。在标准为可选择因素的情况下，b/c 的比率代表着因素 B 和 C 之间的权衡关系。如果因素 B 减少了 1 个单位，则因素 C 必须至少增加 b/c 个单位，才能确保可选择因素的总量不变或增加。这也意味着决策者会根据各项可选择标准的权重的比率，去判断如何对各因素进行折中，从而确保总金额保持不变或增加。

第四个需要解决的问题是标准的测量。一些标准是客观可测量的，如成本和收益。还有一些标准需要主观判断，如成功的可能性或战略重要性。评分模型可以包括一些客观的标准，也可以包括一些主观的标准。将标准分为几个等级，并对每个等级进行界定，从而在评估各个项目时获得统一的评价标准是很有帮助的。

评估标准可划分为合理的级别，如 1~10（见"主观标准测量举例"）。为了便于评估判断，每个级别都应该有详细的说明，如表 2-3 所示。

表 2-3　采用评分模型评价一个新产品开发项目

标准/因素（0~10 分）			
标准/因素	项　目	得分	标准/因素平均得分
战略位置	项目战略和业务单元战略的一致性程度（战略重要性）	8	8.0
产品/竞争优势	独特的产品功能	8	8.0
	为客户提供更优质的产品	9	
	更能满足客户需求	7	
市场吸引力	市场规模	8	7.0
	市场份额	8	
	市场增长	6	
	竞争力	6	
与核心竞争力一致性程度	市场一致性程度	8	7.0
	技术一致性程度	7	
	生产一致性程度	6	
技术优势	技术差距	9	8.0
	技术复杂性	6	
	技术成功的概率	9	
财务优势	期望 NPV	9	8.0
	期望 IRR	9	
	投资回收期	7	
总分			130 分（占总分 170 分的 77%）

主观标准测量举例

10　所有技能都供应充足。

9　所有技能都可用，没有多余的。

8	所有技能都可用。
7	大部分的专业技能可用。
6	还需要一些技术技能。
5	还需要一些专业技能。
4	还需要加强一些技术技能。
3	还需要加强一些专业技能。
2	大部分技能需要靠外部租赁。
1	大部分技术及专业技能需要靠外部租赁。
0	所有的技术及专业技能需要靠外部租赁。

大多数评分模型会比简单各标准之和模型要复杂。假设我们希望评分模型标准中包含成功概率、回报和成本。进一步假设我们愿意将回报和成功概率两项标准进行折中（例如，如果回报足够高，我们愿意接受风险较高的项目），并且我们认为回报的重要性是成功概率和成本的两倍，成功概率和回报是有益的，而成本是一种不利因素。据此，我们可以得出评分模型：

$$\text{Score} = \frac{成功概率 + 2 \times 回报}{成本}$$

为了体现相对重要性，评分模型的设计师需要在模型中囊括任何被认为重要的因素并分配相应的权重。

3. 项目评分

一旦确定了评分模型的标准，选择了评分模型的形式，确定了权重，定义了测量的等级，下一步就可以对候选项目进行评分了。注意：决策者必须同时得到管理的标准及其权重，这是一个一次性的活动。多数情况下，某一具体项目的单个数据来自项目建议书，它们可以提供客观的数据（如成本、员工工时数、机器使用）或者依据决策者已经确定的评价等级进行评分。在有些情况下，项目的具体数据来自其他渠道而不是那些提出该项目的项目建议书，如市场成功的概率和回报的数据可能来自市场而不是研发部门。当然，每个项目需要把相应的标准划分到对应的等级，这些标准和权重将一直使用，直到管理者决定对它们进行修订为止。

在大多数情况下，项目的数据单位比较繁多：有带小数点表示概率的，有表示货币成本的，有表示等级的整数，等等。将所有的因素进行统一规划处理是非常有必要的。假设某项目的得分近似符合正态分布，结果就会出现标准值为-3~3，这些数据都需要标准化为正数。假设某项目的原始数据为 0，则这个因素标准化后的数据也为 0。若将每项分支直接加上最小值的绝对值，这将导致标准得分分布在 0~6。如果初始数据没有为 0 的，再将每个数据增加最小值的绝对值再加 1，这将导致取值范围为 1~7。这些标准化值在模型中应该取代初始值，每个项目将得到一个基于项目发起人提供的管理和项目数据的权重。

2.3.2 运用评分模型

表 2-4 显示了模型对得分进行标准化的结果，按照降序对行进行了重新排列。如果电子表格中的标准化得分是可用的，计算项目业绩的过程将会非常简单。同样，使用电子表格按照得分对项目进行分类也非常简单。在表 2-4 给出的例子中，项目 4 是排名最高的项目，其他项目得分依次降低。下一步将根据列表从上到下的顺序依次审批项目，直到预算和资源耗尽。注意，项目 8 和项目 1 之间的差异主要来自第三项标准，即收益之间的巨大差异。由于大多数原始数据中只有一项或两项重要的标准是非常有利的，这种差异不应该被认真对待。

表 2-4 使用评分模型划分项目等级

项 目	成本（美元）	利 润	收益（百万美元）	得 分
4	1 890	2.67	3.35	4.96
6	2 120	3.38	2.78	4.22
3	1 000	2.13	1.00	4.13
5	2 170	3.33	2.78	4.10
8	2 510	3.88	2.37	3.43
1	1 450	2.13	1.42	3.42
12	3 580	3.56	4.22	3.35
11	3 700	3.61	3.34	2.78
2	1 620	1.00	1.58	2.57

项　　目	成本（美元）	利　　润	收益（百万美元）	得　　分
7	2 490	3.67	1.34	2.56
14	4 440	3.78	3.54	2.45
16	6 390	3.88	5.74	2.4
9	3 110	3.56	1.91	2.38
10	4 130	3.65	1.91	2.38
13	4 110	3.98	2.53	2.20
15	5 430	3.86	2.88	1.77

评分模型可用于任何类型的项目，特别适用于对于重大项目进行选择决策的项目生命周期前期阶段，如新产品开发项目。在项目的早期阶段，市场的回报看起来是遥远的，甚至不作为衡量项目优势的标准。在这样的项目中，可以考虑采用技术优势（评分模型中常用的标准）去衡量项目的优劣，技术优势比市场优势更具有重大作用。在选择其他类型的项目时，也经常广泛使用评分模型。评分模型经常被用于如下两个目的：

（1）进行决策。项目决策一般发生在项目管理过程中的某些关键节点上，通常发生在项目某阶段即将结束时。其目的是决定开展哪些新的项目，现有的哪些项目继续运行，哪些项目需要终止。

（2）项目优先级排序。项目优先级排序针对现有的或新开始的全部项目，决定如何分配资源。主要考虑项目已经获得了哪些资源，哪些项目能优先获得资源。

虽然评分模型背后的原理比较简单，但开发一个有效的评分模型却需要付出巨大的努力。

■ 2.3.3　评分模型的优点

评分模型的价值在于它可以适应决策情境，并可以包括多个目标和标准、客观和主观的因素，这些被认为决策的关键。这可以防止在项目的早期阶段，把决策的重点放在往往不可靠的财务标准上。有了这种方法，决策者可以依据同一套严格标准对项目进行逐一审查，可以使决策聚焦于关键标准，并通过权重的设置突出一些标准的重要性。

评分模型也很简单。它通过将某一复杂的决策问题分解为一系列的具体问题，并得出一个综合得分，根据综合得分进行项目选择，从而将复杂的选择决策简单化。这也是评分模型得到广泛运用的一个重要原因。

总之，评分模型可以产生良好的效果。多项研究表明评估模型可以得出正确的决策，如宝洁公司声称他们的评分模型具有精确度高达 85% 的预测能力。

2.4　投票模型

对于一些组织而言，数字评分模型可以变得复杂和烦琐。我们发现，评分模型在组织内部失败的主要原因有两个：首先，团队沉溺于试图设计完善的组织评分模型，他们花费了大量的时间和精力以选择合适的评分标准、每项标准等级之间的定义（如何描述一个评分值为 1、2 和 3 等），以及评价哪个标准比其他的更重要从而可以分配合适的权重。其次，数字评分模型往往不能将各个项目进行很好的区分。一位财务服务部门的高管把这种现象称为"所有的得分都集中在中间"，并形成一条钟形曲线。当这种情况发生时，很难评估哪些项目是最好的投资。

出于这些原因，一些机构采用了能为项目投资选择提供必要的结构和信息的投票模型，这种方法的有效性主要依靠知情者个人的经验和判断。投票模型提供了一种技术，通过挖掘一批具有不同观点的专家的集体知识来提升这一判断方法的有效性。投票模型有利于利用这些不同的视角去为优先级别最高的项目创造一个清晰的认识，增加对每个项目的价值地位的组织认识，在整个组织创建广泛的项目优先事项，从而从大量项目中找到价值高的项目。

◢ 2.4.1　制定投票模型

开发一个投票模型在本质上和开发一种数字评分模型是非常相似的，但比开发数字评分模型更简化，它们之间主要的区别是如何评估项目的价值和得分。简化是通过限制评分结构来实现的。项目价值的任何一个标准都可以分为三个等级（1、2、3 级，对应高、中、低等），并且每个标准没有加权。下面将逐个描述开发投票模型的主要步骤。

1. 确定干系人

要想通过投票模型获得一个成功的结果，关键是选择由谁对项目的价值和优先级进行投票。最好成立一个在产出优先级上有既得利益，并能代表一个很好的跨功能视角的干系人团队，建议不超过 15 个干系人参加投票。

2. 确定每个项目的开发价值

对于每个候选项目，在投票活动中需要面向干系人准备一个简短的价值说明会。展示给干系人的价值需要受到限制，一般在 3～5 分钟说明。如果一个项目的潜在价值在 3～5 分钟的时间内不能充分沟通，之后项目还需要额外的审批，因为只有这样才不会错误地运行价值较低的项目，而是运行已经做好充分准备的具有成熟价值的项目。

3. 创建优先标准和价值锚

对于投票模型，优先标准必须是有限的少数关键标准，标准的数量一般为 3～5 项。对于每项标准，都需要对其进行描述，并在投票活动中准备价值锚。表 2-5 给出了一个标准描述和价值锚的例子。

表 2-5　标准描述和价值锚

标　准	A	B	C
货币价值	有清晰的资金渠道 ROI 高	有清晰的资金渠道 ROI 低	没有清晰的资金渠道
战略价值	投资回报大于 1 亿美元（3 年）	投资回报 0.5 亿～1 亿美元（3 年）	投资回报小于 5 000 万美元
	竞争威胁严重	竞争威胁中等	竞争威胁较低
	必须协调时间紧迫的工作	适度的调整活动	没有明确的战略规划
市场拉动	客户要求的能力	客户有效的利益	没有客户拉动或客户利益
复杂程度和风险	复杂程度低、风险低	复杂程度和风险中等	复杂程度高、风险高
效果和成本	效果差，成本低于 300 万美元	效果差，成本 300 万～900 万美元	效果好，成本高于 900 万美元

4．创建投票模板

投票模型最好用于促动工作会议，在会议中，所有关键的干系人可以被聚集在一起，并得到讨论和辩论各候选项目价值的机会。为了方便收集讨论结果和信息，最好在投票活动中创建一个投票模板。图 2-5 给出了一个使用投票模板的例子，该模板可以是实物形式，也可以是电子格式。我们已经见证了很多非常高效的生产排序会议，在会议室的一面墙上挂着一个足够大的物理投票模板。

投票模板							
候选项目	项目优先级	大众选票	优先级标准				
			标准 1	标准 2	标准 3	标准 4	标准 5

图 2-5　投票模板举例

2.4.2　运用投票模型

由于投票模型依赖于交叉的干系人的专家判断，采用一个面对面的工作会议来确保适当的合作和沟通是最好的。正是在这种情况下，在使用一个投票模型时建议采用如下步骤。

步骤 1：验证投票标准。这个阶段，在工作会议前要设定初始的标准和投票锚描述，目的是使干系人了解标准的等级及如何对标准进行评价，以便可以从众多干系人那里获得通过。如果需要，可以在这一步中修改标准和投票说明。

步骤 2：检查候选项目的列表。这个步骤涉及检查干系人在优先级评价过程中评估的所有项目。为了加快进度，可预先将项目填入投票模板中，如图 2-6 所示。这样可以确保所有的项目都被列出，并且也可以做出最初的决定——是否将任何一个项目填入或移出表格。

步骤 3：项目价值主张和初始投票。把每个候选项目按照顺序写在列表中，项目代表需要 3~5 分钟描述这个项目的价值。干系人将会有一个机会去问详细的问题并且讨论价值主张。在这个阶段，需要有位专家主持人，专门记录讨论结果并对重点、价值和时间限制进行讨论。

投票模板							
候选项目	项目优先级	大众选票	优先级标准				
			标准 1	标准 2	标准 3	标准 4	标准 5
项目 1							
项目 2							
项目 3							
项目 4							
项目 5							
项目 6							
项目 7							

图 2-6　投票模板中候选项目的预填充

在每次投票结束的时候，干系人将会被要求按各自的标准手动投票（如果盲投被允许的话，可以进行电子投票）。项目接收到的投票的每个标准都有 H、M、L（或 1、2、3）三个级别（见图 2-7），每个候选项目都按照这个过程不断重复。

通过这个步骤，两项重要的事项就完成了。第一，关于候选项目价值的初始评价被讨论，并得出了最终得分。第二，干系人对每个候选项目的意图和潜在价值的理解也进一步加深了。在这个步骤，对项目的优先级做出最终判断是很普遍的。然而，这样做会出现许多数字评分模型也很容易出现的致命错误，即得分最高的评价项目和得分最低的评价项目之间的差距并不是很大。为了扩大它们之间的差距，就需要最后一个步骤。

投票模板							
候选项目	项目优先级	大众选票	优先级标准				
			标准 1	标准 2	标准 3	标准 4	标准 5
项目 1			M	H	H	L	L
项目 2			L	H	H	M	M
项目 3			L	M	H	L	L
项目 4			L	M	M	H	H
项目 5			L	M	L	H	L
项目 6			H	M	M	M	L
项目 7			L	H	H	M	L

图 2-7　初始投票结果评估

步骤 4：大众选票。James Surowiecki 提供的大众投票的技术为跨组织的干系人决定最高票数的项目提供了机会。在这个步骤中，每个干系人被给予一组固定数字（如 10），他能够对候选的项目进行投票。然而，每个干系人能够投票的数量都有限制（如最多能投 3 票），这项约束避免了干系人将所有的票数都投给某一特定的项目。另外，这个投票能够替代公开投票模型或盲投被允许的电子投票。

最后对选票进行统计，并且确认优先级别最高的候选项目。图 2-8 显示了一个把最终投票结果分成三个级别的完整的投票模型。最高级别（项目 1 ~ 5）包含了需要资助和启动的具有最高价值的项目。最低级别（项目 9 ~ 10）包含了需要被消除或重新整合从而提供更多价值的具有最低价值的项目。中间级别的项目需要额外的审查，如果在最高级别的项目全部启动以后还有剩余的资源，这个级别的项目是可以被资助并启动的。

投票模型工作模板							
候选项目	项目优先级	大众选票	优先级标准				
			标准 1	标准 2	标准 3	标准 4	标准 5
项目 1	25	H	M	H	H	L	L
项目 2	19	H	L	H	H	M	M
项目 3	17	H	L	M	H	L	L
项目 4	12	H	L	M	M	H	H
项目 5	11	H	L	M	L	H	L
项目 6	9	M	H	M	M	H	L
项目 7	8	M	L	H	M	M	L
项目 8	8	M	L	H	M	M	M
项目 9	5	L	M	H	H	L	L
项目 10	3	L	L	M	M	H	L

图 2-8 高、中、低优先级的项目排名

2.4.3 投票模型的优点

投票模型为组织提供一个备选的项目选择方法，但是这类方法会让人陷入数字评分模型的陷阱中，过度关注"数字"细节。如果涉及大量数字候选项目时，投票模型能提供快速识别项目机会的途径。

如图 2-8 所示，投票模型能够为干系人提供最高价值项目和最低价值项目

之间明显的差距。由于已经识别出最高价值项目和最低价值项目，决策者可以在少数几个候选项目中进一步审查和辩论。

最后，由于投票模型技术可以使所有的组织干系人加入项目等级划分的决策中，一个更好的最终项目等级决策即将发生（见"一次明星投票"）。

一次明星投票

识别一组技术开发项目的优先级是一个具有挑战性的任务。一个像英特尔公司这样的组织尤其如此，他们有大量的重要项目都需要竞争资金和资源，并且对于公司而言，每个项目都有一个有影响力和受人尊敬的专家为其价值主张而斗争。

作为一名最终决策哪项新技术开发项目将会获得资助、哪项技术将不需要进行跟踪记录的负责人，Ajay 就是这样的一名跟踪记录者。Ajay 是通用串行总线（USB）的发明者之一，出现在公司的"英特尔明星"的一条电视广告中。

然而，据 Ajay 所知，作为相关领域的专家并且懂得如何使项目成功，却并不一定能成为决策者。另外，对项目的排序和选择做出决策是相对容易的，困难的部分主要还在于如何使组织接受你做出的决策。在 Ajay 的案例中，一旦要做出授权决定，就需要解决两个顽固问题：

1. 人们继续在未正式选择和资助的技术项目上工作。

2. 产品规划员（决定项目中需要包括哪些技术的人员）有时也可能不同意 Ajay 的决策，这将导致将项目从技术开发转型成项目开发是困难的。

对于这些问题，Ajay 将投票模型作为潜在的解决方案。他开始邀请技术专家和产品规划员对于项目做优先讨论。通过投票模型技术，产品规划员有平等的发言权，这对于技术项目来说是最有价值的；但是从产品角度和用户角度（每个人都有相同的投票数量），有两项行为是同样重要的：首先，在提问和对项目价值的争论中，Ajay 保持沉默；其次，为了不影响其他成员的投票，他必须确保在会议最后投票。

在会议结束时，他获得了一份优先的项目名单，这份名单和他独自进行排名的结果差距不大。但重要的是，投票使得他与产品规划员对于哪些技术项目将会进入英特尔产品取得了一致意见，这些技术中的一些现在正用于我们的个人计算机。

2.5 成对排序

当项目选择过程中候选项目数量不多时，成对排序技术是一种有效的用于确定项目优先级顺序的工具。在比较候选项目时必须做出很多决定，因此有必要将决策方法提前确定（如共识、专制、协商）。此外，还必须确定在将一个项目和另一个项目进行比较时，是采用定量法还是采用主观判断法。

2.5.1 制定成对排序工具

开发一个成对排序的工具是一项非常简单的活动，共包括两个步骤。第一，必须构建一个比较矩阵，代表候选项目的成对比较；第二，必须确定和记录一套标准。

1. 构建一个比较矩阵

构建一个比较矩阵也是一项简单的活动，其复杂程度主要依赖于将被排序的候选项目的数量。图 2-9 给出了六个候选项目的成对比较矩阵。应注意，运用过程中必须确保编码方案已被正确地完成，代表六个项目的数字无论是在垂直方向还是在对角线上，从上到下都应该是按降序排列的。

2. 确定和记录一套标准

项目进行成对比较时，必须确定和记录一套标准，以确保比较的一致性。这些标准将作为候选项目两两之间进行比较的基础。尝试将标准限制为三项，最大值为五项，任何多于五项标准的项目都会导致增加不必要的复杂度，使工具和比较工作比需要的更复杂。成对排序可能包括以下几个标准：

- 净现值
- 投资回报率
- 投资回收期
- 战略定位水平
- 节约成本
- 市场份额增加

- 承受能力
- 可用性

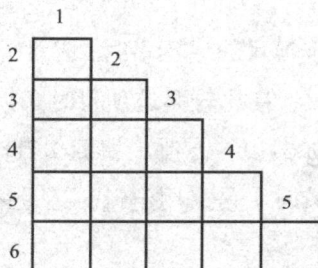

图 2-9　成对比较矩阵

2.5.2　运用成对比较矩阵

在完成构建比较矩阵、确定比较标准、对决策方法达成一致，并确定了合适的干系人来比较候选项目之后，建议遵循以下步骤进行成对比较。

步骤 1：对每个项目进行成对比较。通过对候选项目系统地进行成对比较，得到比较矩阵。对于每个项目，干系人将根据标准决定两个候选项目中的哪个是优先的，并将根据优先程度将相应的数量插入比较矩阵。以此类推，直到比较矩阵被完全填满，如图 2-10 所示。

步骤 2：统计比较结果。使用一个简单的计分卡（见表 2-6），在项目比较过程中，通过观察已经被填满的比较矩阵，统计每个候选项目优先排序出现的次数。

步骤 3：候选项目排序。使用前一步骤的统计信息，将候选项目根据出现次数优先排序。表 2-7 说明了在案例中六个项目的优先级排序。

例子中的项目通过两两比较得到步骤 1 中的比较矩阵，并得到相对的重要程度，两个项目中的优胜者将获得更高的优先等级。在之前的例子中，项目 3 和项目 6 在成对比较中各有 4 次获胜，结合图 2-10 可以看出，当项目 3 和项目 6 两个项目相互比较时，项目 6 的优先级别更高，故项目 6 为最高优先项目。

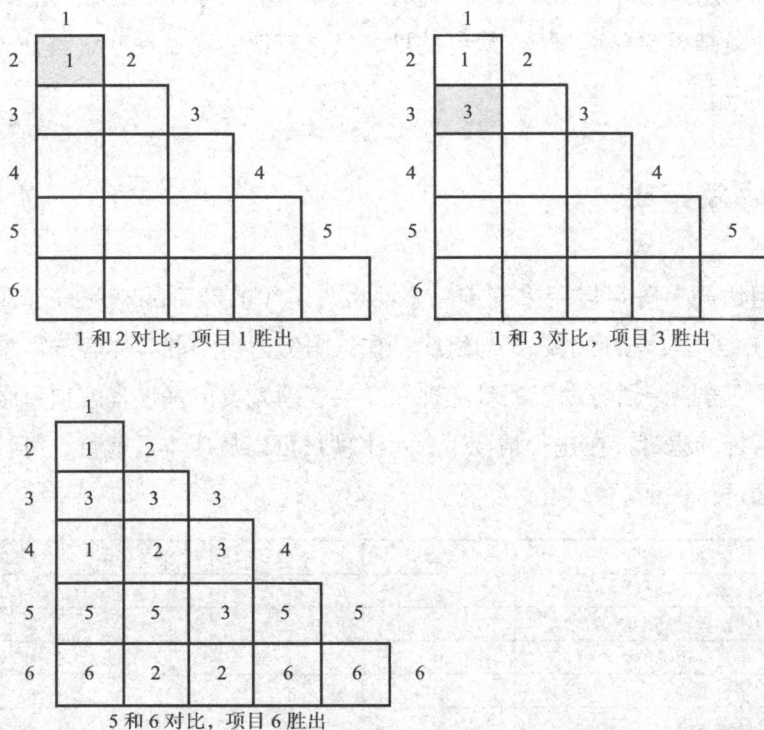

1 和 2 对比，项目 1 胜出

1 和 3 对比，项目 3 胜出

5 和 6 对比，项目 6 胜出

图 2-10 项目与项目的对比

表 2-6 项目优先统计

候选项目	1	2	3	4	5	6
优先次数	2	2	4	0	3	4

表 2-7 候选项目等级

候选项目	1	2	3	4	5	6
优先次数	2	2	4	0	3	4
项目等级	**4**	**5**	**2**	**6**	**3**	**1**

2.5.3 成对排序的优点

成对比较通过同级比较将整体项目进行分类，运用排除法对一组候选项目进行择优，有助于把这种复杂的过程简单化。通过项目与项目之间一对一的比较，一次只能比较评估两个项目。这种工具本身有一个结构化的过程，可以使项目的比较结果更显而易见，最终的排名也比其他的项目评分法和分级工具更直观有效。

2.6 协同矩阵

项目协同矩阵可以用来确定一个项目与组织的经营战略的符合程度（见图 2-11），当然，项目也需要与组织正在试图努力达到的具体客户需求进行平衡。这种符合性评估有助于项目经理和高层管理人员更好地理解项目服务于公司战略目标的程度。在这种情况下，每个项目可以从成本、效益、风险和战略这些方面进行评估。

商业策略	项目 1	项目 2	项目……	项目 n
提供清晰的差异化产品	P	F		P
持续且快速地提供高性能的产品	F	N		P
成为第一个进入市场的新产品	F	F		F
支持通用平台架构	F	F		F
持续降低制造成本	N	F		F
F=完全支持　　P=部分支持　　N=不支持				

图 2-11　线性矩阵的案例

■ 2.6.1　制定协同矩阵

矩阵的第一列包含该组织的战略目标列表，作为评价项目与该组织战略符合程度的标准。然后，在其他的每列中，通过定性的尺度衡量每个项目的每项具体目标的符合程度。作为结果，与战略目标不同的是，对每个项目目标与目标的符合程度进行了定性的比较。

评估项目与组织经营战略的符合程度通常要输入三方面的线性：

- 经核准的经营战略。
- 项目组合。
- 项目的经营方案（或初步的经营方案信息）。

经核准的经营战略提供了一个组织正在努力实现的经营目标清单。为了评估每个项目和战略目标的符合程度，则需要一个当期及长远的项目列表，这种信息通常存在于项目组合文件中。最后，为了了解每个项目与战略目标的符合程度，则需要项目初步的经营方案信息。制定协同矩阵的具体步骤如下。

1. 识别组织的战略目标

组织的高级管理者定义了战略目标，它们有时正式地存在于战略计划里，有时并没有正式的文档。在任何情况下，这些目标都应该采用线性矩阵进行评估。由于每个组织都是独一无二的个体，所以这些评估矩阵中的战略目标也应该是独一无二的。此外，由于每个组织的战略目标都在更新和调节，评估矩阵的目标也应做出相应的更新。

2. 识别项目

识别项目需要两个步骤。一是，在线性矩阵中输入一列新的和现有的项目的名字。像之前列举过的那样，项目的清单通常来自项目或项目组合的文档。如果组织没有一个正式的项目文档，可以用一个项目活动的花名册代替。二是，需要建立项目战略和目标并应形成文档，从而确保具有评估项目与战略协同程度的信息。

3. 定义协同标尺

每个组织定义的标尺是不同的。我们相信，一个简单的、定性的标尺就能完全提供我们想从矩阵中找到的价值。以图 2-11 为例，该例子将标尺分了三个级别，包括完全支持（最高级别的协同），以及部分支持（中等级别的协同）和不支持（不协同）。

4. 评估协同程度

现在可以采用合适的标尺去评估每个项目与战略目标的协同程度。一般情况下，进行评估的决策者可以采用一个协同工作表来协助评估。在这个表中，多元的视角会被交换，而且评估决策会被大家共享并达成共识。

2.6.2 协同矩阵的扩展

一个主要服务于金融机构的信息技术组织，通过使用改进后的协同矩阵，即战略协同图，来获得其信息技术战略和经营战略之间的协调程度（见图2-12）。该图可以用来确保公司的 IT 项目能够满足企业经营的需要。IT 项目管理办公室主任玛丽罗·慕斯这样解释：

协同图提供了战略经营目标、经营价值和 IT 项目。去年，公司的战略发生了很大转变，我们根据公司的任务设计了协同过程，其中部分任务就是通过协同图完成的。协同图可以帮助我们将经营目标、经营价值和项目的协调可视化。

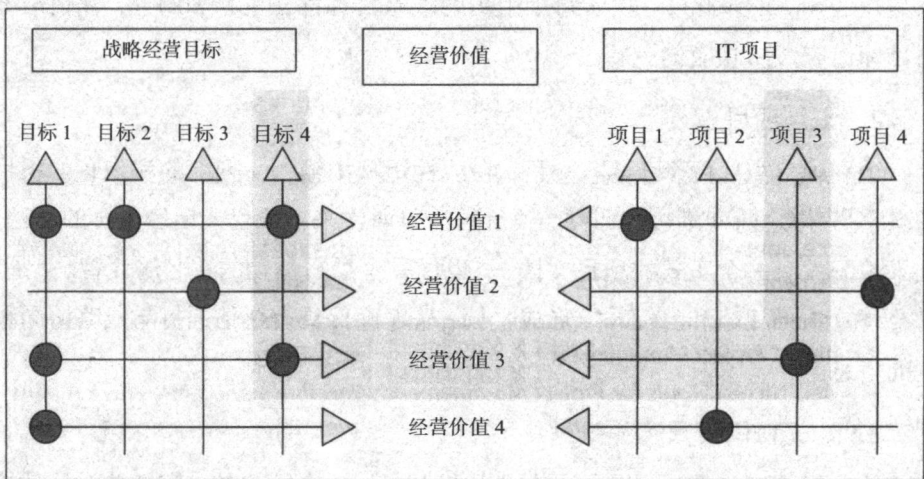

图 2-12　战略协同图

战略经营目标 4 和经营价值 3 的交点意味着它们达到了一致。此外，经营价值 3 与 IT 项目 3 的交点也意味着它们达到了一致。总而言之，IT 项目 3 传递给经营价值 3，经营价值 3 有助于实现战略经营目标 4。IT 项目可以通过有助于达到战略经营目标而实现组织的经营效益。

2.6.3　协同矩阵的优点

通常情况下，当项目评估的依据为战略、目标和组织目标的协同程度时，协同矩阵可以用来进行项目组合管理复审。根据由协同矩阵所获得的协同信息，项目的初步选择和风险的平衡可能被改变，根据组织的战略目标对项目的协同程度进行改进，形成最终的项目组合。

协同矩阵可以通过找到与组织经营战略最协同的项目，来限制初始项目组合的选择和风险平衡。

在此基础上，协同矩阵可以消除一些初步选定的与战略不匹配的项目，也可以添加更能与战略协同的新项目。选择风险平衡和与组织的战略目标一致的项目是非常困难的，但同时也是具有宝贵战略价值的，这就是协同矩阵的价值。

此外，协同要求组织的高级管理人员开发和记录组织战略目标。协同矩阵帮助项目管理者了解他的项目如何很好地支持公司的战略目标，并且可以帮助其进一步创建项目战略。

第 3 章

项目启动

当然，项目选择过程的主要结果是对开始一个项目的一种认可的决定。我们必须记住，在经历选择过程的时候，项目通常更多的是一系列想法、目标和假设。如果想法和目标能够经得起项目选择标准和过程的筛选，那么必须对项目建设过程进行一系列的重新编写活动，只有这样实行的思想才可以被评估。项目启动旨在建立一个坚实的基础来验证项目经营状况是可以实现的，并且获得一个成功的项目结果是可能的。

项目启动过程需要尽职调查，以确保即将投入财务、资金和人力资源的项目，其目标充分明确，复杂程度已被完全理解，角色和责任已被定义，经营状况已被证实。有关各方必须清楚即将开展的是一个什么项目，为什么需要开展这个项目，以及项目结果将如何实现。

我们在本章所描述的一些方法可以帮助项目启动过程。考虑将下列方法添加到你的工具箱中。我们以项目启动清单开始。

3.1　项目启动清单

成功的创新公司的管理团队必须充分认识到，许多最好的机会存在于一个项目的模糊启动阶段。准确预测未来的客户、用户和市场需求，然后使这些领先的优势成为一体的能力是公司能在各自所属行业生存的根本。然而，这项工作是不简单的，很多时候高度模糊性只是一个在挫折方面的测试和在耐心方面的教训。

　　许多项目都存在模糊性的特性，尤其在项目开始初期和初步计划阶段。在项目启动过程中，有效又有力地集中于业务需求、价值主张、任务、责任，以及明确的业务目标的能力是重要的，一系列项目启动清单对于确立项目启动过程和确保收集必要的信息是一个非常好的方法。

3.1.1　制定项目启动清单

　　抽出时间来开发一系列标准组织议题是很好的企业实践，因为它能够推动立项内容达到预期的结果。清单内包含的议题可以让组织先了解工作活动的多样性，以及这些活动（如项目经营状况）会给项目带来的影响。这些议题将集中在什么工作必须完成，什么结果被创造。

　　然后，为了制定项目启动阶段的关键决策，还可以增加了解项目发起人和主要干系人需要什么信息等问题。每个组织的项目启动清单的议题是不同的，因为每个组织需要它自己独特的信息和结果来支持其项目启动活动。

　　表 3-1 举例说明了一组简单的议题，可作为你开发自己的清单议题的参考样本。

表 3-1　项目启动清单的议题

状　　态	清单议题
☑	我们了解这个项目的主要目标吗？
☑	来自项目的商业利益是什么？
☑	这个项目支持和达到的战略目标是什么？
☑	我们需要完成和避免什么？
☑	项目目标是什么？（如经营目标、财政目标、组织目标、社会目标等）
☑	是否对目标达成了一致意见（尤其是项目发起人）？
☑	我们了解我们打算解决的问题吗？
☑	问题是否清楚地定义、区分和记录？
☑	我们了解解决方案的需求吗？

状　态	清单议题
☑	我们了解解决方案的优先顺序吗?
☑	解决方案具有说服力和现实意义吗?
☑	我们是否准备好了关于协议的解决方案的决策?
☑	我们的基本假设是什么?
☑	我们验证了所有关于干系人的设想吗?
☑	项目具有哪些限制条件?
☑	边界和局限性是什么?
☑	我们有主要的角色和责任的文档吗?
☑	我们了解项目风险吗?
☑	对于高影响、高可能性的风险,我们有应急计划吗?
☑	什么将作为项目的成功或失败的证据?
☑	我们是否准备好做出一个变更项目计划的决定?
☑	我们可以证明内部和外部的决策是正当的吗?

第一列可以被用来表明是否已发现足够的信息来回答这个议题。一些项目经理会添加第三列,该列用来标记"工件"或"文件",用来表明这个清单议题记录在文档中的位置。例如,它们也许会被记录在项目章程、责任矩阵或项目的商业案例中。

3.1.2　运用议题清单

当一个项目已经被选定,并且已经指派了项目经理时,他就沉浸在致力于尽可能多地学习项目意向及项目所处环境等一系列活动中。在项目启动时,可能会出现俗话说的"我们不知道哪些我们还不知道"这种情况。

在项目启动阶段使用议题清单,是一种可以使一个项目突破模糊性并开始变得清晰的方法,因此它应该运用在项目启动过程的早期阶段。

显而易见的是,不是所有清单内包含的所有议题都容易得到答案,这主要根据项目相关的复杂性而定。在一些案例中,可能会花费数周或数月的时间来寻找满足项目起始需求的正确信息。在整个启动过程中都可以使用清单作为一个指导,并且致力于减少模糊性,目的是发现成功启动一个项目的核心信息,并为项目团队进入计划活动做准备。

3.2　目标网格

我们随处能看到或听到关于描述项目失败率极高的报道。事实上，大多这些报道都出自顾问之手，其目的主要在于想向我们出售提高我们成功率的服务。然而，尽管情况可能不会像报道那样可怕，但报道中的结论也有一些益处。被确定为导致项目失败的一个因素是始终未能确定或记录项目成功的标准。

确认项目目标是项目经理经常会遇到的问题。许多情况下，一个项目经理必须定义他的项目成功的标准，这件事在大多数情况下是"说起来容易做起来难的"，因为项目成功通常在项目经理的权限之外，这事实上是一个组织高级发起人和领导团队的任务。项目经理也需要参加将项目目标形成文档的过程，但高级领导人需要定义项目成功的构成，因为最后，他们将会判断最终的成功或失败的标准。

由于一个项目经理要参加将项目目标形成文档的过程，因此，他必须参与项目发起人和干系人关于项目成功标准的交流，并将交流的结果作为一组项目目标进行记录并验证。

目标网格是一种有效的项目管理工具，可以帮助项目经理与项目发起人和干系人进行讨论并记录项目的目标。目标网格最初是为了帮助高级管理人员建立一套战略目标，但也可以用来帮助项目经理有效地制定项目目标。目标网格是一个简单的 2×2 矩阵，通过构造矩阵来帮助回答两个基本问题：你想要什么？你拥有它吗？通过对每个问题回答是与否，可以得出四类项目目标，这些目标主要围绕以下问题：

- 我们想实现什么？
- 我们想保存什么？
- 我们想避免什么？
- 我们想消除什么？

这四个关键问题促使我们以结构化的方式来思考目标，并从四个不同的角度思考目标，有助于我们清晰地获得项目目标并实现目标。

3.2.1 制定目标网格

创建一个目标网格是一个非常简单的任务。如图 3-1 所示的目标网格是一个 2×2 矩阵，沿竖轴是第一个要回答的问题："你想要什么？"沿横轴是第二个要回答的问题："你拥有它吗？"

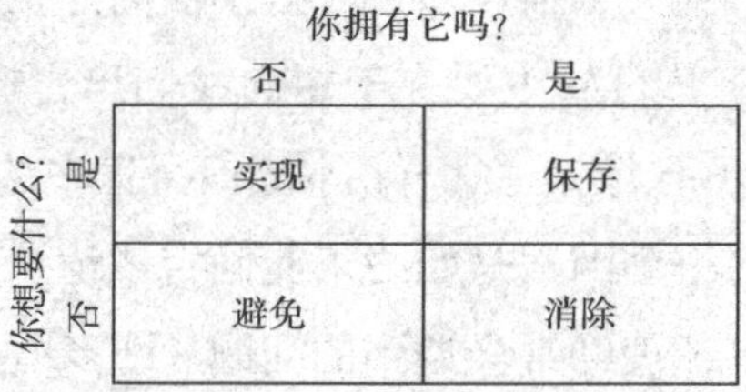

你拥有它吗？

	否	是
是	实现	保存
否	避免	消除

（你想要什么？）

图 3-1　目标网络结构

网格的左上象限设置为探索你想实现的目标。在这个象限中的目标意味着你想要这些东西，但目前还没有。

右上象限设置为探索你想保存的目标。在这个象限中的目标意味着你想要这些东西，并且且目前已经拥有它。

左下象限设置为探索应避免的事情，在这个象限中的目标意味着你不想要这些东西，并且目前还没有。

右下象限设置为探索想消除的东西，在这个象限中的目标意味着你不想要这些东西，但目前已经拥有它。

随着目标网格的基本结构到位，为了识别并将项目目标文档化，项目经理现在可以通过这种工具来使发起人和干系人之间的交流更加便利。

3.2.2 运用目标网格

使用目标网格主要包括四个步骤：从干系人之中收集他们对项目目标的想法作为目标网格的输入；将目标合并为关键的几个；验证目标与组织的价值、优势和战略的一致性；将目标网格作为项目指南使用。以下详细说明。

第一步：收集。这步始于识别哪些人将与项目目标的反馈相关，即干系人。任何项目的干系人都包括项目发起人，以及其他与项目成功或失败具有直接利益关系的人，这些个体都是项目的主要干系人（详情见第 15 章）。

对项目目标的反馈征集将会在一个工作会议中进行，会议有利于项目经理讨论与目标网格中每个象限有关的问题，或者进行一系列一对一的与每个干系人的讨论。上述两种方法中的任何一种方法都可以达到预期的结果，但通常也受到项目经理个人偏好及组织文化规范的影响。

第二步：合并。在项目目标收集完成后，通常会遇到记录的目标由于太多而无法实现的情况。这个时候，目标就不得不被合并成关键的几个。

首先，识别出每个象限中的重复目标，消除所有重复的目标并用一个最能代表成功本质的目标进行代替。其次，识别出相互冲突的目标，直接与高级发起人对冲突目标进行适当的处理。最后，每个象限内，将目标分进相关主题的小组，并且将每个小组的成功要素压缩成一个单一的、共同的目标。

第三步：验证。随着目标削减并合成一个可控的、有意义的集合，接着可以和你的发起人和干系人验证设定的目标网格是否充分定义了项目启动中的项目成功。

目标网格在帮助项目的干系人及项目经理考虑将目标分组成网格方面是非常有效的。但它不能通过它自己确保目标与组织的价值、优势和战略是一致的。因此，目标网格中的目标验证也应该重视目标与组织的价值、优势和战略目标的一致性。

第四步：用作指南。完成一个项目计划，项目经理要面对成百上千的决定。在整个项目计划和执行过程中，目标网格可作为指导，用以确保项目的决策能够与项目的目标保持一致，这将有利于预防一系列让项目逐步失去控制和远离项目完成的决策。

◼ 3.2.3　目标网格的优点

从使用角度来说，目标网格最大的优点就是制作方便、使用简单、灵活性强，可以引导正确的交流以充分确定项目目标。

从功能角度来说，目标网格也给项目经理带来了好处。因为结构不同，它可以通过目标识别逻辑进展，从而指导使用它的人。同时代替了只实现你想要的目标的单一网格，也能够引导交流聚集在你想要保存、避免和消除的目标。这样就给项目经理提供了一系列更丰富的项目目标。

通过前面所述的使用步骤，目标网格提供了一个经过检查和平衡的，与组织价值、优势和战略相一致的目标。这就为项目的正常运行提供了验证，即项目与在项目选择过程中得出的投资决策具有一致性（详情见第2章）。

最后，目标网格可以为项目干系人就如何定义项目成功达成一致意见提供有效手段。在项目早期建立共识比在项目生命周期的收尾阶段对项目是否成功进行争论好得多，这种一致性建设也会促使项目为组织带来更多的价值。

3.3 责任矩阵

从本质上看，项目开始时充满了模糊性所造成的绝对事实，即未知的信息量通常大于已知的信息量。因此，在项目开始时，对于项目经理来说，建立一个明确的目标是首要任务。

建立早期清晰目标的一个重要方面是搞清楚谁需要参与项目，他们将负责什么和他们将怎样参与。责任矩阵是建立项目要素与项目参与者之间关系的有效工具。

在项目开始时建立一个高水平的责任矩阵，会让项目经理在项目多方面工作层级的细节尚未确认时，更好地理解责任应怎样分担，这样做至少让项目的某方面变得更加清晰。

3.3.1 制定责任矩阵

在项目早期阶段，使用一个高层级的责任矩阵需要采取自上而下的方法来规划项目，而建立责任矩阵就犹如设计一座住宅或商业大厦。自上而下的项目规划方法始于创建项目架构。

1. 创建项目架构

术语"架构"是指概念结构和系统的逻辑结构。它包括系统中的各项元素及元素之间的关系。因此，项目架构包括概念结构和项目的逻辑组织两方面。

举个例子，图3-2给出了一个信息技术工程项目的项目构架，该项目主要负责将公司的劳务工作平台从桌面系统转移到笔记本电脑系统。它是一个包含项目组成主要元素的高层级的概念设计。

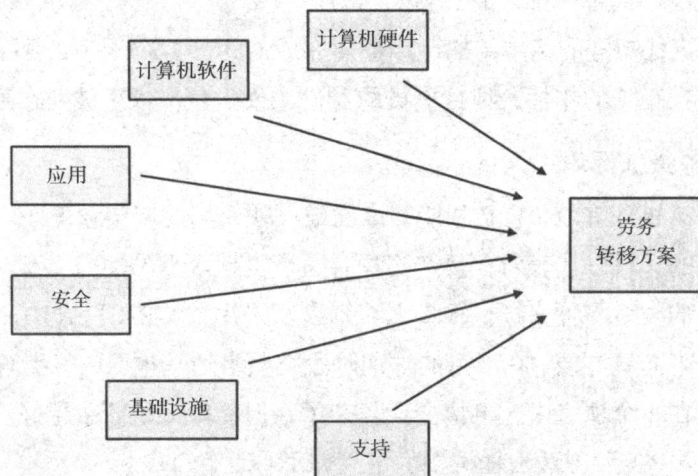

图 3-2　劳务转移项目构架

最初的责任矩阵包括对项目架构中包含的每个元素负责的人，这是一个良好的开端，但并不完全足够。为了从责任矩阵中获得更多的效用，还需要为项目每个元素确定主要成果和可交付物。图 3-3 描述了前面介绍的劳务工作平台建设项目的一个可能的初始责任矩阵。

	David	系统设计人	Marianne	Aaron	Bridget	Victor	Gina	Siva
硬件解决方案								
硬件定义								
硬件需求								
软件平台								
软件建筑								
软件需求申请								
系统安全								
基础设施定义								

图 3-3　初始的责任矩阵结构

2. 定义项目成员身份

随着项目架构和每个项目元素被定义，下一步将确定由组织中的谁（或合作伙伴组织）负责各项产出物。在项目早期阶段，一些项目成员的名字通常还尚未确定。在这种情况下，可以使用角色来代表某一项目成员，如可以采用研发项目管理经理代替一个人的姓名。

此时，责任矩阵的基本结构已经搭建完成（见图 3-3）。每个项目元素和嵌套结果被列在矩阵的左栏，项目成员的身份（或角色）依次被列在顶部一行。

3. 选择责任标识

为了使该矩阵有效，它必须能够准确地反映人们的期望和责任，这可以通过采用不同的、可以代表对项目产出物有适当责任水平的参与类型来实现。

参与者的类型多种多样。很多人特别喜欢采用"A-R-C"方法，因为这种方法使用起来简单方便。在项目的早期阶段有些事情是重要的，我们的主旨仍然是，即使在一个项目中，事情变得复杂了，但能做得越简单越好。

对于"A-R-C"方法责任类型的定义如下：

- "A"意味着该人批准项目。
- "R"意味着该人审核项目。
- "C"意味着该人执行项目。

许多人可能参与执行一个项目，但是通常只有一个人（如一个团队领导或研发项目管理经理）负责批准该项目。

4. 分配责任

开发责任矩阵的最后一步包括为每项项目产出物派遣的项目成员分配适当的责任标识。图 3-4 给出了一个在项目定义之前完成的责任矩阵。

	David	系统设计者	Marianne	Aaron	Bridget	Victor	Gina	Siva
硬件解决方案		A	C					
硬件定义		R	C					
硬件需求	A	R	C					
软件平台		R			A		C	
软件建筑		R			A		C	
软件需求申请						A	C	R
应用					C	R	C	A
系统安全	A		C	R				
基础设施定义	A	R	C					C

图 3-4 已完成的项目责任矩阵

在进行责任分配时，经常会遇到有些项目参与人被错误地遗漏的问题。在这种情况下，可以把这些人员的名字加在项目内，并分配给他们适当的责任水平。

◾ 3.3.2　运用责任矩阵

正如前面所述，在项目的早期阶段，项目中各种类型的关键参与人可以使用责任矩阵来进行记录和交流。在项目资源、预算和时间确立之前，我们就应该完成责任矩阵的建立工作。这意味着它是可以用来建立高水平的责任、项目所有权的组成及项目关键产出物的最好的工具。在项目的这个时刻，很多项目经理很自然地进入更细节的具体任务，但在这一阶段应努力避免这种情况发生。

最终，项目经理对项目相关的各种结果和输出，以及成功实现项目的成功因素负责。然而，将工作做得令所有人满意的责任需要大家共同承担。使用责任矩阵可以明确地显示责任是如何被分派和共担的。

一旦组织形成了责任矩阵，责任矩阵就必须由项目发起人进行批准，这些责任矩阵中所列出的人员和其他主要的干系人一样对所列活动负有责任，这一步最重要的是要在组织内得到广泛的认同。同样重要的是，如果一个项目有多个组织参与，那么这些参与的组织都需要对责任矩阵进行批准，从而避免对"由谁负责，负责什么"有不清楚或误解的地方。

把责任矩阵视为一个随着项目进展而变化的项目工具是很重要的。随着项目的进展，项目的参与者和责任都会改变，因此责任矩阵也需要随之变化。一旦项目产出物发生变化而导致项目的主要责任发生变化，则责任矩阵也需要进行更新，然后将变化传达给关键的干系人。

将责任矩阵作为当前项目状态的材料是一种很好的项目管理实践。如果上一次项目状态到目前为止没有发生变化，责任矩阵可以作为备用材料信息的一部分；如果上一次项目状态到目前发生了变化，责任矩阵的变化也必须包含在主要的备用材料信息中。

3.3.3   责任矩阵的优点

在项目的启动阶段使用责任矩阵可以加速帮助明确谁对即将开始的活动负责的步伐。在项目启动阶段，责任矩阵主要带来两项活动：定义项目的体系结构和关键项目团队的组成。若能在项目生命周期的收尾阶段之前对模糊性进行很好的管理，将对缩短项目生命周期的时间有很大好处。责任矩阵是项目经理的一项管理和减少这种固有的歧义的工具。

如前所述，一位项目经理不得不将任务或产出物的责任分配给与项目相关的其他参与人。责任分配必须经过授权，才能保证这项决策能够成功获得项目的产出物。采用责任矩阵记录已经分配的责任，会促进对责任进行必要的分配和确定授权，并与组织中的主要干系人和组织的高层管理者沟通责任的分配。

通过记录项目责任，可以明确各参与方或干系人的责任和权利，避免项目早期阶段的模糊性——隐含假设。这将促进组织内部成员对责任获得广泛的认同，并对项目最终产出物确定权威的决策和最终职责。这也同样适用于当多个公司同时参与某个合作项目的情况。

3.4   复杂性评估

许多项目都具备复杂性的特征。导致复杂性的因素包括：特征和综合能力的增加导致设计工作越来越复杂；开发和生产的过程导致在价值链中需要越来越多的合伙人或其他人员；为了满足顾客需求需要具有整合多种技术的能力，不仅需要准确满足交货，还需要对速度和灵活性进行改进；当前全球高度分散的商业环境要求工作发生在多个地点、多个时区。因此，描述和组合与项目相关的复杂程度的能力已成为执行领导人和他们的项目经理必不可少的技能。

如果复杂性评估工具是一个工具箱的一部分，从它的使用所获得的信息有助于从复杂性视角对项目组合中的项目进行平衡。对于项目经理，它有助于确定项目团队要求的一系列技能和经验水平，指导实施关键项目过程（如变更管理）、风险管理、应急储备管理，以及帮助项目经理调整其管理风格以适应项目复杂程度的水平。

◤ 3.4.1　制定复杂性评估

项目的复杂性评估的结构包括若干方面。首先，这些工具在企业中可以包括各种各样的维度；其次，复杂性的每个维度都将通过指定的标准进行评估；最后，将每个维度的复杂程度的得分总和加起来，得到复杂程度组合曲线。这条复杂程度组合曲线代表了项目多方面的复杂程度，图 3-5 就是一个项目复杂性评估的例子。

复杂性维度		低复杂性 ◄──────► 高复杂性				
		1	2	3	4	
商业环境	稳定性			×		不稳定
市场的新颖性	衍生性			×		突破性
财务风险	低		×			高
项目目标	清晰		×			模糊
需求	清晰		×			模糊
组织	层级型			×		矩阵型
技术	低技术含量		×			高技术含量
进入市场的速度	正常		×			闪电式
地理位置	本地化				×	全球化
团队成员	经验丰富	×				没有经验

图 3-5　项目复杂性评估案例

1. 决定复杂程度的维度

每个行业都有独有的特征，每个行业中的企业又是独一无二的，并且每个企业中包含的项目又是独具一格的，这意味着每个企业为了方便自己使用，需要定制一套复杂程度的评估工具。为了定制一套复杂程度的评估工具，项目经理通常需要先根据组织的具体特征决定复杂程度的维度。例如，技术的复杂性可能直接与产品、服务、发展中的其他能力或企业现存的资源中的知识和能力等方面的技术方面相关联；企业的组织方面的结构复杂性也有很多的次级因素影响复杂程度；经营复杂性包括企业运营所处的经营环境的复杂程度。表 3-2 给出了一个包含技术、结构和经营复杂程度三方面维度评价复杂程度的例子。

表 3-2　技术、结构和经营复杂程度的案例

技术复杂性	
低复杂性	**高复杂性**
对现有产品进行功能升级	新产品架构和平台设计
开发一个单个模块的系统	开发一个完整的系统
使用现存和已经被开发的技术	使用一项新的和未开发过的技术
结构复杂性	
低复杂性	**高复杂性**
团队在同一个地点进行协作	团队在不同的地理位置工作
成熟的过程和实践	临时的过程和实践
高绩效团队	低凝聚力团队
单一领域发展	多方面发展
地理位置单一发展	地理位置多元化发展
单一文化团队	多元文化团队
单个公司发展	多家公司共同发展
经营复杂性	
低复杂性	**高复杂性**
卖到传统和成熟的市场	卖到新兴的市场
客户或干系人善于接受	客户或干系人不善于接受
弹性的时间和资金要求	激进的时间和资金要求
现存的终端客户使用模型	全新的终端客户使用模型

2. 定义复杂性衡量的尺度

随着适合一个特殊组织和项目复杂程度的维度被确定，下一步就是要开发一个衡量每个维度复杂程度的评估工具。我们可以通过选择每个维度的评估尺度进行衡量。

可选择的衡量尺度比比皆是，我们选择一个在以前的例子中用过的衡量尺度，即将每个维度的复杂程度分为四个等级（1 级表示复杂程度最低，4 级表示复杂程度最高）。在确立衡量尺度时最重要的事不是去确立很多等级，而是对每个等级确定固定的评估说明，评估说明有助于在对每个维度进行复杂性评估时建立一致性的标准。

如果没有固定的评估说明，则每个评定者评定的等级是不同的，这将导致

不一致的复杂程度的评估。定义明确的固定说明有利于确保所有评定者根据一个一致性的参考框架去评估每个维度的复杂程度。

▟ 3.4.2 运用复杂性评估

如前所述，每个组织根据他们需要处理的具体复杂维度对复杂程度评估工具进行客户化。一旦复杂性评估的维度被确定下来，接下来需要根据确定的评估尺度对每个维度进行评估。

以图 3-5 中的例子为例，"进入市场的速度"评估的复杂性等级为 2 级（快速和竞争性）。一旦所有复杂维度都被评估完毕，则相加每个维度获得的分数得出复杂性组合，从而帮助直观地描述整个项目的复杂性。以图 3-5 中的复杂性组合为例，图中可以看出除了团队成员的经验（复杂程度最低）和团队地理位置的分布（复杂程度最高），其他所有维度的得分均为 2 或 3，从而得出项目的复杂程度为中等水平。

一般情况下，项目复杂性的评估工具在项目生命周期的早期就被准备好了。然而在高速的环境下，项目范围和商业环境可能经常发生变更，这就导致项目复杂性评估工具应该动态地利用和定期更新。如果一个组织中负责管理项目组合的高层管理团队使用这个工具来确定他们每个项目的整体复杂性水平，这对项目将是非常有利的。

通过使用这个工具，组织高层管理团队和项目经理可以很快对项目的复杂程度有一种认知。然而，应该小心防止结论中包含太多复杂的维度，在这种情况下，工具结构越简单，使用它就越有效。

▟ 3.4.3 复杂性评估的优点

项目复杂性评估工具的价值是多样的。首先，知晓项目的复杂性有助于对项目组合中的低、中和高复杂性的项目进行平衡。其次，复杂性评估有助于项目的计划过程，指导如何根据项目的复杂程度调整一个人的管理风格。

项目复杂性评估工具还有利于帮助高级管理团队确定项目需要的人员的技巧和经验，从而帮助他们选择团队的项目经理和主要的关键领导人，从而确保项目成功。除此之外，这个工具可能会影响为项目的预算和进度设置多少应急缓冲区——项目越复杂，项目风险越高，则需要的缓冲区越大。最后，这个工具可以帮助你确定在风险管理计划中需要确定的风险类别及风险的稳健性水平。

3.5 项目商业论证

项目商业论证有时候也叫"项目建议书"，是项目经理和高级管理人员从多种经营角度评估项目可行性的起始文件。项目商业论证主要用于证明项目将如何作用于经营结果，以及项目如何和组织的战略保持一致。

项目商业论证主要通过描述与战略一致的商业机会、市场或客户需求、技术能力和经济可行性等，确立项目的愿景。它还有助于对商业机会和风险进行平衡。项目商业论证可用于以下目的：

- 获得项目范围和商业成功标准的一致意见。
- 获得项目计划和执行的资金批准和资源分配许可。
- 评估得出项目组合中最好的项目。
- 获得项目生命周期中从启动阶段到计划阶段的通行证。

对每个项目经理来说，项目商业论证都是不可缺少的项目管理工具。

3.5.1 制定项目商业论证

一个项目的商业论证必须是正确的，这主要取决于在编制项目商业论证时有可用、公正、明确的知识，这需要以下方面的优质信息：

- 商业环境。
- 客户需求。
- 经营策略。
- 经营成功的标准。

商业环境和客户需求信息对于建立项目商业论证的基础是十分必要的。了解客户需求和商业环境的状态，才能进行经营运行的定位并提出不同的项目产出物。经营策略指定组织团队要努力实现的目标及项目授权承担的内容，经营成功的标准由高级管理人员来制定，衡量项目满足业务需求的初步可行性。

表 3-3 可以用作开发项目商业论证的指导，它给出了商业论证中所包含的最小的一组信息。

表 3-3　项目商业论证必须包含的要素

要　　素	描　　述
项目目的	一个预期的商业利益驱动项目投资需求的简要声明
价值地位	一个描述交付价值的简要声明（在条件允许的情况下可定量描述）
经营成功因素	一套定量衡量项目经营成功的因素
详细的成本分析	项目的投资成本
关键假设	成功实现项目目标的过程中预计将发生的事件和情况
项目时间表	关键的项目里程碑事件及对关键干系人的时间期望
风险分析	对影响项目经营收益的风险进行深入的分析

1．描述经营机遇

这一步主要包含两个步骤：首先，对该项目将带来的收益进行描述，重点是经营效益；其次，描述项目从商业角度来看将给组织带来的价值。

经营效益是一份总结了公司期望从投资项目中得到什么的说明，主要可以为以下三个问题提供答案：投资这个项目将获得什么经营收益？该项目有助于组织实现哪方面的策略？该项目将获得市场上哪方面的机遇？

实施某个项目的目的是为组织战略的执行提供坚实的基础，这也是所有项目价值地位说明的基础。前提是，如果项目符合公司的战略，它们将更好地支持组织战略的目标。

战略的有形的表达方式是将战略定义为具体的、可衡量的、可实现的、相关的和基于时间的目标，人们可以通过这种战略说明书去评价某个项目在多大程度上支持组织的战略。在项目商业论证的价值地位声明中，应该包含对项目如何支持组织的一项或多项战略实现的描述。此外，还需要包括项目结果如何满足客户和市场需求的相关描述。最后，这一步还需要包括项目产出物中将包括的正在开发的任何新技术。

2．定义经营成功的标准

定义经营成功的标准应在项目启动阶段完成，并记录在项目的商业论证中。经营成功的标准可以确保产品、服务或基础设施的能力的开发是支持关键经营目标的，如盈利能力、时间效益、生产力的提高和技术进步。

3. 进行成本效益分析

项目商业论证的核心就是对项目成本与效益分析的结果进行可行性评估。成本效益分析应该用可量化的条款识别有形和无形的效益，如获得的收益或节约的成本、节省的时间和毛利率的增加。成本效益分析应该能够回答下列问题：这个项目实施的成本是多少？这个项目将能为公司提供的最低贡献是多少？这个项目的产出物能否实现特定的经营目标，值得投资吗？

4. 列出关键假设清单

在项目启动阶段，工作的大部分重点是试图预测未来会发生什么。为了做到这一点，就必须对未来进行一系列假设，假设为了成功实现项目的目标预计将发生哪些事件和情况。每个项目的执行者及每个项目的干系人在脑海中都会对被启动的项目有一系列的假设，用来指导他们的未来愿景。通过明确地列出项目的关键假设，项目经理为未来将如何发展建立了共同愿景的假设。在项目商业论证中，讨论一系列的关键假设与成本效益分析同等重要。

5. 分析项目风险

在最后一步，所有可能影响项目经营成功的潜在风险事件都已经被识别。在项目的这个阶段，是从高层级上看已知风险，然后对风险事件进行分析，针对高级别风险列出减少风险产生的后果和降低风险发生概率的计划。风险分析应回答以下问题：

- 这个项目成功的可能性有多大？
- 为了提升项目成功的概率，将会采取哪些措施？
- 如何对已知的风险进行避免和消除？
- 风险等级是否阻止项目的持续投资？

■ 3.5.2 运用项目商业论证

项目商业论证的报告需要提交给最高管理层干系人，以便在项目生命周期的启动阶段接近的最后时刻启动最终投资和资金的决策，并为项目章程提供主要内容。

虽然项目商业论证在项目的启动阶段就已经首次开发了，但它应该被视为一个在项目生命周期中灵活变化的文档，主要指导项目的跟踪和治理。项目商业论证和市场或顾客需求文档共同形成了项目计划的基础。项目商业论证需要根据需要进行更新，并作为计划审批工具的一部分。

在项目实施过程中，商业论证可用于决策为哪项大型支出（如工程的工具）拨付资金。最后，项目商业论证的信息可以用于项目回顾，用于评估是否成功地实现了经营目标。

■ 3.5.3　项目商业论证的优点

一个良好的项目商业论证可以为项目带来很多好处，主要有四个方面：首先，项目商业论证可以为"这个项目将如何帮助我们公司满足其经营和战略目标"这个关键问题提供答案，从这个意义上说，它有助于公司的高层管理者在考虑投资选择时做出有效合理的决定。其次，项目商业论证可以基于多项经营的视角，建立战略目标和企业执行产出物之间的一致性。再次，项目组合中的所有项目持续使用项目商业论证，通过使项目组合评估的一套一致的标准，可以使得项目组合的管理过程更加有效。最后，它确立了愿景或未来的状态，有利于项目的计划、执行和交付项目的产出。

3.6　项目章程

每个项目，项目经理都需要一个有效的方法来定义必须完成什么工作并对该项目如何实现其目标进行沟通。项目章程是对项目进行正式授权，并作为项目经理和组织之间协议文件的一种工具（见表3-4）。

项目章程通常由经理之外的人批准授权，有部署项目组织的权力。当项目经理对项目团队成员和其他资源没有直接的权力，但又需要对项目产出物负有责任时，项目章程显得十分重要。在这种情况下，如果章程是有效的，则可以使得执行经理对于资源有所控制。

表 3-4 项目章程案例

项目名称:	伊利诺伊州立大学校友录网站
项目经理:	Jen Cosgrove
项目发起人:	Dan Seales

项目任务

　　项目将为伊利诺伊州立大学校友录协会当地分会提供网站,该网站将被作为校友录协会会员的社交网络、信息交换和学校存储的一种资源。

项目目标

　　校友录网站是帮助在读大学生与已经毕业的校友进行交流的新途径。将要开发的网站主要有三项目标:建立一个强大的校友社交网络;为大学生提供一个交流活动、信息、需求的门户;建立一个学术研究信息库,供校友下载和上传研究成果。该项目于 2017 年前完成,并且成本不超过 60 000 美元。

项目范围

　　该项目的范围包括设计、开发、测试和试运行一个可正常运作的网站。该网站包括四大功能:校友信息和导航首页;社交网络页面;学术研究知识库;校友活动界面。

依赖关系、风险和假设

依赖关系	风险	假设
• 预算审批	• 先使用的开源软件	• 不需要附加的安全软件
• 可用的 IT 资源	• 进度计划具有挑战性	• 开源软件可以利用

重要里程碑

- 使用研究完成
- 网站设计完成
- 原型开发完成
- 开发完成
- 运行测试完成
- 试运行完成
- 30 天回顾完成

发起人和项目团队

- 项目发起人: Dan Seales
- 项目经理: Jen Cosgrove
- 用户体验设计师: Lynda Carmody
- 网站开发人员: Ajit Chattergee
- 网站开发人员: Faribe Rezzanie
- 质量保证人员: Will Torday

预算和竣工日期

预算: 60 000 美元

竣工日期: 2017 年 8 月 1 日

批准

项目发起人: _____

项目经理: _____

财务经理: _____

◾ 3.6.1 制定项目章程

当对项目章程和范围说明书的信息类型进行比较时，你会发现很多相似之处。两者都包含相同的元素，如项目目的、目标和里程碑，但是二者包含的这些元素的详细程度略有不同。

更准确地说，由于项目章程是一种授权工具，而不是一种计划工具，所以它包含的细节较少，只对项目团队进一步进行详细计划进行了授权，而一份详细的范围说明书是计划的组成部分。自然而然，项目范围说明书比项目章程在这些方面细节更多一些。

1. 收集输入信息

发行一个项目章程是一项重要的决策，因为它为组织目标的实现提供资源保障。正因为如此，为了更好地制定章程，组织愿意提供更多的信息，这些信息必须包括以下几点：

- 项目目标。
- 项目需求。
- 项目商业论证。
- 项目选择信息。

项目是组织需求传达的交通工具，因此项目目标不能被盲目夸大，所以理解支持这个项目的目标是极为重要的。如本章前面所述，目标网格中所包含的信息可以为项目章程提供足够的内容。此外，为了使得项目成功，项目的需求需要被文档化、被大家所理解，并给予相应的反馈。同样，为了合理地评价一个项目的可行性，你需要在项目的选择过程中开展并完成项目的可行性研究。

2. 定义项目任务

在章程定义"项目应该完成哪些内容"的过程中，"精确"和"清晰"是两个主要关键词。无论是小过程改进项目还是数十亿美元的半导体晶圆厂项目，项目章程通常都可以用简单的几句话来描述。项目章程的表述可以用设计、原型设计、编程等项目的主要任务来表示，也可以用"开发一个新产品平台"这种简单的指令来表示。

为表达项目的完成预期，我们使用了"项目任务"这个术语。项目任务具有重要意义，这也是它经常被使用的原因。有时候经常用项目目的或项目派遣来代替项目任务，虽然少了一些庄重，但还是非常合适的。采用哪种术语更合适往往取决于组织的术语。

项目任务中包含了理解"项目实施的驱动因素是什么？项目能否提高客户满意度？能否进入一个新的市场？能否增加市场份额？能否开发新的能力？"等。在战略层面上，项目可能有多种不同的存在理由，关键是我们应该将其理解和表达出来。

一旦我们抛开项目战略的视角进入战术的领域，很多项目团队会纠结于项目目的究竟是什么。他们往往会认为小项目很容易实现项目的产出物，然而事实并非如此。与任何其他的项目类似，小项目的存在是为了完成一些战术收益，从而支持组织实现战略经营目标。例如，当你购买并安装一件新工厂设备时，这项活动的经营目的不是购买并安装新设备，相反，其目的可能是提高运营效率和降低制造成本。同样，一个开发标准化项目管理过程的项目的目的并不是开发过程本身，而可能是持续地、不断重复地改善绩效。

3. 定义项目目标

根据项目的本性，可以大体上定义"项目任务"和"经营目的"。为了给项目团队提供更多的具体指导，项目章程需要定义具体的项目目标（见案例"目标是否有弹性"）。这些目标至少要包括进度、成本和质量目标。其中进度目标是你期望的项目完成的日期。要记住，如案例"目标是否有弹性"中目标网格描述的一样，在管理过程中不仅需要关注你想要达到的目标，还需要关注你想要保护什么、预防什么及消除什么。对于每项愿景，也许都有重要的项目目标与之相联系。

是否需要挑战性目标

项目章程中的项目目标是如何实现的？是否需要在项目章程中制定挑战性目标？经验表明，那些设定了挑战性目标（通常很难实现）的项目，比常规项目（目标容易达成）的结果更好。如果项目是纯粹的绩效驱动型，那么就制定挑战性目标。

在谷歌，许多项目经理故意在他们的项目章程中制定挑战性目标，因为公司文化赞同这种行为。如果他们没有达到他们的延伸目标时会发生什么？有一个项目经理这样描述："没有一个项目发起人会因为这种方式让成员退出，制定挑战性目标是为了让你更加努力工作，尽力做到最好，即使没达到挑战性目标，也不会被处罚。"

所有公司都会这么做吗？有一个电子商务软件公司的项目经理这样介绍："如果制定了挑战性目标却没有实现，那么挑战性目标很有可能会对下一次绩效评估造成影响。这就是为什么我们公司的员工都在采用常规目标的原因。"可以看出，是否制定项目挑战性目标取决于公司文化及成为行业标杆企业的欲望。

4. 描述范围

项目章程应该包括建立一个简要的范围说明书，通过阐述、确定并将项目工作和发起人的经营目标联系，从而为项目团队和项目发起人之间形成一个协定。

在项目周期中，一份好的范围说明书对引导项目经理的决策起着至关重要的作用。在项目前期，能够文档化的信息越多，当你不得不去处理项目中出现的关键决策时就会越适应。

5. 列出依赖关系、风险和假设

启动项目章程这部分的工作主要是列出影响项目进一步计划和实施的活动的主要依赖关系，例如通过遴选委员会批准项目预算或资源的可用性。正常的组织行为是去验证项目章程中预期的工作即将开始，将这些类型的依赖关系形成文档是非常重要的。

如果有项目活动在开始之前就出现了重大依赖关系，最好将这些依赖关系列在项目章程中，从而增加对成功的项目开始的理解并提高成功概率。

同样，最好能够列出任何已知的对项目影响大或发生概率高的风险事件。在项目的这个阶段，有很多与项目关联的可能性和机会值得期待；但同时也需要花一些时间对项目带来的负面影响进行思考，从而识别哪些也许是错的。这将是项目经理要求项目发起人提供援助以克服或消除高层级的风险事件的一次机会。

最后，列出与项目相关的关键假设。在项目启动期间，所有的活动和计划产出物都是在未来将如何发展的假设基础上预测得出的。由于未来的发展很可能与假设不一致，这就导致有些早期的假设是不正确的，这也就意味着与不正确的假设相关联的活动和产出物可能需要在未来进行调整。在项目章程中列出主要假设，使得假设是可见的，从而可以在项目进展过程中对其进行跟踪和验证。

6. 明确提出项目主要里程碑

主要里程碑包括在指定的日期完成一些特定的任务或交付物，并经常被要求包括在项目章程中。在这里"主要"是关键词，必须限制主要里程碑的数量（一般来说都是 3 ~ 5 个），只有绝对重要的才属于主要里程碑事件。换句话说，对项目章程的目标进行细节描述，或者开发长长的里程碑列表，都是不必要的，尤其在项目启动阶段的早期。

7. 确定项目发起人和项目团队

发行项目章程的一个目的就是宣布与项目相关的主要干系人的名单，包括团队成员。不过，能否立即识别出所有的团队成员并不重要。这里的期望是，职能部门经理将在项目章程发出后提名本部门的成员参与项目。

在一些组织中，主要的项目都要利用项目发起人的支持，项目发起人为项目团队提供支持，确保职能经理履行其对项目拨付资源的承诺，并为项目与客户搭建沟通的桥梁。通常，项目发起人是一个对预算和资源拥有权限的高级管理者。对于较少的战略驱动项目，项目发起人也可能是一个中层管理者。无论项目发起人是高级管理者还是中层管理者，发行项目章程是公布项目发起人名字的一种便捷方式。

8. 包含项目预算和竣工日期

项目章程需要明确规定项目的预算分配，以及项目预计完成的日期。成本和进度通常是项目的两大主要限制，因此，需要被提升到项目章程中进行签署和批准。

9. 项目审批

作为一项正式启动消耗组织资源的授权文件，项目章程必须包括即将受雇于该项目的成员的姓名、职务和个人的签名，签名至少包括项目发起人、项目经理及组织财务或会计部门的经理。

10．涉及的支持细节

项目章程必须用简洁的方式陈述一个项目的决策，使其一目了然。而为什么进行这样的决策的选择过程可以并不明显。决策是基于战略和战术信息计划、高层级的项目需求、项目建议书及项目选择方法的项目选择过程的结果。为了使得决策的结论更为可信，需要在项目章程的文件中提及这些内容。

■ 3.6.2　运用项目章程

在正式的项目管理开始时，项目章程就被用在了大型项目中。因为大型项目需要来自不同职能小组的大量的组织资源，而项目章程可以使得管理更具有逻辑性，所以经常被采用。同理，由于跨职能部门的小型项目也会从各种不同的职能小组中获取资源，所以项目章程也同样广泛运用于其中。

但是，对于非跨职能小组的小项目，签发项目章程是非常罕见的做法，除非职能部门的成员不能很好地搭配，虚拟现象越来越多。后面的案例"章程的需求"，就是不同企业情境中利用项目章程的例子。

尽管绝大多数企业现在都在采用项目章程，但并不是所有企业都会在项目生命周期的同一时点创建项目章程。有些章程是在项目选择过程中创建的，在可行性研究之后就立即完成了。当在项目生命周期的这个时点创建项目章程时，项目章程可以包括可行性研究的结果，以及所依据的假设和限制条件。大多数组织在已经选定项目并已经分配了项目经理之后创建项目章程，在这种情况下，项目章程包含部分或全部的可行性研究的结果，以及所依据的假设和限制条件。还有一些组织在详细计划已经完成且项目计划已经被批准之后才创建项目章程，当在项目生命周期的这个时点使用项目章程时，项目章程包括对项目详细计划的一个概括性的描述。

无论项目章程在什么时候创建，项目章程都是项目经理和执行发起人之间的一种协议，组织中将要支持项目的所有职能小组或部门都应该被正确、及时地通知到项目开始的信息。基于此，需要将信息都在项目章程里发布。

■ 3.6.3　项目章程的扩展

在实践中，项目章程表现出了很多的变化和细微差别，其中包括名称、包含的内容、使用模式和形式。例如，有些组织称之为"项目授权通知"，还有的组织称之为"项目出生证"。无论何种称谓，项目章程意味着项目诞生了。

从内容上说，有的企业制定的章程包括主要里程碑的有关预算和进度，如表 3-4 中项目章程的例子。还有一些，尤其是规模较小的项目，利用项目章程宣布项目的目的、项目的启动、团队成员组成和执行发起人。

■ 3.6.4 项目章程的优点

项目经常会要求组织安排跨越职能界限，在这种跨职能的方案中，职能经理拥有资源，这时候使用项目章程有利于交流项目的需求并向职能经理提出资源请求。这实际上定义了具体资源、项目需要资源的数量和时间，以及谁将为提供资源负责。除了这些组织的合法行动外，项目章程还可以帮助项目得到能看得见的项目开始和目的的声明。

项目章程最主要的好处是，它是项目经理和执行发起人作为一个团队来执行项目的一份协议或合同，从而有利于通过执行项目达到项目商业论证的目标，并利用组织资源使组织的经营收益最大化。

章程的需求

你需要对所有项目创建项目章程吗？一家美国本土的领先卡车制造商的新车开发项目花费数月的时间创建项目章程被认为是很正常的。在投入了数百万美元之后，公司开发了范围、成本和进度等多方面的方案，并在启动工作之前进行仔细评估，在项目章程的详细内容都获得保证之后才开始推出。这种项目的发起人通常是企业的副总裁。 相比之下，同一公司内的一个主要信息技术升级项目，通常用包含一长句话的项目章程开始项目，并将其通过电子邮件发送给提供资源的职能经理。项目没有指定发起人，在项目计划之前并没有太多的项目章程。任何重大项目（消耗资源超过 1 万美元）必须起草一个项目章程，而投资低于 1 万美元（通常由一个职能小组完成）的项目则无需章程，原因在于起草章程被认为是不必要的步骤。这是一个很好的关于决定是否所有的项目都需要章程的例子。项目是否需要章程需要考虑项目的规模、复杂性，以及其跨职能的程度。

第 3 部分
项目计划工具

第 4 章

项目需求

良好项目的计划与执行中最重要的一方面就是需要一系列综合、明晰、有效的要求。当需求产生的时候，可将需求进行文档化。大量事实表明，导致项目失败的因素有：投资者缺乏投入或财政困难；没有充分理解来自客户的声音；拟解决方案的需求包含不适合的文件和有效措施等。

项目管理协会（PMI）将需求管理定义为：需求管理是指对需求进行计划、监控、分析、沟通、控制，这是一个贯穿于整个项目的连续过程。这涉及在项目的整个过程中，项目团队成员和干系人对需求的变更进行调整。

从广义上说，"需求工程"（Requirements Engineering）集中于整个项目周期中，使用系统、重复的过程来确保需求方案解决办法被找到、被文档化和被包含。本章我们会详细介绍项目规划中四类与需求有关的活动，以及支持这些活动的工具，它们是：

- 需求来源——收集投资者的需求和确保消费者的声音被捕获。
- 需求分析——评估、磋商，确保需求正确。
- 需求规范——把需求文件化。
- 需求确认——需求质量评估。

需求工程的目的在于确保项目能够完全满足解决方案的内外部用户的预期目标。我们很多人都经历过如下情形：由于没有正确定位关键消费者的需求而导致项目失败，最好的结果也是对工程项目产出物产生了不利影响。

首先，我们必须搞清楚什么是需求。一份需求需要陈述解决方案必须做什么（功能需求），需要做到什么程度（质量或非功能需求）。最简化的需求格式就是任何驱动设计选择的因素。一份好的项目需求为了满足客户的期望而建立，对解决方案必须做什么有一个清晰、普遍和条理分明的理解。项目需求的底线就是它是项目建立的基础。

PMI 在 2014 年的一项深入研究中，通过对 2 066 名项目经理、项目群管理者和业务分析师调查得出，47% 未成功实现最初目的和经营目标的项目都是由需求管理没到位引起的。这些失败被确认为是由没有充足的资源、没有充分的技能开发、非正式的过程和时间、缺乏高级管理层对项目需求管理重要性的理解和支持导致的。相比之下，成功运营项目的企业意识到了项目需求规范的重要性，并更可能创建正式的过程，从而对他们的项目需求进行收集、记录和管理。

最主要的结论就是在前面项目需求的定义和理解上花费的时间越多，项目的预测成本越多，来自消费者和用户的观点对于成功实现解决方案的可能性越大，实现项目财务和经营目标的机会越大。项目需求是系统建立的基础。

开发和管理项目需求是一项艰难的工作，没有捷径和神奇的解决办法。本章的目的在于帮助读者理解项目需求的过程，并识别出用来支持这些过程的具体工具，根据不同的资源可以有许多可用的项目需求工具。在本章，我提供了一些技术和方法，这些工具将为项目提供最大的效益。这些工具可被用来设计整体的工作，指导你通过计划与干系人进行最早的交流；帮助你做出清晰、简明、连贯和可测量的需求；给你提供一个模板去有效地核实需求，从而提高项目质量。这些工具应该成为每个项目经理的项目管理工具箱的一部分。

4.1　启发式计划

在项目的最初阶段，可以通过许多方法从干系人那里收集项目需求。许多团队没有花费足够的时间收集项目需求，而是直接进入了起草项目需求的阶段。在项目周期中，这些行为导致错失了主要项目需求，没有进行决策的完整信息及多次范围变更。

收集项目需求最重要的工具就是启发式计划，这种计划是从干系人那里收集项目需求的最好方法，并允许项目团队把他们会使用的方法文档化来确保涵盖所有可能的资源。这个计划不需要太长，也不需要太复杂，但是细节水平必须与项目的风险和复杂程度相一致，其中项目的风险和复杂程度由工程的类型、干系人的数量、团队的经验等来决定。

为什么需要花费时间将计划进行文档化来收集项目需求？许多团队都陷入了一个误区，他们认为只有一小部分干系人有他们需要的信息，所以在进行需求讨论时只让这一小部分人参与，并只与这些干系人建立关系。若对谁是与项目有物质利益关系的人没有理解性的、整体性的视角，将导致错失一些干系人，因此错失一些项目需求。反之亦然，采访每个干系人是无法实现的，所以应首先确认关键的贡献者，然后压缩名单的范围，从而能够全面地理解需求，并能够节约团队宝贵的时间。可以采用采访、集中小组讨论和调查等方法。

图 4-1 为简化启发式计划提供了一个模板。如果合适的话，可以根据项目自身的规模，或者团队是否具有类似项目的经验等，对启发式计划的主题进行适当的增加或减少。同时，启发式计划也可以根据团队的需要和深入讨论的结果进行简化或概括。需要注意的是，收集项目需求并不是项目的全部计划，这只是启发式计划中的一个具体计划。

4.1.1 制订启发式计划

启发式计划的创建可以采用简单的文字处理或电子表格软件。以文档的名称、版本号和日期开头，列出启发式计划的主要需求发起人和关键贡献者，接下来花足够的时间列出下面五个关键项目。

1. 要解决的问题是什么

为项目将会遇到的问题和机会提供一个清楚的解释。这通常是高层级的，因为一般一个启发式计划在项目周期的早期阶段提出，而该阶段项目的范围和假设还尚未定义。一般将启发式计划与有关的使用环境和经营内容的相关信息进行结合，从而形成该项目的项目范围和章程。

项目启发式计划			
项目名称：**高原项目** 版本：**版本 1.0** 日期：**2016/3/22**			
需求发起人与关键贡献者			
主要发起人：Simon B., Phillip C., Christine H.			
关键贡献者：Carry M., Nesli S., Carl W.			
介　绍			
问题陈述：			
启发式战略和过程			
战略和过程：和三位关键顾客举行小组访谈，依据一系列回顾原型，在五个场所直接对终端用户进行观察			
干系人清单			
干系人姓名	目前的角色	启发技术	期望的产出物
Jim Johnson	医疗提供者	小组访谈	对关键特征进行反馈
进度与资源			
项目	进度估算	资源	不确定性范围
小组访谈	5 周	Jim, Sury, Pat	2 周
假设与风险			
风险	风险大小	发生可能性	缓解计划
干系人进度	大	高	追加 2 周

图 4-1　简化的启发式计划模板

2. 收集需求的战略是什么

确定团队收集需求工作的高层级目标和关键策略。大多数收集需求工作取决于交谈。当然，交谈对于收集需求很有帮助，但是除了交谈以外，还有很多更有效的手段去征集干系人的需求（详情请见"提出需求的手段"）。

提出需求的手段

访谈：通常一对一或以小团队（3~4 人）形式进行。关键干系人被邀请去参加启发式计划的会议，并且提出需要的、想要的和期望的问题。关键问题应该在与他们见面之前，根据你所期望获得的需求类型来决定。有许多方法去提问，一般情况下，你要问一些开放式的问题，让他们开始并深入探索需求方面的问题。

进一步讨论：把大一点的团队（5~10 人）聚集到一起，在主持人的带领下引出需求。这样做的目的是能比花时间单独与干系人交谈更快速地了解需求。

调查或问卷调查：当你要了解需求时干系人在不同的地方的时候，调查或问卷调查是最好的方法。由一位调查方面的专家开发问题是最好的，这样你就可以得到你所需要的信息。

原型法：建立一个初始版本的解决方案，通过了解更多的用户喜欢哪些功能或不喜欢哪些功能对初始版本进行证明，用反馈的信息去改变原型，并且把它再展示给用户。这种重复的过程可以实时反馈和更好地理解需求。

使用案例：把案例故事化，更容易为用户描述和理解。案例法仅能描述功能（系统必须做的），而不是实现功能。记住，采用案例并不是必需的，但是对收集细节的功能性的需求有帮助。

更改请求：要求运用日志来介绍客户和最终用户对当前解决方案的答复。系统改进和错误报告对于可能性的需求而言都是很好的资源。

观察：观看用户如何执行他们的工作，对了解从开始到结束的当前流程是非常有帮助的。通过询问，可以更好地理解他们遇到的问题或希望的与众不同的解决方案，这都是一些寻找需求的很好的方法。

头脑风暴会议：用头脑风暴会议去帮助发现需求，从而解决之前没有完成的问题。邀请杰出的专家来参加会议，并且让他们对结局的方案可能是什么样的来进行头脑风暴。允许优秀员工用充足的时间参加，然后让他们对这些意见的优先级别进行排序，得出哪些方案是应该进一步实施的。将优先级别最高的方案作为需求的初始集形成的基础。

另一个非常有效的获取项目需求的技术是客户声音（Voice of Customer，VOC）技术。"客户声音技术"这个词语描述了从给定的消费者或目标群体那里获取想要的、需要的和要求的关键细节的过程。

客户声音通常是不一致的。不同的客户声音反映出不同的需要，在一个组织内会有多种客户声音。例如，一个组织在讨论一个要购买的产品的时候，购买部门、产品最终用户、产品支持者和维修人员都会发表各自的意见。必须要去聆听、考虑，并且去平衡各种各样的声音，然后形成真正成功的解决方案的合适需求。

客户声音应该从内部和外部两方面获取。外部客户是指购买设计和开发的产出物的人，如新产品和服务的购买者。内部客户通常是同一组织或公司内的个人，是指新开发的系统、服务及其他由项目团队设计和开发的功能的接受者。一般情况下，内部和外部客户展示了相同的特征。因此，小组中的团队成员在对待内部和外部客户时，在确认、了解和描述项目需求方面必须达成统一。

了解客户声音需要避免的事情

项目中最好不要让技术的执行左右需求，因为这样工程师找到的兴趣可能不是客户和最终用户所找到的兴趣。

销售团队可以代表客户。销售团队在客户那里听到的消息有利于引出需求并进行讨论。花费时间获知已知的更广泛的市场和竞争可以验证销售力量是什么。

CEO 这样说："有的特性是很难忽视的，特别是来自企业高层的特性。关键的执行者也许试图根据他们自己的观点来影响需求的判断。收集证据来支持为什么他们提出的需求是好的或是不好的！"

3．需要与哪些干系人进行讨论

需要花费一定的时间通过头脑风暴法得出团队需要的干系人的名单，这是进行启发式计划的重要方面。

列一个简单的表格，里面包含干系人的姓名、目前的角色、在启发过程中可能采用的技术，以及能在规划过程中帮助明确干系人需求的输出或结果（见表 4-1）。

表 4-1　干系人名单案例

干系人	当前角色	引出需求的技术	期望的产出
Jim Johnson	经营分析师	访谈	反馈关键特征
Suzy Smith	首席工程师	原型法	验证使用是正确的
Pat Pink	市场营销主管	观察	得到"内部"观点

4．确定进度和资源

估算启发式计划的进度和资源需要是很重要的。就像完成任何其他活动一样，需求收集需要资源、时间和完成的预算，以及为每个关键干系人估算不确定性。

5．列出假设和风险

在决定收集需求的计划时，需要花时间去证明所有的假设。因为假设往往会很自然地变成"大事"，并且会多次超出项目小组的影响和控制范围，因此"假设"可以很容易地转换为一个"风险缓解表"。除此之外，还应该有一个深思熟虑的缓解和管理策略，对类似于压缩进度计划、资源限制、指导关键小组需要的差旅费，以及其他与原型或参与者观察相关的成本风险予以重视（详情请见"减轻收集需求风险的小贴士"）。

> **减轻收集需求风险的小贴士**
>
> 头脑风暴法会有很多假设（如是否能找到所有的关键干系人且所有的干系人都很乐意讨论项目）。与关键的干系人分享所有头脑风暴清单，去发现一些与头脑风暴清单相关联的新假设且证实任何隐藏的花费。
>
> 当你相信你有一个可靠的清单时，将每个假设转变为风险，并且在启发式计划中将其文档化。
>
> 把注意力集中于启发式计划中与进度、资源和质量相关的高风险事件。
>
> 确定如果风险成为现实的可能影响。
>
> 记录风险发生的可能性（高、中、低）。
>
> 如果风险成为现实，其对项目的影响如何（高、中、低）？
>
> 你需要使用哪些风险消减和管理战略？

◾ 4.1.2　运用启发式计划

在项目中很早就花费时间去充分地理解并证明一个启发式计划将会节约宝贵的时间。投入一些时间去讨论步骤和战略，从而引出需求，将项目需求从项目计划中分离，将会得到下一层级的细节，节约项目的总体时间需求。如果你想节约时间，最好的方法之一就是保证对于收集需求的时间分配是有效的。由于团队最开始没有一个计划，经常会出现团队花费过多的时间与一个错的人交谈、从同一组织或团队的干系人收集重复的要求，或者在项目中很晚才意识到他们必须分配更多的时间去与被他们遗忘的新干系人进行讨论。

开发一个启发式计划越早越好。项目一旦被指定一个项目经理，他就应该开始开发启发式计划。首先，通过两三个关键的贡献者开始一个 90 分钟或 2 小时的启发式计划需求启动会，讨论启发式计划的每个部分。将你所听到的记录下来。你会使用这些时间去保证你和你的团队真正理解为了收集需求将要进行哪些工作。

不要被图 4-1 所展示的内容领域所束缚，并且要尽早进行描述。制作自己的启发式计划去适应自身的特殊需求。你的计划里应该考虑的其他信息应该包括：

- 市场和经营的内容。一个高层级的市场描述，以及它如何与项目的经营目标互相影响。
- 系统领域。描述解决方案即将运行的环境与条件。例如，如果你希望建造一个移动通信装置，你必须理解它会被使用的环境与条件。建造一种无人驾驶的汽车，你必须理解汽车产业、制造过程，以及汽车如何被使用。
- 输出。给出努力可达到的预期可交付物。例如，用例草稿、已完成的顾客调查和采访稿等。
- 开放式问题。在启发式计划中信息不清楚或不了解的地方做标记。或者采用更好的方法，在准备实施计划的结尾处创立一个以"开放式问题"为标题的表格。把所有的测量条目在"开放式问题"中逐一列出，以便寻找、跟踪并解决。

一旦细节被文档化了，项目发起人将对启发式计划进行检查，并批准范围和团队做出的任何有效假设。还有一种更好的方法，就是在早期阶段将假设从表格中分离出来，以便进行处理，并且有充足的范围可以成功收集已经了解和同意的需求。

■ 4.1.3 启发式计划的优点

花费充足的时间去充分理解将要采取哪些措施收集需求，具有重大的价值。花费一些时间开发一个启发式计划有四个好处，即使它仅有几页：

- 保证你会花费时间在"正确"的干系人身上。如果没有一个深思熟虑的计划，当你发现你错过了一些重要的干系人或从干系人那里获得的消息没有提供正确的反馈时，可能为时已晚。

- 使用正确的技术去收集需求。花费时间确定正确的启发式技术（如访谈、问卷调查、原型法等），从而帮助你确认你得到了最可能的一组需求。很多需求团队开始与那些现存的用户进行会谈，然而很多特殊的解决方案并没有用户，因此需要有一个形象化的跳跃过程。当用户被告知去帮助设计一个从未看过或使用过的解决方案时，采用访谈的方式收集项目需求就会是一种无效的方法，而这时采用原型法会形成更好的洞察力，但是需要时间去开发、测试和交付原型，然后使用原型去做正确的事情。没有一个可靠的启发式计划，这些被认为花几天就能完成的工作可能需要几周才能完成。

- 分配正确的资源，并配备正确的时间安排。通常，收集需求被看作和责任相联系的必须完成的"第二项工作"。花费时间去开发一个计划，帮助确保在收集要求时包含的是一些正确的人，他们的时间将会被明智地使用，并且确保收集需求之前做了充足的准备工作。

- 在需求引导工作方面（时间、资源和花费）获得高级领导者同意。通过把将要用于收集需求的资源和时间进行文档化，高级领导者可以指导项目经理做出妥协和决定。例如，如果一个启发式计划显示需要五次小组讨论，并计划花费 50 美元，高级领导者可以在这个小组讨论形成之前及计划还没开始实施的时候进行批准，从而避免在最后会有各种意外。

一个启发式计划可以像一页纸一样简单，也可能十分冗长（8～10 页），这主要取决于项目的综合程度和复杂程度。需要记住的是：收集需求是一项具体的计划，而不是项目的总体计划。使用具体计划比总体计划更注重在资源、时间和工作方面的细节，从而高效收集项目需求。

4.2 需求说明书

现在你已经对收集需求需要的工作有一定的理解，接下来该与干系人进行沟通了。在指导第一次会谈之前，最好能够为记录来自干系人的信息开发一个需求说明书和一致的语法。需求说明书就是你用来收集和记录项目需求的过程，开发项目需求说明书的主要目的是在耗费更多精力于执行工作之前，对如何记录项目需求在团队内部达成一致意见。

当然，有很多编写需求说明书的技术可以使用。最好的技术之一是由 Tom Gild 发明的。他发明了一个简单但很强大的方法，从而写出高质量的需求，他称这项技术为"进度计划"（Planguage）。

"进度计划"这个名字由"计划"（planning）和"表"（language）两个术语组成。进度计划是一种非正式、结构化的关键性驱动计划语言，它能有效帮助交流复杂的想法，并且让团队中所有的干系人都能理解。

进度计划为每个需求都提供了一个标准格式和词汇。这将有助于减少模糊性，增加可读性，并且促进了需求重复使用。

关键性驱动计划语言是证明功能性（解决方案必须要做什么）和非功能性（解决方案如何进行）要求的一个非常有效的途径。

▪ 4.2.1　制定需求说明书

当具体说明（写下）一个需求时，如果你使用一个框架，将会更容易。如前所述，进度计划是一种能够确保你从干系人那里获得所有需要的信息，并能从其他干系人那里证明需求已经被简明、准确和完整地记录的简单和有效的方法。它是一项关键性驱动计划语言。

1. 构建功能需求

使用进度计划的最佳方式就是开始构建功能需求。表 4-2 中罗列了一些进度计划的基本关键词和编写功能需求的定义。选择关键词将有益于实现项目利益最大化。

表 4-2　功能需求进度计划的关键词

基础功能关键词	
关键词	定　义
标签	对于可追溯目标特殊的、长久的标识
要点	对于需求或处理区域进行简洁的描述

续表

基础功能关键词	
关键词	定　义
来源	由谁提供需求
功能要求	详细描述需求的文本（系统应该如何……）
合理性	证明需求合理的理由，尽可能量化
优先权	优先权声明和资源请求
作者	撰写需求的人

附加功能关键词	
关键词	定　义
干系人	列举出被需求实际影响的当事人
版次	需求被修订的次数（每个需求都应该有版次发展史，而不仅仅是一个完整的说明）
日期	最新版本的日期
假设	所有的假设或决断如果现在或未来没发生将会导致的问题
风险	任何会导致故障、延误或其他对预期产生影响的因素
主题专家	在项目需求方面有丰富知识经验的人（被认为是专家）
依赖性	本需求依赖的各种因素
注意事项	帮助设计、开发或传递需求的关键信息
定义	术语的定义（最好使用术语表）

2. 构建非功能或质量需求

项目需求的描述中最具挑战性的就是非功能或质量需求，这些需求能够确保解决方案如期进行。非功能需求中有部分需求关系到解决方案的可靠性，以及随着解决方案演化、成长和实施，需求的可扩展性。

当我们陈述一个非功能（或任何一项定性陈述）需求时，至关重要的是，我们列举的是一些在功能需求中没有的独特需求（见表 4-3）。

表 4-3　非功能需求进度计划的关键词

关键词	定　义
志向	对于非功能需求目标的描述
等级	用来量化非功能需求的测量单位
计量器	用以确立等级的流程或方法

续表

关键词	定　义
最低限度	为避免失败所需的最低限度
目标	最成功时能达到的最大值
杰出的成果	如一切按计划进行能取得的最大成果
过往的成绩	用于对比的前期工作成果

不要忘记，这些进度计划的关键词仅用于非功能需求说明书。为什么呢？因为功能需求明确提出了什么是一个解决方法必须做的，并且在"是或否"项目中进行衡量，大多数人可以很好地掌握这些。非功能需求是与一定测量级别相联系的其他事情，并不是一个简单的"是或否"可以衡量的。下面将介绍如何使用进度计划技术来创建高质量的功能和非功能的项目需求。

4.2.2　运用需求说明书

在需求说明书中获取的信息可以使许多事情成为可能。首先，它为理解需求的优先级提供了一种有趣的途径，而非仅仅把一些事物称作高优先级的需求。其次，需求说明书也描述了按照常理，不实施一个需求将会产生的影响，这就有利于在项目中做出合理的决策及合理排列优先级。

功能需求通常很易转换为一个进度计划模板，尤其如果这项需求在之前就很知名并且被成功运用的时候。当这项需求是全新的，通过回答一些问题并且将答案进行文档化，可以大大减少写好一项需求的时间，这样其真正的价值就体现出来了。

为了证明使用这种技术多么容易和有效，下面给出一个例子。在一个小组讨论中，一位重要的干系人分享了如下的关键需求之一：在每个用户注册完成之后，系统就必须给用户发送一份确认书。

这是一项好的需求吗？很遗憾，这不是一项好的需求，因为错失了关键信息。我们了解得不够充分，所以不能建立和测试所述的需求。我们需要了解更多相关信息，例如：

- 这个系统需要做什么？（功能需求）
- 这个系统什么时候需要这样做？（功能需求）

- 有这个系统不需要这样做的时候吗？（功能需求）
- 完成意味着什么？（功能需求）
- 为什么说系统这样做是重要的？（合理性）
- 和其他的要求相比，该项需求的重要性如何？（优先权）
- 如果该项需求优先级别很高，如果我们不执行将会发生什么？（对资源的要求）
- 如果这项需求下降了，谁需要知道？（干系人）

花时间去理解真正的需求，这将会帮助确保被文档化的需求是一份完整的需求。表 4-4 是一个使用进度计划完成的功能需求的例子。

表4-4　运用进度计划的功能需求案例

关键词	定　义
标　签	证　实
要点	确认通知是注册过程的关键
来源	Chris Smith 于 2015 年 7 月 2 日在小组讨论中提出
功能要求	用户在注册页面填写所有内容并选择注册激活后，除非卫生保健提供者丢失了页面，否则系统将会给用户发送一个确认信息
合理性	任务自动化减少了错误率，减少了每次注册消耗的精力，成功实现了公司对确认流程的经营规定
优先权	很高，如果不实施将会导致交易过程重建，并使每年的项目投资收益减少 4 000 万美元
干系人	摄入分析师、销售人员、卫生保健咨询师
作者	Pat Jones
日期	2015 年 7 月 5 日

让我们仔细地看前面使用进度计划编写并确认的功能需求，找出是否有与任何解决方案相联系的明显的非功能需求。为了发现这些非功能需求，可以问这些问题：

- 有没有一个能测量需求的等级？（如是或不是；如果是，它是一个非功能需求）
- 你希望这个系统如何运转？（非功能需求）

- 目标是什么？（志向）
- 需要测量什么？（等级）
- 我们能用什么方式或装置测量？（计量器）
- 我们需要建立的最低等级是什么？（最低限度）
- 什么是成功？（目标）
- 如果一切按计划进行，什么是一个好的延伸目标？（杰出的成果）

把非功能需求信息聚集在一起，输入表中、资料库或电子数据表中（见表4-5）。大部分的需求说明书在描述如何测量非功能需求时都会出现问题，这就需要与花时间进行测试和研究解决方案的专家进行交谈，从而更好地理解需求是如何被测试和验证的。很多时候，这些从事测试和验证的人最了解显著的、本质的测量，因为他们在测量质量和绩效水平方面具有丰富的经验。

表 4-5　运用进度计划的非功能需求案例

关键词	定　义
标　签	绩　效
志向	确保注册进入保健医疗系统是迅速且有效的，因此用户不会有挫败感
来源	Chris Smith 于 2015 年 7 月 2 日在小组讨论中提出
等级	一个新手仅通过在线帮助系统完成注册所需的平均时间
最低限度	不超过 7 分钟
目标	不超过 9 分钟
杰出的成果	不超过 5 分钟
过往的成绩	网站统计显示 11 分钟
定义	新手：网络使用经验不足 6 个月，并且对于我们的网站没有事先接触过的人
干系人	摄入分析师、销售人员、卫生保健咨询师
作者	Pat Jones
日期	2015 年 7 月 5 日

一个项目研究组应该创建他们自己的一系列关键词来满足项目的需要。你可以在 Tom Gill 的网站的概念术语中找到一些最有创意的关键词（www.gilb.com）。

使用进度计划的简单行为准则

应该做的事情：

- 只使用增加价值的进度计划的关键词。

- 将进度计划的关键词列表放在手边来帮助引导与干系人的交流。

- 花费时间去理解非功能需求将如何进行审批，来确保在创建需求说明书的早期阶段能获得最低限度、目标和杰出的成果的数据并进行讨论。

- 和多种干系人谈话，尤其是网络专家、主题专家及测试团队成员，来理解如何最好地审批需求。

- 从等级开始——搞清楚你想要测量的，然后结合计量器来测量等级。

- 尽可能使用已知的、公认的规模等级。

- 以标准的进度计划的关键词为起点，根据需要创造新的关键词。

不应该做的事情：

- 猜测；和测试和审批专家谈论他们关于类似测量的经验。

- 忘记在可交付成果完成之前必须完成的计量器的选择。

- 害怕变化：尝试列出一小套新的（以前从来没有做过）或是项目成功的关键需求。

4.2.3 需求说明书的优点

大多数需求说明书工具集中注意功能需求，并且通过自然组合形成多种解决方案内的功能设计和一个解决方案。

进度计划技术使用的关键性驱动计划语言，是通过推出包含更多详细的功能和非功能的需求说明书，从而写出更好的需求。这使得项目经理能够提供需求优先顺序、减少设计约束、提高质量，以及进行更多有效的风险管理。这相应地为需求说明书的用户提供了显著效益，如软件开发者知道需要设计和开发什么样的软件，一个测试者知道需要运行什么样的测试，以及干系人知道将会接收到什么。

4.3 产品需求文档

在需求制定的过程中，开始通过符合逻辑的探索把它们组织成一个文档是非常有帮助的。根据你的需要，需求文档能有许多名字，如商业需求文档、功能说明书、系统说明书，或者仅是需求文档。根据我们自身的目的，我们将使用"产品需求文档"（Product Requirements Document，PRD）一词。产品需求文档适用于充分描述一个项目可交付成果的特征、功能及能力要求等所有必要的需求。尽管其名称包含"产品"，但产品需求文档也被用于定义任何要开发的解决方案的需求（见图 4-2）。

产品需求文档		
项目名称：Highlands	版本：1.0	日期：2016 年 9 月 11 日
市场需求		
市场驱动因素：上市时间，技术领先		
重要客户：大数据有限责任公司		
竞争对手：ACME 公司		
人物角色和应用		
Joe:长期用户 日常使用 传统主义者 主题专家	Pat:电脑高手 热爱技术 移动功能 延长使用	Haley:高级用户 自定义 24×7 千禧一代
需 求		
• 当用户在注册页面填写所有内容并选择注册激活之后，除非卫生保健提供者丢失了页面，否则系统将会给用户发送一个确认信息。 • 系统可同时为 150 名用户提供服务。 • 用户切换到任何页面都应在点击 3 次按钮之内完成。 • 一个新手用户最多用 30 分钟完成注册。 ……		

风 险			
风险	风险大小	可能性	缓解计划
从启动时就无法使用	高	高	技术专家每月进行监督

图 4-2 产品需求文档案例

产品需求文档通常是为了响应一份市场需求文档而编写的，一般用于定义解决一个方案的问题。产品需求文档不应该描述问题的解决方案，解决方案一般在定义需求和将需求创建成文档之后进行。

有许多产品需求说明书模板可用。你可以根据项目需要随意对产品需求文档进行更改从而适应你的项目需求，而不是根据文档的名字或标签对已获得并且有效的重复信息进行复制引用。

■ 4.3.1 制定产品需求文档

产品需求文档的目的是清晰地描述一个解决方案的目的、特点、功能、如何使用，以及可能会遇到什么风险。当开发一项产品需求文档时，下面的制定原则是有价值的：

- 理解产品存在的理由。为了理解产品存在的理由，你必须花时间去了解市场需求。这就包括产品的目标、你的客户、你的竞争对手。每个好的项目都是从一个未满足的需求开始的，然后以此为契机开发一个解决方案，从而满足这个需要。项目经理为产品的创建建立一个明确的、简洁的价值提议，对项目的成功来说是非常关键的。

- 停止长篇大论，运用"电梯法则"，这种方法通过三四句话（用 10 秒或 20 秒说完），充分说明产品的要点。为什么该项目是重要的？该项目将如何对公司有利？

- 对用户和客户的类型进行分类。一旦你对问题或你想要解决的未满足的需求有了清晰的认识，下一步就是要对目标用户和客户进行深入的了解。很多时候使用"人物角色"：根据现实中的原型对用户进行分类。当使用该产品时，人物角色可以作为实际用户和他们期望得到的使用体验的代表。

- 定义用户将帮助用户完成他们的目标。在讨论用户使用产品的主要目的和目标时，定义关键的用户的角色是十分重要的，这是产品需求文档编写过程的核心，也是创造力和创新的主要来源。值得关注的是，要避免直接跳跃到解决办法，要集中于用户存在的问题。注意我们这里说的是目标和任务，而不是特征。特征将会与描述具体用户和客户的目的和目标所需要的任务相联系，如果特征不能描述目标，我们需要考虑这项特征是否有必要。

- 使用一种所有干系人都能理解的格式。大多数需求都可以通过一个标准的文字处理应用软件进行编写，其内容和找出团队的需求，以及在项目的整个生命周期中进行更新的能力，比媒介和格式更重要。用简单的语法清晰地表达出每项需求，如在前面的部分我们已经讨论过的进度计划。
- 采用头脑风暴法得出项目假设和风险，确保成功。一旦你认为你了解了需要解决的客户或用户的问题、系统的用户、用途和需求，就可以采用头脑风暴法得出产品计划、开发和应用的所有假设。花时间对每项假设进行提问，并理解和假设相关的风险。真正的问题是交付正确的产品，不要让错误的假设阻碍你的成功。

制定一个有用的产品需求文档的关键是对成功是什么要非常清楚，并可以为项目团队提供指导，使他们在需要进行折中决策时，决策会非常简单。

1. 定义产品需求文档的内容

接下来的一步是，你要决定产品需求文档中需要包含什么内容来确保成功。产品需求文档必须足够详细以满足项目团队的需要。下面是一组推荐的内容，为创建一个定制化的产品需求文档提供参考。

- 项目标识和目的。项目标识包括项目名称、项目经理、项目发起人、文件版本和公布版本的日期。目的描述了为什么创建文档，它包括哪些用途。下面是一个目的说明的例子：

该产品需求文档的主要目的是使需求团队能够确保所有的项目需求都很容易在某个地方被找到，并为项目团队提供理解和设计解决方案所需要的信息，同时为需求变更管理提供基线。

- 市场概况。建议在编写产品需求文档之前，对市场进行简要的描述。在一份市场需求文档生成之后，市场概况可以从文件中直接提取出来。市场概况为市场提供一份简短的描述，内容包括：市场是新的还是现有的？市场如何细分？解决方案的描述如何？关键的市场风险是什么？

- 人物角色和应用。这部分文档重点关注客户、用户，以及产品可能如何被使用。客户档案对客户进行了描述。客户档案确定了那些期望购买产品的顾客的类型、关于顾客的购买决策信息，以及顾客商业模型的概述（如果是 B2B 模式）。人物角色也称用户文件，描述那些会购买该产品的不同类型的用户。例如，正常情况下由父母（成年人）购买儿童玩具，而孩子才是玩具的用户。用例描述了如何使用产品。最好的用例会描述用户如何与产品的不同特征进行相互作用。

- 关键特征。提供将满足市场目标和满足客户和用户需要的关键特征的清单。在描述特征时避免过多的细节，因为细节将在功能和非功能需求中进行描述。本部分的目的仅仅是给读者一个关于产品考虑的主要特征的总体概述。

- 功能需求。以一种能支持功能需求发展的方式组织功能需求。这通常意味着会按照要求进行功能的逻辑划分，依据功能领域进行分组。功能需求应使用关键性驱动计划语言（进度计划）填入表或电子表格中，来确保需求被清晰、简洁和可测试地记录在案，参考表 4-4 中如何使用进度计划编写功能需求的案例。

- 非功能需求。非功能需求应该根据主题或需求类型进行组织。例如，非功能需求的类型包括绩效、可靠性、可用性、安全性、可维护性、兼容性、互操作性，以及可定制化需求。非功能需求应使用关键性驱动计划语言输入表格或电子表格中，确保需求被清晰、简洁和可测试地记录在案，参考表 4-5 中如何使用进度计划编写非功能需求的案例。

- 文档化。通常看来，需求文档是和一个解决方案和项目联系在一起的。一般情况下不会出现项目团队完成设计、开发和解决方案的测试，然后才意识到他们忘记了通过客户和最终用户创建需求文档。通常这种情况是由错过了需求文档而造成的。可能需要的文件包括以下几个：
  — 用户文档
  — 在线帮助脚本
  — 标签和包装
  — 技术文件

　　—— 市场营销和销售工具

- 国际化和属地化。将产品或其他解决方案拓展到全世界范围内也是一种很常见的情况，这时候需要花很多时间大量地定制产品去满足市场、顾客和用户的需要。所有针对国际用户的需求都必须在 PRD 中进行文档化。这可能包括独特的用户界面、顾客和用户的文档、特殊的出口需求，以及必须支持的语言。

- 合法需求。尽管并不是所有的 PRD 都需要合法化，但我们建议在清单内容中包括合法需求，因为可以鼓励项目经理至少调查是否有任何 PRD 的下游接受者需要文档化及实施的特殊的合法需求。

　　合法需求也许包括这些工作，如商标和版权（是否有部分需要注册或审批）、许可证、原产地证书的需求，进口或出口需求（如果解决方案将在国际上被出售或使用）。

2. 记录需求

　　创建一个有用的 PRD 比仅仅定义文档的内容复杂得多，其难点在于定义和编写需求需要用项目团队能够理解和采取行动的术语。在坐下准备编写之前，花一些时间用纸和笔描述和起草出你的想法，特别是和你的干系人交流他们的需求和期望，都将有利于你构想出你的观点。

　　进一步，审查 PRD 模板并删除你的项目不需要采用的模块。首先填一些对你来说比较容易的信息，然后对于比较难的部分尽量填写，忽略填写的质量，随后再对语法、标点符号等进行修改。相对于停留在"怎么做"和"如何做"的水平，对实际解决方案进行记录要容易得多。

生成一份有用的产品需求文档的黄金法则

1. 写产品需求文档之前，你需要明白用户的要求及你想要解决的问题。

2. 使用产品需求文档模板来指导你完成这个过程，这也有利于防止你忘掉关键要素。

3. 在产品需求文档中包含市场需求，使你聚焦于市场需求而避免范围蔓延。

4. "一幅画相当于一千个词"——复杂的想法若能用一幅画进行表达是最好的，这使得它能够迅速吸收大量的数据。

5. 使用进度计划记录功能需求和非功能需求。

6. 关注产品必须做"什么"及"如何"来解决这个问题。

■ 4.3.2 运用产品需求文档

最好的产品需求文档能提供足够的信息，使下游产品需求文档的用户（设计者、工程师评审小组）可以做他们的工作，不会有那么多重要细节的信息迷失在长的、散漫的句子和段落中。

尽可能地保持产品需求文档简单、整洁，文档中只包含设计、开发人员和测试人员真正需要的东西。自定义其内容项以满足项目的需要，确保它的每项内容都会被阅读和使用。

确保产品需求文档被使用的关键是作者能够确保接受者很容易找到他们需要什么，了解他们需要做什么。和你的团队交谈，询问他们想要什么并且满足他们的需要。如果你的产品需求文档没有他们需要的信息，最重要的事是根据接受者的要求将产品需求文档变得灵活且可修改。

产品需求文档使用小贴士

确定产品需求文档是最新的、易理解的，接受者能够很轻易地从产品需求文档中找到他们需要的信息。

什么是正确的细节水平？这要询问你的接受者什么样的细节是他们需要的，并提供给他们。

花时间去教会你的接受者，使他们能理解提供的关键词语和信息。

在任何可能的时候收集市场需求，使得使用产品需求文档的人能理解市场和战略。

产品需求文档可以看作团队的指南针，确保团队朝着正确方向前行而不会走向死胡同。它会和后来的文档的下游活动（如设计、开发、测试工作）联系在一起。如果没人使用产品需求文档，这个团队就像在没有地图、没有方向的长征中艰难前行。

▪ 4.3.3　产品需求文档的优点

真的有人会看产品需求文档吗？你必须希望有人看！当项目的规模和复杂程度非常高的时候，产品需求文档将会是救生员。如果复杂程度低，产品需求文档可能只有 2～4 页；如果复杂程度很高，文档可能有几百页（包括计划书的关键字表）。

记录产品需求对获得团队的关注是非常有益的。它确定每个人清楚地明白产品发展的程度，以及他们进入项目的最佳时机。团队成员在遇到令他们兴奋的特征时（不是客户或用户需要的必要的特征），会使团队内部变得混乱，而且并不专注于他们试图解决的问题是很常见的。

一个最大的益处是产品需求文档涉及整个项目团队，避免单独一个人写产品需求文档而没有其他干系人的输入，包括关键伙伴，如设计者、开发者、测试者和运行观察员。这将产生新的问题及关于风险和假设的讨论，并使团队交流正确的细节水平和思考新的灵感和主意，这些都会使项目越来越好。

产品需求文档有助于减少歧义，为团队提供了实际构建和测试一个产品的细节，这是产品需求文档最大的优势。

4.4　模糊需求清单

在记录需求之后、实行需求之前，举行一系列的需求审查会议，从而有利于关键的干系人对需求的清晰度、完整性和质量进行审查。

▪ 4.4.1　制定模糊需求清单

需求审查的目标是确保团队开发的需求达到最高质量水平，并在需求的正确性、完整性和清晰度方面得到所有干系人的一致认同。为了帮助快速完成这个过程，可以使用模糊需求清单清除需求的提出者常犯的普通错误。一旦需求得到干系人的同意并签字，即可开始开发或设计。表 4-6 是一个模糊需求清单的例子。

表 4-6　模糊需求清单的案例

状　态	清单项目
✓	1. 需求对目标受众是清晰的，而且只有一种解释
✓	2. 所有术语定义并一致地使用
✓	3. 删除那些将产生非目标意义（或没有完全意义）的语句
✓	4. 将所有"无明确含义"的陈述删掉
✓	5. 把根据个人意见的语句（如快、容易、使用最先进技术的、明显的、简单的、相对的、合适的、优秀的）去掉
✓	6. 将没有确切含义的词（如不久、几乎、更多、大多数、一些、类似的、最终的、最近的）去掉
✓	7. 将无边界的词（如等等、最后、包括、诸如、最少）去掉
✓	8. 将不确定的词（如应该、可能、如果）去掉

1. 审查是否每项需求都只有一种解释

花时间与需求团队会面，以确认每项需求是简洁的、清晰的、贴合受众目的的，并且每项需求都只有一种解释。项目团队需要从以下三个方面进行讨论，并确定每项需求只有一种解释。

- 完整：还有没有需要填写信息的预留位置（标注、使用等式、注解等）没有被处理？有无边界的列表吗？寻找语句如至少、包括、诸如、最少、少许。

- 可选择：是否使用了正确的祈使句？删去任何使用应该、可能、或许、也许的语句。如果可能的话，功能需求使用"将会怎么样"的祈使句，非功能需求使用"必须怎么样"的语句。

- 模糊：是否存在没有准确含义的语句？如亲密的、好像、一些、少许、可能、最近、较多或最多，以及和时间相关的，如之前、之后、最近这些微妙的词语。还有一些带有个人观点的，如优秀的、快的、容易的、使用最先进技术的、特别难的、大体上的、或多或少、明显的、简单的这些模棱两可的词语。仔细检查以确保没有任何带有歧义的表达，并使用了正确的语法和拼写。

2．确定所有术语定义并一致地使用

团队应该有由所有首字母缩写和具体条款定义组成的术语表，当遇到一个关于具体术语如何被使用的问题时可以提供一个有效的参考。

> **确定术语已被定义的小贴士**
>
> 花时间来定义不为目标受众所周知的术语。
>
> 突出显示（颜色、字体、大写字母、粗体）包含定义术语的所有实例，使它们能从其他文本中脱颖而出。
>
> 使用术语表来定义文档中使用的术语，以保证文档能得到一致的使用与理解。

3．评审每项需求中不恰当的词语

不恰当的词语是指模糊不清的词语。替换所有项目中是定性的而非定量的术语，因为它们有可能是最不恰当的。有太多可以列举出来的不恰当的词语。Richard Bender 有一本标题为《模糊性审核过程》的白皮书，其中有一份全面的词汇表，在我们编写产品需求文档时可以帮忙指出一些潜在的模糊词语。他描述了一个被称为"摇摆不定"的陷阱，如一定是、将会是、其中之一、应该是、可以是都是模糊不清的词语。审核所列出的词语的可选性、模糊性、完整性，替换或删除它们来提高需求的质量。

4．描述需求时包含多种可供选择的方法

如果可能，描述需求时包含多种不同的方法，使用示意图、函数模型、表格、用例、用户故事或一个原型的链接都可以提高理解力。为了减少歧义并提高理解力，可以用图表和算法来显示过程和数据流；还可以使用任何复杂的逻辑流、依赖性和时间指标，这些都是很好的选择。

每种需求范围都有很多的类别和属性需要使用统计表。当在有若干条件和复杂的系统逻辑监督系统对具体定义的反应时，则数据表是非常有效的。

用例描述了用户对最终方案的使用经验，这是一个很好的记录系统用法并提供需求的内容的方法。用户故事则通常非常简短——根据所了解的用户说明，一到两句话便可以快速更新项目。

◼ 4.4.2　运用模糊需求清单

如前所述，为了确保对于目标受众所有的陈述都是明确的，需求的编写者、贡献者和干系人需要对需求进行审核，此时，模糊需求清单是最好的指南。使需求更加清晰的责任更多在于编写者而非读者。

模糊审核过程最好使用以下两大步骤来完成。

第一步：初步的模糊审核。初步审核应由某个在这方面了解很少或根本不知情的人完成。这样做的目的是保证需求的逻辑和结构对外行人来说都是通俗易懂的。由于他们不是该领域的专家，所以他们读不懂编写不明确的需求。指出你想要评审的 3～5 个关键的需求，并且鼓励他们区别一般层面上的歧义，如不明确的引用。

第二步：在初步的模糊审核发现的问题被解决以后，下一步就是让行业内的专家通过使用模糊需求清单对内容进行审核，审核的重点在于确认需求都已完成且具有准确性；术语已经被定义且得到一致使用；没有不恰当的词语。此外，示意图、统计表、用例和原型都被恰当地使用，提高了需求的清晰程度。

如果将需求输入文字处理软件中，那么歧义的词语将被记录到需求的副本中或单独的文档里。

根据需求的可获得性、审核者对如何编写需求逻辑性的可获得性、某位审核者的评论意见是否能被其他人了解这三方面的情况，及时提供相对简单的反馈。例如，如果你在周二举行了评审会议，那么你应该在周四就得到反馈，这样一来，便可以在周五采取措施以便收集所有意见并及时解决问题。

一般情况下，初步审核可以在每页的细节需求中找到 10～15 个有歧义的词语。在发布了解决方案之后为纠正错误花费的成本，差不多是在设计阶段发现错误花费成本的 4～5 倍；并且大量的数据表明，若在维护阶段才发现错误，其花费的成本会达到数百倍之多。这最好用图来进行表示，如图 4-3 所示的成本对照图。

> **使用模糊需求清单的小贴士**
>
> 模糊需求清单将帮助你预防使用不恰当的词语。
>
> 在项目有关人员提出反馈之前，做好删除"摇摆不定"的词语的相关工作。

要牢记：在计划阶段修复需求缺陷花费的成本一定会比你的客户在发布后的解决方案中发现错误的成本要低。

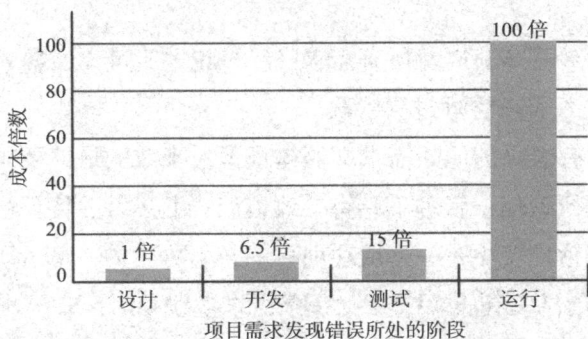

图 4-3　解决需求错误的相对成本

通过所有领域专家和非领域专家的一系列评审之后，每页的模糊程度降低到原来的 1/10。我们发现，一旦编写者意识到审核人员正在寻找像一定会、将会这些"摇摆不定"的词语，以及一些像友好的、相似的及更多的这类模糊性词语，他们将在接下来的编写中防止再犯相同的错误。编写者会编写得更好，并且评审人员会发现实质上的错误越来越少。

4.4.3　模糊需求清单的优点

模糊需求清单不仅会提高单项需求和整体需求文档的可读性，还提高了清晰度。模糊需求清单可用在编写项目需求时，同时它还可为干系人特别是主题专家在每次审核时提供一个框架，从而确保项目团队在花时间讨论正确的事，并修补在编写过程中发现的问题。

其关键优点如下：

- 相关领域的专家在编写需求的早期阶段提出了反馈和深刻见解，可以提高需求的质量。
- 尽早更正错误，以便减少支出。
- 把需求分成较短的几部分，以便集中注意力并及时提出反馈。
- 一份清晰、简洁、可衡量的需求清单会减少返工，并防止不必要的特征出现在项目中。

4.5　需求基线

模糊评审已经完成，以及所有需求已经被正式批准（通常通过一项审议程序）之后，就进入需求管理过程阶段。

据估算，只有很少的原始需求文档体现了过半数的最终要求，因此需要变更。对变更不进行管理或管理不善将导致失误、不必需的特征，以及昂贵的返工等现象发生。管理变更是一个成功项目的必不可少的一部分。同样如此，管理变更对建立需求基线也非常重要。一条需求基线及时反映了项目一系列需求的一致意见、审查和批准的概貌。

一旦获得所有干系人批准，则需求基线成为需求管理过程中的核心内容。需求基线建立之后，做出任何修改都要经过严格的修改控制。这是由于基线是项目研究小组和其发起人、干系人做出的有限协定，任何必需的变更都将由双方共同协定。

在什么时候创建一条需求基线并开始管理需求变更最合适呢？在收集和编写需求时，有很多变更是很正常的。事实上，我们应该鼓励当新的信息被人们所认知时，对需求进行修正。一旦客户的需要已经充分记录到文档中，相应的审查和审阅都已完成，而且项目的计划需求文档已经审批，就可以建立需求基线，并在剩余的项目周期内控制变更。

创建需求基线的目的是确保需求是明确的、通俗的，并且需求文档条理清晰，容易被下游接受者理解。当需求开始发生变更时，花时间和企业内部搭档、客户和其他投资人一起对需求是否完整、必需、正确、清晰、一致、可更改、可追踪并可测试进行决策，将会带来很大的收益。

◾ 4.5.1　制定需求基线

你可能听说过"冻结需求"这个短语，它真正的含义是，到了"建立一个需求基线"的时候了。电气和电子工程师协会（IEEE）的软件工程师标准术语表中对基线的定义为：

一个已正式审查和同意的规范或产品，在此后将成为未来发展服务的基础，并且它们仅仅可以通过正式的变更程序进行更改。

就像我们所讨论的，需求是一个项目的基础，缺乏需求基线将会导致对需求的不断变更和项目范围给予更自由的控制权。

一个基线就是花时间在所有的项目干系人之间达成共识。从本质上讲，它包含建立正确的预期（其中包括责任人、风险、假设和方法），一旦就此达成了共识，需求文档将在变更的控制下，管理基线向前发展。

通常，需求变更将会影响项目的范围（通常被叫作范围蔓延）。范围蔓延通常不是一件好事，它能够导致成本、资源和进度超出临界值；并且还没有完全了解项目的功能将怎样影响项目的其他方面时，变更已经被执行，这会导致项目整个过程很混乱。

一旦需求稳定下来，就应该建立需求基线并执行一个正式的需求变更程序（详见第 8 章）。控制项目需求基线是项目成功的关键。

■ 4.5.2　建立需求变更控制委员会

Karl Wiegers 把需求变更控制过程定义为"项目进展过程中，可以保持需求完整性和准确性的所有活动"。为了有效地管理需求，变更控制委员会（Change Control Board，CCB）应运而生。这种团队通常是一个小型的跨职能团队，它能够代表全部项目干系人的观点，并且有权使用一个定义和记录都良好的变更管理流程管理新需求基线。

从基线确立开始，一直持续到整个项目生命周期结束，由 CCB 执行正规的变更管理流程。通常来说，CCB 是一个成员会经常见面的小团队，他们要确保使用标准的方法和程序去高效地处理需求中的任何变化。它可以被描述为一个正规的、可重复的程序，目的是减少在没有经过评定和控制却已经申请变更的情况下将变更引入项目范围的风险。一个简单但稳健的变更管理流程将在第 8 章做详细说明。

难道每个项目都会有变更吗？答案是肯定的。我们想要在需求基线建立后尽可能少地做变更吗？答案也是肯定的。在项目确定之前，由于启发式计划将使我们继续发现新的需求，变更会非常容易。但是，一旦有了约定的范围、批准的预算和确定的进度计划，新的需求和需求的修改就是非常有扰乱性的，并且能够引起项目脱轨。需求变更一定会发生，你仅仅需要在它们发生时提前做好准备。

4.5.3 需求基线的优点

设定需求基线并建立 CCB 去实现需求变更是一种很好的实践。先建立需求基线，然后根据需求基线管理变更会有很多好处，下面是几条关键的好处：

- 建立一个需求基线可以帮助我们确保所有的变更请求都被正确的领导者在正确的时间进行评估和实施。
- 由于会对变更进行计划、实施、交流，从而会分配资源、预算和进度，保证变更的实施。
- 一个高效率的 CCB 将会评估变更的总体影响和风险，并有权批准、推迟或否决基于项目的标准。
- 一个更新和持续的需求基线能确保项目团队根据被批准的需求进行设计、开发和测试，这将减少重复的、错误的和不必要的麻烦。

4.6 最后的思考

需求是一个项目成功与否的首要因素。我们知道并明白一个尺寸不可能适合所有事物，所以你可以根据本章中提出的五种需求工具自由制定自己的工具，从而满足你们组织和项目的需求。

在一个项目的开始花点时间，勾勒出一个有效的启发式计划，这样做的目的是确保你可以对从许多项目干系人那里收集到的需求有一个清楚的了解——一个综合性的计划可以做到这些。

每种经营形势都是不同的，有一些会比其他的更复杂，并且你的项目干系人将会有不同的观点。进度计划通过将每个需求划分成关键词以便分析，帮助你简化这些问题，这样可以促使任何一个项目干系人（无论是不懂科技的人还是金融学家）都能够明白。

将你的需求组成类似于产品需求文档的一个文件，以便文档的下游顾客可以很容易地找到他们想要的，并且明白他们需要干什么。挑选并选择你的项目需要的——最低限度的功能需求和非功能需求。

当项目干系人审核需求以确保他们用清晰、简洁、可度量的需求去替换以前质量不佳的需求时，你可以使用一个模糊需求清单。模糊需求清单指导审核者进行审核，从而避免一般的错误。

在审核完成之后，建立项目需求基线，以便团队成员知道哪些需求已经通过审核了。当变更发生时，使用需求基线作为需求变更管理的基础。

第 5 章

范围计划

为了使项目成功执行，项目计划首先要确定项目需要完成哪些工作。这里提供的方法将要求你首先确定项目的范围，因此这就要求项目经理从事范围计划活动。

范围计划是项目经理、项目发起人及其他重要的项目干系人的合作过程。这些重要的项目干系人可以帮助完成为实现驱动项目需求的经营目标而必须完成的工作。

进行范围计划的目的是成功地完成项目，确保所有被要求的工作并且仅仅是被要求的工作被清晰地确定，可交付成果和结果均已被记录，并且边界条件已被充分地定义。

范围计划包括识别你的目标、目的、任务、资源、预算和时间表。本章包含许多能被添加到项目经理的 PM 工具箱中的有助于范围计划过程的高影响工具。

将范围计划工具和时间表、预算、资源和风险计划的工具联合起来使用，项目范围计划工具最终会推动项目计划的开发。随后，在项目执行期间，范围基线将会是遵守范围控制和变更管理的重要基础，并为那些不必要的范围蔓延提供边界。

5.1　项目 SWOT 分析

　　项目 SWOT（Strengths、Weaknesses、Opportunities、Threats，优势、劣势、机会、威胁）分析是一项项目经理运用于开发项目实施定位的技术。对一个项目进行定位可以使它的优势和机会变得更加显著，同时将劣势和威胁降到最低。项目的 SWOT 分析还可以帮助项目执行确定合理的战略。进行 SWOT 分析的目的是获得对项目能力和环境的了解。

　　项目的能力——可以表示为项目内部的优势和劣势——告诉我们项目做什么好，做什么不好。同时，我们对项目环境的评估可以得出项目的运行环境存在哪些机会和威胁。这些关于环境的信息，结合项目能力的知识，使项目团队能确定为了满足经营和项目需求所需的因素（见图 5-1）。

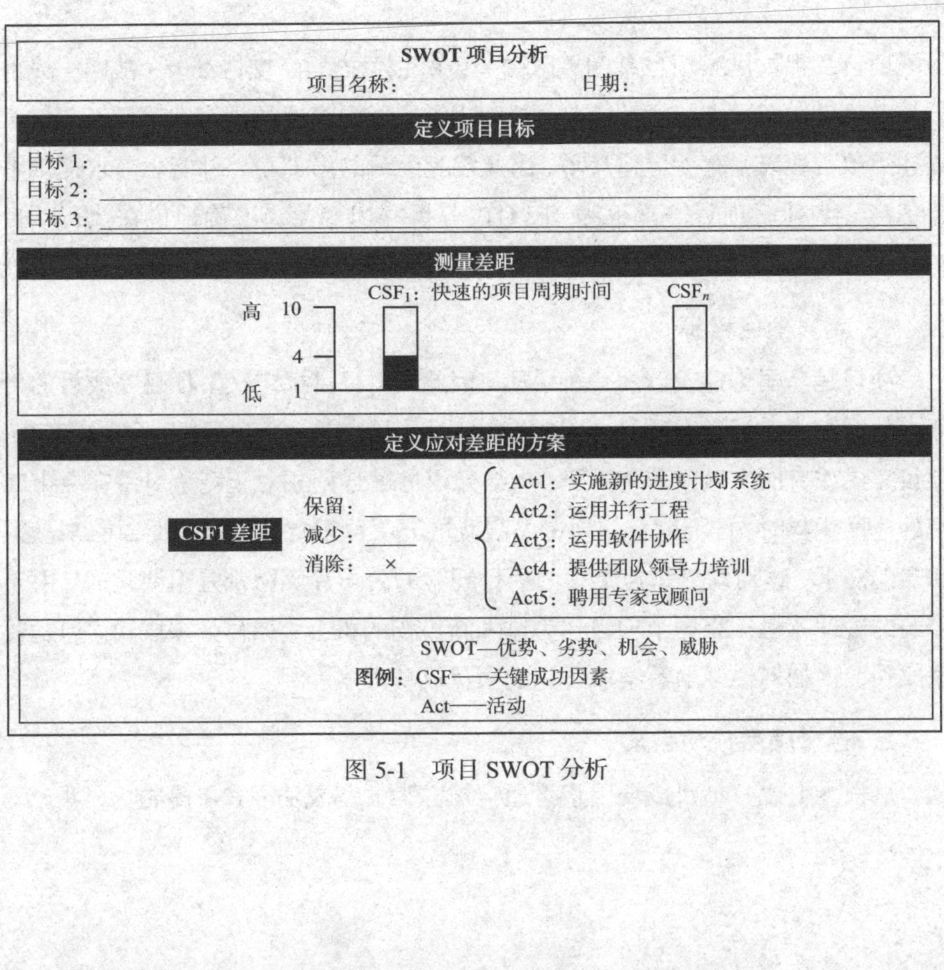

图 5-1　项目 SWOT 分析

根据这些因素对项目进行测量，可以找出实施过程中的差距，促使团队提供策略和行动去解决差距。意识到差距并清晰地定义应对策略可以使得项目团队制定出贴合实际的项目范围和相关战略，从而实现项目目标。总之，项目SWOT 分析是 PM 工具箱中的一项有效工具，因为它为开发一项有效的项目计划定义了优势的范围，从而可以利用和实施差距来解决问题。

■ 5.1.1　制定项目 SWOT 分析

很多执行项目 SWOT 分析需要的项目层级的信息都可以通过前面描述的工具收集到。若要使项目 SWOT 分析有一个良好的开端，以下三方面的信息输入尤其重要：

- 项目章程及其支持细节。
- 项目经营情况。
- 项目需求。

项目章程提供了项目基础界限和约束的相关内容，支持细节（战略、战术计划，项目选择标准，项目任务）帮助决定了界限描述的内容。项目经营情况描述了项目赖以生存的经营环境，因此能为组织的内部与外部能力需求提供重要信息。为什么项目需求也和 SWOT 分析密切相关，准确地说在执行项目SWOT 分析的第一步就能得到清楚的答案。

1．定义项目目标

项目是公司创造价值的一种手段，因此，项目目标定义了项目完成后的价值由什么组成。当进行项目 SWOT 分析时，只会关注关键目标，这样有利于项目完成或有所突破。举个例子，当某公司过于强调相对于竞争对手在上市时间的速度优势时，他们就有一项考虑删减这类项目正常交付时间的 30%来赢得比赛的需求，这对缺乏快速上市的项目经验的公司和团队都是重要挑战。由于公司的管理方也许将这个项目作为进入新市场的机会，项目必须成功。但是要想成功，该如何做呢？答案就是识别项目成功因素。

2．选择项目成功因素

从根本上说，项目成功因素（通常被称为关键成功因素）是指为了成功，公司需要在哪些方面做得很好。这些方面是指什么呢？这里介绍两个主要方面，第一个方面是在项目商业论证中定义的经营成功的因素，第二个方面是指支持经营成功的因素且是实施重点的项目目标。

关键成功因素是指为了实现项目目标必须满足的要素。首先，你需要弄清楚为了达到或超越项目目标，你需要做好哪些工作。在上面那个例子中，快速的项目时间被视为主要的项目成功因素，因为该因素支持为了占领市场份额而尽早进入市场的经营目标。这是一项非常复杂的项目成功因素，需要多个因素共同协作才能实现，包括工程师共同协作、使用协同软件、具有人际交往技能的跨部门团队、集成调度。当然，为了实现快速上市的目标，可能还需要其他的要素，但这四项要素是非常好的例子。

工程师共同协作是指通过将项目活动相互重叠而加快项目的速度，其核心是活动之间的依赖关系不能完整地交换信息，这就导致工作的开展更加困难却能缩短时间。在产品开发的情况下，如果在执行过程中有协同软件支持的合作方式，由于协同软件会提供很多资源和技巧，所以会显著提高信息交流的效率。快速的产品开发还需要具备软能力、人际交往能力的柔性跨部门团队，为快速项目处理有关的冲突和谈判。四项要素中最重要的是，项目的进度要求具备兼顾多条关键路径的能力，也许所有活动中会有30%～40%的活动都需要进行进度压缩或快速跟进的技术（集成调度）。

分析了项目的能力范围之后，你需要再看一遍项目的需求，尤其是一些客户的需求和要求。项目环境中的哪些方面你必须做得很好，从而满足或超越需求？你需要包含项目执行过程中的一级供应商，这是一个已经被证明的加快项目进度的技术。当然，外部的关键成功因素非常多，例子"审查你环境中可能的关键成功因素及差距"提供了一个清单，可以为从哪些方面寻找外部关键成功因素提供一些主意。

审查你环境中可能的关键成功因素及差距

这里有一个简短、综合的，你可以找到可能的关键成功因素和相关的战略缺口的清单：

- 股东

- 顾客
- 政府
- 竞争者
- 公众
- 债权人
- 供应商
- 同盟
- 所在社区

不过，可能性是有限的。值得注意的是，这些与环境相关的关键成功因素应对起来会更加困难，因为它们和内部项目能力不一样，来自项目的外部并且很难控制。所以需要对它们划分等级，并重点关注少数几项因素。要时刻记住，仅仅识别关键成功因素是没有任何意义的，还需要进一步理解它们的测量标准及它们是不断变化和相互影响的。

3. 测量差距

在你选择了项目执行的关键成功因素之后，下一步是测量差距。差距是指关键成功因素的理想与实际水平之间的差异。以图 5-1 为例，快速的项目周期是理想的，这就需要从工程师共同协作、使用协同软件、具有人际交往技能的跨部门团队、集成调度四方面得出一个完美的分数。这就意味着整个关键成功指标及它的四个组成要素都达到了理想水平才能满足项目的目标。而实际水平是指你相信你目前在关键成功因素及它的四个组成要素方面达到的水平。

除此之外，还需要一个测量尺度去定义差距的大小。根据你期望的 SWOT 分析的严格程度和有多少时间可以用于分析，你可以从多种可选项中进行选择。例如，对于小的、简单的项目，你可以采用小、中、大这种直截了当的方式来表示差距。还有些组织根据紧急性进行分类，有的用颜色，如用绿色表示"没有差距"，黄色表示"值得注意"，红色表示"危险"，这种方式允许他们发送直观的视觉形象描述差距。

相比之下，测量尺度从 10（在 SWOT 分析模型中的最理想的水平）到 1（最大的差距），从感官上说测量会更加准确。你怎样用这样的测量尺度识别差距呢？一种方法是为 1～10 中每个水平的关键成功因素都给定一个叙述性的描述；然后，在团队讨论之后，每个团队成员评估每个组成要素的实际水平；最后，将整个团队对每项要素的评估水平进行平均，得到最终的实际水平。例如，图 5-1 中的快速项目周期的实际水平为 4。将实际水平和理想水平进行对比可以得出差距，在图 5-1 中，差距为 6。无论你采用哪种差距测量方法，要记住差距测量是一项主观评分，并不是一种精确的科学测量方式。

测量内部能力时，如果差距很大，则是一个明显的劣势；如果差距很小，则是一个优势。同样，测量项目环境时，如果差距很小，我们可以把这看作一个机会；如果外部差距很大，会造成威胁。把差距作为潜在的威胁可以帮助你将问题与项目发起人、高级经理和其他干系人联系起来，他们可以给你提供应对差距的资源。

4. 决定如何应对差距

识别差距会带给你另一个决定——接下来该如何做？一般来说，你会有三个选择：照原样保留差距、减少差距、消除差距。

图 5-2 显示，当你的项目在内部能力或外部环境中有较小的差距或没有差距时（图中左上角），你最好的选择可能是照原样保留。

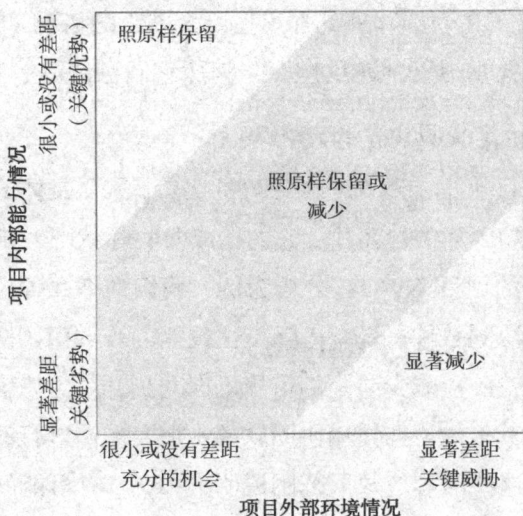

图 5-2　项目 SWOT 分析和应对差距的战略

为什么有人会选择这些选项呢？如果缺少时间或消除差距的影响微不足道时，可以选择将小差距留下而不进行处理。那些决定消除小差距的人，可能是因为差距很容易消除或他们期望变得完美。

当在外部环境或内部能力有巨大的差距时（图 5-2 的阴影部分），情况会变得更复杂。首先，填补差距的行动经常需要资源，而资源通常由管理者控制。如果你的管理风格方面的知识或资源的可用性告诉你你的行动也许是没有成效的，并且努力是不值得的，这时候照原样保留差距是可以理解的。但是，经常出现的情况是差距是值得去管理的，特别是管理者认为会影响经营结果的时候。例如，在图 5-1 中我们得出了差距是 6，如果对这个差距不采取行动，则会影响"比竞争对手更快速地进入新市场"这个公司管理目标的实现，从而导致无法实现期望的销售额和利润。鉴于战略和利润在本案例中具有重要意义，管理层认为我们需要采取行动消除差距。然而，如果项目的资源或资金受到限制的话，我们也许会选择照原样保留差距。

即使在现今的管理机构中，接受资源的注入仍是一个不易实现的方案，因为经常有许多项目为了资源供给的份额而展开激烈竞争。当然，也有时候准备得很好，为案例提供了稀缺资源。一旦获得了资源，开发一个减少差距的计划是非常重要的。

图 5-2 也给出了在内部和外部都存在巨大差距的情况（图中右下角），可能最切合实际的选择是显著地减少差距。消除它们也许是一个极大的挑战。

5. 为应对差距定义具体的行动方案

减少或消除项目执行差距是一项很好的决策，需要具体的行动方案去部署资源。回到关键成功因素的体系中，它的构成及实际状况对定义行动方案是很有帮助的。以我们的项目 SWOT 分析为例，我们列举几种行动方案，从工程师共同协作、使用协同软件、具有人际交往技能的跨部门团队、集成调度四个要素领域处理差距。一些减少差距的措施可以立刻开始，如培训人际交往技能和集成进度系统。其他的（如使用协同软件）需要慢慢进行改进。一旦行动方案被确定和理解，这些内容应放入范围说明书中，若有可能的话还应放到工作分解结构（WBS）中。

5.1.2　运用项目 SWOT 分析

无论项目规模是大还是小，若没有对项目的内部能力和外部环境的关键评估，为项目实施定义一个合理的战略是不可能实现的。一般情况下，大项目比小项目需要更多的资源，大项目需要更复杂、系统和正规的项目 SWOT 分析来预测一个详细的范围说明书。更小的项目通常会采用非正式的 SWOT 分析。小项目经常缺乏时间或资源去做详细的分析，其项目经理经常在心里进行分析，不断地对项目的能力和环境进行提问。他们并不关心是否必须将分析写出来，也不会必须写下来（见"10 分钟就可以做"的例子）。

10 分钟就可以做

Jeffrey 是宝洁公司的项目经理，他谈论了一些关于使用项目 SWOT 分析的事情：

当我第一次使用 SWOT 分析工具的时候，我非常惊喜，坦白地说，我为自己感到非常骄傲。在很长的一段时间内，我使用 SWOT 分析工具且并不知道它实际上是一个正规工具。作为一个管理许多小项目的项目经理，我没有时间去做一个正规的、需要写下的分析。然而，我经常和我的团队成员用 10 分钟或更少的时间做一些非正规的、口头讨论的分析，我们简单地称为风险评估。但是它可以运行，并且很好用。

Jeffrey 的事例并不是一个单独的案例，许多项目经理也做着同样的事情。在冒险介入项目之前了解你的差距，使它们能被看见，建议你的经理去减少或靠近差距。如果它只需要 10 分钟，你也可以在你的时间表中挤出时间。

5.1.3　项目 SWOT 分析的优点

最成功的企业能够利用自己的优势，弱化劣势，抓住机会，规避威胁。由于有多重任务需要完成的时间压力，项目经理在未进行 SWOT 分析之前通常不会开始项目。相反，他们会在还未估量项目的优势、劣势、机会、威胁和相关的差距分析之前就开始对项目进行详细计划。在这里就需要项目 SWOT 分析，它为项目差距提供了一个估量及清晰的描述。因此，项目 SWOT 分析的价值在于能使项目做如下方面的事情：

1. 定义自己在一个组织中的位置，以最好的方式利用其特殊的优势和机会，同时使劣势和威胁最小化。

2. 发现尚未充分利用的优势，识别出可以纠正的劣势。

3. 使高层管理团队关注可以危害项目的重大差距，并获得他们的支持消除差距，降低失败的风险。

4. 持续地关注经营成功因素和项目需求的相关行动，确保与项目能力相一致。

项目自然积极地参与使用 SWOT 分析，有助于很早就形成防御盾的心态。尽早面对执行的差距，有助于定义项目的可选方案，并为主要的项目危险区做准备。

5.2　范围说明书

范围说明书是对项目目标、工作、成果的书面叙述。它定义了项目，并且在项目计划和执行中，它是做决定和决定权衡的基础。一个好的范围说明书是引导项目成功完成的必要条件。

范围说明书有很多形式，取决于项目类型，也取决于一个组织的类型。它应该被视作一个动态的工具。它包含了项目早期计划中最好的可获得信息，并且随着项目进展，当发生重大的变化时，它也应该随之被修改。

范围说明书在建立项目基线和边界条件中是有效的，并且在没有审核经理的批准时是不能妥协的。它也意味着，在项目界限内，项目经理和他的团队被授权操作和做适当的决定。

◢ 5.2.1　制定范围说明书

编写范围说明书的基础前提是说明书必须尽可能地抑制变更（详见"编写一个抵制变更的范围说明书的创新方法"的案例）。值得注意的是，这个前提与通过变更管理系统（如变更控制计划和范围控制）成功控制变更是不同的。当然，这里的前提是制定一系列的原则，把因项目周围环境改变而造成的变更影响降至最低。

编写一个抵制变更的范围说明书的创新方法

在项目范围中利用下面的原则，可以在运用过程中通过为变更增加阻力来帮助定义项目。

准则 1：减少项目的复杂性。增加一个项目的工作内容意味着你为各要素之间创造了更多的合作。每个新的要素通过增加合作而增加复杂性。所以当一个变更发生了，更多的内容需要改变或重做。相比之下，有很少工作内容的项目减少了合作要素的数量，增加了对项目变更的抵抗性。

准则 2：设计稳健的项目结果。一些项目结果是当条件在一个很小的范围内变化时设计运行的。可是，其他的项目结果为更大的条件范围而设计，这被称为稳健的设计。当环境范围改变出现，一个项目结果具有更大的变化范围的项目范围会对变更更具有抵抗性。相比而言，在一个条件在很小的范围内变化的结果设计中，一个轻微的条件变化也能导致连锁反应变化。

准则 3：提前冻结范围。当你很早冻结项目的范围时，你可以建立早期底线，能帮助你更有效地管理变更。后续变化通常影响项目的大部分，阻碍进度，强制推迟，费用超支。因此，提前冻结可以促使较早地做决定，能够更快地完成项目。这个循环反应，即冻结越早—完成越快—变更越少，将给你提供定义一个"抵制变更的项目范围"的优势。

范围说明书的质量很大程度上是以输入信息的质量为转移的，特别是下面的信息输入在编制有价值的范围说明书中占很大比重。

- 经营成功因素
- 项目需求
- 项目章程
- 项目 SWOT 分析

一个项目真正存在的原因是帮助组织实现其经营目标。回顾本书前文介绍的各种与获取业务目标和项目需求有关的工具，我们可以利用这些工具确认项目的需求和目标。如果准备好所有的工具，现在就可以把它们投入范围说明书的编制中，以表 5-1 为例。

表 5-1　一个简单的范围说明书

范围说明书	
项目：Jumpin Jive	版本：1.0 日期：2017.12.17

经营目的：

通过开发和部署一种新的客户关系管理软件，使我们的客户服务满意度上升 5%。

项目目标：

完工时间：2019.7.22

估算预算：16.6 万美元

第一年的客户采用数：1 200 位

最低的满意度得分：87%

最大系统停机时间：每月 4 小时

项目工作说明书：

　　这个项目需要完成的工作包括：分析客户关系工作流、设计软件解决方案、开发一个原型解决方案、进行客户使用测试、开发最终解决方案、开展质量和可接受性测试，以及将软件发布到生产平台。

主要可交付成果：

• 工作流分析图	• 生产软件设计文件
• 工作流差距报告	• 质量和可接受性测试计划
• 软件原型设计文件	• 质量和可接受性测试报告
• 客户使用测试计划	• 发布计划
• 客户使用测试报告	• 生产软件构建

关键里程碑：

• 工作流分析完成：2018.9.30	• 质量和可接受性测试完成：2019.7.10
• 软件原型完成：2018.12.15	• 可生产软件：2019.7.15
• 使用测试完成：2019.1.31	• 软件解决方案进入市场：2019.7.22
• 生产软件设计完成：2019.6.15	

约束：

　　我们的主要开发者 6 月将不在，因为他要去我们公司的欧洲分部出差。

项目剔除项：

　　这个项目剔除了与客户联系或客户细分的具体的客户化工作、模块实验、下一版本的需要分析及用户培训有关的工作。

1. 确定经营目标

很长一段时间内，项目仅被视为技术风险投资，它的主要目的是提供某一特定的能力。现在，除了生产一种能力，项目还必须实现经营目标，包括预期利润、市场份额、能力建设、客户满意度、生产收益等。因此，我们根据项目的合理性开始编制范围说明书：项目的经营目标是什么？项目能完成什么样的经营目标？它支持什么样的经营计划？一个传统的项目经理很难理解项目的这一商务术语，然而它既是挑战，又是必需的。这就是现代的项目，它们要求比以前的项目更快、更便宜、更好。在这种情况下，一些专家认为项目经营目的应该被称为"项目激情声明"，并且为"你的项目会对客户和公司业务创造什么独特卓越的价值"这个问题提供答案。

2. 确定项目目标

可能引人注目和鼓舞人心的经营目的可能是多方位的、缺少项目具体目标的细节的。这些目标被定义为项目的时间、费用、质量和经营成功的目标。通过指定完成项目的时间（如 2019 年 7 月 22 日）确定你的时间或进度目标。为了达到进度，你必须确定你需要的预算费用，如"晶圆厂的升级预算是 40 亿美元"。也许有的行业项目不使用成本预算，而采用所需资源的时间数量，如 1 200 资源小时数。与进度和成本/资源的目标不同，将质量目标用一个具体的和可衡量的方式进行表达可能是一个挑战。因为质量是指达到或超过客户的要求，传统通过一定的标准进行表述。一个合理的策略就是通过某一与客户商定的特定标准来定义项目质量目标，如"该项目手册的质量用项目管理知识体系《PMBOK®指南》）进行衡量"。

3. 描述项目工作说明书

在这个项目中你会做什么样的工作来提供项目成果和支持经营目标呢？你能用一句或两句很简洁的话表述出来吗？例如，建立一座光学工厂的工作说明可能是"设计一座光学工厂，采购它、建立它并委托它"。一个软件项目的工作说明可能是"定义工作流，构建软件，制订培训计划，开发原型，培训人员和发布软件"。

这里的想法是确定项目工作的主要要素，这些要素将在项目的 WBS 和其他文件中进行详细的描述从而支持工作说明书。

同样，当你阅读这份说明书的时候，你可能已经发现这份说明书的结构已经构成：已经定义了工作流，定义了构建软件。这种写作方法有减少工作方向这个具体目的，并强调其目标方向。当然，你可能会编写与此不同的说明书。

4. 定义可交付成果

执行工作说明书中所描述的工作，必须产生主要的可交付物或成果。以软件项目的工作说明书为例，它的主要成果是工作流差距报告、软件设计文件、测试计划、测试报告和生产软件。仔细观察这一套可交付成果，可以为确定可交付成果提供指导方针。首先，工作说明书中的要素和可交付成果之间有一一对应关系。说明书中的"客户关系工作流"产生了可交付物中的"工作流差距报告"。同样，主要的工作将会产生主要的可交付物。你定义的范围说明书中的可交付物可以将项目的 WBS 划分为 1 级或 2 级元素，你可以在 WBS 而不是在范围说明书中定义小的可交付物或次级可交付物，如 2 级、3 级等。

另一个可以从案例中得到的指导方针是你的可交付物可能会包括过渡性的可交付物，如可交付物可能是生产（如机器、设备、报告、研究）或服务（如培训）。识别可交付物应遵循一个额外的步骤：为每条术语定义说明程度、如何完成，以及在什么条件下将它们交付。这通常在支持性说明书和其他文档中完成，如果有 WBS 字典，则可用一个 WBS 字典担当这个角色。

5. 选择关键里程碑

里程碑是主要的事件和时间点，反映了执行工作和生产可交付物的进展。你的需要定义你的项目的主要里程碑，因为它是范围说明书的一个重要组成部分。我们再去考虑前面的软件项目的例子，这个项目包含的关键里程碑有：

- 工作流分析完成：2018.9.30
- 软件原型完成：2018.12.15
- 使用测试完成：2019.1.31
- 生产软件设计完成：2019.6.15
- 质量和可接受性测试完成：2019.7.10
- 可生产软件：2019.7.15

- 软件解决方案进入市场：2019.7.22

注意可交付成果和里程碑之间的相关性。是否设计从工作说明书到可交付成果的全面一致性是个人的选择，如果将客户的付款与可交付成果、里程碑事件连接起来，这一相关性将变得更加关键。虽然定义主要里程碑的方式有很多，但它们有着共同的基础，即都专注于几个主要里程碑的定义、项目干系人的理解、有明确的日期、与可交付列表保持一致。

6. 定义主要约束

所有项目都面临约束，这些约束可能会改变项目工作定义的方式、交付物的生产和达到的里程碑。这些限制可能是身体方面的、技术方面的、资源方面的或任何其他限制。如果把攀登珠穆朗玛峰作为一个项目，身体方面的约束是这里的气候，限制了只能在特定的月份去攀登。另一个例子，管理层要求项目经理为每个快速的软件包提供一个进度计划，因为缺乏快速的软件质量测试的资源，里程碑必须被改变，并在几个月后才能推出。这些例子提供了一个清晰的信息：识别主要约束，并在约束范围内建立你的范围和项目计划，否则你的项目在执行过程中会脱轨。

管理约束意味着清晰地定义它们、度量其大小，并根据约束定义范围说明书。随着项目的逐步展开，你需要重新审视这些约束并验证它们是否还存在。由于约束是范围的基础，如果约束发生变更，则需要重新规划项目的范围。

7. 确定剔除项

习惯很难改变，就如下面的故事描述的一样。在 21 世纪初，一个承包商参与到将一些技术转移到非洲的项目中，范围包括带办公家具的计算机中心。多年后业主们意识到，他们可以在本地购买家具，而不是让承包商从欧洲进口。因此，业主们要求承包商将家具部分从范围中剔除。承包商的办公室收到通知后没有做出任何应对措施，家具仍然被送到非洲业主的办公室。为什么会出现这种情况？范围中包含家具是一种习惯性，剔除通知不够强烈也不够明显。

为了避免这种情况，你需要明确地确定将被排除在项目范围外的项目工作内容，明确地剔除哪些不属于范围。例如以前例子中的范围说明书，项目明确剔除了与客户联系或客户细分的具体的客户化工作、模块实验、下一版本的需要分析及用户培训有关的工作。

8. 包括支持细节

为了能够提供明确、干脆的指导，范围说明书应该简洁，尽可能用祈使语气（见"在准备范围说明书中应该做和不应该做的"）。说明书中通常不包含技术和其他细节，相反，它们应在支持性文档中体现出来。

在准备范围说明书中应该做和不应该做的

应该做：

如果说明书多于一页，则将其拆分为两个层级，一页概述（以表 5-1 范围说明书为例）和一页支持细节。

避免在一个层级中提到其他层级已经提及的内容。

使用积极性语言而不是消极性语言。

在编写说明书时包含功能小组提供的资源。

有经理批准的声明。

不应该做：

没有一个系统的结构就编写范围说明书。

将范围说明书写成纯技术性的说明书。

使用模糊性的语言（如"几乎"）。

混合主要和次要目标、可交付成果和里程碑。

在没有独立第三方审查范围说明书的情况下，继续前行。

没有包括约束和剔除项。

9. 评估和微调范围说明书

至少有两个层级的评估值得你关注。第一，检查说明书的完整性，将说明书与我们在这里讨论的信息的输入和信息需求进行对比。有没有包括所有主要的项目需求？是否定义了项目的目标？是否确定了主要的约束？是否识别了具体的范围剔除项？

第二，你应该评估特定信息的质量。例如，在项目目标进度和成本方面，范围说明书再次被用于细化进度和成本计划。然而，细化后的数字是综合的，可能不同于你范围说明书中的进度和成本数字。你应该怎么做？你可以用详细计划中的综合数字替代那些范围说明书中的数字，或者你可以缩小范围，降低综合数字，使其符合范围说明书的原始数据。无论你选择什么，很明显，范围说明书仅仅是项目计划不断重复周期的第一步，因此，你必须在计划周期中不断对其进行调整。

5.2.2 运用范围说明书

范围说明书不仅是包括在任何项目管理工具箱中的一项必备工具，也是最不能缺少的可用工具之一，每个行业和每个项目都要使用它。除了高度重复的项目可以利用相同的非正式的范围说明书，每个项目，无论其大小和复杂性，范围都将大大受益于有一个正式的书面说明书。虽然有些没有正式范围说明书的项目也成功了，但研究人员发现，真的明确知道你想做什么，再做出一个项目（范围），是一个项目成功的关键因素。因此，如果你追求成功的高度，则确保你正确地定义了项目范围并合理地控制了它的执行。

5.2.3 范围说明书的扩展

我们所描述的范围说明书是可以用在各种行业的工具，可以服务于很多项目。然而，几乎任何行业或项目都会发现将工具进行适当的变形可以是非常有益的。例如，产品开发者在实际工作中将产品说明书包含在范围说明书中（置于项目目标之后）是很常见的。说明书经常会像如下这样阐明。

- 目标市场的说明：精确指出谁是目标用户。
- 描述产品的概念和带来的益处。
- 描述战略定位。
- 产品的特征、属性、需求、说明书（使用"必须"，而不用"想要"）的列表。

另外，如一些参与政府合同的项目或承包商/分包商更喜欢使用工作说明书（Statement of Work，SOW）。项目范围说明书和工作说明书提供的服务相关，并且在功能上经常有重叠部分，都为项目设立期望值和参数。当然，工作说明书为项目提供了更为详细的细节，并处理一些项目团队如何完成项目目标的基础细节。

这里有三种基本的工作说明书：

（1）设计或细节说明书。这种工作说明书告诉供应者或卖主如何去工作，工作的说明定义了控制着供应者的加工程序的买主和客户需求，如尺寸、公差、质量需求。在这种类型的工作说明书中，由客户或买主承担绩效风险。

（2）努力水平或时间水平和材料的说明书。这种工作说明书几乎可以用于任何类型的服务中，其真正的交付物为一小时的工作和为了执行此工作所需要的材料。

（3）基于绩效的说明书。工作说明书定义了需要完成的工作。此外，还清晰、明确且客观地介绍了每个工作的预期成果及衡量标准。

工作说明书通常包括项目的下列信息。

- 项目目的：介绍组织为什么要投资项目。
- 目标：描述该项目一旦完成，其达到的目标是什么。
- 工作地点：介绍工作将在哪里进行。
- 绩效的期间：项目指定的允许时间，可以用开始和结束日期、可以被计费的小时数或任何其他描述进度的约束来表示。
- 可交付物：描述项目的有形成果。
- 交付进度计划：描述每项可交付物的交付时间。
- 工作的价值：描述项目的预计总成本。
- 说明书和标准：描述任何与履行工作义务相关的说明书或行业标准。
- 接受测量的方法：描述项目产出物的买家或接收方如何决定是否接受项目的结果。

不管项目经理是选择使用范围说明书、工作说明书还是其他的变形文件，每个项目都会因使用这些工具而受益。它们提供了项目计划的基础，还提供了项目最终状态看起来是什么样子的整体视图。

■ 5.2.4 范围说明书的优点

范围说明书对项目经理有什么价值？它是用于项目计划的第一步工具，为以后的计划和控制作用的所有工具提供指导。它抓住了一个项目的所有基础，并将其结合起来展示给每个人。设置范围基线帮助项目团队保持专注，允许他们根据自己建立的版本指导实践。一旦这个基线被接受，项目团队应该考虑设计一个变更控制计划（见"变更控制计划有助于控制范围的方向"）。

范围说明书是综合的、格式简单的、容易被接受的。它是综合的包括了所有主要项目维度的视角，为项目经理提供项目包含什么的全面视野。但它也足够简单，能令读者很容易地掌握项目任务的多个维度。它可以根据需要取出或加入元素，用很少的努力就可以适应特定行业或公司的需求。

变更控制计划有助于控制范围的方向

一个大项目几乎不可避免地需要一些变更控制计划，大部分时候，变更控制计划是项目计划的一部分。虽然规模较小的项目一般都无法承担这种级别的文件，但他们仍然需要为控制变化设置一个明确的方向。因此，无论是非正式的小项目还是正式的大项目，都需要解决下列问题：

- 谁有变更审批权？如果变更取决于变更审查委员会，那么董事长和董事会成员需要被项目任命，明确他们的责任。在某些情况下，特别在较小的项目中，项目经理可能会有充分的权力做出变更而不需要通过董事会。
- 如何定义变更权限的范围？例如，董事会可以授权处理公司大幅度影响范围的重大变更，董事长有审批权，其他的成员审查（不是批准）他们的专业领域。变更很小或对范围没有影响时，可能项目经理的权限就足够了。
- 变更请求程序是什么？变更控制计划需要描述变更请求过程，以及用于提交权限变更的任何表格或文件。
- 我们如何确保批准的变更得到执行？例如，提名一个管理者来充当这个角色是一个可能的解决方案。
- 项目生命周期中，我们什么时候开始使用和停止使用变更请求程序？变更控制计划应该解决这个问题。

5.3　工作分解结构

项目的工作分解结构（WBS）是结果导向的项目元素的小组，它组织和定义了项目的总体范围，不在 WBS 的工作就属于项目范围以外的工作。当用图形的方式表示 WBS 的时候，它将变得更容易理解。WBS 通常被描述为一个项目的树形图，分层显示项目的结果，因为这更有利于进一步分解成更详细的任务（见图 5-3）。这种项目树形图帮助将项目成果形象化，某一层的成果作为下一层水平的"父母"，下一层水平的成果便成为其下一层的"父母"，等等。

    项目 WBS 为项目经理提供了将一个项目分成可管理的单位的手段，以帮助确保项目成功完成所需的所有完整工作。项目对分配给项目团队成员并由其进行完成的最底层的 WBS 或工作包进行计划、组织和控制，完成对项目的管理。

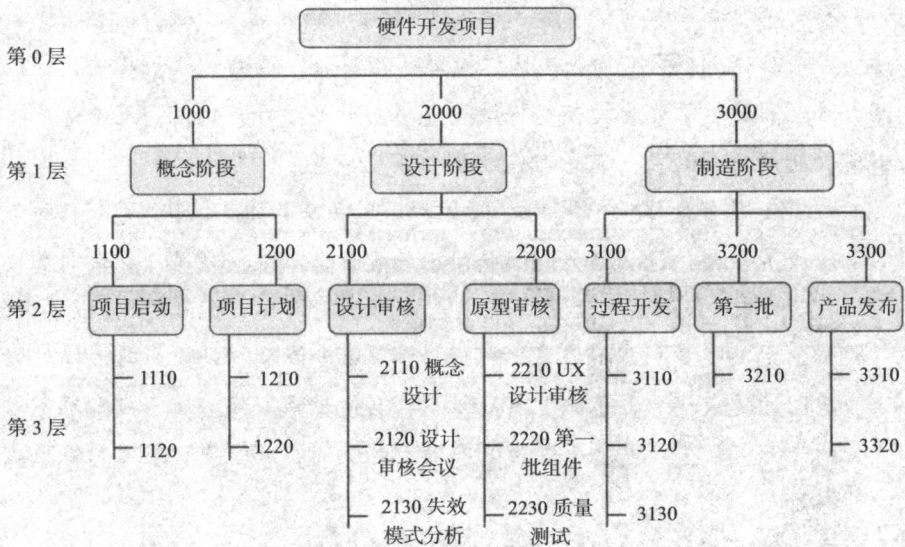

图 5-3　硬件开发项目 WBS 案例

不要像 CWBS、BOM 和 OBS 那样，对项目 WBS 的首字母缩略词感到迷惑。这些工具的逻辑和概念和 WBS 一样简单，但是它们有不同的目的。例如，承包商 WBS（Contra ctual WBS，CWBS）不如 WBS 详尽，它被用来定义项目承包商为业主提供大型项目合同级别的报告。物料清单（Bill of Materials，BOM）广泛应用于制造业，是生产一个产品必需的物理组件、零件、部件等的分层表示。最后，OBS（Organizational Breakdown Structure，组织分解结构）表示组织的哪个单元为 WBS 的哪项工作负责（其基础术语见"WBS 语言"）。

WBS 语言

（1）工作元素。在 WBS 中的任何项目结果都被称为一个工作元素，包括硬件、软件、服务和数据。有些元素是工作的直接产物，另一些是一些逻辑分组的交付物的集合。

（2）WBS 层级结构。显示了 WBS 每个工作单元的层级位置，同样结构的工作要素通常在同一层次。编码系统不是唯一的，我们可以将总项目编为 0 级，随后的层级依次为 1 级、2 级等。使用数字编码可以为每个工作元素设置独一无二的编码，是成本控制的基础。

（3）工作包。这些是工作元素在 WBS 最低层级的工作元素。我们把它们分配给个人（通常称为工作包管理者），由他们负责管理任务，如规划、调度、资源、预算、风险应对和质量保证。

（4）成本账户。这是一个比工作包高一级的汇总工作元素。一个成本账户包括一个或几个工作包，并且通常被描述为一个管理控制点，在这个点上可以积累和报告实际的绩效数据。

（5）分支。所有在 1 级的工作元素可构成一个分支，分支可能会有不同的长度。

（6）WBS 字典。至少，一个 WBS 可能包括工作包的简要说明，以及准入条件（工作包需要哪些必要的投入）和退出条件（工作包需要完成哪些必要的产出）。除此之外，还可能会包括时间表、成本预算、工作包的人员分配和其他工作元素描述，这些可能对大项目具有重要意义。

5.3.1 制定项目 WBS：自上而下法

开发一个项目 WBS 有两种基本方式：自上而下法和自下而上法。本节我们详述自上而下法。该方法适合经验丰富的项目经理和项目团队，他们具备相应的可交付成果知识，熟悉组织的项目实施工作的系统方法。

1. 制定 WBS 需要的信息

如果你有下列信息，将会使得开发一个 WBS 的活动更容易和更有意义：

- 项目范围
- 项目工作流

- 项目需求

- 项目情况

项目范围为项目将产生什么提供了认知。你首先需要知道"你会制造什么"（范围），然后再决定"怎样生产"和将其描绘在 WBS 中。注意在实践中，有些有经验的项目团队喜欢同时编制范围说明书和 WBS 或将 WBS 作为范围说明书的一部分，而不是按顺序依次进行。

在构建项目 WBS 时，项目工作流的知识是至关重要的。例如，为软件开发项目制定一个有意义的 WBS，你需要了解软件的研发过程。对过程进行了解，你将会看到为产生所需的项目交付物，哪些活动是必要的。

最后，你的项目情况的具体特征将影响 WBS 的样式。例如，在一家企业软件开发公司里，当开发某个项目时，每个部门都有自己的 WBS。新老板立即下令为每个项目开发一个集成的 WBS，要求用一个大型的项目 WBS 包括所有项目管理分支。

2. 选择 WBS 的类型

采集所有关于 WBS 形成因素中必要的信息后，在能够建立一个 WBS 之前，你有更多的选择。你会用哪种方法去构建一个 WBS？考虑三个主要的因素：WBS 项目生命周期、WBS 系统和 WBS 地理区域（见表 5-2）。

表 5-2　构建 WBS 的方法

WBS 层级	构建 WBS 的方法		
	项目生命周期法	系统法	地理区域法
0	项目	项目	项目
1	阶段	系统构成	地区或区域

WBS 的项目生命周期法的基本原则是依据项目生命周期进行工作分解：将整个项目按照它的生命周期阶段形成项目 WBS 的 1 级。这一原则因遵循了工作时间自然顺序而带来很大方便，在某些行业广受欢迎。一个很好的例子是一个软件开发项目，其组成阶段可包括需求定义、高层设计、底层设计、编码、测试和发布。

相比之下，WBS 也可以运用地理位置或地区划分，如盖一栋建筑物。用字面的地理区域进行划分也是很寻常的，如可将西北点、西南点、东南点和东北点作为 WBS 的 1 级元素。

你可能已经注意到，我们对三个主要因素的讨论仅限于 WBS 的 1 级。如何构建 2 级和其他更低层级？这三个中的每个都可以继续遵循着基本原则进一步把工作划分为更低级别。例如，WBS 地理区域可以有工作元素在 2 级和 3 级，这些工作元素在确切的地理区域组合并执行，就可以被识别成 1 级。然而，许多从业者发现在相同的 WBS 中结合两种或三种方法更实用。例如，他们可能有一个 WBS 通过项目生命周期法构建 1 级，用系统法构建 3 级，并在一个较低水平采用地理区域法进行突破性的工作。

哪种 WBS 构建的方法适合你？在回答这个问题之前，你应该知道，构建一个 WBS 不是科学，它更会受到公司文化的严重影响，也会受到高管对"在这里我们如何把事情做完"的决策的影响。如果你之前没有在你的公司使用过 WBS，你应该尽可能遵守你的行业规范。这并不排除一个不同类型的 WBS 结构的使用，但是如果你遵循标准方法，那么当构建一个新的 WBS 时，困难将会降低。如果你决定背道而驰，那你需要和组织内部的其他成员进行交流讨论。

5.3.2 确立 WBS 层级的详细程度

项目经理构建 WBS 需要使用多少层级（见"太多的层级将会制造混乱"）？对这个问题的回答将决定工作包的总数。考虑到工作包的数量会影响项目的时间和成本，你需要这个数字来调整你的可用时间和预算。

太多的层级将会制造混乱

我们希望我们的项目有多少 WBS 层级？这是一个组织的项目管理过程设计人员问自己的问题。为了准备一个好的答案，他们第一次仔细观察他们管理的项目：每年 10～15 个项目，从 10 万美元到 500 万美元，主要涉及变电站的设计与施工。在对一些标杆进行学习之后，设计师做出了决定：每个项目要有一个 5 级的 WBS。

项目管理流程开始部署后不久，较小的项目中开始出现"沉默的叛乱"，它们的项目经理完全拒绝使用这个过程。理由很简单，进度、预算、控制 5 个层级的 250 个工作包直接导致小项目无法继续。因此，项目经理采用了旧的、点对点的管理方式。这个故事告诉我们，WBS 的规模和结构必须与项目的规模和结构相匹配，较小的项目可能有 3 个层级的 WBS 就可以实现充分的组织与管理。

正如前面所说的，工作包是管理 WBS 的关键，如图 5-4 所示。简单地说，工作包是离散的任务或任务的组合，它是已定义的最终结果，分配给组织单位必须"拥有的"和需要创造的。当使用一个非常详细的 WBS 的工作包进行项目计划和控制时，你会为每个工作包分配责任、制定时间表、估算资源和成本、建立风险责任和其他规划功能计划，以及进行绩效衡量。显然，随着工作包数量的增长，项目规划和执行的必要时间和成本也会增加。达到一个点时，可能会有太多的工作包，使对它们的管理不切实际且成本过高。与工作包的数量密切相关的是它们的平均大小，大小越大，工作包数量越少，反之亦然。显然，工作包需要足够小以便于管理。

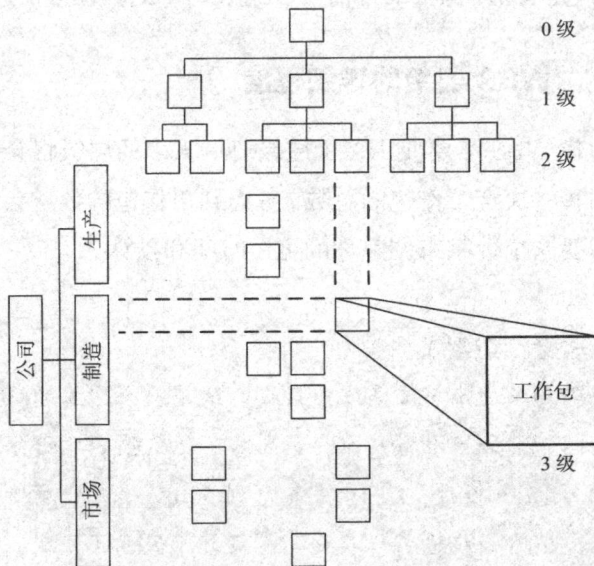

图 5-4　工作包——管理 WBS 的关键

总之，确立 WBS 的详细程度包括决定 WBS 中的层级数量、工作包的数量、工作包的平均大小符合你的容忍水平，以及行业实践。表 5-3 给出了一些来自实际项目的 WBS 数据。

表 5-3　WBS 层级详细程度的案例

项　　　目	(2) 项目期间（天数）	(3) 项目预算（小时）	(4) WBS 层级	(5) 工作包	(6) 平均时间/工作包 (3)/(5)	(7) 平均天数/工作包 (2)/(5)	(8) 平均预算/工作包 (6)/(3)×100%
IT 构架	90	500	3	15	33	6	6.6
选择一个广告平台	180	1 200	4	36	33	5	2.7
软件开发	270	1 200	3	25	48	11	4
硬件开发	365	500	4	29	17	13	3.4

*假设所有的工作包都是连续且没有重叠的。

从表 5-3 我们可以得出信息技术、软件开发和产品开发的中小项目以下方面的指导信息：

- 3 ~ 4 级 WBS。
- 15 ~ 40 个工作包。
- 工作包平均耗费 20 ~ 50 小时。
- 工作包平均耗费时间 1 ~ 2 周。
- 每个工作包平均预算占总预算的 3% ~ 7%。

对于较大项目层级划分的详细介绍见相关文献。

- 5 级及以上层级 WBS。
- 工作包平均消耗 80 ~ 200 小时。
- 工作包平均耗费时间 2 ~ 4 周。
- 每个工作包平均预算占总预算的 0.5% ~ 2.5%。

无论你是管理小项目还是大项目，这些数字应该适合你个人的和可能的文化偏好。例如，有些个人和公司文化偏向于更详细地计划、控制，相应地会有更详细的 WBS，而有的公司则有相反的趋势。

1. 构建 WBS

一旦你配备了必要的信息，随着 WBS 类型及其细节水平的确定，你就可以构建你的项目 WBS（详见"构建 WBS 的黄金法则"）。其步骤概述如下。

步骤 1：首先确定 WBS 结构的主要构成。这主要取决于你选择的 WBS 的类型，可选择的类型包括生命周期、系统、地理区域及综合型。这里有一种有效的方法叫范围连接，特别在开发范围说明书时可以使用这种方法。这种方法是首先确定主要的可交付物，然后借用来作为 WBS 的主要元素。这有助于通过主要的可交付成果中层级较低的可交付成果和工作包，将 WBS 与范围说明书进行整合。

步骤 2：把主要的 WBS 元素分成更小的、更易管理的成果，逐层进行分解，直到达到结果是有形的、可验证的和定义到使它们能够用于项目的计划和控制活动的整合的细节水平。

步骤 3：你将如何描述你的工作？在较小的项目中，将 WBS 绘制成树状图是非常直观和完美的方式（见图 5-3 的上半部分）。随着 WBS 层级的增加，复杂性也会增加，使其坚持贴合树状图将会更难。另一种可选择的方式是以目录表格（TOC）的形式，图 5-5 显示了图 5-3 的 WBS 的 TOC 格式。在一定程度上，WBS 构建过程看起来像一个随机过程。

```
硬件开发项目
1000    概念阶段
        1100    项目启动
                1110  材料准备
                1120  启动会议
        1200    项目计划
                1210  综合计划准备
                1220  项目计划审核
2000    设计阶段
        2100    设计审核
                2110  概念设计
                2120  设计审核会议
                2130  失效模式分析
        2200    原型审核
                2210  UX 设计审核
                2220  第一批组件
                2230  质量测试
```

图 5-5 WBS 结构内容表

步骤 4：确认 WBS 是结果导向的。由于 WBS 是关于结果的，所以活动和任务应该可以归到最低层级的 WBS 上。

步骤 5：确保 WBS 包括所有的项目工作。如果缺少某项工作，将导致其没有资源并没被列入进度计划，这将是一个危险的问题。

步骤 6：使每个工作元素都独立于同一层级的其他元素。

步骤 7：把工作分解为工作元素，直到达到你的组织中有一个能产生这个元素的方法。停在这里，因为 WBS 分支长度各异在实践中是可接受的。

步骤 8：通过整合工作元素或是不相关的层级生成一个 WBS，从而可以表明这些元素对于项目完工总是等效的。

构建 WBS 的黄金法则
- 把重点放在记录项目成果上。
- 显示所有项目工作。
- 使目标相对独立。
- 在合理的时候使用对称的分支。
- 使 WBS 作为一个综合的整体。

2．评估 WBS 结构

由于 WBS 的开发缺乏科学方法的严谨性和纪律性，所以没有唯一正确的 WBS 结构。因此，可以有许多不同但同样好的 WBS 结构。为了确保你的 WBS 是充分的，你应该将它与以前的指南进行对比。如果需要多个版本，就构建多个版本的 WBS，确保你创建的 WBS 能作为项目计划和控制的综合框架。

3．通过 WBS 提高生产力

当每个项目团队形成自己的 WBS 时，就会产生若干问题。首先，开发 WBS 会消耗资源，而且当每个项目使用的 WBS 类型不同时，将会导致不同项目之间的对比和协同作用减少。使用 WBS 模板能够很好地解决这些问题。

同时，这也意味着需要为项目体系使用合适的模板。高速公路建设项目是一个项目体系的一个例子，其他体系可能包括软件开发项目、制造加工项目和硬件开发项目。通常，一个项目体系是指一个能够分享相同或足够相似的项目任务的项目组。当我们开发和采用模板时，一个新项目开发 WBS 就会采用模板，这会节约时间并创造出高品质的 WBS，并且能使工程具有相似性。总体来说，模板能够提高生产力。

◼ 5.3.3 构建一个项目 WBS：自下而上法

集体讨论需要被实施的工作，并且把它组成一个 WBS 层级是自下而上法的核心。这个方法本质上是一个密切关系图方法的应用，这对一些没有项目经验或不喜欢采用系统方法的人是有非常有利的。此外，经验丰富的项目团队，需要创新型技术或项目不确定的较大项目也可使用这种方法。由于采用头脑风暴法，自下而上的方法可能为 WBS 的开发收集必要的信息，选择 WBS 的类型，并且建立细节水平。换句话说，一些步骤会被运用到自上而下的方法中，其他一些被运用到自下而上的方法中。

1．做一份详细的成果清单

这个步骤包括让项目团队成员通过头脑风暴法，得出项目将会生产和交付什么成果。每个结果可能会被记录在便条上，并且贴在一个看得见的地方，写着 40～60 项结果。这个数量的结果非常适合中型、小型，大型项目需要更多的项目结果。在这个过程中，坚持头脑风暴法没有批评的思想是重要的。

2．对产出物进行分组

这一步的结果是将相关联的结果进行分组。可以生成五个左右的级别，随后再仔细研究它们的相互关系，根据各自的相互关系形成新的小组，尽力把中小型项目分成 3 个或 4 个层级，大型项目可分成更多层级。

3．创建副本并巩固产出

项目团队成员对结果分组可能有不同的、相互矛盾的想法，如果出现这种情况，写一个结果副本并将其放到团队成员建议的小组中去，继续进行讨论，从而理解有冲突的分组的合理性，并且试着达成一致。如果无法达成一致意见，就使用投票方式决定最后的分组。同时，巩固相似的产出并且排除冗余，这可以给你提供初步的 WBS 层级。

4．为分组命名

需要为不同层级的分组或结果命名。尽可能在团队成员之间达成一致。花费足够的时间为分组或成果进行命名有利于更好地理解并接受项目将会产生什么产出物。

5. 评估 WBS 结构

和自上而下的方法相似，自下而上的 WBS 开发方法缺少科学的精确性和严格性，给错误留下了空间。因此，是时候去评估开发的 WBS 是否与构建 WBS 的指南相违背。有用的修正和改正是有必要的，力求将 WBS 的层级完善到执行需要的水平，因为它是项目计划和控制集成的框架。

自下而上的方法对于新项目经理和在不相似的项目中使用是一个好的方法。为了全面评估它的潜在价值，我们应该认识到它提供了一个简单的开端，鼓励深入参与，并且不重视术语问题。自上而下的方法使用比较方便，但有一定的弊端，它需要更多的时间去共享术语，并且限制团队参与。

5.3.4　运用工作分解结构

最初 WBS 应用于政府领域的大型和复杂的项目的综合管理工作，为这些项目整顿秩序。因此，随后大部分 WBS 科学技术被应用在政府领域中，并且 WBS 在一些优秀的项目管理书籍中也有一定的影响。在当今这个商业化社会，充满活力的中小型项目才是主流。然而如何调整 WBS 科学技术使之适应这种中小型项目并没有得到很好的处理。基于此，WBS 是一个必要的工具。不论你从事于软件或硬件开发、市场或会计、制造业、公共建设技术或建设行业，几乎在所有领域和产业中，中小型项目都受益于通过 WBS 构建项目工作。可能没有使用 WBS 也能使项目获得成功，但是当使用 WBS 时，成功的可能性会更高，这与使用一个不恰当的 WBS 或没有使用是截然不同的（详见"使用 WBS 小贴士"）。

> **使用 WBS 小贴士**
> 1. 每个项目体系都使用 WBS 模板。
> 2. 在开发模板时，开始使用较少的层级，然后根据项目团队成员的需求加入更多新的层级。
> 3. 对于不太常见的项目，在模板中使用带有"空白"的工作元素。

4. 为每个项目都开发一个 WBS，无论是大项目还是小项目都从 WBS 模板开始。

5. 允许小型项目使用层级较少的 WBS。

为每个工作元素分配一个责任人，并将其列在产生结果的工作元素的下方。例如，如果你在 WBS 中用 20 个元素，每个工作要素会有自己责任的"所有人"，对于包括它的进度、成本、风险责任、绩效测量和项目控制负责。责任矩阵（详见第 3 章）是分配责任的有效方法。在它的垂直方向第一列列出的是工作元素，横向第一行列出的是项目涉及的责任人员。在工作元素与人员的交汇处，每项工作元素都会被分配不同的职责。

第二个由 WBS 形成的计划活动为安排项目工作的进度。在这里，开发一个项目的进度是从工作包的层级开始的。特别地，一旦安排好了每项工作包的进度，下一层级的工作元素的进度总和不能超过此工作包的进度，还有资源约束。相似地，任何更高层级的工作元素是它包含的元素的进度总和。

与进度总和的方式相似，在某种程度上，WBS 为资源估算提供了一个正式的架构。还有，根据工作包估算资源，将这些资源需求进行加总可以得到资源的总需求。当将工作元素的资源分配于元素的进度中，你将得到阶段性的资源计划。如果发生变动，你还可以得到与实际绩效和制定正确的行动相匹配的总基线。我们注重资源的原因是大多数中小型项目更偏好使用资源基线估算去得出成本基线估算。如果你也喜欢成本基线，可以用资源乘以劳动力的单价得到成本估算。

为风险、质量和变更管理等其他管理活动做计划，也需要依据 WBS 提供的纲要。例如，风险计划的工作包括风险识别、分析和应对，这些都需要工作包。把隶属于高层级的工作元素的风险计划加起来将会形成更高层级及元素的风险集合，继续把 WBS 层级的风险加起来将会为项目形成一个总的风险概况。

⬛ 5.3.5　工作分解结构的优点

WBS 的优点主要有：WBS 可以帮助组织项目工作，并为从哪方面全面综合管理项目提供了框架。特别是 WBS 可以让项目团队将项目工作划分为更小的结果,从而使之更容易管理,并将其分配给责任人。因为结果相对独立,它们对其他结果的影响降低到最小值。另外,它们具有完整性,当为了团队能对整体方案有一个整体视角而对 WBS 进行提升时,它们依旧是完整的。WBS 还有一项超凡的能力是帮助组织项目工作,这对一个构建很好的 WBS 是一种更高的价值。WBS 为项目计划和控制功能的集成提供了框架,因此人们称它为项目管理中最重要的单要素。

WBS 的中心意义是为项目计划和控制提供框架,能达到下列基本的项目管理活动:

- 分配项目工作的职责。
- 排定项目工作。
- 估算完成项目工作的成本和资源。
- 做好项目工作风险应对,实施质量计划等其他计划功能。
- 管理项目范围变更。
- 控制项目工作,努力达成项目目标。

最后,WBS 提供了一种超强的视觉影响。一位实践项目经理最近评论:"WBS 从视觉上将无序变成有序。"看一眼就知道,WBS 能把表面上混乱和模糊的范围声明变成结构层级清晰有序的工作。

5.4　产品分解结构

对于那些参与项目开发的项目经理,计划活动是基于项目的计划和基于产品的计划的结合。这一计划的种类是在项目问题解决的前提之下,计划产品活动、任务、可交付物和资源需求的产生和交付产品。

产品分解结构(Product Breakdown Structure,PBS)是基于产品计划的关键工具,而且应该是任何产品开发项目经理的项目管理工具的基本部分。基本上,PBS 将最终的产品分解成各组成部分。

和 WBS 计划一样,PBS 是一个代表项目及其组成部分之间关系的可视化助手。然而项目 WBS 和 PBS 的目的是不同的,它们之间的主要区别在于 PBS 聚焦于产品,而 WBS 聚焦于生产产品所需要的工作。

5.4.1 制定产品分解结构

当构建一个 PBS 时，通常可以利用将要参与设计和开发产品的团队的知识，一般会包括跨部门的专家。一个包含白板、便利贴、钢笔和脑力的头脑风暴会议是你构建一个 PBS 时所需要的。

1. 从脑海中的结果开始

先描绘出最终将会被生产和开发的产品，这对开始构建 PBS 是非常有帮助的。我们推荐描绘出充满顾客期望的整个结构图。例如，当买一台手提电脑时，我们不会考虑接受一个配有电路板的盒子、包含附件的盒子、包含网络适配器的外围设备盒子、含有一片光盘的信封（光盘内包含软件使用说明和操作系统）。当然，除非我们是计算机业余爱好者或系统集成商，我们期待收到一台完整的、能打开、插入电源能立即使用的手提电脑。关键是整个系统能够不仅包含项目核心，还有一定数量的产品要素去满足顾客的期望。

仔细思考整个解决方案由产品的核心组件及产品的支持组件这两方面组成是有帮助的。核心组件部分是产品的物质构成和集成的有形部分。用系统的语言表达，这些是使产品完整的子系统。支持组件部分是需要去确保项目满足顾客期望的额外要素。产品的核心和支持组件两部分都需要被包含于项目计划中。

让我们用一个例子来说明。想象你在领导一个手机制造商开发下一代智能手机的项目，你的产品整体解决方案图可能看起来像图 5-6。

产品解决方案开始于包括类似电路、软件、收音机和附件（记住这是一个过分简单化的为方便讨论的观点）这些核心组件部分。

产品解决方案也包含其他重要要素，如一个 APP 平台、基础设施界面、产品生产、质量保证和顾客支持等。这些是支持组件的组成部分，需要支持核心组件部分并确保顾客和用户满意手机产品。

产品描绘产品和它的结构组成图开始构建项目，事实上，你是在创造项目的建筑学。这时，创建 PBS 的过程就有一个很好的开始。

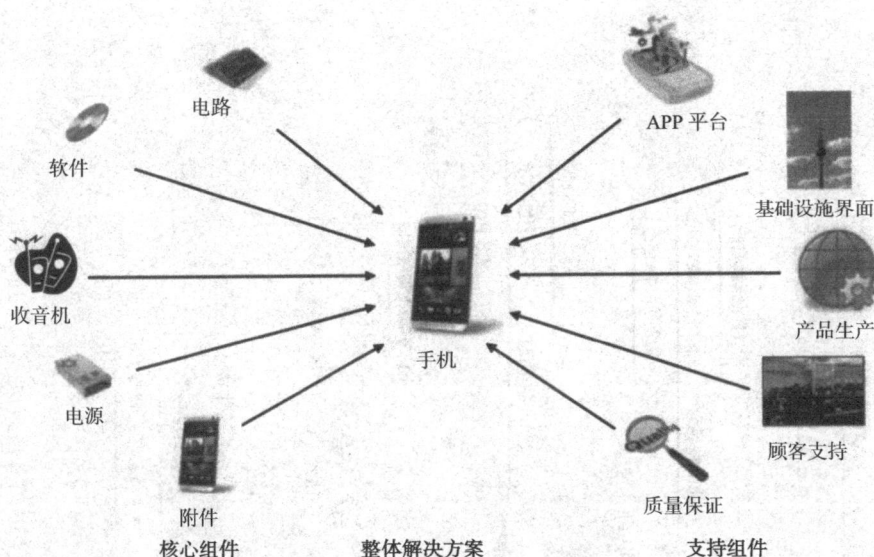

电路

软件

APP 平台

基础设施界面

收音机

手机

产品生产

电源

附件

质量保证

顾客支持

核心组件　　　　　　**整体解决方案**　　　　　　**支持组件**

图 5-6　产品整体解决方案

2．选择 PBS 结构

当你理解了准备开发的产品的核心组件时，你就已经准备好了去构建你的PBS。项目的第一步是选择你想要哪种类型的结构。

和项目 WBS 一样，PBS 可以使用多种类型的结构：分层设计树状图、内容设计类表和设计构思图。分层设计树状图、内容设计类表对于描述项目 WBS是完全相同的。如果按照前面部分推荐的方法构建整个产品的解决方案图，设计构思图是一个补充 PBS 设计的很好选择。图 5-7 是一个说明在前面已经讨论过的手机项目 PBS 结构的构思图。

3．分解产品

随着 PBS 结构的确定，下一步是开始将产品分解为组成部分和子部分。最高层级（或设计构思图的中间层级）是来自产品开发过程的完整产品。在上述例子中，手机是 PBS 的最高层级。

接下来，将最高层级或完整产品进行分解，形成它的初级组成部分，如图5-6 所描述的那样。如果你要一个整体解决方案，你可能会在 PBS 中将核心组件和支持组件进行结合。继续分解每个组件，直到达到分解的逻辑点（见图5-7），即子部分能够作为产品一系列可交付成果的水平。

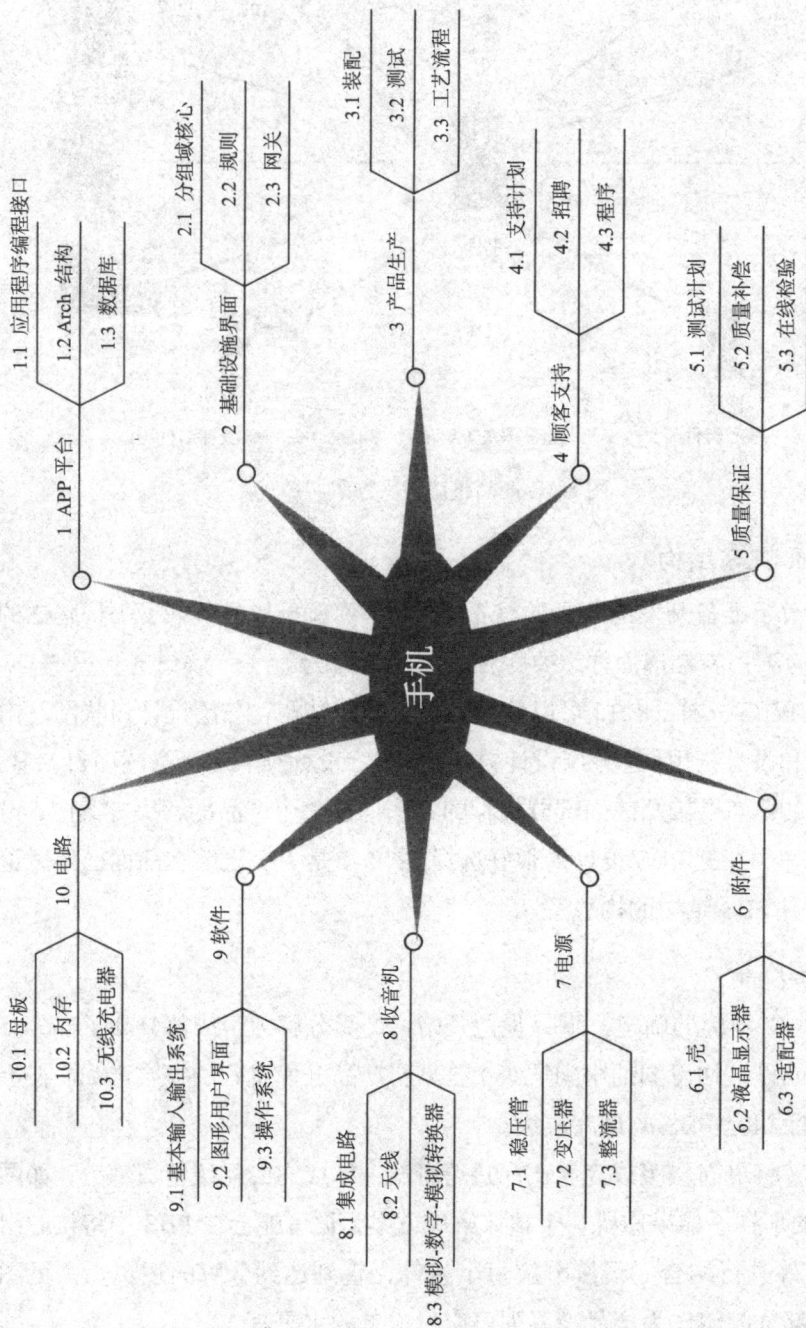

图 5-7　PBS 设计构思图案例

4. 验证 PBS

根据你自己的工作方法，从底层的 PBS 开始验证，证明每个层级的子部分能组建出上一级的子部分或部分，继续使用该过程，直到验证完最高层级的产品。如果在验证过程中发现了差距，回到分解过程调整差距。

5.4.2　运用产品分解结构

如前所述，PBS 主要用在产品计划和项目计划经常以并行的形式发生的一些产品开发项目中。PBS 经常通过为产品及其组件及组件之间的关系提供一个产品的视觉图，将两项计划综合在一起，目的是促进项目计划过程。

PBS 用来描述项目打算创造什么样的工作成果。这应该在全面的项目计划开始之前建立，关注的是产品如何开发。显而易见，在确立如何开发之前应该先明白创造什么。

我们发现专业网络上关于 WBS 和 PBS 的使用价值的争论非常有意思，我们还不确定这些派别之间激烈争论的哲学辩论基础。我们发现这个争论不仅仅是有意思的，还有点令人困惑。这样的讨论不应该仅仅关于使用一种工具比使用另一种工具更好，而更应该关于如何将两种工具结合使用。

因为一个产品开发项目的计划包括基于产品的计划和基于项目的计划，构造 PBS 会将产品分解成可交付成果水平，这些组成元素就会包含在 WBS 内。分解后的工作是产生每个产品元素的必需品，所以 PBS 可以用 WBS 代替。通过这种方式使用，WBS 和 PBS 变成了一套完整的工具，这就论证了产品分解和工作分解都是生产产品必需的工具。

5.4.3　产品分解结构的优点

因为一个产品开发项目的计划过程涉及产品计划和项目计划两项计划，而这两个成果变成无关的甚至是相互矛盾的机会是很大的，这对于项目经理和项目发起人来说，显然是一个灾难性的情形。如果使用的话，PBS 是预防这种情况发生的有效工具。PBS 使得计划的关注焦点为"将要开发什么"和"如何进行开发"，这种方法尤其适合与项目 WBS 联合成一体。

PBS 是一个非常视觉化的工具，它可以帮助项目经理将产品和项目的不同要素形象化。这种视觉图像帮助非常复杂的项目建立结构和顺序。通过在这种项目结构进程中引用视觉感官，我们可以得到另一种将建立顺序简单化的工具。

使用 PBS 能获得的一个无形的、重要的好处是增加团队的凝聚力。因为 PBS 的构建时间通常在项目计划过程之前，在一个项目团队开始形成时。由于 PBS 的开发是跨职能的产品专家之间协作努力的结果，大家能从不同的领域专家身上学到很多知识，并且大家都会意识到实现产品开发项目通常要通过共同努力才会成功。没有什么比集体解决一个问题和创造一个解决方案更能驱动团队凝聚力了——PBS 就属于这种情况。

第6章

进度计划

项目进度安排涉及完成已识别工作的时间计划，并确定实施工作需要的项目资源的日期期间。

项目进度是项目工作的基石，也是项目计划、实施、监控和控制的工具。通过开发一个项目计划，项目经理计划项目的时间要素。通过对包含在进度计划中的任务进行工作授权，项目经理可以开始项目的执行。通过对任务计划的实际执行日期与预定日期进行比较，项目经理对项目进行监控。当实际在一定程度上偏离预定日期的范围，必须开始采取纠正行动时，项目经理使用进度实施控制措施。

进度计划开发的过程涉及一个项目的多个方面的综合，包括估算任务的持续时间、所施加的资源和预算的限制，以及预计的完工日期。编写进度计划的目标是回答下面这些问题：

- 如果按照计划执行，项目将在何时完成？
- 每项任务的开始和结束应该是什么日期？
- 为了确保能及时完成项目，哪些任务比较关键？
- 在不推迟这个项目的完成期限的前提下，哪个任务可以被推迟？
- 什么时候需要项目资源？他们什么时候将被释放出来？
- 根据他们的任务负荷，哪个资源最受限制？

在本章中，项目的进度可以以各种方式呈现。进度计划的类型往往根据不同参与者的偏好和需求而不同。例如，职能经理可能对显示了资源分配需求的进度计划感兴趣。高级发起人可能对一个只显示项目主要事件和里程碑的进度计划感兴趣。项目经理可能需要一个能显示每项 WBS 要素的具体时间表。

由于项目经理有一组对进度需求不同的干系人，他们的 PM 工具箱内需要有各种不同类型的进度计划。我们将先描述使用最广泛的项目进度计划——甘特图。

6.1 甘特图

甘特图使用条状图代表项目活动，它显示在项目的开始和结束时间内，项目及每项活动中的水平时间刻度。尽管甘特图大约创建于 1917 年，是最古老的正式进度管理工具，它仍然是最广泛使用的工具。

一个甘特图可以帮助你确保项目参与者有必要的时间分配在他们的日程表内，并可用于执行他们的活动。图 6-1 展示了一个简单的甘特图的例子。

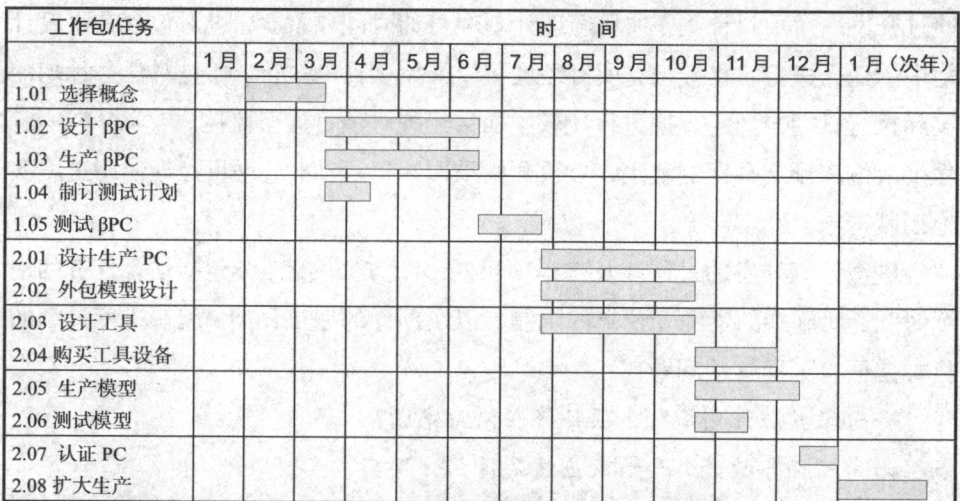

工作包/任务	时　　间											
	1月	2月	3月	4月	5月	6月	7月	8月	9月	10月	11月	12月	1月（次年）
1.01 选择概念		▭										
1.02 设计 βPC				▭								
1.03 生产 βPC				▭								
1.04 制订测试计划				▭								
1.05 测试 βPC						▭						
2.01 设计生产 PC								▭				
2.02 外包模型设计								▭				
2.03 设计工具								▭				
2.04 购买工具设备										▭		
2.05 生产模型										▭		
2.06 测试模型										▭		
2.07 认证 PC											▭	
2.08 扩大生产												▭

图 6-1　甘特图示例

■ 6.1.1　制定甘特图

开发一幅甘特图需要几个步骤。第一步，确定细节水平并识别活动（通常是范围计划的一部分），我们在这里包括这项是为了提供一个综合的过程。

甘特图的质量取决于如下输入的质量：

- 项目范围
- 项目 WBS
- 责任
- 可用资源
- 进度管理系统

信息的项目范围、项目产出物的分解和 WBS 中活动的信息会有助于进度计划制定者分析和理解正在进行进度计划的项目活动。当然，负责执行这些活动的资源应该安排在进度计划中最好的位置，因为他们对活动最了解。他们中有些人拥有涉及优先级、活动排序和持续时间估算的相关知识，还有一部分人拥有涉及什么资源可用和什么时期可用的相关知识。还有另一部分的知识是关于进度管理系统的，这种方法的部署确保他们的计划是被系统地开发和使用的（详见"进度管理系统"）。

进度管理系统

安排项目进度很少是一个坐下来进行讨论的问题，也很少会在项目开始前开发一个单一的进度计划。开发和使用进度计划需要计划和组织。为了确保编制有效的进度计划，一些公司倾向于采用一个进度管理系统。进度管理系统有助于确定：

需要什么样的进度计划？根据项目的大小，对于大型项目，可以使用一个层级结构的进度计划（请参阅本章随后部分的层级进度计划）；对于小型项目，可以使用一个简单的进度计划，以及初步的和最终的进度计划。

如何使用进度计划？一些进度计划，如简要的计划，可以被用于管理监督，而详细的计划可以被用于组织和控制所有的工作。

需要多少细节？要限制进度计划中的活动数量，如里程碑进度计划中的活动要少于 10 个，这样可以减少不必要的细节和避免浪费时间。

什么样的工具是合适的？如果工具能达到设计时想要达到的目的，那么本章的任何工具都是合适的。

计划应该在什么时刻开始准备？应该在项目开始之前。对于不确定性非常高的项目，可能会用一些摇摆不定的概念，在项目的前 60 天应准备一个前端计划，然后在项目开始之后做一个更详细的计划。

进度计划如何被监控和更新？监控的频率和进度控制工具的使用需要符合公司的需要。

除非采取一种系统化的方法，否则进度计划很容易变得过于庞大。如果开发的进度计划比它所需要的更详细，那么这个计划就与那些不能被管理团队遵守或理解的计划一样是无效的。这样不恰当的进度计划，可能会更容易使人们反对形式上的计划技术的使用。计划管理系统可以有效预防这些问题。

1. 确定细节水平并识别活动

甘特图中应该有多少个条状图？25、50 还是 75 个？答案将取决于 WBS 中层级的细节水平，以及为了创建每个项目的结果需要的活动数量。例如，某金融服务公司使用信息技术组织的一个实践，对于某些特定类型的项目群，团队一般认为一个典型的甘特图将有大约 25 个活动，活动持续时间在 1～3 周。这将为下一步提供指导，并确保图表具有适当的大小、不太麻烦，层级也不太高以致缺乏管理的必要信息。具体地说，数量的细节对于使用甘特图的用户监控和协调应该是足够的。

为了完成项目，接下来需要实施头脑风暴法，并将项目分解为组成结果和活动。你可以采用 WBS 作为帮助，识别必要的活动从而分解出 WBS 中的工作包。这时，你不需要担心活动太大；相反，重点是确保所有必要的活动都已被识别。一旦达到这个阶段，请参考前面的步骤建立的层级水平。如果发现活动太少，将其中的一些工作进一步分解从而达到所需水平的细节是一种自然选择。或者，如果有太多的活动，将某些活动进行结合从而达到所需的水平是非常有益的。

2. 活动排序

活动排序包括按照逻辑顺序对实施过程进行排序，这就需要对工作流和项目优先级有一个很好的了解，确保我们开始实施的活动能为随后的活动提供必要的产品输出。不合逻辑的顺序会导致重做和增加额外的循环时间。

3．估算活动持续时间

资源、人力和材料驱动着估算活动持续时间的过程。这个过程开始于询问
"我们需要什么资源去成功地完成这项活动"。答案应该提供资源的名称及完成
每项活动所需要的工作时间，如需要软件程序设计员工作 100 小时。然后，要
知道资源的可利用性和公司日程表（如周日不上班），把工作时间转变为日程
表时间。例如，因为软件程序设计员参与多个项目，所以她的 100 工时的工作
需要分散在 12 周来完成。估算项目中每项活动的持续时间都需要这样重复。

4．草拟并改进甘特图

画一个甘特图需要一个表页，或者一个有水平时间刻度轴和垂直活动轴的
表格（见图 6-1）。给项目活动加上日历时间可以粗略地估计项目所需要的总时
间及甘特图的时间范围。对于那些所有的活动都有顺序的项目来说，这是一个
好方法。应该会有一些部分重叠的活动，你能够相应地减少它的持续时间。

接下来要按以下几个步骤，列出纵轴上的所有已经决定了顺序的活动。

步骤 1：画一个条状图来代表每个活动，并通过时间刻度标明它们持续时
间的长度。

步骤 2：对于由多项活动组成的某一阶段的活动，要增加一条总结性的条
状图，将建立在第一个活动之上的活动称为总括活动或简单地称为"吊带"，
一个"吊带"开始于第一个活动的开始，结束于最后一个活动的结束。每项总
括活动都包括 4～10 条相关的细节性活动是比较合理的。管理部门需要看到项
目的一个大体计划，"吊带"概括水平的细节使他们能很容易达到这个目的。

步骤 3：再次审查整张图表，检查里面的所有活动是否都是必需的，顺序
是否都是符合逻辑的，时间时刻是否是适当的，持续时间是否是合理的。做一
些必要的改变去改善并完成图表，然后准备好去使用它。

▪ 6.1.2　运用甘特图

甘特图对于小的、简单的项目来说是一个有效的工具，它并不太需要展示
活动之间的依赖关系。随着项目大小和复杂性的增加，甘特图变得不太适用。
简单地说，甘特图逐渐失去了处理越来越多的活动、数据和相关活动之间的依

赖关系的能力。对于大型的、跨部门的项目，把甘特图当作主要的计划工具是不切实际的，也是没有效率的（见"使用甘特图的小贴士"）。

使用甘特图的小贴士

- 只要项目包含的活动少于 100 个，就使用甘特图。
- 在小的、简单的项目中使用简单的甘特图，并把它作为主要的计划工具。
- 在大的、复杂的、有交叉功能的项目中，不要把简单的甘特图用作主要的进度计划工具，而是使用多重的、综合的甘特图。
- 团队编制的甘特图会有更高的质量、更好的认可，团队成员承担义务的责任心也更重。

与此相反，对于大型的、复杂的项目，补充性地使用甘特图和关键路径计划是一个明智的战略。后者对于处理大量的活动、数据，以及活动间的依赖关系较多的项目是很有效率的。然而对于以简单和可见的方式展示工作有什么活动、采用什么顺序、要持续多长时间，它起到的作用是很小的，这就是甘特图增加的价值所在。从比较大型的关键路径计划中提取出时间少于一到两周的活动，然后把它放在甘特图中，可以提供清晰、实用的短期计划。项目经理仍然有责任协调项目活动所有者与项目成果的相互联系。

根据个人的知识和经验，一个有 20 个活动的甘特图在任何情况下都可以用 10~40 分钟的时间完成。一些有经验的项目经理使用这样的规则："每分钟一个活动"，意思是甘特图中的每个活动都要占用一分钟。要注意，编制甘特图参与的人员越多，所需的时间也就越长。

■ 6.1.3 甘特图的优点

甘特图能确保每个人都了解项目活动的时间表，然后，项目的参与者就会将必要的时间分配到工作日程中，并有效地完成他们的工作。

甘特图可以通过它的可视化和持续了多年的简单设计方式给项目经理带来价值。它为项目创造了一个形象化的模型，这个模型使它成为一个优秀的管理和交流工具。它简单的设计能够使那些没有专业知识的用户也有能力去编制和阅读项目计划。

最后，甘特图对于资源的计划和分配来说是一个非常有用的工具。通过对每项项目活动规定资源数量，然后把它们添加到每个时期，就可以确定规定时期内所有活动的总资源需求及项目的总体资源需求。

6.2 里程碑图

这个进度计划工具展示了时间进程中的里程碑事件，是为了展示出关键的项目事件，也为了吸引干系人关注这些重大事件（见图 6-2）。里程碑事件的定义是一个时间或事件点，它是许多融合活动的顶点。例如，"需求文档完成"是软件开发项目的一个独特的里程碑事件，"市场需求文件完成"是产品制造项目的独特的里程碑事件。这些里程碑图与关键的可交付物的完成有关，而其他类型的里程碑还可能包括项目阶段、主要审查、项目外的事件（如交易展示日）等一系列事件的开始和结束。

里程碑事件	2018 年上半年						2018 年下半年					
	1 日	2 日	3 日	4 日	5 日	6 日	7 日	8 日	9 日	10 日	11 日	12 日
需求文档完成		◆ 1/31										
概念设计完成				◆ 3/31								
开发完成							◆ 7/15					
产品审查完成										◆ 10/16		
首批出货												◆ 11/18

图 6-2 里程碑图案例

6.2.1 制定里程碑图

传统的里程碑图被高级经理用于非常重要的项目事件中，无论这个项目的规模是大还是小。它也可以帮助强调目标而非集中于活动，如果将这个里程碑图用到具体的项目需要中，它的价值还可以得到额外的提升。

对于开发里程碑图，有一个包含几个步骤的相对简单的程序，即建立重要事件的进度计划，并在一个单独程序中建立活动之间的依赖关系。我们这样做的目的是为开发里程碑图呈现一个综合的画面。

一个里程碑图的好坏取决于输入，一个确切定义的项目范围可以为安排进度计划的人员提供更好的关于里程碑的理解。当里程碑所有者负责其进度计划（见"谁应该参与进度计划"）并且依据进度管理系统的指引编制里程碑时，里程碑图的质量当然也被赋予更高的期望。如果里程碑时间表以以前的已开发的详细表为基础，那么表的质量必定有一个更大的提高。

谁应该参与进度计划

有哪些项目参与者参与开发进度计划，对于组织的项目管理策略在很大程度上起着关键的作用。例如，在矩阵环境中，许多参与者都被包含在内——团队成员、项目经理、职能经理、项目办公室和执行者。

一般情况下，团队成员拥有工作包和任务，报告他们的工作结果，并估算完成每项未完成的工作包和任务需要多少时间。与此同时，他们不得不了解一些项目进度安排的术语，如开始日期、结束日期、数据（报告）日期、资源可用性等，但也不需要太精通进度相关的理论知识。

项目的资源供应者、职能经理，关注进度估算的准确性及当项目需要资源的时候资源的可用性。和团队成员一样，他们只需要进度相关理论的基础知识。

项目经理是项目进度的最终用户和拥有者。他们促进进度计划的开展，并监督由团队成员提供的数据的完整性和可行性。之后，他们使用进度安排来指导和控制项目计划的实施，在必要的时候和职能经理协作完成进度计划的调整。项目经理需要相当全面的进度相关理论的知识。

项目办公室（或进度计划小组）应该有进度方面的专家，他们有设计和修改项目进度系统的能力，能够让其他人去使用。同时，为了支持系统和具体项目，他们需要运行进度软件和检查时间、成本和资源估算方面的基础知识。

执行者在项目进度中的执行工作不是进度方面的理论、方法或软件，而是他们致力于问一些问题，阅读一些报告，指导项目相关人员，并且提供全部的帮助。就像一支高素质的大师级的管弦乐队，这些演奏家需要同步他们的表演，以完成一场节奏丰富的音乐会。

1. 选择里程碑图的类型

为了告知经理或其他干系人，你可能会选用只有少数高级别的里程碑事件的高级别的里程碑图，另一种选择是管理完成项目可交付成果或项目某一阶段的工作的里程碑。

哪个更好呢？这取决于项目时期。例如，对于项目的全过程，一家公司可以使用高级别的里程碑图，用 5 个标准的里程碑作为决策点，通过这些里程碑，高级管理者可以审查这个项目的状态来决定这个项目是继续还是结束。除此之外，公司可能也会使用一种包含 10 ~ 15 个里程碑的更为详细的表，项目团队使用这个表来审查主要的可交付物。选择里程碑图的类型主要取决于它的目的和用途，这在建立里程碑图方面是很重要的一步。

2．识别关键里程碑

在这一步，我们根据被选择的里程碑图的类型指导所需里程碑的选择。对于所有类型的里程碑——关键的可交付物、项目的开始和结束及它的主要阶段、主要审查、对项目有重要影响的外来事件，等等，哪个是控制项目进程的关键呢？如果公司采用标准的里程碑，那么回答是简单的：那些都是相同标准的里程碑。如果不是这种情况，那么关注主要的协同点和项目的关键决策点。

3．里程碑排序

里程碑排序就是研究活动之间的依赖关系，并且充分理解它们的输出怎样才能集中于被挑选的里程碑顶点或同步点。在详细的里程碑图中标出它们的位置将提供它们的顺序，并指出哪个活动必须开始或完成，从而表明某个里程碑被完成。

4．起草和完善里程碑图

一旦依据活动依赖关系将里程碑在详细的进度计划上标注出来，这个里程碑图的草案就算完成了。这就要问下面的问题，是否包含了所有的里程碑？它们有逻辑顺序吗？在进度计划上的位置是适当的吗？确定被选择的里程碑的数量是足够的是一件很重要的事，以免在里程碑之间有延长期间。项目在开始和结束时会有很多活动开始和完成，所以挑选所有里程碑是容易的。然而，这样会留下中间一段时间内的里程碑，会削弱控制项目进程的能力。当这些问题得到回答后，这些信息将做出变更并提取出里程碑图。

在进度计划上标注出里程碑之后，有两点应该是可辨别的。首先，艰难的工作必须要做。其次，被挑选的里程碑对项目进程起着关键的作用，其必须是突出的，以免迷失在艰难工作的某些细节上。总之，不仅细节是明显的，而且里程碑也是。

5. 完成里程碑图

经理不一定会在日程细节安排上费心，这是可以理解的。但是，他们会要求一个仅展示里程碑的图表，目的是他们可以看一眼就辨别出项目进程中的关键数据。你应该从进度计划的细节中提取里程碑的信息——时间刻度、里程碑、里程碑的时间位置，从而为里程碑图做准备。然后在表的垂直轴上标出里程碑事件，在水平轴上绘制出时间尺度，为里程碑选择标志（如方块），把标志放在时间尺度上（见"里程碑表的小贴士"）。

> **里程碑表的小贴士**
> - 为里程碑之间提供充足的时间间隔。
> - 在关键事件和细节里程碑中都可使用里程碑表。
> - 在大型和小型的项目中使用里程碑表去展示项目的实际和计划的对比。
> - 使用另一个进度计划与里程碑表来展示活动的依赖关系。
> - 团队开发里程碑可以产生更高质量的进度计划、更广泛的认可，增加了团队成员的责任感。

6.2.2 运用里程碑图

一般来说，无论项目是大还是小，里程碑图都被用于管理重要的事件。结果，当里程碑图被用于这个目的时，图中经常会展现出一些关键的里程碑。换句话说，使用里程碑图来为计划和实际的项目进程提供相关的关键数据。当WBS也被用于项目中时，这些非常重要的事件和关键数据经常与WBS的级相关。

最近，在同一时间使用多张里程碑图呈增长趋势，每张里程碑图与 WBS 中的某一确定的层级相对应。例如，里程碑的第四层级对应 WBS 的 5 级，也许很容易有 200 个里程碑，每个都和对应的工作包相联系。之后，将里程碑图与详细的网络图表相关联，以便描述出里程碑之间的相互依赖关系，这种做法经常被竞争于"快速项目周期"的技术组织所接受（详见本章后续部分的"分层进度计划"）。

6.2.3　里程碑图的优点

里程碑图中有着少量关键性重大事件——与 WBS 中的 1 级内容相关。例如，它对获取管理层对高组合性的项目事件的注意和时间具有重要的意义（见"缺失里程碑可能导致战争失败"）。里程碑图中不仅仅包括许多与工作包相连的重大事件，表中还着重强调对目标方向的关注（"完成的重大事项"或"没有完成的重大事项"），同时减少对活动层级的关注（"我正致力于此事"）。

里程碑图的可视化本性可以为项目经理和他的干系人提供价值。它创建一个项目团队和干系人之间以及在项目团队之间有效沟通项目的形象化模型，在这种方式里，里程碑图充当高效的项目路径工具和计划工具。

> **缺失里程碑可能导致战争失败**
>
> 战争大师拿破仑在重大项目中从不做过多的粗略计划，这些粗略计划可能类似于作为战役中的里程碑的关键事件。当他侵袭埃及的时候，他为每位将军都做了预期清晰的目标。与此相反，在 1812 年 7 月，他带领 40 万大军侵略俄国时，他选择不与他们讨论计划。由于俄国严酷的冬季，那些将军申请讨论计划，他也不管，依然没有分配计划。在 1812 年 12 月，拿破仑战败的军队离开俄国时，只剩下 2 万人。缺乏清晰的里程碑进度计划可能促进了拿破仑对俄战役的终曲——从壮丽的顶峰跌入谷底。

6.3　关键路径法

关键路径法（Critical Path Method，CPM）是分析、计划、安排项目的网络技术图。它用节点（见图 6-3）或箭头表示项目活动，决定它们中哪些会对项目完成时间有着关键影响，按顺序安排它们，以在最低成本内完成目标。

CPM 最初只在大的、复合的、跨部门的项目中使用，现在也用于较小的项目中。CPM 进度可以帮助项目经理看到总的完工时间，明白活动的顺序，确保在需要的时候有可用的资源，监控那些关键性活动并衡量项目进展。

活动	具体内容	紧前工作	持续时间
a	项目启动		0
b	获得材料 a	a	10
c	获得材料 b	a	20
d	加工 a	b，c	30
e	加工 b	b，c	20
f	制造 a	e	40
g	装配 a 和 b	d，f	20
h	发行	g	0

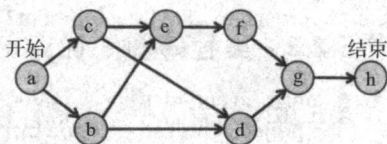

图 6-3　关键路径法案例

6.3.1　制定 CPM 图

构建 CPM 图需要耐心和规则，它包含若干主要步骤。其中关键性的步骤包括确定层级细节并识别活动，尽管这个步骤通常属于范围计划进程中的内容，但因为它有助于解释如何用综合的方法开发工具，所以我们把它包含在内。

如果关于进度、责任、资源和总体的管理体系的质量信息是可用的，则建立 CPM 清单的过程能产生更好的产品。

项目进度为进度计划者提供了进度计划需要的项目活动的知识，清晰地定义了具体职责——谁在项目中做什么——指出了谁拥有关于某项活动的最全面的信息，并由其为该项活动编制进度。为了编制切合实际的进度，这里的活动"所有者"还需要了解在什么时间哪些资源可以利用。最后，进度管理体系将指导进度计划者开发和使用 CPM。

1. 确定细节水平并识别活动

大或小的个别活动如何影响 CPM 活动的数量？一家公司的规定可能有助于阐明这一点。大晶圆厂建设项目有 2 000 项活动，每项活动的持续时间为 2～4 周。它帮助每个人意识到什么细节水平可以接受，什么不可以接受。进度计划的目标是根据项目的复杂性和规模，给团队足够的信息（不能太少也不能太多），从而指导日常工作，确定工作组之间的接口，并在高效的层级水平监测进度（见"为什么会选择由团队开发 CPM 这种方式"）。

为什么会选择由团队开发 CPM 这种方式

利用项目团队建立一个 CPM 图也许是最有效的方法，这里给出几点理由：

- 团队成员通常是项目进度各个细节知识的最佳来源。
- 每个团队成员能够看到在哪里及为什么他对项目完成起关键作用。
- 团队可以找到最优排序和缩短活动或总项目时间的创造性方法。
- 作为一个单位，该小组可以将精力和精神集中在关键活动上。
- 团队成员的参与会提高对项目的责任感和归属感。

在设置细节水平之后，你可以准备实施以下活动。

第一，头脑风暴和识别活动是完成项目所必需的。它可以通过 WBS 得出，这也许是最具系统性和综合性的活动识别方法。

第二，重新关注已经确定的细节水平。如果活动数量少于预定数量，就继续将较大的活动进一步分解；如果活动数量超过目标数量，则需将相关活动结合起来，以达到所需的细节水平。

2．活动排序

排序是通过确定活动的直接先决条件活动来确定活动之间的依赖关系，也叫"紧前活动"。部分活动根据"技术顺序"安排依赖关系，这些被称为硬关系或逻辑依赖关系，意味着工作任务按照技术关系进行排列。例如，在测试之前必须完成代码编写，其他方式是不可能的。不顾前后依赖关系可能导致返工和工期延误。但并不是所有的依赖关系都是硬关系，其中一些是软关系或是可变通调整的，它们不是工作逻辑必须要求的，而是可以选择的，反映了个人的进度计划经验和偏好。例如，我们可能决定编写一块软件代码然后测试，再编写另一块然后测试，等等。依赖也可取决于关键资源的可用性，如两个活动需要相同的资源，一个做完才能开始另一个。一旦建立了依赖关系，就将其记录下来，正如我们在图 6-3 中所做的那样。

3．分配资源和估算活动持续时间

由来已久的进度安排规则是，工作的完成需要依赖人力和物力资源，因此，通过确定成功完成活动必需的资源来估算一项活动的持续时间是合理的。例如，需要业务分析师工作 100 小时，这是在成熟的工作技术情况下，依据生产规范将工作量划分后计算的工作（努力）时间。然后业务分析师将他的工作时间划分在这个项目和其他三个项目之间，并且了解公司的工作日程表（每周50 小时；周末不工作），他可能需要八周来完成它，这就是日程时间表。将日程时间表列在图 6-3 的第四列。

4. 绘制关键路径图

用圆圈或矩形代表网络图上的每项活动的识别标志，将持续时间填在圆圈内或其他位置，这种格式被称为 AON（Activity-on-Node），我们将在这一章的后续内容中讨论画网络图的另一种格式——AOA（Activity-on-Arrow）。继续进行 AON 格式，通过用箭头连接每个圆圈（活动）和它的紧后活动，并将箭头指向紧后活动，来表明活动之间的顺序依赖关系。为了方便，连接所有没有紧前活动的圆圈，在最前画一个圆圈表示"开始"。同样，连接所有没有紧后活动的圆圈，在最后画一个圆圈表示"结束"。

5. 确定关键路径

一般来说，图表显示许多不同的从开始到结束的路径，可称为具有依赖关系的活动序列。为了计算通过一条路径的时间，把这条路径上的所有活动时间加在一起。关键路径是从开始到结束的路径中最长的路径（在时间上），它指出完成整个工程的最短的必要时间。至关重要的是，关键路径是瓶颈路线，并在管理的活动中享有最高优先权。

有另一种计算关键路径的方法：使用向前/向后推算。然而把所有的活动时间加起来对较小的工程来说是很简单的，对于较大的工程来说太烦琐，也很困难。但是大的项目可以用通用程序。例如，你有某一项目的开始时间，然后，对于每个活动存在一个最早开始时间（Early Start，ES），假设完成该项活动的时间是 t，那么它的最早结束时间（Early Finish，EF）是 ES+t。图 6-4 显示怎么通过向前传递去计算每个活动的 ES 和 EF。该过程从左到右，计算如下：

- 某项活动的 ES 是其所有紧前活动中 EF 的最大值（或最晚 EF）。
- EF=ES+完成该项活动的时间（t）。

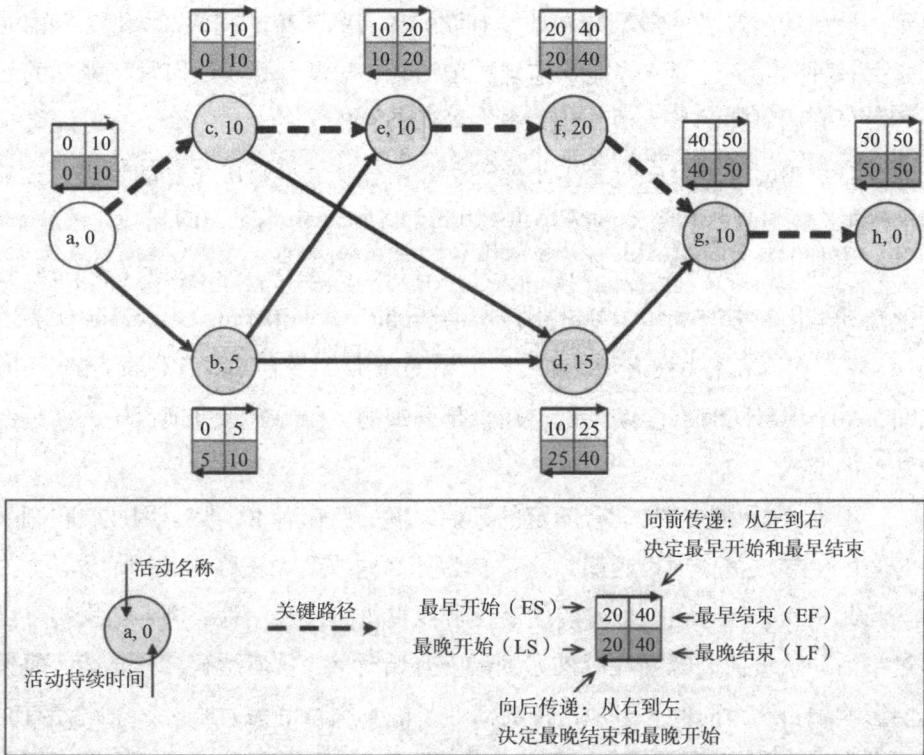

图 6-4　向前向后传递

假设你想要结束项目的时间和项目的最晚结束时间正好相等。如果是这样的话，你可以定义最晚结束时间（Late Finish，LF）的概念，或者项目被完成的最晚时间，而无须将项目的总工期延期到 EF。此时，LF 和 EF 相等。

同样，你可以定义最晚开始时间（Late Start，LS）为 LF−t，t 是活动时间。以这些定义为基础，我们能够通过向后传递，从右到左计算每项活动（见图 6-4）：

- 某项活动的 LF 是其所有紧后活动中 LS 的最小值（或最早 LS）。
- LS=LF−完成该项活动的时间（t）。

此时向前/向后推算已被完成。注意图 6-4 可以发现在一些活动中，最早开始等于最晚开始，然而在一些活动中并不相等。在一项活动最早和最晚开始之间的差异（或在最早和最晚结束之间的差异）被称为总时差。总时差是你可以拖延一项活动超过它的最早开始却没有耽误项目的结束时间的最大值。自由时差是另一种时差，它等于你能够拖延一项活动，却没有耽误任何紧接着它的活动的最早开始时间的最大值。然而当一项活动有确定的总时差时，却可能有也可能没有自由时差，自由时差小于或等于总时差。计算自由时差的公式是：某项活动的 EF 与其紧后活动的最早 ES 之间的差。

在图 6-4 的例子中，活动 b 和 d 分别有自由时差 5 天和 15 天，然而所有其他活动自由时差都为零。关键路径上的活动没有自由时差，并且被称作关键活动。它们在图 6-4 中被表示出来，用加粗的箭头连接关键路径上的关键活动。然而，一个项目同时有多条关键路径也是合理的，在快速跟进项目中，它是一种常见的形式。

一项没有总时差的活动有固定的开始时间，意味着 ES=LS。因此，耽搁开始时间就会导致整个项目延期，这就是为什么这些活动被称作关键活动。

与此相反，有确定的总时差的活动可以提供一些灵活性。例如，我们可以通过将活动从负荷高峰期往后推迟到最晚开始时间，从而缓解高峰负荷，而且不会影响项目结束时间，但是这种灵活性可能会很快消失。加入一条路径有时总时差很小，我们可以称其为"接近关键路径"，这需要引起第二优先级别的重视。如果我们将"接近关键路径"的某个活动往后延期，它的总时差可能会消失，并且它会变成关键路径。对于自由时差，我们可以将活动往后延期等于（或少于）自由时差的时间，而不影响紧后活动的开始时间或浮动时间。

6. 总结和提炼

仔细看草图并回答下列问题：

- 有任何重要的活动被忘在进度计划外了吗？
- 这个活动是按逻辑顺序排序的吗？
- 活动的持续时间合理吗？
- 该项目进度是受时间约束还是资源约束？（见"时间或资源约束，还是两者都存在"）

时间或资源约束，还是两者都存在

尽管英特尔是一家与竞争对手比赛谁更加快速地投入市场的公司，但在任意一家分公司，项目经理在开发进度计划时都会掌握时间和资源的关系。问题是无论他们想多快完成工程，可利用的资源是有限的。这将帮助把进度安排分成以下两类。

1. 进度安排受到时间约束。项目必须在一定时间内完成（在英特尔公司内部，这称为最后期限），并且用尽可能少的资源。在这里关键要素是时间而不是资源，这些项目通常是具有最高优先权的项目。

2. 进度安排受到资源约束。项目必须尽快结束而不超过确定的资源限制。在这里，关键要素是资源而不是时间。这些项目通常是优先级别较低的项目。

这两个极端之间是中等优先级的资源调配项目。有了这些，开发进度计划时，项目的任务是利用浮动时间尽量保持各个时期的资源效用相互平衡。只要管理部门清晰地传达项目的种类，项目管理人员就不会面对任何问题——他们用的许多市场上可以买到的软件就可以演示三种情况下的进度开发。当项目经理被告知他们项目的时间有限且资源也不足，这时他们的问题来了，面对这样的系统约束，他们知道他们不得不靠自己寻找资源。所以项目管理人员这时要做什么？他们利用加班工作更长的时间，并说服团队成员做同样的事情，大多数时候他们会获得成功。毕竟，英特尔的文化是一切以绩效为重。

随后就到了回答问题的时间。如果需要，会做出必要的修正。

如果是一家以时间为竞争手段的公司，项目经理必须核实是否可以减少项目持续时间，唯一的途径就是设法缩短关键路径上的活动。可以通过并行作业或安排赶工，或者这两者的结合实现。注意，对非关键活动进行并行作业或赶工是无关紧要的，因为它没有减少关键路径的持续时间。并行作业意味着改变软硬依赖性——换句话说，通过抹去以前试图建立的依赖关系来改变逻辑图，创造新方法去尝试重叠某些关键路径上的活动。在这个过程中，活动持续时间和资源分配都不会发生改变。

"赶工"意味着减少关键路径的持续时间且不改变依赖关系。该方法是给活动分配更多的人、超时工作、用不同的设备等。至关重要的是减少项目持续时间后的收益是否超过增加的成本。对于大多数上市项目，问题的答案是肯定的。

■ 6.3.2　运用 CPM 图

CPM 工具最初开发的目的是用于大型、复杂、跨职能的项目，现在这些项目仍然首要使用 CPM 图，因为它容易处理大量的活动和它们的依赖关系，指导我们将注意力集中在最重要的活动上。不过，由于 CPM 知识的传播，看到 CPM 图用于较小的项目是很平常的。

结合甘特图，可以找到一个很好的应用 CPM 图的方式。简而言之，从一个相当大的 CPM 图中提取出未来 1~2 周的活动，用甘特图展示它们，提供明确、切实的部分短期前景计划。

■ 6.3.3　CPM 图的优点

CPM 图帮助项目经理看到总完成时间，明白活动的先后顺序，确保必要时的资源，监测那些关键的活动并衡量进展。如果遵循一定的规则，则更容易达到这些目的（参见"CPM 图三不做"和"使用 CPM 图的小贴士"）。

CPM 图通过其图形结构为项目经理提供它的价值。CPM 图根据项目网络图清晰地描绘出工作的技术顺序，所以非常容易解释。CPM 图的日期计算并不难，而且可以利用个人计算机容易、快速地进行处理。

对项目经理来说，最大的好处是 CPM 图能够提供关注重点。它明确指出成功完成项目计划的关键部分活动，这一关注大大增加了准确性，继而是进度控制的精确性。

CPM 图三不做

1. 不要让 CPM 图控制你。它只是一个进度计划，而且不会为你做决定，你可以自己做决定。

2. 不要认为这是福音。如果有更好的进度计划方式，去做吧！

3. 当你的项目下滑时，不要置之不理。回顾、更新、提高，然后再使用它！

使用 CPM 图的小贴士

• 如果你需要加快进度，可以通过并行作业和赶工进行。

• 小心！加快进度可能会增加关键活动的数量。在早些时候，所有活动中

的 10% 是重要的，而在当今的快节奏下，你经常看到 40%～50% 的活动
是至关重要的。

- 在你的 CPM 图内加入重要的里程碑，它可以帮助你看到森林（里程碑）
和树（活动）。
- 将由不同的资源提供者实施的活动标上不同的颜色，以确定它们的相互
关系并提供协调。

6.3.4　CPM 图的扩展

这里讨论的 CPM 图是 AON 的形式，其他格式包括 AOA 形式的 CPM 图、
计划评审技术（PERT），以及前导图。在 AOA 中，活动用箭头表示，用代表
顺序依赖关系的圆圈（或点）将箭头连接起来。通过这种方式，活动的所有紧
前活动指向该活动箭头开始的圆圈，所有的紧后活动从本活动指向的圆圈开
始。因此，一个圆圈成为一个事件，所有的活动都指向圆圈。

CPM 图与 PERT 非常类似，不过 CPM 图的活动持续时间是确定的，而 PERT
使用加权平均来计算持续活动时间，方法如下：

$$TE=(a+4m+b)/6$$

式中　a——最乐观的时间估算；

　　　b——最悲观的时间估算；

　　　m——最有可能的时间估算。

PERT 图主要用于研发和开发项目。CPM 图最初用于建设项目，现已用于
其他行业。

前导图是允许两个活动之间提前和滞后的单代号网络图（更多详细信息请
参阅本章“时标网络图”提前和滞后部分），这使它更容易为实际项目描述丰
富、复杂的依赖关系，这使得前导图比 CPM 图和 PERT 更广泛地应用于跨行
业和边缘产业。CPM 图和 PERT 这两个方法只能将活动分解为子活动，才可以
出现提前和滞后，这样会导致最终明显增加网络中的活动的数量，并使管理变
得更加复杂和困难。

6.4 时标网络图

时标网络图（Time-scaled Arrow Diagram，TAD）用于分析、计划、安排项目进度，目的是最后以最低的成本满足目标日期。在这个过程中，TAD 有助于确定哪些"关键"项目活动影响了项目完成日期，为项目团队提供焦点。根据它的定义，TAD 是一个活动的箭头工具，并且是唯一的显示时间刻度的关键路径方法（见图 6-5）。

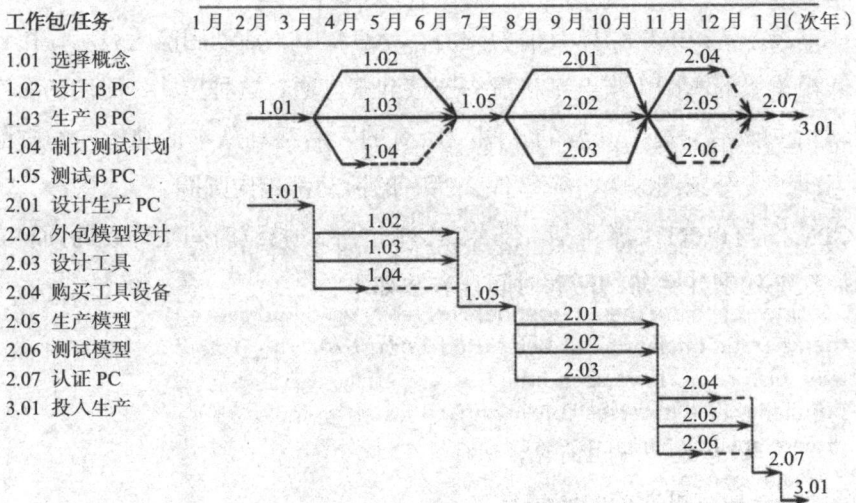

图 6-5 时标网络图的案例

像其他时间表开发工具一样，TAD 帮助你识别总完工时间，清楚活动的排序，确定所需的资源，监测重要的活动，并协助项目经理测量进展情况。

◾ 6.4.1 制定时标网络图

开发 TAD 是一项需要耐心和规则的活动，需要通过几个主要步骤展开。与所有进度开发工具一样，首先要做的是确定所需要的细节水平并识别项目活动。这通常是范围计划的一部分，我们在这里包含了这项工作主要是为开发

TAD 提供综合的视角。

TAD 的质量严重依赖于项目范围信息的可靠性、团队成员的职责、资源的可用性和高层级的进度管理系统。

很明显，为了安排工作活动，你需要了解项目的范围，了解某项活动由谁负责。想要让这些成为可能，项目进度计划者需要有资源可用性的相关信息。组织的进度管理系统将为开发和维护 TAD 提供指导。

1. 确定细节水平并识别活动

项目规模的大小影响 TAD 中活动的数量。一个例子可能更清楚地说明了这个问题。大型的新产品开发项目一般包括 300～500 项活动，每项活动持续 3～5 周。活动识别的目的是提供足够的信息——不多也不少——需要直接监控有一定规模和复杂性的工作项目。提供比所需信息更多的信息会使得团队超负荷，提供的信息过少可能会错过基本的信息。

一旦选择了细节水平，就要确定完成项目所必须执行的活动。与所有进度工具一样，一个很好的方法是采用 WBS，也许这是最系统和综合的活动识别方法。开发 TAD 需要的活动就是 WBS 最低层级的生产工作包。

活动被识别之后，尽早集中在被挑选的细节水平上。如果真实活动数量比目标数量少，就继续分解较大的活动。真实数量超过目标数量，一些相似的活动会被合并以达到期望的细节水平。

2. 活动排序

排序包括决定合理的工作活动的逻辑流和活动之间的相关性。这意味着通过确定一个活动的直接前提条件而把它放在一个具体的顺序里，叫作紧前活动，并且没有节枝（Loose Ends）（见"节枝可能会误导团队"）。就如在 CPM 图中解释的一样，有些逻辑关系属于硬关系，有些属于软关系，这两种类型都可用于创建重叠的活动，当然其目的是快速创建 TAD。

节枝可能会误导团队

我们经常发现 TAD 有节枝，包括箭头或箭尾没有与其他活动相连。当我们问项目经理为什么时，我们经常得到这样的答案，"我只是想展示关键路径和它的相关性，其他的路径和关系对我来说不重要"，这在实践中是非常危险的。为了决定关键路径，团队不得不去评估所有被恰当地连接在一起的活动路径。如果有节枝，团队可能看不到真正的关键路径。TAD 的目的是纯粹的，即集中在真正的关键活动，并解决。

TAD 拥有多种依赖关系：结束到开始（Finish-to-Start，FS），开始到开始（Start-to-Start，SS），结束到结束（Finish-to-Finish，FF）和开始到结束（Start-to-Finish，SF），这样我们可通过确定因素之间的提前/滞后关系精确地定义活动的依赖关系（见图 6-6）。

FS——当活动 A 结束时，活动 B 可以开始。当你增加 2 天的提前/滞后，活动 B 只能在活动 A 结束 2 天之后（提前/滞后）开始。

SS——在活动 A 开始之前，活动 B 不能开始。增加提前/滞后时，活动 B 在活动 A 进入工作至少 2 天后才能开始。

FF——活动 B 必须与活动 A 同时结束。增加提前/滞后时，活动 A 必须在活动 B 结束之前至少 2 天完成。

SF——活动 B 在活动 A 开始之前不能完成。增加提前/滞后时，活动 B 在活动 A 开始 7 天之后完成。

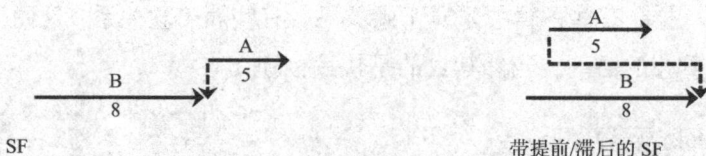

图 6-6　活动之间依赖关系的类型

在实践中真正要用到多少这样的依赖关系？有多少是我们需要的？传统中，FS 被广泛使用，FF 和 SF 一直都用得比较少。通常，SS 在快速项目生命周期的商业竞争中最受欢迎。在短循环时间的工作环境中，SS 是被快速通道项目所需要的。它最大的好处是允许平行工作。例如，开发一款新的计算机，软件开发与硬件开发就是 SS 滞后的依赖关系。软件团队开始工作之前至少需要一个硬件设计，一旦完成一个硬件设计，他们就可以在软件开发的同时继续进行硬件设计。

3．分配资源和估算活动持续时间

开发进度计划的核心是资源分配和时间安排。由于它会涉及 CPM 图的部分，所以我们在这里重新进行描述。资源分配的第一个条件是确定成功完成活动的资源需求。例如，你需要一个成本估算者，工作时间为 80 小时。假定现在这个成本估算者被分配到这个项目和两个其他项目，再看公司的工作日程表（每周最多 50 小时，周末不工作），所有这些信息说明这个成本估算者花费 80 小时的工作时间需要超过 10 日历周（日历时间）。为所有剩下的活动继续重复确定资源、确定工作时间、将工作时间转化为日历时间这些步骤。估算活动持续时间是可变的，特别在多项目的环境中（见"切换时间会增加进度计划的不准确性"）。

切换时间会增加进度计划的不准确性

90% 的项目在多项目管理环境中实施。这意味着每个项目经理需要同时管理多个项目，被普遍认可的是管理 2～3 个项目。由于更好的管理会为组织带来显著的利益，但也会形成独特的问题，所以需要非常小心翼翼地安排项目进度。特别在切换时间这个问题上，当项目经理从一个项目换到另一个时，他需要从身体上和心理上进行转换，从而投入新的项目中。

因为团队成员也是多个项目团队的成员，所以他们经历同样的问题。随着项目变得复杂起来，我们要切换时间，很明显，这时间是项目经理和团队成员共同损失的忙碌的一天。举个例子，一些专家表示，当一次参加了四个项目时，项目经理或团队成员可能损失高达 20% 的时间。真正的问题是，这个切换时间的损失通常在调度多个项目时不予考虑，这就导致项目计划出了名地乐观和不准确。

至少有两种方法来处理这个问题。一种是减少一个多项目人员每月的有效工作时间，从而用来弥补相应的切换时间的损失。另一种是增加一个多项目人员的工作时间估算，从而用来弥补相应的切换时间的损失。这些方法并不吸引人，但是它们是现实中任何项目进度或依赖关系图必须考虑的。

4. 起草 TAD

用箭头表示活动，它们彼此连接——用箭头头部指向箭头尾部来表示依赖关系的顺序（见图 6-6）。通过这种方式，所有紧前活动决定箭头的起始部分，同时所有箭头指向紧后活动。因此，所有箭头尾部的开始点成为开始事件，所有的活动都指向完成。很明显，一个 TAD 能画出两种不同的格式（见图 6-6 和接下来的例子"串联与脊柱格式的 TAD"）。

串联与脊柱格式的 TAD

串联

一个区域，一项活动。区域是指在 TAD 输出的一个水平或狭长的地带，串级格式只允许每个区域有一个活动。

为什么叫作串联？在每个区域内良好的一系列活动，看起来像一连串的事件。

不那么复杂。串联像一个甘特图，是一个看上去简单的工具，这会降低复杂程度，所以很容易应用。

不实用。由于一个区域只有一项活动，导致更大的 TAD，可能需要打印出更多表和利用大型墙面空间来发布它。

脊柱

一个区域，很多活动。TAD 的输出允许每个区域有多项活动。

为什么叫作脊柱？活动对称排列在一条中间路径（通常是关键路径）的两边，类似于网络的脊柱。

更复杂。脊柱的外观与其他任何网络图很像，有些项目经理可能觉得看起来很复杂。

更实用。由于每个区域都有多项活动，你可以在一张纸上或墙面上的一个小空间画一个大的 TAD。

5. 确定关键路径

正常情况下，一个 TAD 展示出很多不同的路径，它们是一系列相关的活动。可以通过两种途径寻找至关重要的路径。第一，你能直观地发现一条由没有浮动时间的活动组成的路径——无须复杂的计算。对于所有的网络用户而言，这种路径由于方便而非常适合 TAD 的实践。将路径中的所有活动时间加起来（像我们在 CPM 图中做过的那样）就会得出每条路径的长度，关键路径是 TAD 中最长的路径，这表明这是完成整个项目的最短时间。第二，你可以通过向前/向后推算过程计算出总和的自由浮动，就如我们在本章前面的 CPM 图中所解释的那样。

6.4.2　运用时标网络图

像任何网络图一样，TAD 的原始目标是应用于大的、复杂的、跨职能部门的项目。TAD 适合这样的项目，因为它能处理大量的活动和复杂的依赖关系，指导我们将注意力集中于最重要的活动。虽然 TAD 的采用仍然出于这个目的，但大量的项目经理仍把它用于中型和小型项目（详见"使用 TAD 的小贴士"）。在这种情况下，TAD 以串联的方式画出来，通常被称为"甘特图连接"。相比于其他任何形式，这种形式的 TAD 日益流行。

一个相当大的 TAD 可以和一个甘特图同时使用，特别是我们可以把 TAD 中未来两周的工作挑选出来，用甘特图格式展示，并且将其视为短期前景进度计划使用。这提供了一种在关注大局的项目 TAD 和关注日常工作细节的甘特图之间的平衡。

使用 TAD 的小贴士

- 如果你需要加快进度，使用没有滞后时间的 SS，准备和管理进度计划中 40%～50% 的关键活动。
- 创建既像串联格式的 TAD 又像 TAD 的进度计划，并在所有小项目中广泛使用 TAD，这将显著提高进度计划的质量。
- 在 TAD 中加入主要里程碑去帮助强调重要的事情，就像在活动的海洋里的灯塔一样。

- 坚持使用 TAD 模板以提高进度计划的质量和效率。

6.4.3 时标网络图的优点

TAD 提供了其他网络图无法获得的独特利益:能从进度时间刻度上直接获得项目及每项活动的开始和结束时间,以及项目的总时差。和其他网络图一样,TAD 可以帮助识别总的完工时间,明白活动的顺序,确保在需要的时候有可用的资源,监控那些关键性活动,并且衡量项目进展。

TAD 的图形的吸引力和直观的逻辑为项目经理提供额外的效用。TAD 对于明确一系列工作,支持时间刻度,比其他任何网络图更清楚。TAD 的数据计算并不困难,可以由个人计算机容易并迅速地处理。另外,TAD 能够简单、直接地展示活动之间的依赖关系,这有助于理解活动的执行顺序。

也许 TAD 的最高价值来自其关注重点,TAD 指导我们重点关注对项目完工日期至关重要的几项关键活动,结果的精度很高,这对进度控制非常有利。

6.5 关键链进度

关键链进度(Critical Chain Schedule,CCS)引进于 1997 年,在项目经理的世界里是一个相对较新的工具。CCS 是一个网络图,它通过使用一些独特的路径方法成就一个更大、更快和更可靠的时间表(见图 6-7)。它可以使用多种方法。第一,CCS 着重于关键链,最长路径上的依赖事件不允许项目在较短的时间内完成。与关键路径法不同的是,关键链不会变更。第二,相比其他用 95% 概率估计的进度方法而言,这种方法的活动持续时间是用 50% 概率估计得出的,因此,这种方法的活动持续时间通常更短。第三,相比关键路径,关键链根据资源的依赖关系进行定义。第四,建立缓冲区用来保护项目实施过程中的关键链。

活动	日期（天）16	32	48	64	80	96	112	128

A　A：16天

B　B：16天

C　C：8天

D　D：8天

E　E：16天

F　F：16天

CCFB1

G　G：16天

H　H：16天

I　I：8天

J　J：8天

CCFB2

K　D：8天

PB

关键：
- 关键链活动
- 非关键链活动
- 关键输入缓冲区（CCFB）
- 项目缓冲区（PB）

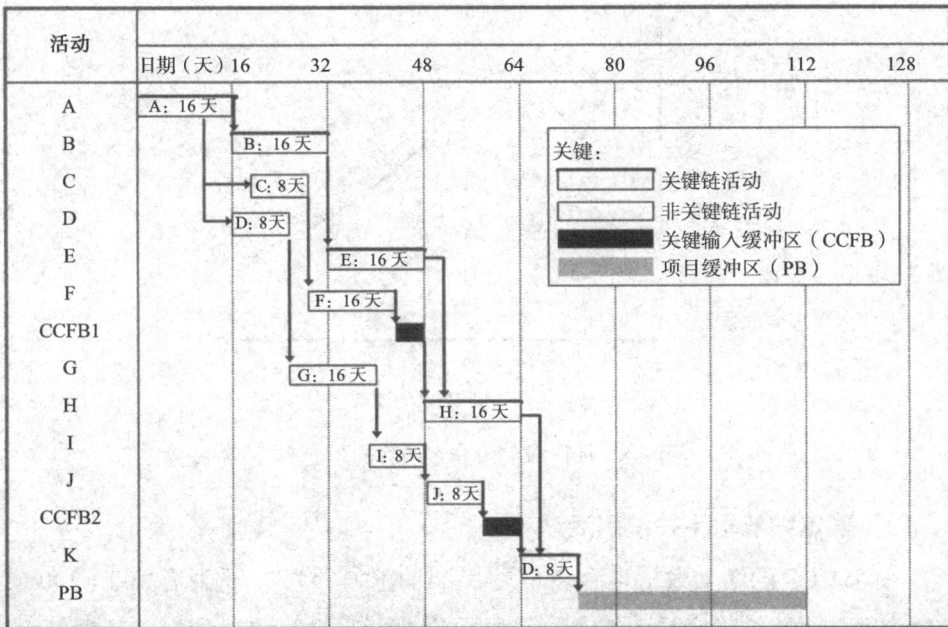

图 6-7　关键链进度的案例

6.5.1 制定关键链进度

因为进度总是挑战更快的进度计划，并试图将它变为可能，CCS 的质量比其他进度开发工具更加依赖输入的深度和定义的程度。

虽然范围、责任和进度管理系统将提供什么要素、要素由谁负责、如何更快安排项目活动的消息，但 CCS 真正的需求重点是要求专门的小组资源，这意味着团队成员只在一个项目工作。正因如此，从逻辑上说，专门的项目团队成员比由多个项目共享团队成员更有效率，理由是一个人在多个项目中工作将会带来的切换时间成本将会消失，这在前一节中已经讨论。尽管这通常是真的，但有一些例外。一项研究发现，当将一些仅参与一个项目的团队成员分配到第二个项目中，生产率通常会增加一点，因为成员不再需要等待第一个项目其他成员的活动（见图 6-8），相反，团队成员可以将注意力转入第二个项目。当继续参与第三、第四和第五个项目时，生产率则会迅速下降，团队成员成为他参与的项目的瓶颈。这就是为什么 CCS 方法坚持使用专门的团队。

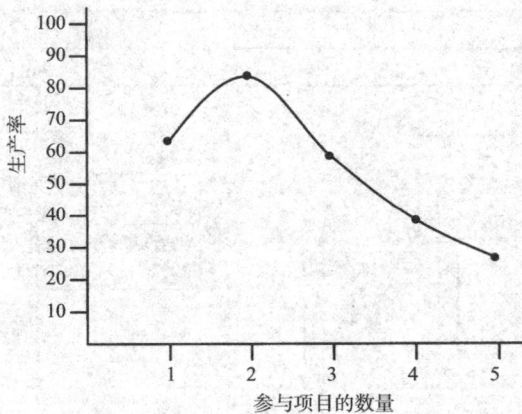

图 6-8 团队成员参与多项目的生产率

1. 确定细节水平并识别活动

一个 CCS 的活动数量与活动的大小密切相关。因此，选择有 100、300 或 500 个活动将帮助确定活动的大小。为了说明这一点，考虑一家公司的黄金法则：包括 5 000 ~ 10 000 人小时的大型项目，将有大约 500 项持续时间 2 ~ 4 个日历周的活动。这不仅清楚地告诉每个人，这既不是 180 项活动，也不是 15 周的活动，还强调了公司的细节水平。确定了项目的规模和复杂性后，这种水平的细节为管理项目提供了足够的信息，而没有不必要的负担和时间要求。

一旦决定的细节水平，应采取这些行动：

● 进行头脑风暴，确定完成这个项目必须完成的活动。与其他进度计划工具一样，采用 WBS 配合活动的识别。在这个过程中，忽视活动的规模；相反，确保所有必要的活动在名单上。

● 重新选择细节水平。如果活动清单上活动的数量少于预期的活动数量，继续分解大活动；如果多于目标活动数量，将类似的活动进行组合来达到预期的目标。

2. 活动排序

排序意味着根据合乎逻辑的工作流和各种活动之间的依赖关系安排活动顺序，在这里，深入理解工作流是先决条件。排序的原理是知道紧前活动产生的输出成为其后续活动的输入。如果图表未遵守这项原则，我们很可能丢失项目工作的逻辑，结果导致项目在执行过程中返工和延迟。

3. 分配资源和估算活动持续时间

因为完成项目活动需要人力和物质资源，它们支配着活动持续时间。所以，估算时间的起点是："为了成功完成这项活动，我需要什么资源？"答案必须提供完成每项活动需要的资源和工作时间，如一个程序员需要工作 100 小时。这里的关键是，CCS 使用一个独特的不允许应急事件的活动持续时间估算技术（见"在估算持续时间时，没有应急安全"），考虑到关键链方法需要专门的团队，并了解公司的工作日程表——每周 5 天，每天 10 小时，这 100 小时可以转化成 10 工作日或 14 日历天。当然，每个活动的估算应该经历这一过程。

在估算持续时间时，没有应急安全

多数项目管理者倾向于在估算每个活动时包含应急时间，而不对其做出特别规定。原因很简单：增加安全时间。CCS 技术力争确保安全，为了给出其含义，图 6-9 展现了一个典型的活动时间的分布。实线（左边纵坐标）展示了 x 轴上一个给定的活动持续时间增加的可能性，虚线（右边纵坐标）表明在 x 轴上活动将结束的时间小于或等于活动持续时间的累计的可能性。

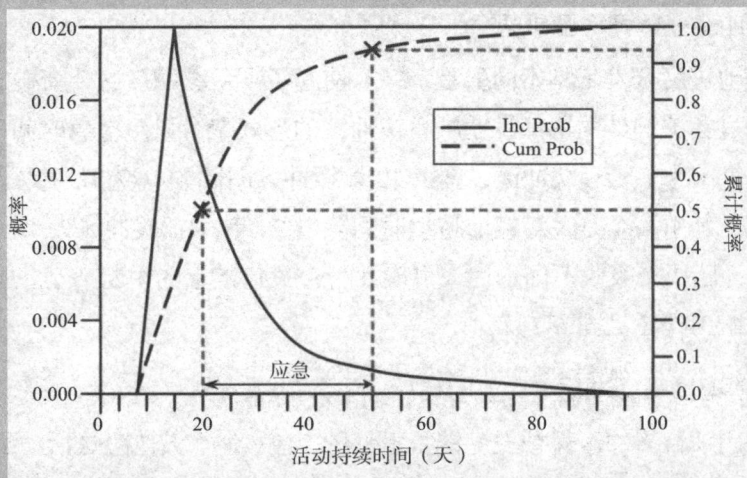

图 6-9 典型的活动时间分布图

当项目经理在其活动中包含应急时间时，正如图中累计曲线所示，达到 95%可能性估算（累计可能性），持续时间等于或小于 50 天。不包括应急时间，

持续时间小于或等于 20 天，这是一个可能性为 50%的估算。95%可能性估算和 50%可能性估算的区别在于应急时间，本例中为 30 天。为了避免过度的活动持续时间、加快进度，CCS 估算应急时间，只运用 50%可能性估算。

4．确定关键链

关键链是基于活动和资源依赖关系的情况下，网络图中最长的路径。换种方式说，它是为了使得项目在更短的时间内完成的一系列相互依赖事件的序列。

5．添加资源缓冲区

关键链进度总是考虑资源约束，并包括定义总体最长的路径的资源依赖关系。事实上，通过添加资源缓冲区，可以保护关键链不受资源不确定性的影响。资源缓冲区仅添加在关键链上，不消耗关键链上的任何时间，也称资源的标志。例如，当一项新的资源用于关键链的活动中时，我们将添加一个资源缓冲区。这个信号提示项目经理和资源提供者什么时候需要使得资源对关键链的活动是可用的。因为及时的资源可用性对 CCS 倡导者的快速执行至关重要，一些公司使用激励来鼓励提前交付活动及资源的待命时间。

6．创建一个项目缓冲区

与其他进度开发工具不同的是，CCS 使用了项目缓冲区这个新概念。它的目的是通过在关键链的尾部设立项目缓冲区的形式聚合风险应急时间，保护项目完工日期（为了管理缓冲区，见第 12 章缓冲区图部分）。有几种方法来确定缓冲时间，其中一个是关键链的持续时间除以 2（称为"缓冲区大小 50%的规则"）。缓冲区用来吸收不确定性或可能发生在关键链上的中断活动，同时不给缓冲区分配工作（见图 6-7）。

7．创建输入缓冲区

只利用项目缓冲区保护关键链是不够的。有一种重大风险是活动虽然不在关键链上，但是会影响关键链的活动，从而对进度造成影响。为了保护关键链远离风险，我们可以综合非关键活动输入关键链路径中的所有点上的应急时间（见图 6-7），这些应急时间称为关键链输入缓冲区。在项目实施期间，这些缓冲区将被用来吸收不确定性或可能发生在非关键链上的中断活动。确定这些缓冲区，将关键链路径上活动持续时间总和的一半设为活动缓冲区，同时不给缓冲区分配工作。

6.5.2 运用关键链进度

CCS 的最合适的应用是通过公司优秀的绩效文化，为专门从事一个项目的项目团队寻求显著减少项目的周期时间。这个团队的唯一工作就是他们的项目。项目所有的资源都已配备，团队所在公司的绩效文化为关注超越客户的期望，为股东创造最大价值，为员工提供良好的成长机会（见"关键链进度小贴士"）。

关键链进度小贴士

- 在重要的、能负担得起一个专门的团队的项目中使用 CCS。
- 将 CCS 应用于专注进入市场的速度的公司，可以经常努力缩短其项目周期时间。
- 支持采用 CCS 测量绩效，可以有效促进活动进展，为后续活动尽早提供产出。
- 当一家公司存在愿意承担 50%可能性估算的文化时，可以部署 CCS。

6.5.3 关键链进度的优点

每个进度计划都能让项目团队了解项目活动时间表及个人的时间要求，CCS 除了有这个好处外，还可以改善项目团队的结果。因此，CCS 的经验表明，它可以让进度和成本绩效得到可观的改善，因为 CCS：

- 是一个重要的窗口。简单地说，CCS 意识到活动持续时间、依赖关系、资源需求、资源可用性之间的相互关系会对项目持续时间有重大影响。
- 保护一个确定的进度基线。通过为实际项目的最后期限设置输入、资源、项目缓冲区，有助于保护对抗不确定性。因此，CCS 对于大幅缩短项目的完成时间具有巨大的潜力。3M 公司和朗讯公司的项目经理认为，使用 CCS 方法可以节约 25%的项目生命时间。对于这些关注快速项目周期时间的业务，这可能是一个值得一试的工具。

- 得出真实的活动持续时间估算。其他工具没有一种机制来防止项目经理
  建立应急安全活动，而 CCS 通过推动"没有应急"的机制超越了这种
  倾向。

6.6　分层进度计划

　　分层进度计划是一种多层级的进度计划，每个层级都有不同的细节水平
（见图 6-10）。这是项目经理的 PM 工具箱中一个有效的工具，特别当项目经理
应用有利于整合进度的早期阶段和后期阶段的滚动式进度技术时。同时，分层
进度计划也非常适用于大型项目的多重进度工具。

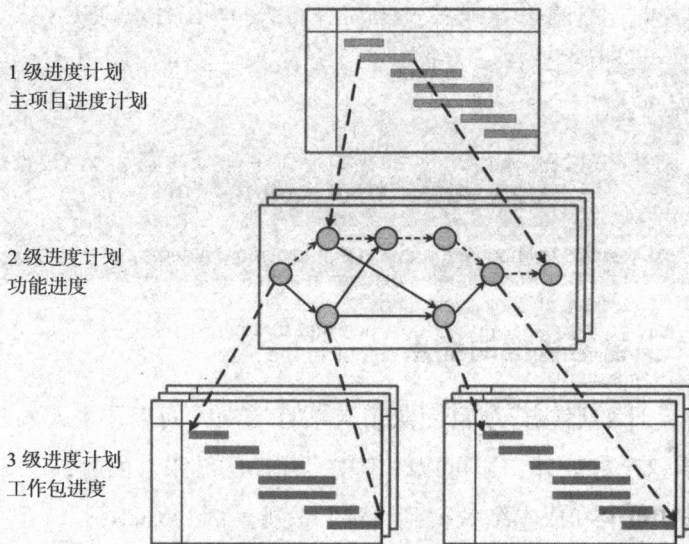

1 级进度计划
主项目进度计划

2 级进度计划
功能进度

3 级进度计划
工作包进度

图 6-10　分层进度计划的案例

　　当一个更高层级的需求活动被分解成若干活动，或者有时整个进度都在一
个较低的层级时，就可以创建一个层级。通常情况下，来自不同层级的进度计
划都由主要里程碑或事件连接起来。

6.6.1　制订分层进度计划

开发分层进度计划取决于一个项目的大小。一个非常大的项目可以很容易地使用三个层级，而一个中等规模的项目不能保证一定多于两个层级。为了更好地展示，我们将使用一个三层级的分层结构。在开发分层进度计划的过程中，要采纳构建特定进度计划类型的规则，无论是甘特图、网络图还是里程碑图。

与所有其他项目时间表一样，网络图、项目范围能为很好地了解规划的项目活动提供必要的信息。这些范围的信息将进一步开发为谁对项目的特定工作包负责。在安排工作包时，它们将依赖资源的可用性信息，并从进度管理系统寻求日程安排的细节。

1. 构建 1 级（主项目）进度计划

1 级是项目的汇总表，通常采用甘特图或里程碑图格式。这是一个大纲，将用于整个项目过程，作为向项目经理报告项目进展的工具。由于 1 级进度计划开发于项目的启动阶段，所以也被称为初始计划，该项计划包括 WBS 中 1、2 级的主要活动和关键里程碑。1 级进度计划属于粗略的估算，如每个阶段的总体时间、需要的资源、主要依赖关系、进度中的主要事件都属于粗略的估算。

突出那些需要着重注意的事件是非常重要的，如材料需求、重要的测量和完成日期。将进度的开发和项目目标的定义联系起来是非常好的战略，因为这是确立目标和实施方法的合适时间。在这种联系中，你可以轻松地绘制、重新绘制、评估多个备选方案，最终选出一个最优方案。由于这种进度计划其本质是粗略的，所以它不应该被用在所有项目阶段的整合上，这就是为什么你需要一个中级计划。

图 6-10 显示了一个被命名为 OCI 的项目的总体计划，由 WBS 1 级中的八个工作元素组成，每个元素在它结束时都是一个里程碑。它是一个甘特图的形式，用于向项目监督委员会汇报进展，并由一个执行小组对项目负责。

例如，1 级进度计划（总体计划）可以由 WBS 中的 1 级工作元素组成。WBS 中的 2 级的工作包可以列入 2 级进度计划（职能性进度计划，因为它们经常被职能单位所拥有）。最后，3 级的组成活动或工作包一般用于开发 3 级进度计划（工作包进度计划）。

2. 构建 2 级（中级）进度计划

2 级进度计划将继续展开主项目进度计划中的活动，为更多的细节安排进度。为此，常见的选择是甘特图或网络图中密密麻麻的里程碑。2 级进度计划是中层管理计划和控制的工具，一般为工作包（如 WBS 中的 3 级）分配责任。显然，2 级进度计划中的活动并不意味着提供日常的甚至每周的进度计划及直接指导项目工作，只提供最关键的活动。尽管如此，它应安排得足够详细，以便包含主要和次要的里程碑、关键的人力资源、顺序和项目工作的约束。这使你可以审议该项目的结构，剖析各个阶段和里程碑间的依赖关系，设置转移活动不影响项目完成的边界。

OCI 项目拥有多个 2 级进度计划，每个进度计划都绘制为串联格式的时标网络图。在 WBS 中的 2 级中，最大的有近 10 个工作包。实质上，每个 2 级进度计划都是特定的职能进度计划——市场营销组、电气组、光电组、软件组等。

3. 构建 3 级（详细）进度计划

这套详细进度计划旨在帮助执行经理（工作包的管理人员），如用于指导每日和每周的项目工作。虽然它可以使用网络图的形式，但更常见的是使用甘特图或里程碑图。在安排进度之前，你应该估算可行的信息，评估项目的规模和复杂性，权衡经验和所涉及的项目成员的倾向。然后你应该决定用以下哪种方法继续进行 3 级进度计划：

- 为整个项目创建一个全面集成的进度计划。
- 为 2 级进度计划中的每项活动创建一个完整的进度计划。
- 随着项目的展开为每个阶段构建一个单独的详细日程安排，并把它们和 2 级进度计划联系起来。
- 要求每个项目参与者对他所负责的 2 级进度计划开发详细的进度计划。

无论选择哪条方法，3 级进度计划必须成为一个组织需要成功执行和控制的日常、一周一周的工作。它超越了进度需要植根于可用资源、建立依赖关系、由管理者批准时间目标这些传统的观念。

OCI 项目选择使用甘特图的形式安排每个工作包的详细组成活动，保持每张图的活动数量低于 10（工作包进度），所有 3 级进度计划的活动总数略低于 500。OCI 项目提供了一个如何安排结构层级的例子，但还有许多其他的方法

（见"利用里程碑进度计划/CPM 进度计划完成计划工作"）。

利用里程碑进度计划/CPM 进度计划完成工作

某个半导体公司有一个为期 6 个月、预算为 7 000 万美元的项目，公司的执行治理委员会识别了该项目的几个里程碑（进度计划的第 1 层）。为了更好地每周审查项目进展，项目管理团队在 CPM 网络图的基础上识别了 200 多个更细小的里程碑（进度计划的第 2 层）。其中，这些细小的里程碑又构成了一个个独立的里程碑图，并传递给了相关的技术负责部门（进度计划的第 3 层）。每个里程碑图包含 40～50 个细小的里程碑，是项目经理实施工作与汇报项目进展的重要工具。相比复杂性的 CPM 网路图而言，细小的里程碑图更清晰、简单。

6.6.2　运用分层进度计划

分层进度计划在下列两种主要项目情况下，被用于面对挑战。

第一，滚动式进度计划。当一些项目开始时，我们只了解早期阶段，随着项目的进展，后来阶段中的细节才会出现。为了应对这种情况，在项目的开始，我们可以开发一个涵盖整个项目的高层级计划，然后随着项目的细节更加明了构建项目主要阶段的详细计划。这种方法是通过分层进度计划方法实现的，称为滚动式进度计划。

第二，为大型项目提供多层级进度计划信息。因为在一个项目中不同级别的管理有不同的工作，所以每个层级需要不同进度计划的详细信息。在分层进度计划中，不同层级提供这些进度计划信息中的不同细节。

6.6.3　分层进度计划的优点

使用分层进度计划可以帮助项目经理整合早期和晚期阶段的进度计划。没有进度计划，我们的注意力将会集中在项目中我们有信息的部分，从而忽略整个项目。这相当于一个跑步者只能看到她面前的地方，而不知道总共要跑多长，以及前面有哪些主要的里程碑（如一个陡峭的山坡）。这样的运动员几乎没有机会调整自己的节奏，从而成功达到终点线。

通过使用分层进度计划，项目团队并不用被迫制订一个他们在当前时刻有很少或没有信息的活动的计划。相反，在项目周期内，他们可以建立一个弹性的宏观计划，首先关注近期的活动，然后随着项目的进展添加长期细节。然而，分层进度计划也有一些缺陷需要注意，在"分层进度表的挑战"中描述。

> **分层进度表的挑战**
>
> 分层进度表非常复杂。多层进度计划技术需要完善的过程、精良的技术及项目各方的参与与合作，这也是分层进度表之所以令各参与方厌烦的原因所在。因此，需要提升项目各方使用分层进度表的意愿。
>
> 构建分层进度表还需要耗费大量的时间和精力，但是大部分公司都缺乏资源。因此，有的项目参与方会拒绝使用多层进度计划。

6.7 平衡线图

平衡线图（Line of Balance，LOB）是为具有高度重复性的项目而设计的，是一种进度计划和跟踪项目进展的工具（见图 6-11）。LOB 进度计划显示了必须在进度计划的特定时间完成的组件或单位的累计数量或比例。

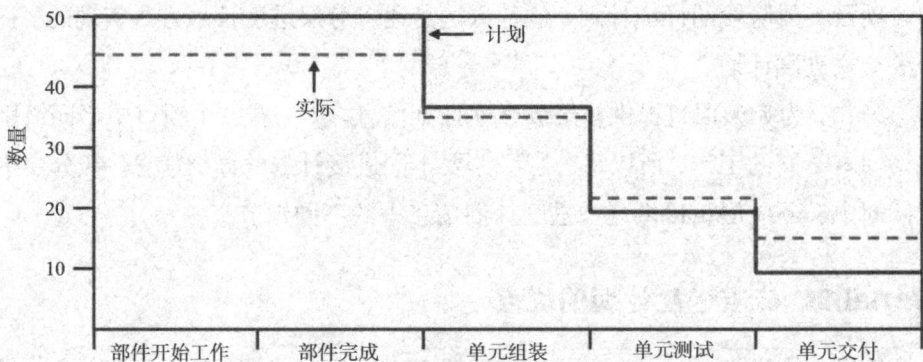

图 6-11 LOB 进度计划案例

通过展现各个阶段的计划完成情况和实际完成情况的对比，LOB 通过一目了然的方式表明了项目比计划提前还是落后。对于管理应用而言，它强调了潜在的阻碍和瓶颈，促进采取行动消除问题。

6.7.1 制订平衡线图进度计划

与其他进度计划工具一样，范围、责任、资源的有效性、进度管理计划这些信息的质量将帮助 LOB 的用户理解，根据资源和进度需求，LOB 发布了什么，是由谁发布的。物料清单的需求是 LOB 进度计划和其他进度计划工具的不同之处（对于产品项目而言，见"低劣的物料清单会带来损害"），它引导了采购的次数和产品的标准。这个信息被用来决定项目的细节程度，并随后决定了生产和施工的时间线。

低劣的物料清单会带来损害

Snap-all 公司是机械按钮配件行业的领导者，收到了一个快递锁铰链系统的邀请书，该邀请要求它们快速地交付可交付物。同一天，Snap-all 的一个高层经理向顾客承诺:运用 LOB 进度表对瓶颈进行重点关注，可以在交付日期内顺利交工。为了准备 LOB 工作日历，第一步就是从相关人员那里得到物料清单。但是，制造人员认为物料清单已经过时，没有包含所有的必要部分，更新物料清单需要好几天时间。结果，高层无法履行他的承诺，Snap-all 也丧失了一次很好的业务机会。

1. 设立目标

为了开始建立 LOB，必须理解项目的总体目标。比如，一个产品或建筑项目的目标是得到一个确定数量的最终可交付成果。例如，一个产品项目的目标可能是每份可交付协议包含一套含有 50 个相互联系电缆的特殊订单。使项目更加复杂的是，因为没有足够的生产能力，电缆不能够同一批完成。另一个项目需求是，第一个月在 15 个房间内部安装电缆。为了开始开发一个 LOB 进度计划，项目经理必须决定项目的主要目标是不是要求的产品和 50 个电缆，或者是 15 个房间内部电缆的安装。理解主要的目标之后，如何定义项目就会十分明确。

2. 定义项目

前面谈到的关于产品或建筑项目的例子，其进度计划的类型可以是网络图、甘特图和里程碑图（见图 6-12）。在计划中，我们设立了控制点，这是产品或建筑项目的关键点。根据可以选择的类型，这些点可以是网络工作表里的事件、甘特图的最后一条，或者是里程碑图的一个里程碑，它们被用来衡量项目的进度。

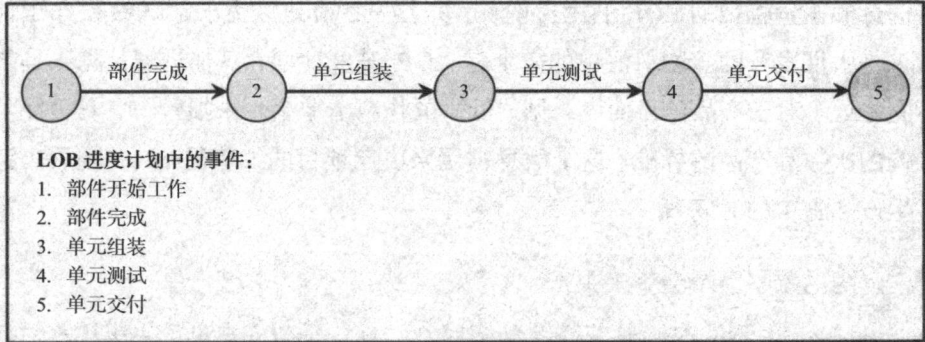

图 6-12　多元项目中某单元的项目计划

一个多元的产品或建筑项目要求项目的计划是多元的，接下来的例子将会展现一个只有一个单元的项目。对于这一点而言，有这样两种情形。在第一种情形中，假设有足够的生产能力，你可以在同一批生产多样化的单元。这里，为了实现包含所有单元的项目计划，项目的所有数量可以根据每个单元的所有数量乘以单元的数量得到。每个单元的提前量仍保持不变。

第二种情形的基础前提是，由于生产能力不足，多元化的单元可以通过不同批次生产出来。考虑到对于每一批的提前量和该项目单元的持续时间是相等的，这些批次可以被用到生产进度计划中。这样，我们就会获得一个生产多元化单元的计划。

3．为项目绘制 S 图表

进一步而言，为多元的单元在图表中绘制的项目进度计划称为 S 图表，表示了在一定时间范围内的累积可交付物和在控制点上的累积完成时间。在我们提到的例子中，生产率是线性的，所以 S 曲线也是线性的。至关重要的是，这个图还能显示后续单元的计划完成工作量。这表示了第二种情形——可以接受生产能力不足时生产多个批次。

4．起草并改善 LOB

在 S 图表中画一条垂直线，这就是 LOB。它是坐落在某一时点（如 30 天）

的一条射线，显示了按照进度计划，在该时点需要完成的组件或单元的累计数量。为了追踪实际和计划进度的差距，你可以画另一条线来描述实际完成的组件或单元的累计数量（图 6-13 中的虚线）。例如，在例子中所示，开始的两件事落后于计划五个单元，第三件事落后于计划两个单元，第四件事比计划提前两个单元，第五件事比计划提前六个单元，并且这里没有真正的瓶颈。所有这些都是很顺利和有益的，但是大多数时间，最初的草图需要改善，包括改变一些必要的事情来清理 LOB。

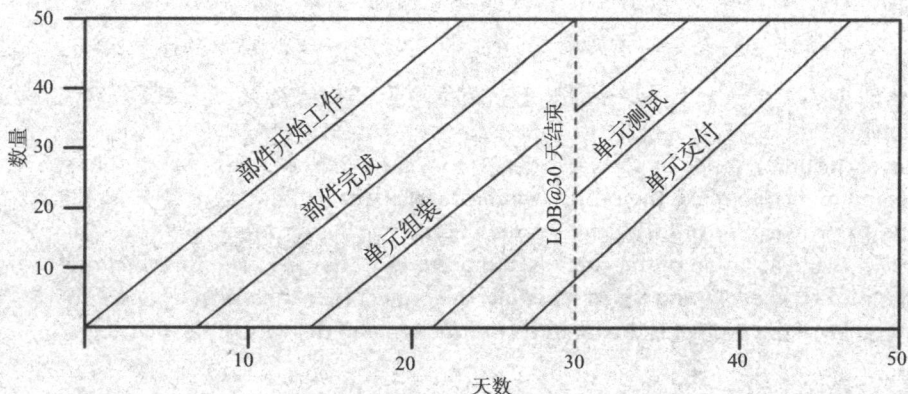

图 6-13　多单元项目

■ 6.7.2　运用平衡线图

自从 LOB 在 19 世纪 50 年代被提出以来，现在已经开发了比其他任何工具都要多的不同版本，它是一种适合小批量的、需要设计的新产品的制造或建设工具。它的主要应用领域有以下几个方面：

- 涵盖了设计，然后根据设计生产有限的数量单元的项目（比如，集成电路的试运行）。
- 由许多已识别、有序的单元组成的项目。（如一个由多项单元组成的房屋建设项目）。
- 一次性的项目（如造船业）。

■ 6.7.3 平衡线图的优点

通过展示每个阶段的计划完成量与实际完成量的对比，LOB 用一种可视化的方式为项目团队展示了实际完成进度是超过还是落后于计划完成进度。在执行使用方面，LOB 数据突出显示了潜在的瓶颈和障碍，促进解决问题（见"聚焦于关键要素"）。

聚焦于关键要素

在许多公司，一个普遍观点是并不是所有的要素都是被平等地创造出来的。从先前的经验来看，有些要素被视为交付物进度计划中的潜在障碍，然而其他的却不是。这是因为一些要素会带来与生俱来的约束，如非常精密的制造业的误差。为了应对与约束相关的不同水平的风险，一个管理决策者可以使用LOB 去管理已知会造成延迟的高风险因素。这里的观点是，把你的目光放在那些少数的、至关重要的点上，不要留意那些不重要的要素。

LOB 小贴士

- 聚焦于关键的要素或单元。
- 运用 LOB 去洞察瓶颈。
- 如果你有一个物料需求计划系统（MRP 系统），使用它的力量去界定项目和开发 S 图表及 LOB。
- 解决问题需要行政领导的支持时，向其展示LOB。

由于 LOB 具有可视化、明确、简洁自然的特性，它也为决策管理者提供了价值。它为重复活动的计划和实际进展提供了可视化展示，并且有利于聚焦需要重点关注的项目要素。对于干系人，LOB 提供给其一眼就能评估出项目进展的能力，这也是每个报告工具致力提供的。

如果事先列示的必要条件是准备好的，并且有一个足够好的程序软件，建立一个由 20 个要素组成的 LOB 图可以在 1~2 小时内完成。当越来越多的人参与进来的时候，这个时间将会增加，因为他们需要更多的时间进行交流。

6.8　选择你的进度计划工具

本章给出了多种进度计划工具,这将导致一个问题:哪种或多种工具是最适合选择和使用的?这是一个决策,当然取决于你的项目的具体情况。为了帮助你缩小选择范围,在表 6-1 中我们列出了一系列情形,说明了每种情形下适合的不同进度计划工具。确认符合你自己项目的情况只是第一步,如果这种情况描述不符合你的具体项目,则采用头脑风暴法继续在这些清单中加入更多的情形,并标明每种情形适合什么工具,定义的情形中拥有最多标记数量的工具就是需要选定的工具。注意,任何一种特定的项目都可以使用多种工具,因为有些工具是相互补充的,而不是相互排斥的。仔细学习本章的内容将有助于你决定什么时候使用这些工具。

表 6-1　进度计划工具总结对照表

情　况	甘特图	里程碑图	关键路径法	时标网路图	关键链进度	分层进度计划	平衡线图
小而简单的项目	✓			✓			
训练时间短	✓	✓					
聚焦于非常重要的事件		✓					✓
增加目标导向		✓					✓
大型、复杂的跨职能项目			✓	✓	✓		
集中于优先考虑的活动		✓	✓	✓	✓		✓
强大的界面协调需求			✓	✓	✓		
需要时间尺度的复杂项目				✓	✓		
非常快的进度		✓			✓		✓
对于大型项目多层级的计划						✓	
需要滚动式的进度						✓	
大型项目中的短期概要计划	✓					✓	
支持资源计划的进度计划	✓			✓	✓		
安排、跟踪重复的项目							✓
需要使用模板	✓	✓	✓	✓	✓		

第 7 章

成本计划

　　一个项目发起人的脑海里最重要的问题是："这个项目要花费组织多少成本？"项目发起人和其他高级管理层的干系人希望项目经理能回答这个问题。他们还希望项目经理确定一个成本基线，能够监视和控制整个项目生命周期的成本。

　　成本计划是组织将目标转化为一个计划的过程，这个具体的计划包含指定分配的资源、选择评估方法及实现项目目标所需的进度计划。成本计划过程的重点在于确定代表组织（或客户）的项目投资的项目预算。

　　虽然组织的各个层面均涉及成本计划过程，如表 7-1 所示，但本章我们集中讨论在项目层面上的成本计划。从表中可以看到，为项目创建详细的成本估算是组织成本计划过程的核心任务。

表 7-1　组织成本计划

序号	组织层	责　　任
1	高级管理人员	设定组织的目标，建立组织的投资预算
2	职能管理	为职能单位建立预算
3	项目管理	为项目创建详细的成本估算
4	职能管理	为职能单位选择项目，管理项目投资和职能预算
5	高级管理人员	批准项目选择，将项目总体投资与组织预算和目标进行平衡

项目成本估算可以根据一个组织的需求、政策及特定项目的情况，通过不同的方式完成。因为项目经理需要能够应对和解决不同组织和项目的情况，他们需要在项目管理工具箱内存有各种成本计划的工具。这一章描述了一些广泛使用的项目成本计划工具。

7.1　成本计划图

成本计划图是为项目的成本计划确立一种系统方法的工具（见图 7-1）。成本计划图详细规定了项目团队成员需要采用的步骤和子步骤，从而为开发基本定义、术语、评估工具和成本计划的过程做出选择。当这些选择被无缝整合后，成本计划图可以帮助一个项目建立成本意识的文化。

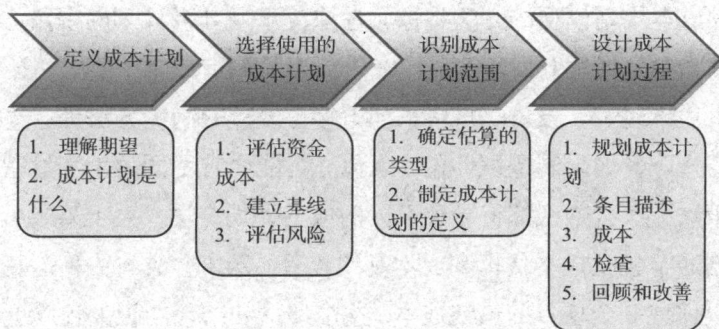

图 7-1　成本计划图案例

虽然任何项目都可以在使用成本计划图的过程中找到价值，但有大型项目和持续不断的中小项目的组织可能受益最大。成本计划图的价值体现在对成本计划任务制定仔细的脚本和编制，对于确定性的成本估算类型是什么以及如何开发它，都是明确肯定的。这会显著减少成本计划低劣和滥用公司资源的风险。

▪ 7.1.1　制定成本计划图

项目成本计划是充满风险的，如果不能解决风险，可能会导致严重的后果。为了应对风险和避免其后果，开发成本计划图需要确立一个如下所述的同步的、综合的一系列步骤和子步骤。

开发成本计划图前，项目经理应该了解组织的财务政策、财务利率结构和项目的人事政策。

财务政策是决定成本计划模型的主要要素。例如，回答在项目过程中使用哪种类型的成本估算和其有什么目的这样的问题取决于组织的财务政策。另一个例子是了解当前劳动力和管理费费率的知识。类似地，执行资源计划时，必须考虑组织有关人员和外包的政策，这是成本计划模型中子步骤的一个关键要素。

1. 定义成本计划

当配置成本计划模型时，你应该以这两个简单的问题开始："谁是成本计划者"和"成本计划是什么"。第一个问题得出计划者的视角，如计划者是否是项目的拥有者，或者是一个承包商；还有计划者是很有经验的还是只是一位新手。开发成本规划模型的方法将极大地取决于规划者计划的视角、经验组织文化。例如，在公司里开发新产品，在进行产品制造成本估算时，该公司将不得不考虑其生产过程、设备、材料采购策略、设计的制造方法等，这些要素将有助于节省成本。如果制造被外包，承包商可能会有不同的生产过程、设备和材料采购策略，所有这些都将导致不同的成本计划方法。关于第二个问题，项目成本计划通常包括成本估算和成本基线。举个例子，成本估算是基于特定的事实和假设评估一个项目的最终成本。这个评估和结果在很大程度上取决于范围的精确度、可用评估数据的质量、项目阶段、估算允许估算的时间、评估者的角度和经验、期望的准确性、可用的评估工具等。因此，通过定义这些因素，你将明确成本计划图的组成因素。得出这两个主要问题的相关答案，将帮助塑造特定情形下的成本计划图。

2. 选择使用的成本计划

一旦定义了计划成本，下一步将要决定如何使用成本计划（如图 7-1 中的步骤 2）。成本计划常用于三个主要的用途：评估资金成本、建立基线、评估风险。作为一种评估工具，成本计划可能用于多种用途，如请求充实拨款或贷款资金。在其他情况下，成本计划可以作为项目建议书、投标或合同文件的依据。在其他情况下，成本估算仍然是成本计划的一个要素。与其他类型的成本计划相比，成本估算可以验证其他成本计划的准确性并增加其可信度水平。一般来说，这种类型的估算被称为独立的成本估算，有些公司也称为隐性估算。

成本计划的第二个用途（也是这个步骤中的第二个子步骤）是帮助建立两个基线——进度计划和成本基线。识别必要的资源（如完成项目活动需要多少小时的努力）是进行成本估算的组成部分，稍后进行讨论。成本计划通常与进度计划同时执行，这样可以把人工时间耗费转换成活动的持续时间，从而形成进度基准。通过结合进度活动的成本，你可以开发一个成本基线，也称分阶段预算。

第三个子步骤是评估风险，旨在建立一个合理的成本估算，以便应对各种可能发生的变化及其他计划外费用。这部分成本数量称为应急费用，实际上反映出项目风险的成本计划。认真分析风险和后续的识别应急费用的动机通常是试图尽可能地降低成本。风险，正如我们在第 14 章讨论的，可能与任何绩效、进度计划及工作包的成本不确定性相关。一旦确定了成本计划和选择的成本计划的目的，下一步就是确定成本计划包含的内容。

3. 识别成本计划范围

这一步的关键是确定你想要使用在项目中的成本计划的成本估算类型，以及确切地包括什么内容。有许多可用的类型，但这三个是最常用的：数量级、预算和最终决算。如表 7-2 所示，这三种类型成本计划的属性有许多不同。每项估算可以作为开发的第二个子步骤成本计划（成本基线或分阶段预算）的基础。

表 7-2 成本估算的类型

	数 量 级	预 算	最终决算
用途	可行性研究、项目筛选、预算和预测	预算和预测、授权（部分或全部资金）	授权（全部资金）、报价和建议、改变订单
精确度	应急计划前 −30%，+50%	应急之前 −15%，+30%	应急之前 −15%，+15%
准备成本	项目总成本的 0.04%~0.15%	项目总成本的 0.15%~0.6%	项目总成本的 0.45%~2%
所需信息	大小、容量、位置、完工日期、类似项目	部分设计、供应商报价	规格、图纸、执行计划

续表

	数 量 级	预 算	最终决算
评估工具	类似估算法、参数估算法	参数估算法、自下而上估算法	自下而上估算法、少数参数估算法
另用名	全球化、概念化、大致准确的、判断	范围、批准、授权、初步	详细的、控制、决算

　　成本估算通常用精确的货币数量来表示，如美元，这有利于简化在项目之间或项目内进行的比较。相比之下，某些行业的项目更倾向于用人工工时进行估算，把不同经验类型的人工工时结合在一起。只要它不会阻止在各个项目之间及项目内部的比较，这种做法是可以接受的；同时，当管理控制要求为多个单元提供成本估算的时候，这种做法也是可以接受的。

　　理解成本估算确切包含什么以及成本基线的含义，要求定义它们的组成部分和其他成本计划术语。这就是为什么建议在第二个子步骤制定"成本计划"的定义，如"成本估算定义的例子"。它们将为所有参与者提供一种沟通将在下一步设计的成本计划过程的共享语言。

成本估算定义的例子

　　直接成本。某项目确定的一项成本或项目的总成本，如与项目直接相关的劳务费、材料费、差旅费。

　　间接成本。项目的建筑使用费、公用事业费、劳务管理费、服务费，以及不易直接或随时分配给某项目的一般物资成本。间接成本应该进入预提和计入间接费用账户。

　　固定成本。一项不随使用而改变的成本，如项目使用某数据库服务器的测试成本。

　　可变成本。根据使用不同而费用不同的成本，如一个人为了完成项目的工作任务所花费的工时数。

　　最可能成本。这是最有可能发生的成本。该成本由所有的已知条目和应急费用组成，达到50%的置信度。

　　准确性范围。相对于最可能成本，预测最低的期望成本和最高的期望成本。高质量的估算、良好的定义范围、很低的项目风险、减少未知、更准确地估算价格将会产生更好的准确性范围。

应急费。为了应对未来可能由未知的原因或未能预测的条件引起的变更，在估算中增加的补贴。应急费可以根据以前类似项目的经验，根据其成本通过统计分析得到。

4. 设计成本计划过程

你可以使用该过程开发任何成本估算或相关的成本基线估算，包括类似估算法、参数估算法及自下而上估算法。当然，不同的过程将包括不同级别的细节，但原则步骤将是相同的。为了进行成本估算，你需要设计一个合适的成本计划过程，它包括几个子步骤。

第一个子步骤是你需要预先规划打算如何执行成本计划。尽管做这些文书工作可能听起来像多余的，但实际上它可以减少成本计划的工作并减少返工。计划工作的准备工作有以下几项具体重点：首先，思考成本估算的最终用户是谁，目的是什么，这可以帮助你选择合适的评估格式和形式。成本估算的到期日、估算审核的细节的相关知识对安排成本计划的工作及期望质量的估算是非常重要的。作为预先规划的一部分，你可能需要确定成本计划的准备成本和通知最终用户的成本。

第二个子步骤是对开发条目进行描述。可能有比任何其他因素（除了应急费用的估算）都多的因素会影响估算的质量。但究竟描述什么条目？这些都是描述我们希望进行估算的工作任务。通常，一个完整的条目描述应该包含几个元素：从数量和应用的测量单位开始；紧随其后的是尽可能多地对条目细节进行物理描述；然后继续定义不带任何模棱两可和假设的项目范围边界，以及记录从模式和标准两方面进行的变更；最后添加估算数据的来源（如每项工作类别的标准生产率）。

第三个子步骤是对项目的每项条目估算进行计算。成本核算的核心是处理项目信息的一种估算算法或公式。例如，将直接成本和间接成本都归为成本。通常，这些公式或算法被称为成本估算关系，每种成本估算工具依赖于一种不同的成本估算关系。例如，当生产数量、单位生产率、每小时劳动率都是可用的，可以使用自下而上估算法，采用以下的成本估算关系计算劳动力成本：

劳动力成本=生产数量×（小时/单元）×（美元/小时）=200×5×80=80 000（美元）

劳动力成本的计算采用哪种成本估算关系主要取决于准备采用的估算的类型。

通过使用在本章后面介绍的成本估算关系中的类似估算法、参数估算法、成本基线、自下而上估算法等方法，可以估算劳动力、材料、设备的成本。当每个条目成本核算完成后，所有条目的直接成本总和往往与间接成本分开，在可能的情况下可以按照工作进行分类。如果有要求，现在正好可以将估算转化为成本基线。

第四个子步骤是需要检查成本。这涉及验证计算、验证评估数据的来源及同行评审。检查完成后，你可以继续进行第五个子步骤，回顾和改善。管理者需要对估算进行审查，因为他们需要负责监督成本估算的准备工作，通常可以发现主要问题。然后，这些成本估算可以依据合理的文档管理原则进行发布。然而，成本计划过程并没有结束；相反，它在项目完成时才结束。在项目结束时，所有的实际成本都已经被收集、分析并与成本计划进行对比，然后对历史数据进行更新。成本计划过程的精髓在"成本计划小贴士"中进行了总结。

成本计划小贴士

了解你的用户。向用户提出一些问题以便清楚他们的需求、条目描述和项目范围。

遵循成本计划过程。不要遗漏一些成本计划的步骤。如果过程无法正常进行，对其进行适当修改。

克服"统计员"的心态。理解项目及其客户的宏观大局和哲学。

进行文档化。包括假设、参考资料、来源、范围排除等。

审计跟踪。审计提高了评估质量并且展示了相关过程。

文档更改。你的最初计划一定在后期有所改变。记录所做的变更并保留文档的各个版本。

建立参与和购买。各参与实施的职能部门专家应参与成本评估的准备工作，因为他们不得不参与项目的执行过程。

■ 7.1.2　运用成本计划图

虽然任何一种项目都可以从成本计划图中发现使用它的价值，但是一些拥有大中型项目的组织以及拥有持续的中小型项目的组织会从中得到更有益的价值。尤其是成本计划中的一致性与规程，这使得成本计划图对于它们的用户是十分重要的。

成本计划图的建立具有十分重要的意义。对于一些大型项目的组织来说，这也是十分复杂的和资源密集型的。一些来自技术、财务、会计等不同职能部门的专家都会大量参与此项活动，通常会导致需要很长的时间去构建一个高质量的成本计划图。

对于拥有一些持续的中小型项目的组织来说，开发一项成本计划图消耗的时间会更少一些，虽然也可能会花费几十个小时。

■ 7.1.3　成本计划图的优点

对于项目团队来说，成本计划图有明确的指向性。通过有脚本和编排的成本计划任务，一个成本计划图可以明确展示出什么是成本估算类型和成本基线，以及如何开发它们。它的意义在于增强了项目的协同性，减少了低劣的成本计划带来的风险和企业资源的滥用。

成本计划图具有结构性，它可以在项目与项目之间进行重复使用，提升了项目成本计划的质量。

7.2　类似估算法

类似估算法是基于之前项目的实际成本或具有相似规模、复杂程度与范围的项目，对项目成本进行推导的一种估算方法。评估人员可能会使用历史数据或一些规则，这些数据会基于评估项目和类似项目之间的不同做出一些修正，最终得出项目的成本估算值。表 7-3 给出了类似估算法的案例说明，图 7-2 给出了类似估算法的基本特征。

当一个项目缺少相关细节信息的时候，就会使用类似估算。一般情况下，在项目生命周期的早期阶段会采用类似估算法。

表 7-3　一个软件项目的类比估算法案例

1	2	3	4	5	6	7
项目	类似规模（KLOC）	类似生产率因素（LOC/人月）	类似努力（人月）2/3	目标规模（KLOC）	目标生产率因素（LOC/人月）	目标努力（人月）5/6
1	1	100	10	0.8	80	10.0
2	2	50	40	2.5	40	62.5
3	2	200	10	2.5	160	15.6
4	1	100	10	1.0	80	12.5
5	1	50	20	1.0	40	25.0
合计	7		90	7.8		125.6

KOLC=1000 行代码　　KOC=代码行数

用途	精确度	准备成本	所需信息	别名
可行性研究、项目筛选、预算和预测	+50/−30 应急成本之前	一般情况下项目总成本的0.04%～0.15%	类似项目，基本项目范围、规模、复杂性	自上而下估算法

图 7-2　类似估算法的基本特征

■ 7.2.1　制定类似估算

　　一般情况下，开发一个类似估算的过程可以参照之前成本计划图的步骤进行，细节上可能会与类似估算所反映的本质有所不同。

　　类似估算的质量高度依赖于是否有充足的项目范围、之前项目的历史信息、资源需求和资源利用率等相关信息。

　　识别目标项目与分析它的范围有利于确保充分理解被评估的项目。然而对于开发一个类似估算，我们还是需要从历史数据库中提取之前拥有相似特征项目的数据。资源需求和资源利用率对于用合适的单位表达估算是十分必要的。

　　初始步骤涉及预先细节的规划，如谁是这项估算的最终用户、估算的目标、估算格式、贡献者的名单及其角色，最后估算可以利用的资源。接下来就是对于项目的范围、规模及复杂程度有一个很好理解。表 7-3 将目标项目的范围分解成五个主要的条目（第一列），每个条目有一个目标规模（第五列），每个条目都有可能是软件产品的关键特征。那么现在我们就可以去拥有相似特征的以前项目的数据库，寻找与之规模（或范围）相似的项目，并将最合适的项目（或多个项目）确定为类似项目。因为两个项目分享同一个条目，所以对目标项目的类似特征的描述应该是十分直接的。我们给出的案例选择了类似项目的同样五个条目进行比较，分析了类似项目的规模和生产率（第二列）的实际数据，并在第四列给出了完成每个条目需要的能力，这本质上是一种类似成本估算的关系。随后，我们将类似项目的信息转移到目标项目，并根据目标项目对类似的要素进行调整。具体来说，我们看例子中的第一个条目，由于目标团队的经验很少，所以目标项目的生产率（第六列）的调整系数为 0.8，运用成本估算直接的关系，用每项条目的目标规模（第五列）除以目标生产率因素（第六列）得出项目估算（第七列），项目估算用资源小时表示。为了转化为货币，我们可以用时间乘以资源利用率。

所有工作条目评估的总和相当于项目总体评估。评估人员所需要的能力中，最重要的是要具有识别来源和目标条目之间微妙区别的能力，并且能够根据相似的来源条目，估算出目标条目的成本。开发类似估算的最后步骤是检查、审查和改善评估结果。

7.2.2　运用类似估算法

当缺少关于项目的详细信息时，类似估算法是一种选择的工具。在项目周期的早期阶段经常使用这种工具，这是因为其他的评估工具具有劣势，而类似估算法可以结合下面将会介绍的自下而上估算法和参数估算法一起使用。

类似估算法一般运用于目标项目的信息不够全面，而且类比项目具有汇总式的信息时，这就说明任何的项目类似估算都可能只需几个小时就能完成。

在类似估算中，评估人员可以选择只评估项目的总目标，而无须将项目分解成像案例中那样的小条目。例如，他或许会判断，目标项目消耗的资源小时也许是类比项目的两倍，将类比项目的资源消耗乘以调整系数 2 就可以得到新目标项目的估算值。对于这种类型的估算，最为重要的是给所做的评估假设赋予充分的正当理由。

7.2.3 类似估算法的优点

对于类似估算的用户来说，其价值在于开发类似估算不需要太长的时间，并且只需要被评估项目的有限可用信息。

同时，由于类似估算法基于代表过去的数据，估算很容易被证实。除非与过去已经完成的项目有很大的不同，否则采用类似估算是很容易且合理的。

7.3 参数估算法

参数估算法使用一个或多个与被估算项目的成本相关的物理或性能特征，利用数学模型估算项目成本。通常，模型提供一个项目的相关成本与项目的物理或绩效性能参数（也称成本动因）的相关关系，如生产能力、规模、体积、重量、电力需求等。对于新发电厂来说，成本估算可能就会简单地将两个参数（新发电厂的千瓦数和每千瓦的期望单价）相乘。它也可能是非常复杂的，如评估一个新的软件开发项目的成本，在成本估算法中需要理解 32 个参数。通过直接将参数值输入成本估算的关系中，结果就可以被绘制在图像格式或图表中（见图 7-3）。

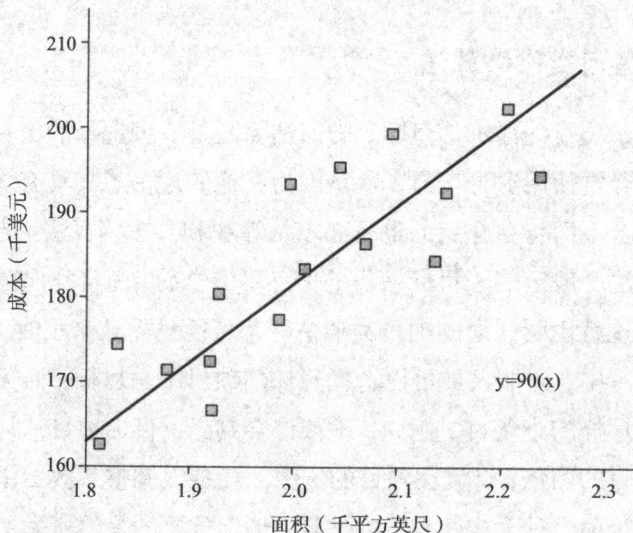

图 7-3　参数估算中成本估算的关系案例

◢ 7.3.1 制定参数估算

图 7-4 显示了当考虑使用这样的方法时,所引用的参数估算法的基本特征。在开发一个参数估算之前,项目经理应该了解项目范围、项目的关键参数(成本动因),去进行类似比较,并且从相似的项目中了解历史信息。

用途	精确度	准备成本	所需信息	别名
预算计划、项目筛选、可行性研究	+50%/-30%应急成本之前	一般为项目总成本的0.04%~0.45%	已识别的参数、基本项目范围	统计估算法

图 7-4 参数估算法的基本特征

基本项目范围的描述提供了对被评估项目的理解,它们的参数是根据成本估算相关模型的本质进行识别的,这种相关模型被用来收集和组织将用于项目评估的历史信息。

正如在成本计划图工具中解释的那样,开发任何类型估算的一般过程都比较相似。参数估算的过程都以预先计划开始,然后进行项目描述和成本核算,最后对每项进行参数估算。具体来说,它包括数据库开发、建立模型和应用模型几个步骤。

数据库开发的目的是从过去的项目中收集并整理成本数据,从而建立一个可以评估一个新项目成本的模型。第一步是选择框架,有条不紊地组织过去项目的成本,这个框架是一种所需的成本估算关系,被称为"基本工作要素的结构形式"。例如,这个结构可能包括项目管理成本(如计划、控制成本),一次性成本(如设计和工程、软件、设施成本)和经常性成本(如生产、运作成本)。来自组织内部和外部的必要的成本数据都根据这个结构建立基本规则和假设。通常,这些数据库被维护在一些固定的年价格水平上,并定期进行更新,以提供项目之间成本估算的一致性。

建立模型的目的是确定哪些方程类型最适合数据库中形成的数据样本,并从成本估算关系中推导出一个数学模型,从而用来描述正在被评估的项目。虽然许多方程形式的数学模型可用于成本估算关系中,但在实践中,很多成本数据习惯性地被认为适合使用下列形式:线性关系、幂值关系、指数关系或对数曲线关系。画的时候，它们会像直线或表现良好的曲线。如图 7-3 所示，最简单的成本估算关系就像每平方英尺与美元的关系一样简单。它是一种 $y=ax$ 的线性关系，y 是被估算的项目成本（因变量），它是平方英尺（参数或成本动因）x 的一个函数，a 是指与成本动因相关的历史成本数据的参数。例如，该类型的成本估算关系可以用于粗略地估算建造一栋新房子的成本的数量级。假设大量房子的建造单价都在每平方米 90 美元，那么这种成本的对应关系可以表示为：

$$y=90 \ (x)$$

这个简单的线性模型假设自变量（成本动因）和项目成本有这样的关系，自变量改变一个单位，成本将会变化一个稳定的常数。通常，很多时候都不是线性和简单的关系，这就需要使用非线性成本估算关系（见"参数软件估算"），以及一些其他的多个自变量和多元回归分析的成本估算关系。

参数软件估算

许多参数的软件模型基于将关键软件参数作为成本动因，它们通常是基于以前的软件开发项目结果的统计分析。这些分析包括系统规模（如代码的行数）、复杂性（如相互依赖关系的数量）、应用程序的类型（如实时操作系统）和开发的生产率（如每小时开发的代码行数）。一位专家建议，有 59 个参数（因素）会影响这些成本模型的结果。一个简单的模型可以采取下列形式：

$$Z=CY^{L}$$

式中　Z——被评估项目的工作（人工·小时）；

Y——被评估项目的规模（BLOC-1000 行代码）；

C——回归系数；

L——回归指数。

可以假设 C=3.8，L=1.4，Y=2，应用这个模型来估算新的软件开发项目的工作，则：$Z=CY^{L}=3.8×2^{1.4}=10.03$（人工·小时）

我们如何确定哪个方程类型是最适合数据库中的一个数据样本的呢？如果我们把以前项目的所有数据点绘制到一个图表中，一般最合适的方程类型是可以通过所有数据点的方程，即成本估算关系曲线上所有数据点的垂直距离之和等于成本估算关系曲线下所有数据点之和。或者更深入地，最适合的数学方程应该是数据点和成本估算关系曲线之间的成本偏差的绝对值之和最小的数学方程。

一旦确定最佳方程类型之后，根据成本估算关系可以建立一个数学模型。有很多统计技术都可以用在这里，最常用的是利用最小二乘法对曲线拟合方法。虽然是线性性质，但这种方法既可以用在线性成本估算中，也可以用在非线性成本估算中，若用在非线性成本估算中，首先要将它转化为线性关系。

当数据库开发和模型构建都完成后，你可以继续下一步——应用模型，根据以往的项目成本经验，通过使用成本估算关系得出一个新项目的成本。显然，应用成本估算关系时会有一种假设，即未来的项目将和过去的项目一样被执行。通常情况下，如果被估算的未来项目在一些细节上不同于过去的项目，可以通过成本估算进行分层和成本调整来解决。通过分层，我们将历史数据库分为若干层级，每层代表一个数据点在某些方面相似的"集合"，然后为每个集合描绘出一条单独的曲线。例如，图 7-5 中有六个数据点的成本比其他九个点的成本更高。进一步研究发现，这六个点都是具备中央空调、环绕立体声音响系统、不锈钢器具、大理石台面、硬木地板、粉刷等配置的豪华住宅；而剩下的九种是简易且经济的普通房屋。从逻辑上来讲，我们可以将数据库分为两种类型，每种类型用弧线来表示，因此会得到两个成本估算关系，正如图 7-5 描述的那样。如果我们有被评估的房屋的平方米数（如 2 000 平方米），我们可以很容易地根据参数估算豪华型（18.6 万美元）或普通型房屋（17.3 万美元）的成本。

在参数估算中，为了调整成本估算关系从而说明被评估的项目和作为基础的历史项目之间的不同，在进行成本估算时需要进行成本调整或使用复杂因素。例如，假设某一数据库中的成本研发项目通常包括 5 个样品，如果一个被评估的项目包括 10 个样品，则用两种方法就可以解决问题。一种方法是将数据库分层，针对不同的样本分别研究不同成本估算关系；另一种方法是分别计算样品成本。无论出现什么情况，当完成成本调整后，参数估算需要像在成本计划图中讨论的那样被审核、检查和改进。

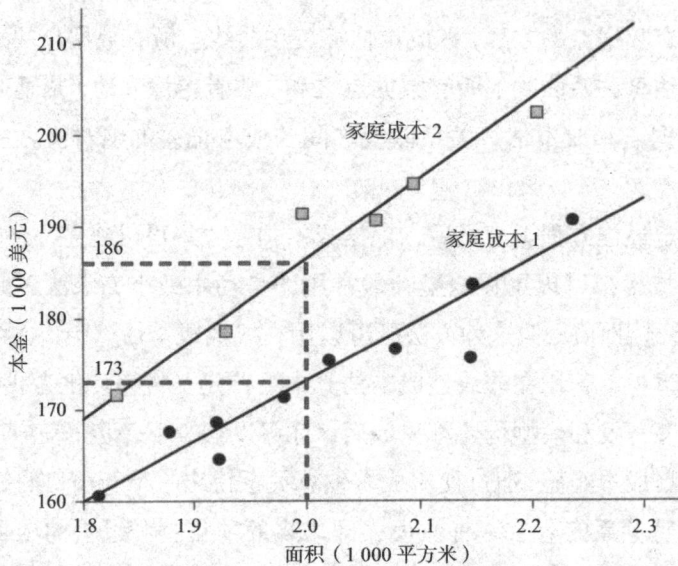

图 7-5　分层成本估算关系

7.3.2　运用参数估算法

　　参数估算法大多被应用在项目定义阶段和信息不充分的早期设计阶段，这时还没有足够的信息进行自下而上项目估算。考虑到成本估算关系通常将项目成本和高水平的能力或业绩测量联系在一起，这些信息在项目周期早期就是可用的。自然地，这些概括性的信息使参数估算法非常适用于对可选择的项目进行成本估算及对其他估算方法提供复核，但是不适用于开发一个具体的竞争性成本方案。为了达到对可选择的项目进行成本估算及对其他估算方法提供复核的目的，参数估算法必须以精确的历史信息、可量化的参数和可扩充的模型（即可应用于小规模项目也可用于大规模项目）为基础。

　　参数估算最困难和最费时的部分是方法的开发，包括数据库开发和对成本评估关系的规划。这依赖于数据库的复杂性，在任何情况下都可能会花费成百上千小时来开发。一旦完成这些后，最终的项目评估会在几分钟或几小时内完成。

▪ 7.3.3 参数估算法的优点

参数估算法一般比自下而上估算法更快、更节省资源。重要的是需要建立好的成本估算关系，通常与项目成本和与成本相关的参数有关。参数估算法将重点放在与成本相关的参数上，而不考虑那些不重要的因素。这种关注成本驱动参数的特征会导致速度更快且消耗的资源更少，这就使得参数估算法可以用在详细估算法、自上而下评估法无法实现或不可能运用的评估情形中。例如，为一所新房屋进行成本估算，为了利用自下而上估算法估算房屋的成本，你需要详尽的房屋设计图、物料清单、劳动率等信息，必须为成本做大量的工作和努力。若采用每平方米的成本这个参数估算这所房屋的成本，只需要了解这所房屋的大小，这样就能更快、更容易地进行评估。参数估算法在即使只知道被评估对象的物理参数，而对项目了解甚少的时候都可以使用。

参数估算法也很容易使用且可重复使用，原因是参数估算以数学方程式为基础，这种方程式可以根据相似项目的资源利用率的过去历史信息对现在的项目进行更正。为了体验这些优点，就必须依赖判断和经验。

7.4 自下而上估算法

自下而上的估算评估单个工作项目的成本，然后将这些项目的成本加总在一起，就会得到项目总成本。通常，评估这些项目需要对所有相关工作、组成部分和实施步骤进行深入分析，通过将劳动率、材料价格和需求的管理费用这些估算转化为货币单位，从而评估单项工作的成本。图 7-6 虽然是对小型项目采用自下而上估算法的一个一般性说明，但它也可以评估简单和复杂的项目。

自下而上估算法一般是在项目快要执行之前开发的。如果需要输入的信息都是有效的，甚至可以在更早的阶段就开始开发。这种方法的价值在于得出的评估结论的准确性比其他任何成本评估工具都要高。自下而上估算法的基本特征的总结（见图 7-7）。

项目预算估算									
项目名称：Longfellow			评估人员：Williams					日期：2017 年 8 月 5 日	

1	2	3	4	5	6	7	8	9	10	11
			人工					材料		
代码	项目	数量	单位小时	总时间	劳动率（美元/小时）	总数 (5)×(6)	管理费用	单价	价格	总价：7+8+10
3210	首件	10	0.5	5	60	300	75	45	$450	$825
010	项目总计	1	291.5	291.5	65	18 947.5	4 737		$900	$24 584

图 7-6　自下而上评估案例

用途	精确度	准备成本	所需信息	别名
投标书/建议书、成本控制预算、变更通知单、估算	+15% ~ −10%到 +5% ~ −5%应急准备之前	一般为项目总成本的 0.045% ~ 2%	设计完成 > 50%、说明书完成>60%、任务定义 > 85%	细节评估、控制、基层估算

图 7-7　自下而上估算法的基本特征

7.4.1　制定自下而上估算

要开发一个自下而上的估算，一个项目经理需要了解有关项目范围、所需的资源及其相关的劳动率、所需的材料成本和项目进度的知识。

项目范围以工作分解结构（WBS）的形式，为组织成本估算提供了一个框架，确保所有项目中已识别的工作都被包括在成本估算中且被评估。要做到这一点，需要定义完成这项工作需要的资源的种类和数量，与资源利用率相乘，得到一个成本估算。通常情况下，这些资源利用率都来自以前项目结果的历史记录、商业数据库或团队成员的个人知识。要考虑一些估算包含财务成本的补贴，如利息费用，这是与时间有关的成本，项目进度计划中的活动持续时间是一个重要的投入。

1．建立估算的格式

一旦所有输入的信息是可用的，自下而上估算的工作就开始了。估算的格式一般在成本计划图中已经确定。一个良好实践采用的格式是基于账户代码的，在这里成本代码会分配给每个工作条目。在我们自下而上估算的案例中，第 1 列中的代码采用 WBS 的结构编码。这样将简化项目的分析工作，也是成本报告、成本控制甚至信息检索的基础。

2. 准备估算

设置好估算的格式后，准备估算需要有几个必要步骤。由于在成本计划图中已经讨论过总体的步骤，我们在此将其具体运用到自下而上估算法中。首先，你需要确定一个准备评估的工作条目，然后确定其数量及劳动力成本（人力资源）、管理费用和材料费用，完成此项工作的一个好方法是在汇总之前按领域或项目的类别来进行分类，然后进行汇总。在案例中，我们采取了这种方法，在这里 WBS 工作包被选中作为一个条目。工作包被称为"首件批准"（第 2 列）。一个工作包一个工作包地重复这个过程，然后聚合单个成本，我们就能够获得项目的总成本。

"首件批准"条目需要由设备、工夹具和材料组成的数量为 10 的高科技电缆的样品的（第 3 列），这些样品稍后会在常规生产过程中使用。是应该给出单个条目的预计劳动力成本，还是给出整批 10 个条目的劳动力成本？当项目任务是单个、非重复性的，数量的问题是无关紧要的。当有多项识别的条目时，如在我们的例子中，需要估算整批条目的成本。因此，成本估算关系将每单位 0.5 小时（第 4 列）乘以 10 个样品（第 3 列），得出总计 5 个资源小时（第 5 列），再乘以每小时 60 美元的生产率（第 6 列），获得每件 300 美元（第 7 列）的成本。

第 4~7 列显示了每项被估算的工作包条目的劳动时间和成本。当我们用货币单位来记录第 6~7 列的成本时，我们意识到，项目经理不会这么做，而是仅仅记录第 4~5 列的劳动力或资源小时数。这在许多行业实践中是可接受的，项目中项目经理不期望管理资金，只需要管理资源小时。事实上，当使用劳动时间对未来项目进行估算时，资源小时的种类比成本更相关。随着时间的流逝，成本的精确度由于受通货膨胀等其他因素的影响而下降，而资源（劳动力）的估算却仍然有效。

一旦直接的劳动成本被计算出来，你就可以将其运用到劳动力的管理费（第 8 列）中，这里没有必须遵守的规则，因为公司政策有很大的不同。虽然一些公司喜欢将人工管理费列入估算，但还有一些公司并没有将管理费列入劳动力估算中。很多公司不同部门有不同的管理费费率，甚至不同的项目也有不同的管理费费率。很多情况下，这个比率基于成本估算关系，直接将直接人工成本（第 7 列）乘以一定百分比。通常情况下，管理费费率与不直接和项目有关的员工的工资和薪金有关，这些人包括监事、管理人员和技术支持人员等。

到目前为止，我们现在的工作包中，已经包括了直接劳动力成本和管理劳动力成本。现在，我们可以使用成本评估关系估计完成该项目所需的材料净成本（第 10 列），即用数量（第 3 栏）乘以单位成本（第 9 栏）得出。材料成本一般是由每个项目的组件成本、原材料或服务成本组成的，它也可以包括较大设备的资本性成本，为了简便起见我们在案例中进行了省略。我们的例子中，单位价格是根据材料的种类确定的，它也可以基于供应商报价或库存物品的标准单位成本进行确定。

由于直接和间接人工成本已经是可用的，要弄清楚该项目的总费用估算，材料成本是最后一块成本。通过添加所有成本费用，就可以得出每个条目的总成本。对每个条目（工作包）重复这项工作，并将所有条目的估算加总，可以得到项目的总成本。如果这是一个对外部客户所做的项目，现在可以再加上边际利润得出项目的总成本。自下而上的估算工作最后以检查、审查和改进而结束。

在审查的过程中，必须小心，以确保所有的成本项目都包括在内。下面将给出一个不完全的估算会带来的影响的例子，见"法院项目的灾难"。

法院项目的灾难

建设项目已经完工一半，对承包商而言，法院项目看上去确定无疑地会盈利。该项目进度按计划进行，合同款项发放也非常及时，承包商公司对此项目的绩效很满意。然后，承包商的项目经理 Gregg，那位开发了项目合同的基础——自下而上估算法估算项目成本的人，离开了公司。一个月后，新的项目经理 Pete 认为虽然很多工作还未完成，但整个项目的预算已经花完了。一个审计员透露了以下内容：

- 项目经理 Gregg 的项目成本估算从未经过同行或经理审查。
- 明显的货币损失将在项目结束时才能知晓。

几个月后，当项目完成时，法院项目成为承包商公司历史上损失最大的项目之一，以比估算成本高出 50 万美元的成本而告终，这接近原预算的 1/3。验收会议得出以下改进意见，以便未来的成本估算采用：

- 所有主要的估算都需要受到同行和管理方的审查。
- 在时间压力下形成的所有主要估算需要和影子成本估算（由一家独立公司开发的成本估算）进行比对。

7.4.2　运用自下而上估算法

无论是简单的还是复杂的小型和大型项目，都适用自下而上估算法。一般情况下，自下而上估算法可应用在项目执行阶段，但如果所需的信息都是可用的，则可能应用在项目早期阶段，这通常意味着实质性的设计工作完成了超过60%。

自下而上估算法主要用于成本控制预算、出价/建议（见"没有自下而上估算就没有工作"）。

开发自下而上估算所用的时间随着被估算项目的大小和复杂程度而变化。不需材料和设备，需要 500 资源小时的项目采用自下而上估算法，可能需要花费 1~2 小时。而为了 4 000 万美元的项目，团队可能需要花费数千小时准备自下而上估算。

7.4.3　自下而上估算法的优点

自下而上估算法的价值在于它能产生比任何其他估算工具都要高的精确度，对于成本控制也是最好的基础。另一个好处是，采用这种类型的估算可以帮助组织进行高度的买入，因为一旦项目开始执行后，参与评估项目的人员将参与执行工作。

没有自下而上估算就没有工作

"我们开发完美品质的软件"是结构化编程团队（一家私人控股公司的一个部门）的口头式的座右铭，它的客户是同一家公司的另一个部门。客户认为，结构化编程团队在开发软件应用程序的过程中做得很棒，几乎没有瑕疵。由于对质量非常满意，客户不关心项目的实际成本。从一个项目被批准到客户付款，该公司只需简单地递交一个范围 1 000~10 000 资源小时数量级的成本估算。

然后，公司公开上市，并开始注重盈利和成本效益。由于原组织无法对经营方针做出反应，所以原来的部门经理被迫离开，并引进了新的利润导向型的部门经理。

项目成本估算也发生了变化。项目经理称新部门经理为"鲨鱼"，因为他直截了当地拒绝看估算的数量级。由于"鲨鱼"现在需要对利润和损失负责，他想管理他们部门的成本，并要求采用自下而上的估算来支持一个项目。由于项目经理缺乏开发这样估算的专业知识，他们中的绝大多数最终都被迫离开了。从这个真实的案例可以看到，项目经理有责任来磨炼他们的技术，不只因为当前的责任，也为了未来的责任。

7.5　成本基线

成本基线是基于时间段的预算，用于测量和监控一个项目的成本估算。通过根据时间段对成本估算进行划分，成本基线反映了估算的成本及其应该发生的时间，以及是否以一个特定的方式执行（见图7-8）。许多项目，尤其是大项目，可能有多个成本基线来表达成本的不同方面。例如，基线可能衡量支出（现金流出）、收到的款项（现金流入），或者约束性固定成本。相比之下，还有些其他项目可能只有一条成本基线，是一条说明工时和材料如何在整个项目的生命周期进行花费的S形曲线。

典型地，大型项目开发的成本基线作为初始项目计划的一部分，用以预测其现金流。成本基线还可以作为绩效测量的基线，项目团队可以用来衡量效率和进度，识别任何偏离计划的进度和费用估算。

■ 7.5.1　制定成本基线

为了开发一条成本基线，项目经理需要拥有项目的 WBS、项目进度和项目成本估算的相关知识。

一个关于成本基线的简单定义是将它视为成本估算条目随着时间推移的扩展，它暗示了一个包括所有成本条目的有记录的成本估算，是一个强制性的起点。如果可能的话，这些条目可以按项目 WBS 进行对齐。如果这样做，项目的进度计划的知识（包括工作要素的计划开始和期望结束的时间）可以将成本分配到相应的成本将会发生的期间。

工作包/任务	项目总计（千美元）	2月	3月	4月	5月	6月	7月	8月	9月	10月	11月	12月	次年1月
1.01 选择概念	12	8	4										
1.02 设计 βPC	8		1	3	3	1							
1.03 生产 βPC	8		1	3	3	1							
1.04 制订测试计划	2		1	1									
1.05 测试 βPC	6					3	3						
2.01 设计生产 PC	18						3	6	6	3			
2.02 外包模型设计	16						1	7	7	1			
2.03 设计工具	3						5	10	10	5			
2.04 购买工具设备	16									20	140		
2.05 生产模型	80									10	10	60	
2.06 测试模型	8									8			
2.07 认证 PC	18											18	
3.01 投入生产	30												30
总计	396	8	7	7	6	5	12	23	23	47	150	78	30

图 7-8　成本基线案例

1. 识别成本基线类型和成本条目

哪些类型的成本通常包括在一个成本基线里？这当然取决于开发的成本基线的类型。就像前面所提到的，很多类型都是可用的，但项目的规模和性质是基线类型的主要决定因素。如果目标是制定一个重点在于项目支出（也称项目支出计划或现金流出或项目预算）的基线，在这里我们的重点是考虑包括广泛的成本条目，其中包括：

- 项目人员的工资和福利（在最简单的情况下，这是包括在公司内项目中的唯一条目）。
- 管理费用。
- 支付给承包商的费用。
- 采购的设备、材料和服务的费用清单。
- 贷款的应付利息、偿还贷款、税金、运费、关税等。
- 差旅费。

如果你正在建立一个基线来衡量现金流入，如下的成本条目的例子可能包括在内：

- 客户交来的交付设备、材料和服务的款项。
- 金融机构的贷款。
- 退税、补助金等。

如果目的是管理现金流，你将需要关于现金流入和现金流出的所有条目。一旦成本条目的内容被确定，就是时候制定成本基线标准了。

2. 设置成本基线标准

开发成本基线的准备工作其实就是建立成本估算和时间之间的关系。为了实现这个目标，必须明确确定包含在基线中的成本条目中哪些项目事件触发付款，以及触发事件和相关支付之间的时间间隔（见表 7-4）的标准。例如，对于给供应商的支付，触发事件通常是定义在合同条款内的关于如何及何时支付的规定。在其他时候，如给项目团队成员支付工资，契约中的劳动计划的触发事件是每月月末支付工资。无论是组织内部还是外部的支付间隔，是通过内部和外部交流需要的时间、审批和行政程序所需要的时间以及公司想要利用钱的时间价值的政策来决定的。对标准执行适当的分析，并以书面形式对其定义是非常可取的，因为它已经成为在制定成本基线过程中将成本制成表格的重要基础。

表 7-4　一个产品开发项目中的成本基线标准

成本基线（分阶段预算）标准			
成本或付款条目	安排触发事件或信息	触发事件和支付间的时间间隔	备　　注
管理和设计团队	每个劳动力进度安排	1 个月	
供应商分包	进度里程碑	45 天	这是公司政策
购买设备和材料的供应商发票	现场交付里程碑	2 周	这是设计团队为激励供应商而设立的

3. 分阶段分配成本条目

基线类型一旦确定，就会确定包括基线在内的成本条目，并定义基线标准，分阶段分配成本条目的基础工作已经完成。下一步，需要分配编码和安排成本项目。最好是项目有与公司成本编码系统或行业标准一致的成本代码（见图 7-8 中的第 1 列）；如果该项目使用外部资金，客户可以授权使用其成本代码。

第 2 列中的条目可以以不同的方式进行安排。如果成本基线是在自下而上估算法的基础上开发的，条目可与 WBS 安排一致，正如图 7-8 中所列，使用 WBS 中的工作包作为成本基线的条目。当用类似估算法或参数估算法来构建成本基线时，可以用其他方法来安排成本基线条目的部署，如项目阶段。

第 3 列为条目提供了成本估算，它将被分配到一个 12 个月的项目周期内。由于报告是以月为基础的，所以时间阶段以月为单位安排在第 4 列和第 5 列。选择概念后，项目 1.01 将在 1 月和 2 月进行，因此，12 000 美元的一部分将用于1 月的花费，剩下的部分用于 2 月的花费。每个月要分配多少取决于下列因素：

- 表示项目条目计划的开始日期和结束日期的项目进度，以及时间段内的资源需求直方图。
- 合同条款。
- 触发事件和支付时间的间隔。

类似地，其余条目的估算在其执行月份中被扩展，并录入适当的月份中。一般很少在成本基线中列入进度计划，但我们将其列入图 7-8 中，使基线更容易理解。

4．加总时间段内的估算成本

一旦所有项目的成本估算被分配到特定的时间段，那么下一步行动则是加总时间段内的估算成本。这提供了每个时间段需要增加多少开支的问题，即每个月的支出，这将用于下一步描绘成本基线图。

5．显示成本基线

S 曲线是显示累计支出的成本基线的一种常用方式（见图 7-9）。要计算累计支出，先要增加第一阶段到第二阶段的增量支出，这是前两个时期的累计支出；把这个数字添加到第三阶段的增量支出中，以获得前三个时期的累计支出，并在剩余阶段继续使用此过程。当完成后，描绘出累计支出（Y 轴）和时间（X 轴），形成 S 曲线形式的成本基线。正如成本估算的任何类型一样，最后进入检查和审查成本基线的阶段。

项目完成后，研究初始基线如何作用于整个工程期是非常有价值的。学习经验，并运用它们来改进未来的成本基线。

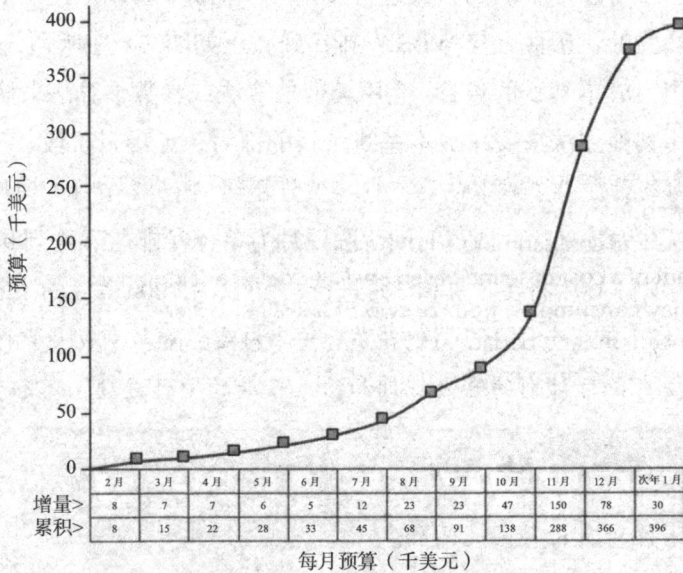

	2月	3月	4月	5月	6月	7月	8月	9月	10月	11月	12月	次年1月
增量>	8	7	7	6	5	12	23	23	47	150	78	30
累积>	8	15	22	28	33	45	68	91	138	288	366	396

每月预算（千美元）

图 7-9　一条 S 形的成本基线

▂▪ 7.5.2　运用成本基线

许多专家认为，小项目中不需要成本基线这项活动，因为准备成本基线花费的费用可能大于其带来的利益。相反，其他一些项目都需要成本基线。通常情况下，作为初始项目计划的一部分，基线可以预测其现金流。考虑到成本基线可能基于一个类似、参数化或自下而上的成本估算，有时由于估算演进而变得更加准确，成本基线也是这样的。成本基线定期或不定期更新，甚至可能构成项目报告的一部分，提交给高级管理层或外部客户。有关基线更新和变更的详细信息，可参照"何时更新或变更预算"。

由于项目的规模、大小、进度计划、资源需求和成本估算不同，开发一个成本基线的时间可能也会各异。当成本由细节程度低的类似估算法估算且只有概括性的进度计划时，对于有经验的项目经理来说，开发成本基线可能消耗 1～2 小时；然而，当成本由细节程度高的自下而上估算法估算且进度计划包含几百项活动时，对于有经验的项目经理来说，开发成本基线可能消耗几十小时。

何时更新或变更预算

在需要改变成本基线时，武断地坚持初始成本基线或阶段性预算是没有意义的，并具有一定的风险性。基线的更改需要有几个因素触发，从而导致小的改变（更新）或主要修订（变更）。更新的发生可能会由于以下因素，如：

- 成本估算演进。随着项目的进展，更多信息变得可用，有助于发展更精确的估算。成本估算的这些变化应带来基线更新。
- 项目变更。管理项目变更可能需要新的支出，这些应增加到基线中。变化可能由不可预见的条件或来自客户的变更导致。
- 进度发生变化。在执行阶段，项目活动在时间段内发生变化是频繁的，结果导致不可避免地需要修改基线。

除了这些更新（小范围修订），有可能需要多次对基线进行必要的修订。在项目实施过程中，可能会出现主要计划外的进度、成本和技术问题，或者有可能需要改变项目的战略，这些通常促使项目计划进行主要修订，包括对成本基线的主要修订。这样的成本基线变化可能很少发生，如果有的话，也仅仅整个周期内会发生一次或两次。在处理基线更新或变更时，关键是以一种积极的方式管理所有的修改和相关因素，而不是以消极的方式保持对项目的控制。

7.5.3　成本基线的优点

即使成本估算和劳动力需求都是有效的，若缺乏有效的成本基线，很可能会导致项目面对组织绩效和现金流的测量很困难的风险。因此，构建基线带来的好处是可以将其作为绩效测量的基线，在这方面，基线是比较实际成本（实际发生）与计划成本（应该发生）的基础。因此，这是一种衡量效益和进度的方法，任何偏离进度计划和预算的成本都会引起管理方的注意。

现金流预测是有效基线提供的另一个好处。它可以通知管理方或客户在需要资金时提前进行准备，确保资金在购买资源时是可用的，从而维持项目进展。当在项目实施的过程中正确地执行时，应该对成本基线进行修改，从而能反映到目前为止的绩效和进程。如果不管理项目中的现金流，将会导致一些高风险的后果。如何避免这些风险在"博物馆设计公司"中进行了阐述。

博物馆设计公司

博物馆设计公司（MDC）发现自己处于一个矛盾的局面：它有多个合同，但没有良好的现金流。这怎么可能？MDC配备有顶尖的设计人才，并以精湛的技术和过硬的质量而闻名，它可以毫无困难地落实项目合同来设计军事博物馆展品。但MDC的首席执行官和成功的设计师John Riddle Jr.不得不定期从银行借款来运转资金。受此困扰，Riddle寻求了专业的帮助。

他得到的建议是去研究他们项目组合中的每个项目的现金流入和现金流出的S曲线。由于S曲线并不容易得到，所以Riddle将此项任务分配给项目经理，要求他们负责为每个项目开发S曲线。完成后，大部分的曲线看上去如图7-10（a）所示，S曲线清晰地表明了从客户获得的支付（现金流入）和支付设计师的薪水、管理费和贷款利息（现金流出）之间的差异。除了在项目最后差异为0，在整个项目内，它们之间的差异均为负值。

这是矛盾的根源。MDC耗尽了它的利润，迫使它不断从银行借款，继续这样做肯定会使MDC破产。Riddle认为必须不惜一切代价避免在未来的项目中出现负现金流状况。为此，他为每个未来项目设立了成本基线，所以现金流入和现金流出之间的差异是正的［见图7-10（b）］，使MDC避免昂贵的贷款负担。

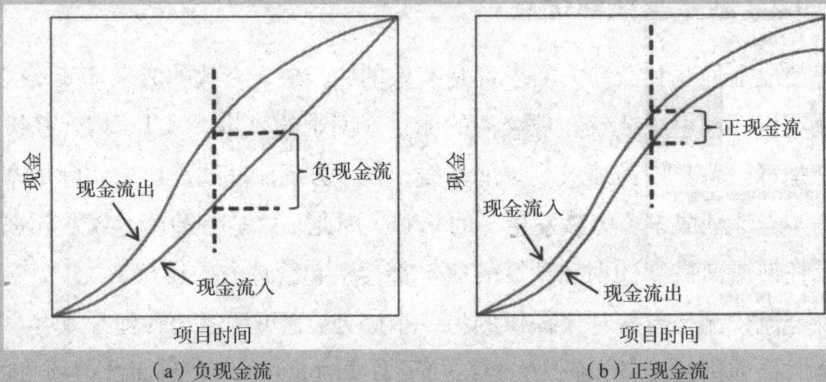

图7-10　两条曲线：负现金流和正现金流

用S曲线格式表示一个成本基线的视觉效果是令人印象深刻的。进一步加强它的简单性和视觉的自然效果，会让项目经理和干系人都受益。

7.6　选择你的成本计划工具

本章介绍了五个带有明确设计目的的工具。其中成本计划图和成本基线两项工具的目的非常明显，以至于在成本计划中使用时不需与其他工具配合。成本计划图是为成本计划努力建立一个系统化的方法，成本基线旨在提供分时段的预算。剩下的三个工具可根据特定的应用进行组合使用，或选择某一个单独使用，可根据具体情形匹配合适的工具来支持项目。表 7-5 在工具选择上可以给项目经理提供指导。

表 7-5　成本计划工具的总结对照

情　　形	成本计划图	类似估算法	参数估算法	自下而上估算法	成本基线
提供成本计划方法	✓				
显示估算资金的多少		✓	✓	✓	✓
显示各阶段的估算资金					✓
持续运行中小型项目的组织	✓	✓	✓	✓	
运行大型项目的组织	✓	✓	✓	✓	✓
根据以往经验		✓	✓		
很高的精确度要求				✓	✓
较低的精确度要求		✓	✓		
短时间的准备		✓			
中等时间的准备			✓		
长时间的准备	✓		✓	✓	✓
项目筛选、预测需要的估算			✓	✓	
预算授权需要的估算				✓	
成本建议/更改订单需要的估算				✓	✓
在项目生命周期的早期进行决策		✓			
在项目定义/早期设计的估算			✓		
在执行之前，设计充分完成的估算				✓	

第 4 部分
项目执行工具

第 8 章

范围管理

一旦进入项目的执行阶段，就需要考虑有关变更的问题。事实上，任何项目在实施中都会出现变更。每次变更都有可能导致项目范围出现变化，甚至会影响到项目工作结果。因此有必要进行范围管理，包括对每次变更进行评估，评估变更对项目工作结果的影响，以及确保可以正确地执行每次变更。

好的范围管理能帮助我们有效地控制范围变更，即所谓的范围蔓延。项目有关人员都要对此负责。前一段时间，我打算一个人花两小时清理主卧室的壁橱。我按计划把平时不需要用的物品整理、打包，并分类为捐赠、以后使用及储存等几个类型。用于捐赠的物品被装进了汽车，用于储存的物品则要挪进车库。但是，车库里面已经没有多余的空间。于是，项目范围发生了变化。我需要先对车库进行清理，以便留出放置储存物品的空间。这个两小时的项目有可能会变成一个两周且需要两个人完成的项目。这看起来熟悉吗？

上述案例也说明了在项目管理中需要重点关注那些关键的工作，即项目范围管理。《PMBOK®指南》对项目范围管理的定义是：确保项目做且只做所需的全部工作，以成功完成项目的各个过程。

当项目进入执行阶段，项目经理要持续关注项目的绩效状况，尤其是实际情况与计划之间的比较。项目控制过程要包括制定标准及确定如何对实际情况与计划进行比较的技术。

可以这样说，最重要的控制就是对项目范围变更的控制。项目范围的变更会影响项目所有的任务，会直接影响到项目的资源使用情况、预算和进度计划安排。项目范围变更的层叠效应如图 8-1 所示。

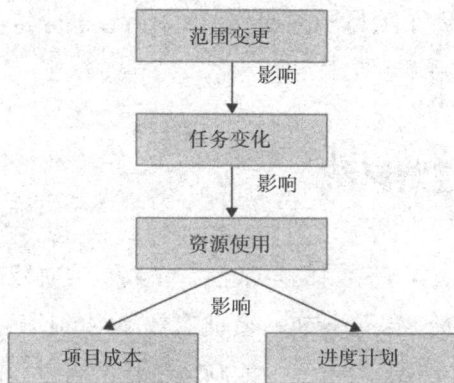

图 8-1　项目范围变更的层叠效应

　　如果能理解项目范围变更的层叠效应，就能理解它为什么这么重要。以下就是一个由于缺乏范围变更管理，从而导致项目失败的案例。

范围变更：如果必须这么做，那就尽早吧

缺乏范围变更管理一直被认为是项目的杀手，因为会导致：

- 延误工期。
- 增加成本。
- 破坏团队士气和团队工作效率。
- 破坏项目各参与方的关系。

为什么会造成这么深远的影响？首先，变更会经常导致直接工作重复进行。其次，与直接工作有关的其他工作也会受到影响。这意味着，越早进行变更管理，工作受到的影响就会越少，项目受到的损害也越低。项目早期阶段，工作量少，重复也就少了。但是如果变更发生在项目生命周期的后期阶段，就会带来显著的影响，任何工作都可能返工。

　　例如，在一个产品开发项目的后期发生了变更，变更可能导致项目需要重新设计和重新开发，随之而来的是重新购买原材料、工具和设备等工作。这些工作对项目的影响是巨大的。在项目执行阶段，即使团队成员一个很小的变化也可能导致工期延误数周或数月。经验是：周全地考虑；越早变更越好；在项目后期阶段重点关注变更。

上述案例大致介绍了项目范围变更，本章后续部分将详细介绍项目经理在遇到范围变更时可以采用的工具和技术。

8.1 项目范围控制系统

无论项目有多大，无论项目的复杂性有多高，对项目范围控制的方式都是特定的。项目范围管理需要制定出一套能有效使用的项目范围控制系统。

对项目范围管理来说，项目范围控制系统是最为重要的一个工具。因为在任何一个项目中都会发生范围变更，因此就需要制定范围变更的程序、文档、批准及跟踪程序等。项目范围控制系统制定了范围控制的程序或流程，即定义了哪些变更需要控制。范围控制程序通常包括：

- 范围变更申请，必须以书面形式提出。
- 必须清晰地描述和记录范围变更所获得的利益。
- 定义范围控制的角色和职责。
- 记录审批流程。
- 指派决策制定者。
- 已批准的项目变更要纳入项目计划中。
- 范围变更需要经过足够的沟通。
- 必须使用一套标准化的工具。

许多项目经理有必要制定一个可视化的项目范围控制系统，如图 8-2 所示。在项目范围控制系统中加入项目变更申请、项目变更日志等其他工具，组织变更控制政策可以转化成一套实际的项目工作流程，从而管理和控制项目范围变更。

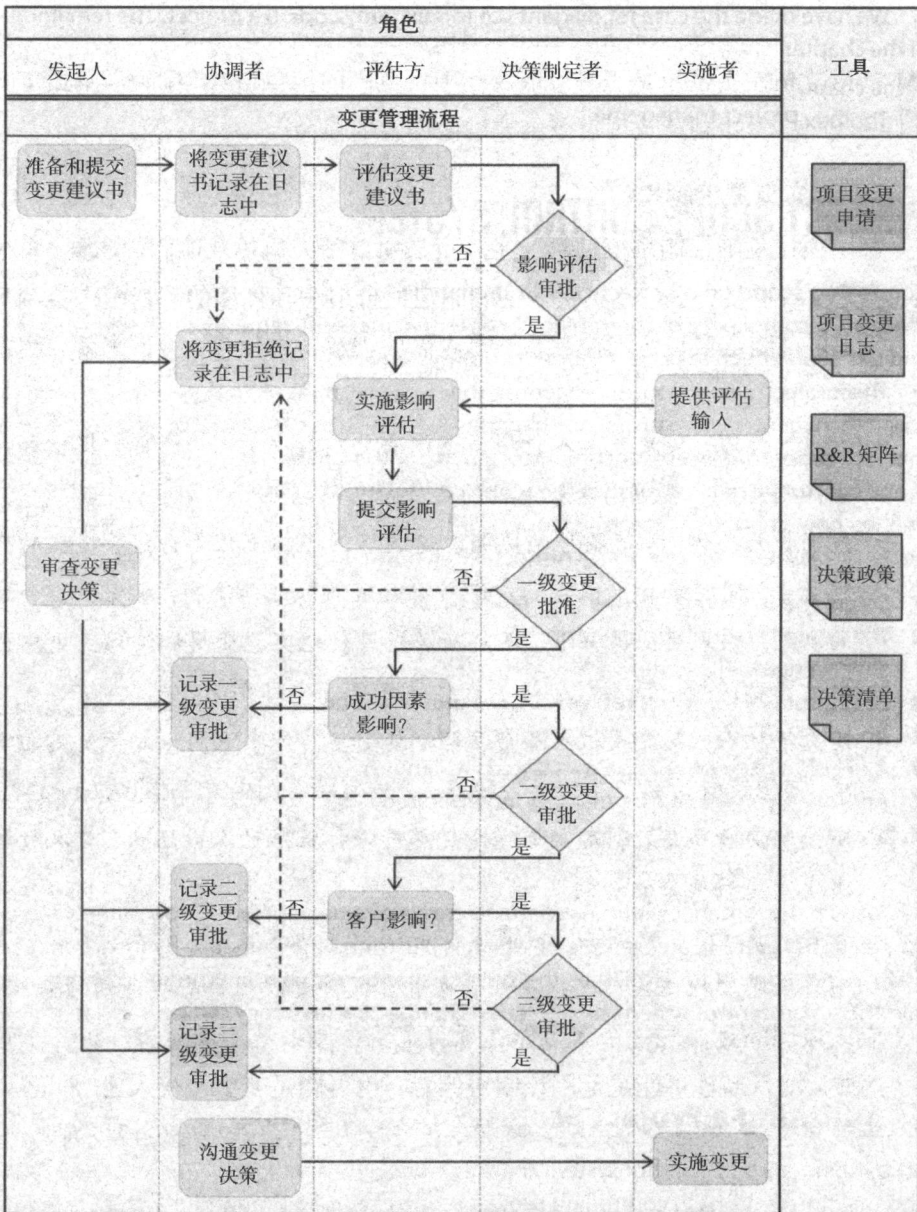

图 8-2　范围控制系统流程案例

▪ 8.1.1　制定项目范围控制系统

一套理想的范围控制系统要包括程序、行动、工具及所有者，并能协调他们之间的关系。此外，这套系统还能根据每个组织的特点进行调整。

项目范围控制系统是否有效取决于项目范围的信息量（范围说明书或工作说明书）、WBS 的制定及项目范围控制协调者的任命。

1. 定义范围控制角色

制定项目范围控制系统的第一步是定义项目各类角色及他们的职责。每个项目经理（或项目办公室）负责识别和制定适合组织和环境的项目范围控制角色。通常来说制定项目范围控制系统首先需要理解各类角色，接下来就介绍常见的几类角色：

- 变更发起人。变更发起人是提出范围变更建议书的人。他负责提出和记录范围变更、变更需求及审批的变更带来的利益。
- 范围控制协调者。范围控制协调者通过范围控制流程负责指导提出的范围变更，同时负责范围变更建议书有效地通过评估流程，确保做出合适的决策。如果变更被批准，还要确保能有效地实施变更和沟通变更中出现的各种问题。范围控制协调者也负责记录项目变更日志。
- 变更授权人。变更授权人通常是跨职能领域专家。他们会评估变更的需求、可能获得的利益及会受到的影响，并向决策制定者提供建议和方案。
- 决策制定者。决策制定者是决定变更是否被批准的人或团队，其人数取决于变更对项目的影响。
- 变更实施者。变更实施者是负责实施已批准的范围变更的人。有时，在项目活动实施之前，变更实施者也负责提供更改项目基线计划的输入。

应该强调的是，同一个人可能在项目范围控制系统中同时担任好几个角色。例如，项目经理可能是范围控制协调者，也可能是变更授权人之一，还可能是决策制定者；项目专家可能是范围变更发起人，也可能是变更授权人之一，还可能是变更实施者。

因为在项目中存在众多角色，建议在项目范围控制系统中添加责任矩阵（见第 3 章）。

2. 记录范围控制程序

项目范围控制系统的核心是记录和审批项目范围管理程序，也常被认为是变更控制程序。图 8-2 介绍了企业基础项目的通用范围控制程序。

范围控制程序应该清晰地界定出与项目范围控制和决策制定有关的主要活动，从而有效地控制项目范围。

请注意：项目控制程序应该可以根据组织的需要进行裁剪。

3．制定范围控制决策制度

如果没有正式的项目决策制度，项目范围控制系统和范围控制程序就会迅速崩溃，因为在实践中决策制度可以起到指导作用。决策制度应该包括决策制定的方法（命令式、咨询式、协商式）。此外，还需要制定与决策和决策层级（项目层、执行层、客户层）有关的决策边界条件。最后，还需要记录与决策和决策制定者有关的信息。

4．获得高级管理层的审批和授权

如果不能获得高级管理层的支持，那么项目范围控制系统是无效的。请记住：在最初制定项目范围控制系统的时候就要获得高级管理层的支持，口头支持是较为有效的方法。

除了高级管理层的审批和授权，还需要成立一个专门的委员会来确保组织按计划实施项目范围控制系统。这体现在两方面。首先，要在系统中体现出高级管理层（通常是范围控制决策制定者）的作用；其次，高级管理层还需要制定目标，从而确保其他的项目角色也能起到作用，而不是阻碍系统的运行。例如，让一个有抱怨情绪的、其变更未通过的范围变更发起人担任高级经理并重新审批未批准的变更决策是不常见的。此外，让高级经理管理范围变更也是很少见的。以上两个例子都能证明更改授权方和项目经理会对范围控制系统造成一定的破坏。

8.1.2　运用项目范围控制系统

当项目需求不清晰时，每个项目都要对变更运用项目范围控制系统。基于此，一旦项目需求发生变化，就要运用项目范围控制系统，从而为范围控制定下基调。这在大型项目中显得尤为重要，因为大型项目的范围控制更加需要运用项目范围控制系统。对于规模小、复杂性低的小项目而言，可以使用简单的范围控制程序，即项目经理自己管理范围变更。这种情况下，非正式、容易理解的范围控制系统就比正式的系统好得多。组织的项目管理成熟度也是企业在选择正式还是非正式范围控制系统时的因素之一（见"我们能处理变更吗"）。

> **我们能处理变更吗**
>
> 项目驱动型组织通常会制定一套完善的变更管理程序，这套程序要包含变更控制制度及变更管理计划模板。这类组织会成立变更协调委员会，项目团队成员也能根据各自的项目调整变更管理计划。范围控制协调者会把主要或全部的精力用于变更管理。
>
> 项目管理成熟度等级低的组织则相反。这类组织缺乏变更控制制度和计划模板。项目经理要充当范围控制协调者的角色，制订变更管理计划，在变更管理过程中负责协调所有的变更。

有效地运用正式的项目范围控制系统包括一系列的活动。首先，对各类角色进行委派。角色一旦委派，他们就要发挥各自的作用。其次，定义变更权。在许多项目中，变更控制委员会（Change Control Board，CCB）有变更权。变更控制委员会由来自不同部门的项目干系人组成。此外，还需要在较短的时间内制定出变更管理过程中需要的工具。最后，范围变更请求一旦提出，就需要立刻实施变更管理程序。接下来将介绍范围变更中变更提出的有关步骤。

1. 提交范围变更申请

一般而言，项目团队内外的任何人都可以提出范围变更申请。变更申请需要以书面形式提出，采用正式的变更申请表。变更申请表的内容要包括变更的情况、变更的原因及变更的后果。

2. 记录变更、分发申请

收到范围变更申请后，协调者要将变更记录在项目变更日志中，还需要把项目变更申请文件分发出去。通常情况下，变更授权人和评估专家要获得变更申请文件。

3. 评估变更申请

变更发起人要为变更授权人准备一份简要的报告，介绍有关变更的情况。

报告人还要准备回答有关变更潜在影响、后果及措施等深层次的问题。

4．评估影响

当评估报告提交后，就会委派专人负责变更，评估实施方案及可能带来的影响。根据变更的情况，决定进行技术评估还是程序评估。较好的做法是让实施人员参与评估。

5．制定范围变更决策

变更授权人的职责是做出接受还是拒绝的决策，这个决策要记录在项目控制日志中。如果拒绝，一方面将相关文件存入档案，另一方面要把相关文件交付给变更发起人，并解释拒绝的原因。

如果接受，协调者首先制定正式的文件，并把文件发送给相关实施方。其次，协调者还要通知变更发起人和其他项目干系人。最后，如果变更授权人认为影响评估不够充分，可以要求协调者向变更发起人和评估小组那里要求更多的信息。当然，这种情况很少发生。

变更决策要经过多级审批，级数的多少是由决策制度和决策制定者的权力决定的。级别 1 的变更包括那些不会给项目成功带来消极影响的变更，这类变更仅需要项目变更授权人做出决策。级别 2 的变更是指那些影响项目成功的变更，所以这类变更需要更高级别的人做出决策。级别 3 的变更是指那些会直接与客户有关的变更，这类变更需要客户做出决策。

6．更新变更日志

协调者负责将变更决策、可能采取的行动及相关的信息记录在项目变更日志中，以便项目干系人可以对决策进行沟通。

7．调整项目计划

范围变更获批后，就要对项目计划中的工作进行调整，导致项目团队成员工作任务发生变化。有的变更相对较小，不需要调整项目基线。有的变更影响程度较高，那就需要对项目基线做出调整。还有的变更甚至会影响到项目的WBS，需要重新制定项目的基线。

范围变更的意义体现在影响分析中。当需要对任务和可交付成果进行变更时，首先要修改 WBS，再调整项目预算和进度计划，项目团队可以根据新的项目计划安排实施项目工作。

8. 实施变更

当所有的干系人都对变更有所了解后，可以开始制订变更沟通计划。这份沟通计划由变更授权人制定，项目经理使用。

一旦开始沟通，范围变更程序的最后一步就是项目各参与方按计划实施他们各自的工作。此外，已批准变更的最后一份文件要指出范围变更成功实施。

8.1.3 项目范围控制系统的优点

范围控制系统的价值在于能够有效地进行项目范围变更，使项目范围变更程序变得井然有序。系统中包括的各种方法、角色安排、职责、任务及工具等能够处理各种潜在的问题，如范围潜变、预算超支及进度滞后等。提前制定范围变更程序还能指导项目各参与方的行为，消除由变更带来的各种混乱。

当所有的文档归档后，由于范围控制系统的可视化，用户可以更好地理解和运用这套系统。当然，范围控制系统的步骤可以增加，系统的透明度和功能也可以调整。

8.2 项目变更申请

有的项目经理讨厌变更申请，喜欢对变更申请说"不"。事实上，这些项目经理要认识到有的变更能给项目带来额外的价值和积极的影响。大部分的变更由以下几个原因导致：

- 价值提升。能给项目带来更多价值的变更。
- 外部事件。环境变化导致的变更，如新的法律法规的颁布。
- 差错或遗漏。项目计划期间遗漏的或没有意识到的功能和特征导致的变更。
- 风险应对。消除或减轻风险事件后果的变更。

但是，变更发起人自己比较难评估出变更对项目的进度、成本、质量及其他方面带来的影响，因此，项目很可能陷入困境甚至失败（见"设计范围潜变"）。基于此，准确地理解变更的影响和价值，以专业严谨的方式评估就显得十分重要了。

> **设计范围潜变**
>
> 范围潜变，也指不受控制的范围变更，被认为是项目的"头号敌人"。曾经有个半导体项目遇到了高度不确定的范围潜变。公司在定义范围时就发现项目可能会出现很多变更，于是决定把预算的 10% 拿出来应对不可预测事件，这种方法也称为 AFC（Allowance for Change）。在项目控制过程中，每次只要发生变化，就把它当作范围变更，项目经理会认真处理。这个方法成功地帮助公司管理好了与预算有关的范围潜变。

项目变更申请是项目经理必备的工具，可以帮助项目经理和变更授权人对变更申请进行多方位的评估。项目变更申请的过程、结构和内容能帮助决策者做出高质量的决策，确保项目的范围、成本和进度可控。

8.2.1 制定项目变更申请

尽管表 8-1 介绍的项目变更申请模板很简单，但是它的作用不可忽视，尤其在为信息输入做准备时。运用项目变更申请的主要依据包括范围基线、WBS、范围说明书及范围控制系统。

项目变更申请可以用各种形式和表格来体现。在为组织或项目制定项目变更申请时，可以使用范围控制系统中的变更管理流程来帮助进行设计，确定项目变更申请应该包含的内容。通常来说，项目变更申请应该包括以下五个内容：

（1）变更申请识别信息。

（2）变更申请详情。

（3）影响评估。

（4）备选方案。

（5）建议。

表 8-1　项目变更申请模板

变更申请识别信息
变更名称：
变更编号：
发起人：
提交日期：

变更申请详情
说明：
实施变更的影响：
不实施变更的后果：

优先级：□ 1——非常关键："只有变更，项目才可以继续进行。"

　　　　□ 2——高："只有变更，项目的成功才不会受到影响。"

　　　　□ 3———般："变更的话，项目的价值将会提升。"

　　　　□ 4——低："变更的话，绩效可以获得改善。"

影响评估	
评估人：	
成本：	
进度：	
资源：	
可交付成果：	
总结：	

备选方案
替代方法：

建　　议
建议：

决策：□ 批准

　　　□ 拒绝

　　　□ 延期

1. 变更申请识别信息

　　项目变更申请的第一部分要能迅速地说明范围变更申请的识别信息。这部分通常包括简明扼要的变更名称，唯一的变更编号，变更申请发起人的名字，以及变更申请首次提交的日期。

2．变更申请详情

这部分详细说明变更申请的细节，帮助项目变更授权人决定是否有必要进行影响评估。变更申请说明需要清晰、准确地介绍变更对项目的功能、可交付成果及工作包的影响程度。此外，这部分还需要介绍是否有必要对项目的预算、进度及基线进行调整，从而确保变更的有效性。

项目变更申请除了介绍实施变更的影响，也要介绍不实施变更的后果。

变更申请发起人还要对申请变更的优先级进行说明。如表 8-1 所示，将优先级划分为四个等级，分别是低、一般、高、非常关键。常用的、正式的项目变更申请的主要问题是"慢"！为了解决这个问题，在表格中添加了一个选项"非常关键"。这样，对那些紧急的变更而言，就可以获得快速的回复。这样做的目的就是让变更授权人了解此次变更的重要性，批准变更。这也意味着授权要"快"。项目规章中规定，当提出变更时，可以选择各种方式进行沟通，如面谈、电话、内网等（见"快速沟通流程"）。需要强调的是，关键的变更并不意味着就可以牺牲质量、绩效、可靠性、安全性或其他因素。制定变更保障措施是在进行变更时使用的一个比较好的方法。

快速沟通流程

ODI 股份有限公司的主要客户对变更回复慢的情况感到很失望，设计总监认为："我们再也不愿意忍受你们对我们提出的变更申请回复得如此慢！"

为了留住客户，ODI 重新设计了变更管理流程，体现在以下三方面。首先，公司制定了一条规则：对客户提出的变更，响应时间不能超过 48 小时。这些变更可能需要设计人员、工具工程师、制造工程师、营销和采购专家的共同参与。这些参与人员来自不同的区域，他们之间的沟通是相对缓慢和耗时的。其次，由于这些人员来自不同的区域，为了改善人员之间的沟通效果，ODI 建立了内网系统。最后，除了需要董事会共同做决策之外（这个方法进度较慢），可以任命一名董事会成员负责变更审批，其他董事会成员仅评估审批决策即可。全新的系统给 ODI 带来了极大的改变，也很好地改善了 ODI 和客户之间的关系。

　　当获得了变更申请识别信息和优先级后，项目变更授权人现在需要做的就是决定是否需要进行影响评估及变更的进度是否需要加快。如果需要的话，那么会任命一名评估人，负责完成对变更的评估。

3. 影响评估

　　有的组织在对影响大的范围变更进行评估时，不考虑项目原始的范围（项目基线）。这会导致在持续不断地进行范围变更时，项目目标也在不停地修改。随之而来的风险体现在项目的实际情况与最初的项目基线差异越来越大。较好的做法就是对范围变更进行影响评估。

　　如果变更的影响很小的话，可以采取一些简易的纠偏行为，不需要对项目的范围基线、预算、进度计划和资源情况做出调整。如果变更会对工作范围、资金安排和进度计划造成很大影响，就需要重新制定范围说明书、WBS、进度计划、预算及资源安排计划。因此，在进行评估时，需要花费大量的精力全面评估变更对范围、质量、成本及进度的影响，并将结果记录在项目变更日志中。

　　在缺乏一份好的网络图时，要对变更的影响进行评估是很困难的。这是因为网络图中介绍的工作之间的依赖关系，能帮助我们分析某个可交付成果或工作的变更对其他可交付成果或工作的影响程度。但是大部分时候，对进度的影响评估还是依靠直觉完成的。为了避免这种情况带来的风险，即使小型项目，最好也在网络图的基础上进行评估。

　　防止成本大幅度超支较好的方法是对变更的成本进行评估。很多书籍和文献都介绍过：成本估算有低估的倾向。现在和 20 年前一样，成本偏差在 20% 左右是正常的。不正常的是管理学领域认为出现 20% 的成本变更偏差是可以接受的。在提出变更申请时要求一份详细的成本评估能较好地应对这种成本变更倾向。如果变更影响很大，会要求更详细的评估，还可能要求独立的第三方提供评估报告。

　　进度评估和成本评估完成之后，就可以进行资源的假设影响分析了。尽管范围变更对预算和进度的影响，项目经理可以使用应急费用来应对，但资源的可用性却是一个重要的制约因素。因此，如果要进行全方位评估的话，就有必要召开会议专门讨论需要哪些资源及需要多长时间。

　　最后，一份全面的影响分析还要包括变更对项目可交付成果影响程度的信息。项目的可交付成果会不会受到变更的影响？如果会，多大程度？项目最终成果的质量会不会受到变更的影响？如果会，多大程度？以上就是进行分析时要考虑的关键问题。

4．备选方案

有的变更申请要求变更发起人和相关专家针对申请的变更提供备选方案。这种方法很好，建议在实践中使用。

5．建议

项目变更申请的最后一部分就是建议及最终的决策。有三种决策方案可供选择：拒绝变更、批准变更和延期变更，如项目成果交付后再进行软件发布。

8.2.2　运用项目变更申请

传统观点认为，变更要尽早提出。在这里，我们想对这句话进行详细的介绍。项目早期概念阶段，项目变更申请只是一个变更管理工具，缺乏使用的条件。因为范围还只是在概念阶段，要控制范围是不切实际的。项目范围定义阶段，需要开始运用项目变更申请。例如，没有开始设计工作或还没有完成产品说明书的新产品开发项目是不需要正式变更申请的。但如果工作背离了设计规范或会影响产品设计时，就可以开始使用项目变更申请。从这时开始，就要一直使用项目变更申请了。

什么时候停止运用项目变更申请？尽管这个问题看上去毫无意义，但是总会有那么一个时候，任何变更都会造成成本超支或返工。有效的做法是不接受任何变更，除非存在不得不变更的理由。例如，当项目已经处于最后的测试和验证阶段时，客户要求再增加一个新的安全功能，这种变更应该拒绝。因为项目在进入最后的测试和验证阶段前，就应该停止接受变更。

要有效地使用项目控制日志。虽然将信息录入日志只需要很少的时间，但它是一个能进行大量分析，包括函数和复杂性的公式。对于小规模的变更而言，得出有关范围、成本和进度的结果只需要 15 ~ 30 分钟的时间。对于重要的变更，就需要一组专家花费一两周的时间，全面地评估变更对项目目标的影响。

8.2.3 项目变更申请的优点

作为该过程的最终成果，项目控制日志能帮助项目经理做出适合的决策，而不是把变更当作一个特定事件来对待。通常情况下，范围变更决策是高质量的，因为变更决策是结合其他工具，综合考虑了变更对范围、成本及进度的影响做出的。同时，整理归档各类变更文件能减少项目各参与方的疑惑，更好地控制项目范围变更，最大限度地减少成本超支和进度滞后。

8.3 项目变更日志

变更发生不是偶尔的；相反，变更是频繁的、必然的。因此，有必要制定一套用于记录、编号和整理项目变更流程的工具（见表 8-2 介绍的项目变更日志案例）。项目变更日志由协调者负责管理，记录变更申请、任命的评估人员及最终的决策（批准或拒绝）。如果变更被批准和实施，那么还需要记录其他与变更相关的信息。

表 8-2　项目变更日志案例

项目变更日志

项目名称：Rattlesnake

项目经理：Unger

变更摘要				评估结果			审批决策		变更状态
编号	提交日期	发起人	描述	成本	进度	资源	评估审批	变更审批	
1	4/22/17	Allenbach	打印机升级	6 000 美元	1 周	1 人	批准	批准（L1）	进行中
2	5/9/17	Westheim	图形用户界面升级	12 000 美元	3 周	3 人	批准	批准（L2）	已完成
......	......	......	......	......	......	......	......	......	......
87	12/7/17	Reed	增加测试探头	15 400 美元	11 天	1 人	批准	......	评估中
n	......	......	......	......	......	......	......	......	......

项目变更日志能体现出变更的各种状态：拒绝、批准、进行中或已完成等。如果没有变更日志的话，就不会有这么清晰的界定了。

8.3.1　制定项目变更日志

表格的优点在于简单易懂。因为采用的是简单的电子表格，所以不能显示按照有序的步骤生成一份完善的日志所需的时间和信息。

制作一份项目变更日志首先要收集之前获得的信息。范围控制系统介绍了有关项目范围变更的所有规则，因此日志中的信息都是适合的。项目变更申请提供了变更日志中的变更摘要和影响评估等有关信息。此外，还要任命一名变更协调者管理变更日志。

如果在网上搜索项目变更日志的话，会出现很多不同的表格。有的表格设计得过于复杂，有的表格则过于简单，这些表格都不能提供合适的信息。一份精心设计的项目变更日志应该提供以下信息：

（1）变更摘要。

（2）评估结果。

（3）审批决策。

（4）变更状态。

1．变更摘要

项目变更日志的第一部分即摘要，应该介绍变更的大致情况。摘要包括唯一的编号（常采用数字的形式）、变更的简要描述、变更发起人的姓名及变更的提交日期。这些信息都来自项目变更申请。

2．评估结果

项目变更日志要能让阅读人员迅速地了解正在实施的变更对项目的影响。每个项目要单独进行全方位的评估，如表 8-2 所示。表 8-2 列示了成本、进度和资源方面的影响。对这些领域进行评估时，要结合企业的状况，选择合适的评估方法。

3．审批决策

从范围变更请求到变更实施至少要经过一级或多级决策。变更控制日志的作用就是记录所有的决策结果，从而对已批准的变更进行全面的记录。决策结果应该作为项目变更日志的一部分，是变更管理过程的一个决策点。

4. 变更状态

最后，在项目变更日志中增加一列介绍变更的状态是一个很好的方法。变更请求的状态有很多，如"评估中""审批中""进行中""已完成"及"拒绝"等。

虽然项目变更日志要包括之前介绍的四类必备信息，但也要避免过度设计。就像"只需要一个简单的表格"介绍的，项目变更日志不需要华而不实的工具。

> **只需要一个简单的表格**
>
> 对任何一个项目来说，竣工决算都是一件头疼的事情，尤其是那些存在大量工程变更的项目。最糟糕的是，对一个为期两年、有几百个变更的项目而言，居然没有开发变更日志。因为没有变更制度，项目经理也几度更换，因此没有开发项目变更日志。因此，在项目快完工时，项目团队花了大量的时间和精力确认变更。从这个案例中，项目团队学到的经验教训是：一个简单的表格能发挥很大的作用。

■ 8.3.2 运用项目变更日志

在项目范围变更申请第一次出现时，就要立刻开发和运用项目变更日志。项目变更协调者负责更新项目变更日志。

项目变更申请一旦提交给项目变更授权人，项目变更日志就要记录相应的信息，如变更的基本信息、评估信息、决策信息及变更流程中的各类信息。要持续更新项目变更日志所需的信息！

确保日志记录了每个决策是需要大量时间和精力的。有的变更需要多级审批，那么变更日志还要记录每级审批的时间和审批人的名字。

除非变更被拒绝，否则项目变更日志就要一直更新。对于已经批准的变更而言，直到变更完成前，要一直运用和更新项目变更日志。尽管看上去很荒谬，但草率的变更管理会遗漏一些没有申请但已经实施的变更（见"如何应对未申请的变更"）。如何避免这种情况？变更协调人应该确保变更已经记录在日志中，以便在以后进行查找。

> **如何应对未申请的变更**
>
> Alan DeFazio 是一名计算机工程师，缺乏项目管理经验。当他了解到项目的供应商破产时，他就选择了其他的供应商。新供应商虽然信誉好、能提供质量更好的商品，但设备的价格更昂贵。毕竟，他以前就是这么处理的。
>
> 几个月后，设备运达。项目经理对 DeFazio 很不满，质问道："你为什么不运用变更管理流程更换设备？"更糟糕的是，项目经理拒绝支付新设备和原有设备之间的差价。他说："我没有多余的预算，我只能向上级去申请。"
>
> 结局是什么？经过几个月的谈判，客户最终同意了这次变更。这个案例告诉我们：好的政策要落地才行！

■ 8.3.3　项目变更日志的优点

对于存在大量变更的项目来说，项目变更日志能监督所有已批准、拒绝、正在进行中及完成的变更，起到知识库的作用。项目变更日志可以提供变更对项目的影响程度等相关信息，决策制定者获得这些信息后，能有效地控制成本超支及进度滞后。如果没有项目变更日志，决策制定者在制定决策时会比较混乱。

项目变更日志让变更不再神秘，它能提供所有与项目变更有关的基本信息。这个简单的工具能让项目干系人迅速获得与变更有关的信息，起到了"信息传播器"的作用。

项目变更日志能提供项目范围变更的所有历史信息，也能为每次变更对成本和进度的影响提供证据。此外，项目变更日志还包括审批人及审批时间等相关信息。在对可交付成果进行交付时，都要大量使用以上所有信息。

8.4　范围控制决策清单

纵观整个项目生命周期，项目变更可能来自项目团队内部、项目发起人、高层领导、客户及其他项目干系人。变更申请要经过层层审批：变更是否有必要？是否有必要任命评估人员对变更的影响进行评估？是否要采取纠偏行为？谁可以担任审批人？

要确保项目范围管理有效，就需要一致的决策。决策的一致性能有效制定和维持范围管理流程，防止各项目参与方绕开决策流程，独自决策。项目范围控制决策清单包括一套标准的决策问题，能帮助项目经理确定项目的决策等级，是一个非常有用的工具。

8.4.1　制定范围控制决策清单

范围控制决策清单因企业而异，因为每个企业的范围控制系统和程序是有差异的，因此决策制定也是有差异的。

开发一套标准的决策问题不仅要结合企业的实际情况，还要考虑到企业正在实施的项目。在开发决策问题前首先要了解变更管理流程，因为这些问题要关注需要哪些决策、哪些信息及决策后果是什么。

表 8-3 介绍了一个可供参考的问题模板，项目经理可以将其当作工具使用。

表 8-3　范围控制决策清单模板

状　态	问　题
✓	变更对项目目标有利吗？
✓	变更对项目目标不利吗？
✓	变更会改变项目原有目标吗？
✓	变更能在现有预算之内完成吗？
✓	变更能在现有进度计划安排之内完成吗？
✓	变更需要额外的资源吗？
✓	变更会影响项目的可交付成果吗？
✓	变更会影响客户吗？
✓	有备选方案吗？
✓	变更需要高级管理层审批吗？
✓	不实施变更的影响是什么？
✓	变更是基于哪些假设来进行的？
✓	变更会带来哪些风险？

状　态	问　题
✓	变更会减缓或消除哪些风险？
✓	需要应急方案吗？
✓	如何证实变更是正确的？
✓	谁是最终决策制定者？

表 8-3 显示了有关变更是否接受及措施是否实施的问题。有的项目经理会在表中增加第三列——"备案"，标注提出的问题是否已经登记。

8.4.2　运用范围控制决策清单

最初的项目范围一旦制定，就肯定会发生变更。但是在变更发生前，要先开发项目范围控制系统。作为系统的核心工具，范围控制决策清单也是一个重要的组成部分。

在项目范围管理流程的早期阶段，决策清单能消除决策流程和决策结果的含糊性。所有的项目干系人能用一致的方法进行项目决策。

显而易见，不是所有的问题都可以迅速回答的。基于请求的变更的复杂性，有的问题只需要几天就能回答，但是，有的问题就需要耗费数周才能解决。作为一个指导性工具，在项目的计划阶段和执行阶段使用这个清单能做出有效、一致且有利的决策。

8.4.3　范围控制决策清单的优点

项目运用范围控制决策清单的价值体现在两方面：决策质量和决策一致性。

高质量的决策是全面的、合乎逻辑的。要提高决策的质量，先要了解制定范围决策的四个主要步骤：

（1）介绍变更和实施变更的好处。

（2）识别变更的成本。

（3）识别解决方案。

（4）了解变更的风险。

范围控制决策清单中包含的问题能提高决策信息的质量。

要做出高质量的决策，决策一致性和决策质量一样重要。决策一致性是指决策的方式一致。在制定项目范围决策时，项目经理和变更授权人能根据范围控制决策清单中提出的一套标准化的问题获取信息，从而进行决策。

第 9 章

进度管理

进度管理包括确保项目按照计划的时间安排完成，按时间基线评估项目范围变更的影响。如果有必要的话，还需要制订新的进度管理计划。一般而言，不用过多关注能提前完工的工作，要把主要的精力放在那些会导致进度滞后的工作上。但是，过早完成的工作如果对现金流造成了影响，那么也需要重点关注。

进度滞后是很正常的，但是项目经理在项目的执行阶段要重点关注。由范围变更或资源调整引起的进度滞后很容易发现。但是，很多人天生就不会管理时间——不管是专业人士还是非专业人士（见"时间管理小窍门"），因此进度滞后有时会很难发现，更何况大部分的滞后都是在某一天同时发生的。如果项目经理要确保进度在可控范围之内，就需要一些工具帮助他们尽早发现进度滞后。

> **时间管理小窍门**
>
> 好的时间管理不仅能提高工作效率，也能提升生活质量。Shirley McDowell（大型金融机构的项目经理）分享了下面 10 个小窍门供我们借鉴。
>
> （1）优先级。工作是干不完的，要学会把工作进行排序。重要工作排在前面，不重要的工作排在后面。既可以避免重要事情遭受延误，也能避免混乱情况导致的延误。
>
> （2）最后期限。你需要在何时完成任务？清楚地标出最后期限，掌握工作完成的具体时间。

（3）尽早完成。在掌握了最后期限的前提下，尽量把工作提前安排，以便留出空余的时间处理那些无法预计的事情。

（4）了解预期的成果。准确地了解任务完成后要交付的成果是什么，不仅有助于在工作开始前界定成功，也有助于了解何时停止任务。

（5）制订日常工作计划。为每天的工作安排制订计划，这有助于了解一天的工作，集中精力完成重要的任务。

（6）集中精力。每天都有大量任务要完成，一次完成一件任务或按计划安排完成任务。按照计划行事能大幅提高工作效率。

（7）把干扰事项加入计划。计划会偏离原有的轨道，这是不可避免的。这意味着在制订日常工作计划时要考虑干扰事项。

（8）学会说"不"。不要超负荷工作。对于优先级别不高的工作或活动来说，要敢于说"不"或推迟处理。

（9）屏蔽干扰。当处理优先级别高的任务时，要避免任何形式的干扰，这很重要。关闭手机、浏览器、即时通信工具、电子邮件等。除非出现了更紧急的任务，请不要分心！这有助于提高注意力。

（10）不要耽搁。如果分配到的任务很重要，即使任务难度很高，也不要拖延，要尽快集中精力去完成。

本章介绍的工具覆盖了早期进度预警的各种情况。有的工具适合小项目，有的工具适合大型项目，有的工具适合复杂的项目，还有的工具适合简单的项目。项目经理在他的职业生涯中会经历各种各样的项目，他们如果想要管理好进度，就有必要掌握这些工具的使用方法。

进度滞后是常见的、不可避免的。如果能尽早发现，项目经理就能避免进度滞后。例如，项目经理可以把任务细分成一个个小的工作，可以重新分配资源，可以增加额外的资源、技术组合或更高水平的技术人员，还可以利用时差调整任务的开始或完成时间，等等。如果项目经理在发现进度滞后时就采取了控制措施，就能很好地管理时间基线，完成进度要求。本章后续部分将详细介绍项目经理在进行进度管理时可以采用的工具和技术。

9.1　燃尽图

燃尽图（Burn Down Chart）是在项目完成之前，对需要完成的工作的一种可视化表示。该图直观地显示了一定期间内，已完成工作量与计划工作量之间的差异。项目团队能通过燃尽图了解项目的进度绩效。此外，在向项目经理进行汇报时，也可以采用燃尽图。燃尽图最大的优点在于通过可视化的量化描述，直观地显示项目的完工程度。

如图 9-1 所示，燃尽图有一个 X 轴和一个 Y 轴。X 轴代表时间，Y 轴代表工作。

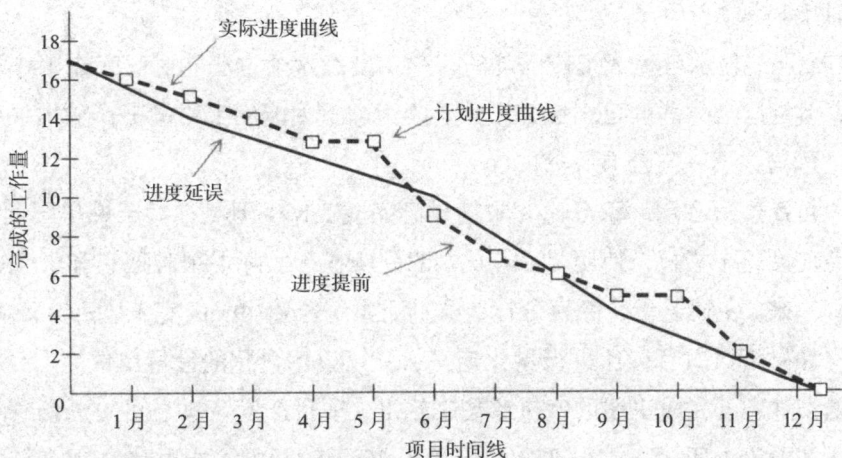

图 9-1　燃尽图示例

项目经理要注意：燃尽图不能准确呈现项目的进度绩效。在介绍可交付成果、里程碑、工作包或任务完成程度时，燃尽图是一个较好的进度报告方法。同时，燃尽图还可以与本章介绍的其他进度管理工具结合使用。

9.1.1　制定燃尽图

制定燃尽图需要详细理解项目团队或职能部门需要完成的工作。WBS、产品分解结构及项目进度基线能提供制定燃尽图所需要的信息，如每个特定阶段需要具体完成的工作。此外，虽然进度基线计划中没有包含已批准的范围变更，但燃尽图需要体现出变更的影响程度。

生成燃尽图模板

一份有效的燃尽图能定量地呈现一定时期内完成工作所需的工作量。因此，在生成模板时，需要使用最有效的工作方法。

正如之前介绍的，燃尽图的 X 轴介绍了项目的时间（如果使用迭代法的话，体现的是时间的一部分）。X 轴上的 0 点是指项目执行阶段的开始时间（也可指某次迭代的开始时间）。

燃尽图的 Y 轴是指完成的工作量。在图 9-1 中，Y 轴用可交付成果的完成数量为单位。可交付成果从项目甘特图上获得，由项目所有者细分，在燃尽图的 Y 轴上显示。

Y 轴还能显示已完成工作的耗时工数。虽然这个方法能对已完成工作进行测量，但是这个方法的可用性并不强，因为它不太能用于测量工作输出。众所周知，付出并不一定会有收获。

项目经理通常用"百分比"来衡量已完成工作。但是，对于燃尽图而言，要避免使用这个指标。使用"百分比"的问题在于实际上很难把它和已完成工作结合起来。在缺乏量化的百分比定义时，如何区分30%的完工度和40%的完工度？如果可以对百分比进行量化定义，就可以用量化的计量单位。

请记住：已完成工作的度量单位越精准，项目进度绩效之间的更新时间就越短，如图 9-2 所示。左半部分介绍了在 30 天时间内需要跟踪的 3 个与进度绩效有关的已完成工作量，右半部分介绍了需要跟踪的 10 个已完成工作量。从左半部分上可以清晰地看出，进度绩效的延误要到第 10 天才被发现（预期时间的1/3）。同时，右半部分的延误只要 5 天就可以发现（预期时间的1/6）。显而易见，越早发现进度延误，就能越早采取纠正措施，恢复项目的进度。

燃尽图的最后一个组成部分是理想进度曲线。燃尽图可以根据项目进度基线获得，是项目的计划完工量。有的项目经理会用斜线来表示理想进度曲线。图 9-1 中的曲线呈现一定的重复。

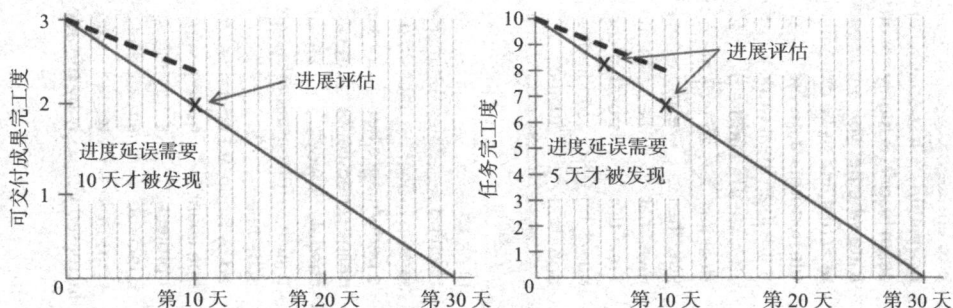

图 9-2　工作完工度与信息延误比较

▄ 9.1.2　运用燃尽图

燃尽图主要用于进度规划和进度监控两个方面。首先，燃尽图介绍了特定时间内需要完成的工作，这些工作是根据共同商定的范围分解的。在项目规划期间，由于正在确定项目范围，虽然准确度不高，但燃尽图能根据不同的范围和不同资源约束，较早地预测项目完工的时间。其次，在项目实施期间，燃尽图可以直观地显示实际完工量与预测完工量之间的差异。

在生成和维护燃尽图时，最好配备一个专门的团队。不仅要负责各自领域的工作，还要负责与进度绩效有关的工作。团队领导最好定期评估进度绩效。

燃尽图能一眼看出进度的状况（提前或滞后）。理想状况下，实际进度曲线与计划进度曲线之间的差距越小越好。但是，现实中这种情况几乎不会存在。正如任何事情都有可能发生变化一样，任何计划都是有瑕疵的。从图 9-1 中也可以看出这点。当实际进度曲线在计划进度曲线之上时，进度滞后。相反，当实际进度曲线在计划进度曲线之下时，进度提前。

如果燃尽图显示进度滞后，就需要采取纠正措施。当然，是否需要实施纠正措施还需要制定相应的边界条件。

正常的工作流和资源波动（假期、多项目等）都会导致燃尽图上的进度曲线出现上下波动。所以，如何知道什么时候需要采取纠偏措施？有的项目经理制定了纠偏措施触发机制，按照进度延误的百分比来决定。例如，如果以 10% 为标准，进度延误在 10% 以内，就不采取措施。一旦进度延误超过了 10%，就应该采取纠正措施，如增加资源的投入、提高资源的利用效率、缩减范围或赶工等。

你知道图 9-1 介绍的内容有一个重要的假设吗？项目从开始到结束都不会存在任何变更。这种情况过于完美，因为项目范围是动态的。图 9-3 介绍了调整后的燃尽图，即范围扩大的燃尽图和范围缩减的燃尽图。

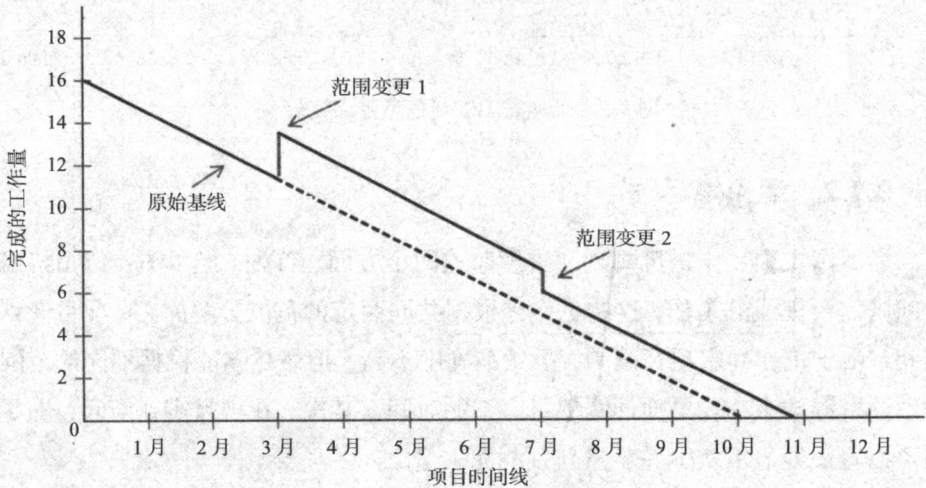

图 9-3　燃尽图与范围变更

范围扩大，工作量增加，计划进度曲线呈现垂直上升。相反，范围缩减，工作量减少，计划进度曲线垂直下降。一旦重新制定项目范围，同样也需要重新生成燃尽图。

■ 9.1.3　燃尽图的优点

相比其他项目规划和控制工具而言，燃尽图简洁易懂。它能显示已经实施的策略、实际进度与基线之间的差异。通过这些信息，能较好地掌握项目的进度状态。

尽管燃尽图不能提供有关项目进度绩效的精确数据，但它能为团队层或任务层提供有用的进度信息。只有掌握好了任务层使用的工具，才能理解接下来将介绍的项目层使用的工具。

9.2　趋势图

通过对整个项目进展的跟踪，趋势图能在报告日估算项目进度提前或滞后的具体时间量（见图 9-4）。此外，通过对数据进行定期更新，趋势图还能为项目经理和其他项目干系人提供较为全面的进度绩效比较信息。如果把所有的估算点连接起来，就能形成一条趋势线。虽然只能提供近期的数据，但是趋势图还是能起到预测工具的作用。因此，很多项目经理很喜欢使用这个工具。运用趋势图，项目参与人员在进行项目控制时能帮助预测完工日期，发出是否需要采取纠正措施的信号。把趋势图当作一个预测工具虽然不会改变趋势图的基本设计，但也要有一部分的创新。

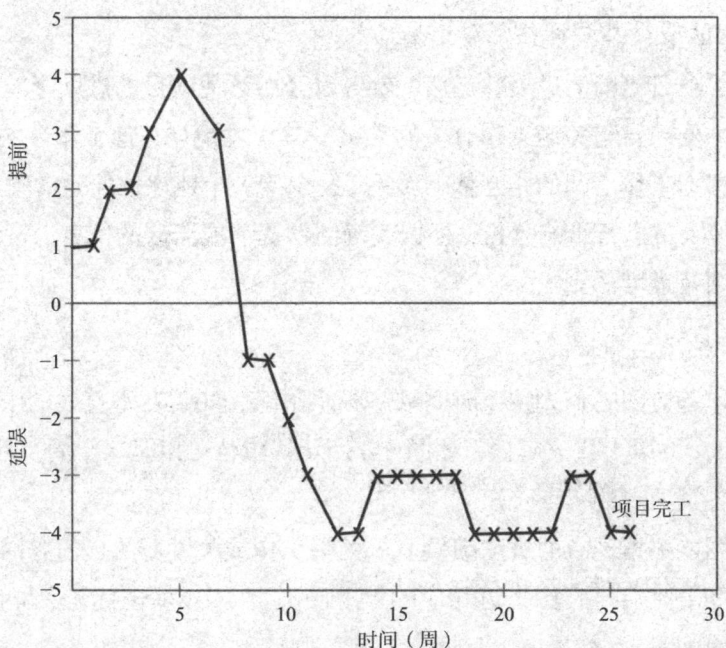

图 9-4　趋势图示例

■ 9.2.1　制定趋势图

制定趋势图时需要收集项目的关键信息，如进度计划基线（最好是像关键路径图之类的网络图）能体现项目的状态。项目当前的进度绩效状态还需要根据每个任务的实际进度与计划进度比较得出。此外，如果要制定一份高质量的趋势图，还需要考虑所有已批准的范围变更请求，因为现有的进度基线并没有考虑这些变更请求。

1. 监控项目进度绩效

在进行进度管理时，定期监控实际进展状态与计划基线之间的差异，是一个很好的做法。如果小项目的工作是匀速进行的，那么进度绩效可以通过定期的团队会议来监控。对于大型、复杂的项目而言，需要专门对进度绩效进行监控。但是不管哪种情况，监控的次数都是由项目的工期和速度决定的。例如，工期为两年的瀑布式项目可以进行每周一到两次的监控；然而，工期为六个月的敏捷式项目则需要每天或几天就进行监控。

2. 团队成员共同评估活动进展

获得了项目当前的进展状态后，就可以开始评估项目的进度影响了。评估团队成员主要来自与关键工作有关的人员，其次才是与其他工作有关的人员。团队成员根据工作之间的相互依赖关系，一个接一个地评估偏差对紧后工作的影响，其他人员进行影响分析，根据关键活动提前或滞后的信息，整体决定偏差对整个项目进度的影响。

3. 评估项目进展

在制作趋势图时，先按照时间顺序画水平线，"0"在垂直线的中间，0以下代表提前，0以上代表延误，如图9-4所示。单位可以是天、周、月和季度，这取决于各个项目的工期长短。

趋势图能根据现有的进度绩效显示关键工作或关键链的提前和滞后量。如果完工日期要延后，在图上方相应的点上画上"×"（横坐标是具体的日期，纵坐标是时间量）。如果完工日期会提前，则"×"点会在图下方。通过定期监控得出的数据画出相应的点，根据这些连接起来的点形成曲线，就能进行趋势分析了。

4．预测完工日期

正如之前介绍的，趋势图的主要功能是显示实际进度绩效与计划进度绩效之间的差异。但是，有的项目经理也把这个工具用来预测项目完工日期可能出现的变化。因为主要关注关键路径上的工作，所以在趋势图上，无论是正的偏差还是负的偏差，都能显示出完工日期可能发生的变化。

例如，图 9-4 显示，在第五周进行检查时，项目进度已经延误了四周，项目经理可以根据这个信息把项目完工日期推迟四周。不过现实中，是否做出推迟的决策是根据经验判断得出的。从图中可以看出，这个项目情景中的进度信息是动态的。从最早的延误四周到后期的提前四周，跨度非常大。如果项目经理每次都根据图中的信息调整工期的话，不仅会给项目带来困扰和风险，还会失去项目发起人、干系人和其他参与人员的信任（见"可能关闭的窗口"）。实践中较好的做法是，运用趋势图进行预测时，可以结合其他进度管理工具一起使用。

可能关闭的窗口

在一个网站设计项目开始后不久，项目趋势图就显示项目出现了三周的进度偏差。项目团队认为项目会延期三周，因此把工期延后了三周。这种推断是一种很危险的做法，因为后续工作中，有一个为期一周的快速原型关键工作被外包给了供应商。与供应商签订的合同里明确规定，这个工作要按原定计划开始。"如果仅延误一周，还是可以接受的。但是，如果延误一周以上，我们可能会关闭窗口。这样，交付原型的时间甚至会推迟七周左右。按照计划安排，那时我们已经开始启动其他的项目了。"

显然，推断是有问题的。项目的完工日期不是推迟三周而是七周。教训是：小心推断，确保全面理解进度风险。

9.2.2　运用趋势图

趋势图不仅对小型、简单的项目有用，也对大型、复杂的项目有用。对项目进行进展跟踪时，趋势图既能起到甘特图的作用，也能起到网络图的作用（除了关键路径法之外）。相比而言，网络图更容易，也更准确。每个活动提前或滞后量能转换成关键路径上的活动提前或滞后量，而关键路径上的工作提前或滞后量也就相当于工期提前或滞后量。由于甘特图不能体现活动之间的相互依赖关系，也就不能把活动的提前或滞后量转换成工期的提前或滞后量了。这也就解释了为什么在预测工期方面，趋势图比甘特图更简便。

一个小型的团队能在 30 分钟内制作一份包含 25 个活动的趋势图。当然，项目包含的活动数量越多，制作的时间也越长。

趋势图可以监控项目进度绩效，提供已完成工作的进度绩效。此外，趋势图还能为其他预测性更强大的进度工具提供信息。误用趋势图会降低图的价值（见"三个错误"）。

三个错误

一家行业领先的食品加工企业的管理层特别喜欢趋势图。因此，管理层要求所有大项目每个月都要提交趋势图。Seth Accordino 是企业的一名高级项目经理，他说："我的团队会定期开会，会议重点就是各个活动负责人报告活动的进展。会后，我要独自制作趋势图，并把它提交给管理层。管理层评估后会告诉我要采取哪些纠正措施。"

在这个案例中，与趋势图有关的错误至少有三个：第一，项目经理没有与团队成员一起制作趋势图；第二，团队成员没有参与到制定纠正措施的工作中；第三，管理层在缺乏全面了解问题的情况下就制定了纠正措施，剥夺了团队解决问题的权利。

■ 9.2.3 趋势图的优点

趋势图的主要作用在于它能根据项目进展历史信息预测项目工期。也就是说，在预测项目工期的基础上，尽量确保项目按期交付。

趋势图直观、简便，项目团队和管理层能直接从图中获取所需信息。

趋势图还能提供其他信息。因为趋势图主要关注关键工作的绩效，所以可以根据实际进度与计划进度比较的信息，做出是否需要采取纠正措施的决策。

9.3 缓冲图

缓冲图的作用与趋势图、关键路径法（见第 6 章）相似。它能评估项目进展状态和缓冲，并做出预警，确保项目按期交付。缓冲图上包括缓冲消耗百分比和关键链完工百分比（见图 9-5）。图 9-5 中的线显示缓冲的消耗速度比关键链上的活动进展速度快。也就是说，这条线回答了"我们今天要怎么做"的问题，主动做出决策，影响进度缓冲。如图 9-5 所示，决策可能是采取措施恢复项目缓冲。

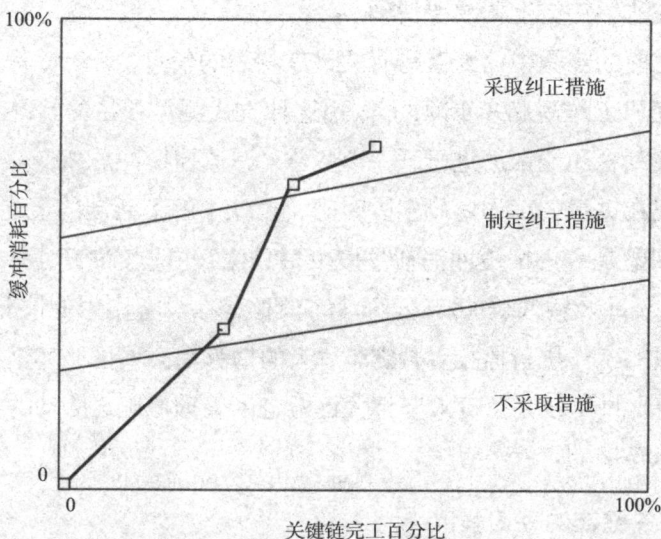

图 9-5 缓冲图示例

■ 9.3.1 制定缓冲图

制定缓冲图，要收集那些会影响到项目基线的、与项目有关的重要信息，如关键链中的进度基线。项目当前的进度绩效状态还需要根据每个任务的实际进度与计划进度比较得出。此外，如果要制定一份高质量的缓冲图，还需要考虑所有已批准的范围变更请求，因为现有的进度基线并没有考虑这些变更请求。

1. 监控进度绩效

正如之前介绍的，在进行进度管理时，定期监控实际进展状态与计划基线之间的差异是一个很好的做法。如果小项目的工作是匀速进行的，那么进度绩效可以通过定期的团队会议来监控。对于大型的、复杂的项目而言，需要专门对进度绩效进行监控。但是不管哪种情况，监控的次数都是由项目的工期和速度决定的。

2. 评估关键链进度进展

最好让项目的负责人参与缓冲图的制作，如主要任务的负责人和相关可交付成果的负责人。关键链进度评审会议主要关注关键链中正在执行工作的更新，其次关注非关键链上的次要活动。

由于在之前的步骤中已经获得有关进展状态的信息，活动负责人要回答的问题是"要完成工作还剩多少时间"。用这种方式测量项目的状况不仅有利于整个项目的控制，还能帮助进行下一个步骤——监控缓冲。

掌握了正在进行的工作还剩多少时间，也就了解了活动的最终交付时间。所以第二个问题是"每个缓冲消耗了多少百分比"，重点在于对所有缓冲的假设，包括项目缓冲及输入缓冲。一般而言，监控是在没有压力的情况下进行的，或者仅对完成的工作进行监控。否则，每天的估算都会不同，甚至会远远超出基线时间估算。只要任务负责人坚持关键链进度管理原则，活动的实际持续时间是没有什么意义的。

3. 监控关键链的完工程度

尽管缓冲的假设非常重要，但它的结果也只能通过关键链的缓冲绩效体现。在进展评估会议中，团队需要估算关键链工作和非关键链工作的完工百分比。接下来团队就可以比较缓冲消耗百分比和关键链完工百分比，从而分析项目状态（见图 9-5）。

4. 生成和更新缓冲图

在第一次评审会议前，要生成缓冲图模板。横轴代表关键链完工百分比，从 0 到 100%。纵轴代表缓冲消耗百分比，也是从 0 到 100%。

Eliyahu Goldratt 首次提出了缓冲图，把图分成三部分（见图 9-5），代表三个不同的措施区域。

缓冲图一旦制作完成，就要定期召开评审会议更新缓冲图。每次更新时，找出评审会议召开时间点对应的横轴，以及该时间点对应的纵轴缓冲消耗百分比，画出相应点。把这些点和原点相连，就能形成一条线。

9.3.2　运用缓冲图

作为关键链进度法的核心内容，缓冲图的使用与关键链进度计划的使用是密不可分的。缓冲图是一个能用明确的决策标准进行预测的工具。缓冲可以用时间单位来代表，用于测量活动链的绩效。因此，要制定一个详细的决策标准。Goldratt 提出以下几个标准：如果缓冲是消极的，如链上最近的活动延迟了，你使用了前 1/3 的缓冲，所以"不采取措施"（见图 9-5）。是否需要使用第二个缓冲？这需要评估问题，制定纠正措施。一旦处于第三个缓冲期内，就有必要采取措施了。请注意：这不仅适合项目缓冲，也适合关键链的输入缓冲。

定期更新缓冲图，能确保缓冲图更有效。理由很简单：决策标准是根据缓冲的长度来决定的。例如，缓冲是大于还是小于总缓冲的 1/3（如果是一个 15 天的缓冲，大于或小于 5 天），会影响采取措施的方式。图 9-5 使用的决策触发边界也不同。案例"你需要尝试"做了进一步说明。

> **你需要尝试**
>
> 缓冲图是根据关键链理论得出的。如果要理解缓冲图的本质，把它的作用都发挥出来，你需要不断地尝试使用，找出决策触发区。例如，有的公司在使用缓冲图时会调整原始标准，不再使用原有的标准，而是使用决策触发区来制定决策。决策通常是"不采取措施""计划措施"及"采取措施"。在图 9-5 中，这是由曲线的斜率决定的。关键链的完工程度越高，决策触发边界的缓冲百分比也越高。一般情况下，项目团队完成的工作越多，能接受的缓冲假设也越多。但是"多"如何定义？尝试，找出最适合你公司项目的决策标准。

9.3.3　缓冲图的优点

缓冲图的价值在于它对进度绩效的前瞻性观点。缓冲图中不仅包括决策标准，在关键进度绩效显示有问题时，还要求项目经理和项目发起人进行沟通。

在高级管理层和其他项目干系人没有精力关注项目细节的情况下，该工具还能直观地介绍进度绩效的状态。

此外，缓冲图还能进行预测。该图能进行早期预警，帮助项目团队在不同的情况下采取相应的措施。事实上，只有在缓冲显著消耗的情况下才会采取措施，这也说明缓冲图在实际操作中是有点被动的。

9.4　缓行线

缓行线是一个非常有用的工具，能用整体的形式介绍项目进度绩效。缓行线中可以显示检查点上每个任务的提前或滞后时间量。同时，还可以检查点上哪些工作已经完成和哪些工作没有完成（见图9-6）。

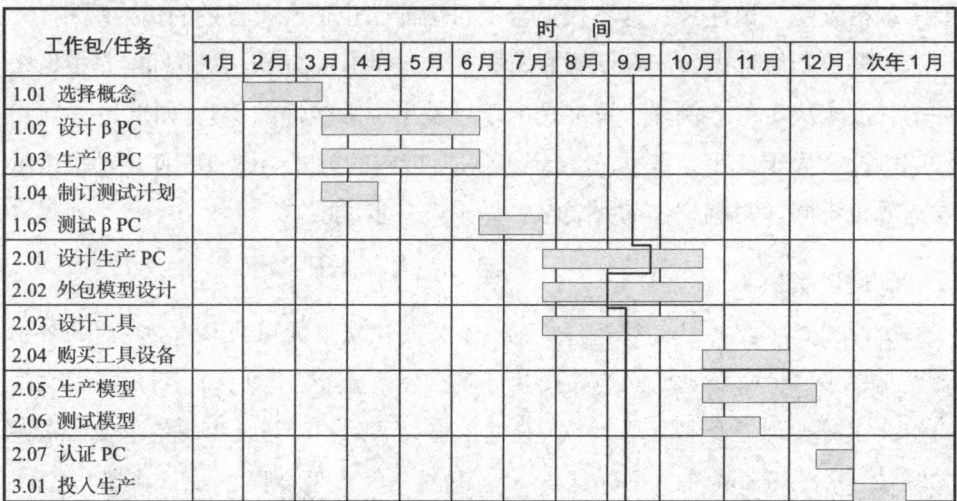

工作包/任务	时 间												
	1月	2月	3月	4月	5月	6月	7月	8月	9月	10月	11月	12月	次年1月
1.01 选择概念		▭											
1.02 设计 β PC				▭									
1.03 生产 β PC				▭									
1.04 制订测试计划				▭									
1.05 测试 β PC						▭							
2.01 设计生产 PC								▭					
2.02 外包模型设计								▭					
2.03 设计工具								▭					
2.04 购买工具设备										▭			
2.05 生产模型										▭			
2.06 测试模型										▭			
2.07 认证 PC												▭	
3.01 投入生产												▭	

图 9-6　缓行线示例

根据任务提前或滞后的时间量，可以预测项目的完工日期。如果任务有可能延误的话，还能提出应对措施。缓行线关注项目的所有任务，是由团队成员共同制作的，适合小项目或复杂性较低的项目。

■ 9.4.1　制定缓行线

制定缓行线时首先要收集与项目时间有关的重要信息。在确定任务进度状态时，要使用进度基线（还可以是甘特图或网络图），将实际进度与计划进行比较得出。此外，如果要制定一份高质量的缓行线，还需要考虑所有已批准的范围变更请求，因为现有的进度基线并没有考虑这些变更请求。

缓行线需要项目团队共同制作，但在确定项目团队成员之前，最好对项目每个主要工作的当前进度状态有一个大概的了解。

1. 与任务负责人共同评审任务状态

在走动式管理流行的今天，项目经理最好可以与每个活动的负责人逐一沟通项目工作的进度状态。如图 9-6 所示，并非所有的项目任务都要关注。例如，有的任务已经完成，有的任务还没有开始。项目经理需要与正在进行中的任务的负责人沟通进度状态，如进度是否出现了偏离？如果偏离的话，是什么问题导致的？任务何时能完成？此外，每个任务的负责人还要说明做哪些工作能确保任务按时完成。

这些问题关注的是每个项目组成任务（或工作包）。把这些问题的答案进行转换，即提前或滞后、预测完工日期及主要的纠正措施。

项目经理与任务负责人的初步沟通其实是项目进展会议的一次预演，之后在进展会议上项目团队就可以开始制作缓行线了。有的项目经理认为这种沟通浪费时间，但是对任务负责人来说，这种沟通可以为进展会议做准备。

2. 召开项目进展会议

定期的进展会议对于审查项目执行状态有一套方法和规律。项目进展会议要定期召开，如对于长期项目而言，一个月召开一次；对于短期项目而言，可以一周召开一次。每个项目任务或工作包负责人都需要参加会议，其他关键项目团队代表也要参加，如质量保证人员或产品经理。

项目进展会议是正式的、坐在一起进行的，有一个专门的书记员。会议开始前，每个参会人员都获得了会议日程。对于工期短、任务多的项目，也可以采用站立式的会议。再次强调，进展会议的关键是定期召开。

3. 审查项目状态

任务负责人在会议开始前已经收集了相关信息，也都出席了项目进展会议，接下来就要回答以下五个问题，以便大致了解项目的状态：

（1）每个任务的实际进度与计划进度的偏差是多少？

（2）是什么导致了偏差？

（3）根据目前的情况，任务的完工日期是哪天？

（4）有哪些新风险会影响任务的完工？

（5）如果存在偏差的话，可以采取哪些措施确保任务按期完成？

熟悉著名质量管理学家戴明博士的人知道，以上五个问题来自"计划—实施—学习—处理"（PDSA）循环（见"项目评估问题与戴明 PDSA 循环"）。

项目评估问题与戴明 PDSA 循环

以上五个问题与戴明博士的"计划—实施—学习—处理"（Plan-Do-Study-Act，PDSA）循环一致，是一种用于项目绩效改进的循环方法。在计划阶段制定进度基线，在执行阶段实施项目工作，前四个项目评估问题在学习阶段起到作用（见图 9-7）。从图中可以看出，出现进度偏差、找寻偏差的原因、进行趋势预测、分析可能存在的风险。之后，进入处理阶段，最后一个问题识别关联活动，用于下一次项目绩效评估循环的计划—执行阶段。

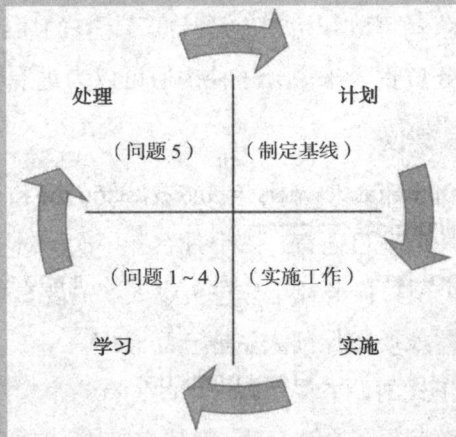

图 9-7　PDSA 评估循环

要特别关注那些存在相互依赖关系的任务，因为这些任务在项目中会存在接口。任务负责人在项目进展会议中是提交书面报告还是进行口头陈述，取决于各个组织的文化。

4．画出缓行线

现在，可以根据每个任务负责人提供的绩效状态信息画出项目当前状态缓行线了。如果任务负责人使用燃尽图跟踪进度绩效，当前绩效信息可以通过缓行线来体现。

首先，画出进度基线（最好是关键路径）。其次，标上进展会议日期，也称数据日或报告日。在这个日期上，沿着第一个任务或工作画上一条垂直的线，直至正在进行的工作。任务负责人会说明每个任务的提前或滞后量。信息的真实性非常重要。案例"你获得的信息准确吗"介绍了信息不准确的情形。

你获得的信息准确吗

Pamela Rice 是一家大型机械制造商的项目经理，她对于项目中的一个负责人不定期汇报任务进展感到非常苦恼。Pamela 说："在进展会议上，Jim 告诉我他的任务要滞后三周。一周后，他报告说他赶上了进度，能准时交付。因为之前了解到那个活动的实施者只有一个人，我咨询了很多专家，询问要花多少时间才能赶上进度。他们说至少需要 140 小时。这就意味着这个工程师在过去的一周工作了 180 小时。"

Pamela 很清楚她获得的信息是不准确的。因此，有必要使用其他的工具（如燃尽图）获得更加准确的状态信息。

如果进度滞后的话，根据数据日期在左边画一条水平线；如果进度提前的话，根据数据日期在右边画一条水平线。在那个点上，再画上垂直线穿过活动。所有正在进行的工作都要采用这种画法重复进行。当所有的正在进行的工作都画完之后，再画上一条垂直线直至最后一个工作。采用这种方式，就可以生成缓行线。

5．预测项目完工日期

如图 9-6 所示，工作包 2.01 的进度提前将近一周，而工作包 2.02 的进度则滞后将近一周。如果这两个工作都在关键路径上，就需要调整项目完工日期，与这两个工作存在依赖关系的其他工作也要进行调整。

■ 9.4.2　运用缓行线

小型、简单的项目适合使用缓行线。对这类项目进行进展跟踪时，缓行线、甘特图、网络图一起使用的效果最佳。如果对大型、复杂的项目使用缓行线，最好和网络图一起使用，而不用甘特图。因为网络图能显示任务之间的相互依赖关系，更容易将每个项目任务的提前或滞后量转换成项目完工日期。小型、简单的项目则不存在这种情况。接下来介绍的情形是简单的，也可使用甘特图。

在制作缓行线时，要参考以下建议：

- 缓行线要参考网络图或甘特图中的进度基线。
- 缓行线要持续更新。
- 缓行线开始于数据日。
- 缓行线要穿过每个任务，显示每个任务的进度偏差。
- 缓行线结束于数据日。

记住：缓行线只能提供检查点的项目绩效状态，需要定期更新。一个成熟的、有经验的项目团队能在 15~30 分钟内根据甘特图或网络图，画出一个包含 25 个任务的缓行线。任务或工作包的数量越多，制作和更新缓行线花费的时间也越多。

■ 9.4.3　与其他方法的比较

在项目团队认识到缓行线的价值前，有很多以甘特图为基础的进度管理工具（见图 9-8）：

（1）阴影条形线表示法。

（2）计划条形线与实际条形线比较法。

（3）计划条形线百分比与实际条形线百分比比较法。

阴影条形线表示法利用阴影表示活动的完工情况。尽管这个方法非常直观，但阴影部分不能表示活动的开始时间、活动的具体完工程度及工作的提前和滞后量。

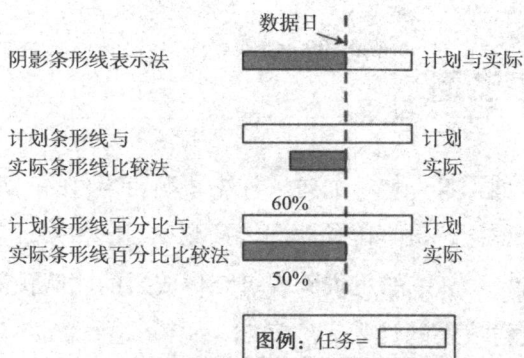

图 9-8 其他进度管理工具

通过计划条形线与实际条形线的直观比较，计划条形线与实际条形线比较法只能解决活动开始时间的问题。

计划条形线百分比与实际条形线百分比比较法也通过计划条形线与实际条形线来显示，但是在条形线上加了百分比。在这三个方法中，功能最强大的就是这个方法。但是，这个方法不能显示工作的提前和滞后量。此外，图中在增加了实际条形线的同时，也增加了复杂程度。对于复杂程度较高的项目，缓行线更有效。

9.4.4 缓行线的优点

缓行线的作用在于它的历史意义和预测功能。前者意味着它能准确地显示任务负责人和项目团队的历史工作进展。用历史数据，任务负责人和项目团队能预测进度趋势。如果有偏差的话，还可以采取相应的纠正措施。

缓行线还有一个作用在于它的直观、简洁。团队成员可以利用缓行线直接进行沟通。此外，由于缓行线的简便性，项目参与人员能迅速画出缓行线，并利用它进行预测。在进行预测时，缓行线能帮助团队成员树立预测心态，让团队成员提前做好克服困难的准备。

9.5 里程碑预测图

与其他进度管理工具一样，通过关注主要项目事件——里程碑、主要可交付成果及项目完成程度，里程碑预测图能预测项目的进展。图 9-9 就是里程碑预测图示例，纵轴代表具体的里程碑或可交付成果的团队预测完工日期，横轴代表里程碑或可交付成果的计划完工日期。

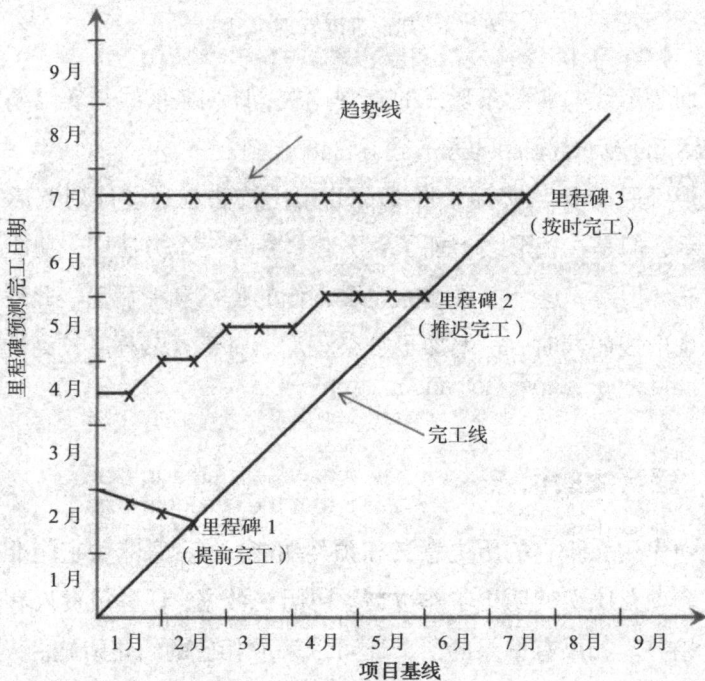

图 9-9 里程碑预测图示例

从图中可以看出，横轴的起点就是进度基线的准备时间，在纵轴上标记里程碑日期。项目工作一旦开始，团队成员就要定期评估项目进展，做出里程碑时间预测。将某个里程碑所有的预测时间连成一条线，就可以得出里程碑趋势线。如果曲线呈上升趋势，则表明里程碑或可交付成果完工日期会受到影响；里程碑按时交付的曲线是呈水平的；同理可推，可交付成果提前交付，曲线呈下降趋势。里程碑预测图不仅在预测里程碑进展时很有效，在判断是否需要采取纠正措施时也很有效。

9.5.1　制定里程碑预测图

制定里程碑预测图时首先要收集与项目进度有关的重要信息，从而按时交付里程碑或可交付成果。在确定任务进度状态时，要使用进度基线（最好是里程碑计划，见第 6 章），将实际进度与计划进行比较得出。此外，如果要制定一份高质量的里程碑预测图，还需要考虑所有已批准的范围变更请求，因为现有的进度基线并没有考虑这些变更请求。这些背景信息能帮助预测项目的完工日期（见"被遗忘的趋势分析：记忆幻觉"）。

被遗忘的趋势分析：记忆幻觉

大量实践表明，在进度管理中，大部分项目关注对历史数据的评估，判断当前项目进度状态，而不考虑进行预测分析。正如数十年来各类专家在他们的书中所著，项目控制的主要目的是避免在项目中出现突发事件，从而对项目团队、项目发起人和关键的项目干系人形成威胁。预测分析能在问题大量爆发之前发现问题，及时采取纠正措施。换句话说，在事情发生之前就做好准备比事情发生时再去处理好得多。所以，在项目控制时利用信息进行趋势分析是非常重要的。

项目经理，尤其是时间能转化为竞争优势的行业的项目经理，不喜欢突如其来的进度偏差。对他们来说，提前获取信息很有意义。趋势分析能为项目经理提供早期预警：如果情况还是很糟糕的话，就有必要采取措施了。

这是否意味着历史信息就没有什么价值？不是。项目团队要使用历史信息预测未来进度、交付项目。所以，趋势分析是进度管理的核心。

里程碑预测图需要项目团队共同制作，但在确定项目团队成员之前，最好对每个主要里程碑和可交付成果的当前进度状态有一个大概的了解。

1. 收集里程碑信息

在项目进展会议上，如果能提供一份准备良好的里程碑预测图，能给项目控制带来极大的帮助。项目经理最好可以与每个里程碑或可交付成果的负责人逐一沟通当前的进度状态。如图 9-9 所示，并非所有的里程碑都要立刻关注。例如，有的里程碑已经完成，有的任务还远没有开始，现在关注意义不大。如果希望里程碑能发挥作用，项目经理需要与里程碑或可交付成果的负责人沟通进度状态，如进度是否出现了偏离？如果偏离的话是什么问题导致的？任务何时能完成？此外，负责人还要说明做哪些工作能确保任务按时完成。

项目经理与负责人的初步沟通其实是项目进展会议的一次预演，之后在进展会议上项目团队就可以开始制作或更新里程碑预测图了。有的项目经理认为这种沟通浪费时间，但是对里程碑负责人来说，这种沟通可以为进展会议做准备。

2. 审查项目进展

定期的进展会议对于审查项目执行状态有一套方法和规律。项目进展会议要定期召开，如对于长期项目而言，一个月召开一次；对于短期项目而言，可以一周召开一次。每个项目任务或工作包负责人都需要参加会议，其他关键项目团队代表也要参加，如质量保证人员或产品经理。

里程碑负责人需要在审查会议上提供里程碑的状态信息，可以是正式的或非正式的，也可以是口头的或书面的。在里程碑接口或工作接口之间经常出现问题，项目团队需要仔细检查接口及它们之间的相互依赖关系。在这个过程中，项目团队能加深对接口的理解，提升对里程碑进展的预测水平。面对面的沟通方式能更好地促进里程碑负责人与其他人之间的信息沟通。

3. 更新里程碑预测

在最初的里程碑预测评审会议期间，要生成预测图，并在以后的评审会议中使用。首先，在纵轴的里程碑进度基线上标出里程碑，这些里程碑就是"计划里程碑"。接下来，画出完工线。因为纵轴和横轴都是以同样的项目进度为尺度的，所以这条线呈现 45 度倾斜。

在最初的预测图生成后，就可以进行里程碑评审了。第一个里程碑的负责人介绍实际进度、可能存在的偏差及对里程碑的完工日期进行初步的预测。根据里程碑和工作的相互依赖关系，里程碑负责人可以推测该里程碑对其他里程碑进度的影响。这时，有必要进行一次公开的讨论。

有依赖关系的里程碑负责人会要求获得更多的信息，他们会分享他们对实际进度、偏差及当前问题的看法。此外，他们也会对他们自己负责的里程碑进行初步的预测，分析实际进度对其他里程碑的影响，评估可能存在的风险。

现在，里程碑完工日期的初步预测已经完成了。但是，工作还有待完成，还要进行进一步的测算。每个人要重新根据里程碑预测图分析里程碑的相互依赖关系。如果有需要的话，制定纠正措施，确定最终的里程碑完工日期，并标注在里程碑预测图上。同时，还要做一个最终分析，分析项目的完工日期是否会受到里程碑完工日期的影响。

每次召开进度评审会议时都要重复上述工作。如果里程碑已经完成，就把它标注在项目完工线上。要强调的是，里程碑预测图提供的是里程碑的近期进展，对于 1~3 个月的进展评估最有效。此外，里程碑预测图只能评估正在进行的里程碑及与其有依赖关系的里程碑。

9.5.2　运用里程碑预测图

里程碑预测图主要用于预测重要的里程碑事件的完工日期，一般适用于包含 6~7 个里程碑的各类项目。有的项目经理也将它运用在里程碑事件数量很多的项目上。

里程碑预测图适合采用滚动式方法，随着项目的进行，1~3 个月就要进行详细的里程碑进展分析。

除了进行近期的里程碑分析，还要分析里程碑的相互依赖关系。项目经理能根据这些分析结果制定控制战略，向干系人报告项目的进展。

9.5.3　里程碑预测图的优点

里程碑预测图的基本作用是它能对重要事件或里程碑进行预测。通过进行定期的进展评审，预测主要里程碑的完工日期。如果预测结果有消极影响的话，就需要采取纠正措施。

此外，因为预测图中的曲线能为未完成的里程碑提供方向，所以很多高级管理层和项目经理喜欢使用这个工具（见"工具的选择"）。正如某个专家所说："与 PERT 技术和甘特图相比，预测图在进行进度预测方面发挥的作用更大。"

工具的选择

某个行业领先的运动服生产厂商的高级经理们正在参与一次关于"进度管理工具"的讨论，他们每个人花了 10 分钟时间，介绍他们即将在未来项目中使用的进度管理工具。

会中讨论的工具包括趋势图、缓行线、B-C-F 分析、挣值法、里程碑计划及里程碑预测图。讨论结束时，每个项目经理要挑选一个自己认为能带来最大价值的工具。其中，里程碑预测图是大部分项目经理的首选。

9.6 B-C-F 分析

基线—目前—未来分析（Baseline-Current-Future Analysis）将进度基线与两条预测进度计划进行比较，一条基于当前的进度绩效，另一条基于最糟糕的情况（见图 9-10）。通过比较，就可以进行进度绩效趋势预测了。重要的是，如果预测趋势是不利的，项目团队可以及时采取纠正措施，这也正是使用进度管理工具的意义所在。

B-C-F 分析需要项目团队考虑项目的未来进度计划。有必要的话，及时采取措施完成计划安排。该方法适合小型或中等规模的项目。

甘特图或时标活动图中也能画出这三条线。事实上，B-C-F 分析只不过是一种能进行预测的进度计划新工具。简而言之，B-C-F 分析是一种新的思维方式。

◼ 9.6.1 制定 B-C-F 分析

制定 B-C-F 分析时首先要收集与项目进度有关的重要信息。在确定任务进度状态时，要使用进度基线，将实际进度与计划进行比较得出。此外，如果要制定一份高质量的 B-C-F 分析，还需要考虑所有已批准的范围变更请求，因为现有的进度基线并没有考虑这些变更请求。

1. 准备当前进度计划

在进度基线中加入缓行线，项目经理能得出每个项目任务提前或滞后量、当前的项目状态及还有哪些工作需要完成等相关信息。如果项目经理和任务负责人对进度基线做出调整，每个任务的持续时间、开始时间、完成时间也要做出调整，从而得出新的进度基线。当前进度计划能为未来进度计划提供相应的信息。

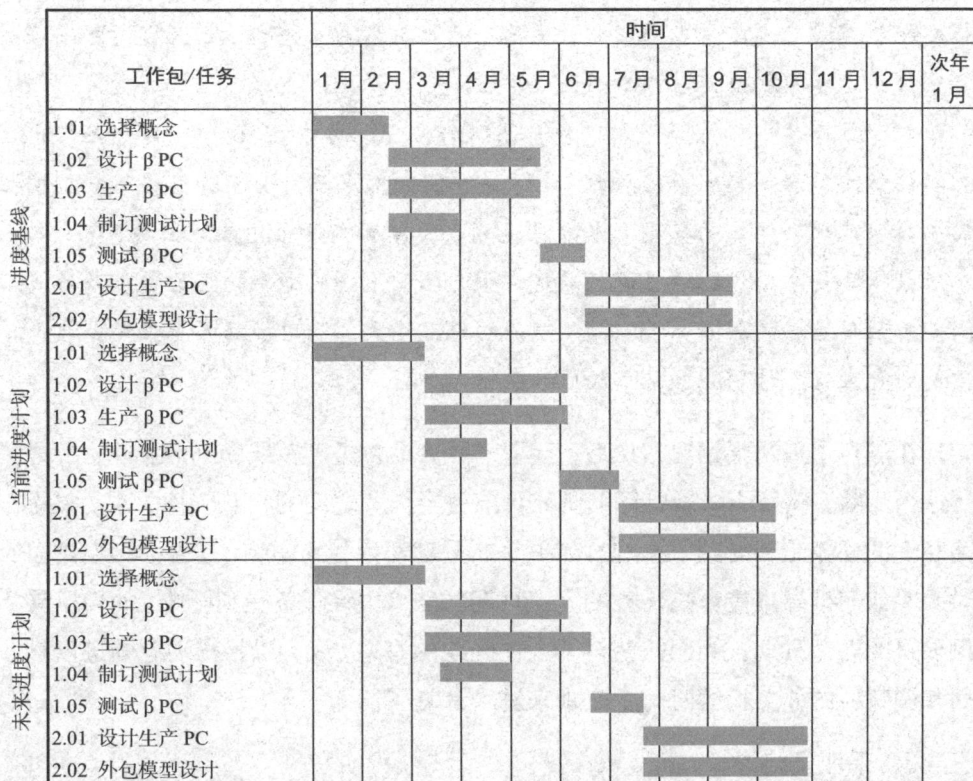

	工作包/任务	时间												
		1月	2月	3月	4月	5月	6月	7月	8月	9月	10月	11月	12月	次年1月
进度基线	1.01 选择概念													
	1.02 设计 β PC													
	1.03 生产 β PC													
	1.04 制订测试计划													
	1.05 测试 β PC													
	2.01 设计生产 PC													
	2.02 外包模型设计													
当前进度计划	1.01 选择概念													
	1.02 设计 β PC													
	1.03 生产 β PC													
	1.04 制订测试计划													
	1.05 测试 β PC													
	2.01 设计生产 PC													
	2.02 外包模型设计													
未来进度计划	1.01 选择概念													
	1.02 设计 β PC													
	1.03 生产 β PC													
	1.04 制订测试计划													
	1.05 测试 β PC													
	2.01 设计生产 PC													
	2.02 外包模型设计													

图 9-10　B-C-F 分析示例

2．生成未来进度计划

在生成未来进度计划之前，项目经理需要向每个工作包负责人提出以下问题："基于当前的绩效，以后可能会发生的最糟糕情况是什么？"综合考虑项目可能遇到的威胁、危险及风险，进行最糟糕情况假设，从而制作未来进度计划。如果无法进行假设的话，可以咨询有经验的项目经理，向他请教进行类似项目管理时经历了哪些不利情况，这也是一个很不错的方法。例如，有经验的项目经理可能回复，他在做项目时遇到的最糟糕情况是供应商突然倒闭，导致项目工期延迟了 6 个月。可以的话，与团队成员一起进行头脑风暴，识别项目的风险。当然，组织有数据库会更好。(见"数据库：未来进度计划的智囊")。

数据库：未来进度计划的智囊

用 B-C-F 分析制作未来进度计划时，项目经理可以进入数据库查找以前项目的经验。因为以前发生的问题，当前项目也可能再次发生。因此，对当前项目来说，这些问题就是潜在的风险。

对于数据库中的每个问题，项目团队都要仔细考虑："这个问题会不会成为本项目的风险？与以前的项目相比，这个问题对本项目会不会造成不一样的影响？以前项目采取的措施，本项目适用吗？是否需要采用其他措施？"

数据库是基于过去项目的经验建立的，记录了一些重要的经验教训及各类问题对项目造成的影响。所以，数据库的意义很大。运用数据库能帮助制订高质量的未来进度计划，预防风险。

在进行了最糟糕情况假设后，接下来计算项目进度基线受到的影响。要进行这个步骤，项目团队需要仔细研究目前各个任务之间的相互依赖关系。关键路径上的任务是否受到了影响？如果是非关键任务受到影响，是否会影响到总时差？如何推导出受影响任务的完工日期？如果关键任务受到影响，如何推导出项目的完工日期？当团队获得了上述问题的答案，就可以根据现有的进度计划和调整后的任务持续时间生成未来进度计划了。

3. 采取措施

前面两个步骤的主要目的是给项目经理提供预警，即采取措施纠正当前的进度偏差问题，缓解未来可能出现的进度风险。如果不能解决这个问题，就需要重新制订未来进度计划，寻找项目团队可执行的替代方案。较好的做法是尝试使用快速跟踪。

进行快速跟踪时，实施以下活动，并评估它们对整个项目进度的影响：

(1)仔细研究未来进度计划活动之间的硬依赖关系和软依赖关系。

(2)在考虑活动之间的硬依赖关系的同时，尽可能把依次进行的工作变成平行工作。

(3)重新检查活动之间的软依赖关系，尽可能多地重叠。

(4)根据活动之间的软依赖关系，实施那些可以同时开始的并行工作。

但是，快速跟踪会导致关键工作数量的增加，增大项目管理的难度。

9.6.2　运用 B-C-F 分析

B-C-F 分析适合与甘特图、网络图结合使用。在使用甘特图的项目中，可以通过 B-C-F 分析了解活动之间的依赖关系，但甘特图不能显示活动的依赖关系。网络图虽然能显示活动之间的依赖关系，但 B-C-F 分析更直观。

不管在哪种情况下，正式的或非正式的，都要坚持使用 B-C-F 分析对项目进度进行审查。

B-C-F 分析更适合小型的或中等规模的项目。大型项目的依赖关系过于复杂，进行 B-C-F 分析会很耗时、耗力。

一个成熟的、有经验的项目团队能在 45~60 分钟内根据甘特图或网络图，画出一个包含 25 个任务的 B-C-F 分析。项目规模越大，制作和更新 B-C-F 分析花费的时间也越多。

在运用 B-C-F 分析时，可以参考以下内容：

- 与项目负责人一起运用该方法，因为他们能提供最准确的项目进度绩效信息。
- 制订足够好的、并非完美的进度计划。
- 召开进展会议时，坚持让任务负责人沟通，从而了解任务之间的相互影响及对整个项目的影响。
- 观察任务负责人的反应是乐观还是悲观，逐一进行沟通。

请记住：无论是缓行线还是 B-C-F 分析都只用于短期分析，要定期更新。

9.6.3　B-C-F 分析的优点

B-C-F 分析能帮助项目经理进行深层级的进度预测分析，即当项目发生进度偏差或出现风险时，进行最糟糕情况假设。即使在项目顺利进行时，这有点反应过度，但是一旦项目陷入困境，B-C-F 分析就能发挥很大的作用。

如果被指派到陷入困境的项目中，对项目经理而言，进行进度管理最好的方法就是 B-C-F 分析。

对项目经理和项目干系人而言，B-C-F 分析直观、简单，不仅能显示现有的进度计划，也包括未来进度计划。

9.7　赶工

赶工是一种不用改变工作逻辑关系的缩短工期的方法，即项目活动之间的依赖关系仍保持不变。采用赶工的方法，通常增加资源的投入。与此同时，项目的总成本也会有所增加。

■ 9.7.1　制订赶工计划

赶工要遵守一套规则和步骤。接下来将介绍一个如何采用赶工，将 7 天的工期缩减至 4 天的案例。

赶工时，第一要制定进度基线。网络图能显示任务之间的逻辑关系和进度基线，即计算工期。第二要通过实际进度与计划进度的比较，识别需要赶工的量。第三要综合考虑与范围变更有关的因素。第四要结合资源的可用性、人力成本等相关成本信息，分析赶工对成本造成的影响。

1．制订包含成本的计算工期

项目进度基线通常在项目计划阶段生成。在计划阶段，还要分配项目活动资源，计算项目成本。有了项目资源和成本信息，才可以进行赶工。图 9-11 介绍了每个活动的计算持续时间和耗费成本。

2．制订包含成本费用率的赶工计划

在分析项目活动之间的依赖关系时，可以采取以下步骤。

（1）估算每个活动最大的赶工量（活动最少的持续时间）。

（2）向活动负责人和团队咨询以下问题：用最少的时间完成活动，需要哪些额外的资源？成本是多少？这个分析过程很辛苦，需要大量的信息，反复估算。在这个过程中，还可能遇到各类挑战。例如，有的活动不能缩短持续时间，有的需要额外的资源投入。常见的情况是，预算不足，不能获得足够的资源。因此，在进行估算时要遵守时间估算和成本估算的规则，充分利用项目的资源和技术。

（3）根据赶工计划，重新估算成本的资源，调整项目的预算。要结合赶工计划和预算安排，重复调整。

开始位置：
- 关键路径：A-D-F
- 总持续时间（计算工期）：10 天
- 总（正常）成本：200 美元

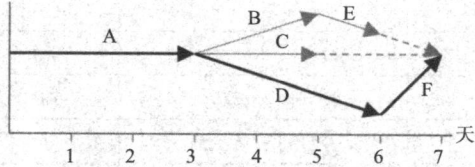

步骤 1：
- 将 D 工作缩减 1 天
- 总持续时间：6 天
- 总成本：200+10=210（美元）
- 关键路径：A-D-F 和 A-B-E

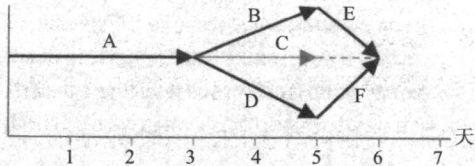

步骤 2：
- 将 A 工作缩减 1 天
- 总持续时间：5 天
- 总成本：210+20=230（美元）
- 关键路径：A-D-F 和 A-B-E

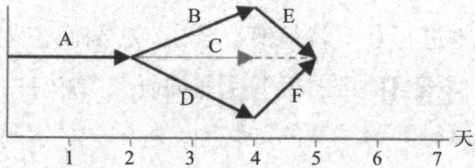

步骤 3：
- 将 B 工作和 D 工作同时缩减 1 天
- 总持续时间：4 天
- 总成本：230+30=260（美元）
- 关键路径：A-D-F、A-B-E 和 A-C

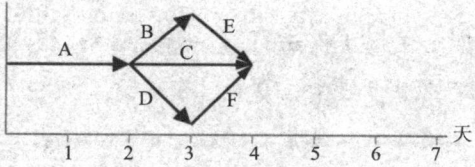

图 9-11 赶工示例

一旦预算安排和赶工时间协调一致，就生成了新的赶工进度计划。表 9-1 介绍了每个活动的持续时间和成本。

表 9-1 赶工进度计划

活　　动	持续时间（天）		成本（美元）		赶工 1 天需要增加的费用（美元）*
	正　常	赶工后	正　常	赶工后	
A	3	2	30	50	20
B	2	1	40	60	20
C	2	1	20	80	60

续表

活　　动	持续时间（天）		成本（美元）		赶工 1 天需要增加的费用（美元）
	正　　常	赶工后	正　　常	赶工后	
D	3	1	30	50	10
E	1	1	40	40	0
F	1	1	40	40	0
	合计：7 天		合计：200 美元		

* 赶工 1 天需要增加的费用=（赶工后成本−正常成本）/（正常持续时间−赶工时间）

3. 仅关注关键路径

关键路径是网络图中持续时间最长的路径，也是项目完工所需要的最短时间的路径，关键路径上的活动时差为 0。因此，关键路径的持续时间就是项目的工期。要想缩短项目工期，就需要压缩关键路径上活动的持续时间（见"对非关键进行赶工就是浪费金钱"）。简而言之，压缩关键路径上的工作的持续时间就是压缩项目的工期。仔细研究图 9-11 中的网络图，分析关键路径。如果使用以时间为尺度的网络图，赶工会更容易，因为如图所示，能够一眼看出活动是否具有时差。

对非关键工作进行赶工就是浪费金钱

项目进度经常出现偏差吗？在实践中，项目进度延误是经常发生的，需采取措施确保项目按期交付。常用的方法是增加资源的投入，缩短项目工作的持续时间。很多进度计划的表示方法是不能显示活动之间的依赖关系，也不能显示关键路径和非关键路径可赶工的量。对非关键工作进行赶工，不仅不能压缩项目的工期，还会增加项目总成本，浪费项目的预算。在不改变项目逻辑关系的前提条件下，缩短项目工期的唯一方法就是对关键路径上的活动进行赶工。

---

4. 对费用率最低的工作进行赶工

进行赶工时，要做到最少的成本增加。基于这个原因，不要对关键路径中的工作任意赶工，而是对费用率最低的工作进行赶工。如表 9-1 所示，活动 D 的费用率最低（10 美元/天），活动 F 不能压缩。将 D 工作压缩 1 天，工期也随之缩短 1～6 天，成本增加到 210 美元（200+10）。继续压缩关键路径中的工作，见步骤 2 和步骤 3，直至把工期调整为 4 天，总成本也增加至 260 美元。

5．对多条关键路径同时赶工

项目中只有一条关键路径的情况是很少见的。通过表 9-1 可以看出，当第一步压缩完成后，出现了一条新的关键路径。也就是说，关键路径变成了两条，A-D-F 和 A-B-E。如果项目的工期还要压缩的话，就需要对两条关键路径同时进行压缩。所以，在步骤 2 中压缩 A 工作，而在步骤 3 中同时压缩 D 工作和 B 工作。

如果出现多条关键路径，压缩其中的一条路径，另一条路径不压缩的话，项目的工期不变。因为最长的路径决定项目的工期。在对多条关键路径进行压缩时，同样压缩成本最少的工作。谨记：一次只能压缩一个单位。

9.7.2　运用赶工

赶工主要发生在两种情形下：第一种，项目处于计划阶段，还没有开始实施时，项目团队向管理层提交了方案，等待管理层的审批。管理层认为工期太长，需要压缩。这种时候，项目团队可以使用赶工压缩工期。第二种，项目在实施中出现了进度偏差，项目团队使用赶工压缩工期。

这两种情形下，项目团队可以单独使用赶工，也可以结合"快速跟踪"压缩工期。记住：快速跟踪会改变项目的逻辑关系。

在半天至一天的时间内，有经验的项目团队能处理一个包含 250 个活动的项目赶工。团队的规模越大，团队内部沟通时间就越长，花费的时间也越多。

9.7.3　赶工的优点

赶工的作用体现在它能纠正项目进度的消极影响。通过一个一个的步骤，介绍工作如何压缩，要投入哪些资源，增加多少成本。赶工对加快上市、加快循环周期的项目而言尤其有效（见"赶工黄金五法则"）。

赶工黄金五法则

（1）只对关键路径中的工作赶工。

（2）一次只压缩一个单位。

（3）存在多条关键路径时，对多条关键路径同时压缩。

（4）压缩花钱最少的工作。

（5）不要对非关键工作进行压缩。

9.8 进度管理工具选择

以上介绍的七种进度管理工具适合不同的情况。大部分项目经理认为在项目进度管理中使用 1~3 种工具比较合适，但是如何选择是一个问题。表 9-2 介绍了以上工具适合的具体情况。根据实际情况，结合表格的内容，形成你自己的项目管理风格。

表 9-2　进度管理工具比较

具体情形	缓行线	B-C-F 分析	里程碑预测图	燃尽图	趋势图	缓冲图	赶工
小型、简单的项目	✓	✓	✓	✓			
任务进展审查	✓	✓	✓	✓	✓	✓	
需要底层信息	✓			✓	✓	✓	✓
短期培训如何使用工具	✓	✓	✓	✓			
关注重要事件			✓	✓			
大型、复杂、多领域项目	✓		✓		✓		✓
节奏快的项目				✓		✓	✓
战略性项目			✓	✓			
关注优先级别高的工作			✓		✓	✓	✓
需要总结细节		✓	✓	✓	✓		
显示趋势		✓	✓	✓	✓	✓	
提供预测分析		✓	✓			✓	
缺乏时间进行进度管理	✓				✓		
分析失败的项目		✓		✓	✓	✓	
纠正项目延误							✓

第 10 章

成本管理

成本管理包括确保项目按照预算完成，评估项目范围变更对预算的影响。如果有必要的话，还需要制定新的预算基线。一般而言，不用过多关注能提前完工的工作，要把主要的精力放在那些会导致项目超支的工作上。但是，如果预算趋势显示以后的工作会出现问题，也要重点关注。

费用偏差是很正常的，但是项目经理在项目的执行阶段要重要点关注（见"成本超支的常见原因"）。由范围变更或资源调整引起的费用偏差很容易发现。但是，很多人天生就不会管理——不管是专业人士还是非专业人士，因此费用偏差有时会很难发现，更何况大部分的偏差都是在某一天同时发生的。项目经理需要高度警惕预算的偏差，以免日后失控。如果项目经理要确保预算在可控范围之内，就需要一些工具帮助他们尽早发现费用偏差。

成本超支的常见原因

众所周知，项目经常进度延误和成本超支。没有哪个原因能解释所有的成本超支问题。但是，大量对成本管理的研究表明，成本超支的原因可以归纳为以下几点。

（1）预算不足。项目成本超支的一个主要原因是预算低估，一开始就没有给项目分配足够的资金。在资金不足的情况下，想成功完成项目未免有点一厢情愿了。

（2）成本估算不准确。有效的成本管理需要准确的成本估算。在项目计划阶段，如果低估成本，那么项目的最终成本一定会超支，除非为了达到预算要求，减少项目范围。一些公司领导为了达到成本控制目标，会人为地降低预算。如果预算被低估，则会发生成本偏差。

（3）范围增加。通常情况下，项目范围增加使得成本增加，因为变更会直接影响项目需求。在项目定义阶段和计划阶段遗漏需求，会导致范围增加。增加新需求带来额外的工作，额外的工作就导致成本超支。

（4）工期延长。通常情况下，如果项目活动的持续时间延长，那么项目工期也会延长。工期延长就意味着需要花费额外的成本。尤其对复杂性高的项目来说，复杂性越高，项目团队、项目活动之间的相互关联程度就越高，任务或活动受影响的概率就越大，花费的时间可能越长，成本也越多。

（5）缺乏风险管理储备金。缺乏风险管理储备金也会导致成本超支，风险管理储备金一般用于应对重大风险事件。不设置风险管理储备金的前提条件是，所有的工作都会按照计划进行，不会出现任何意外事件。

（6）缺乏成本管理。缺乏有效的项目成本管理会导致项目成本超支。具体包括不能清晰地识别项目成本控制负责人，不清楚成本绩效是如何测量的，不能识别成本预警信号。其中，项目成本控制负责人管理批准项目预算变更。

本章介绍的工具覆盖了早期费用偏差预警的各种情况。有的工具适合小项目，有的工具适合大型项目，有的工具适合复杂的项目，还有的工具适合简单的项目。项目经理在职业生涯中会经历各种各样的项目，他们如果想要管理好成本，就有必要掌握这些工具的使用方法。

预算变化是常见的、不可避免的。如果能进行有效的项目成本管理，预算变化有时是可以避免的。成本管理工作包括成本绩效测量、预测项目完工成本、变更影响分析、纠偏行为及更新管理计划和项目预算基线。

本章后续部分将详细介绍项目经理在进行成本管理时可以采用的工具和技术。

10.1　成本管理计划

成本管理计划是用于描述项目的预算和成本如何管理的工具，包括项目经理和项目团队成员如何测量项目成本、如何报告与如何控制等程序。

■ 10.1.1　制订成本管理计划

成本管理计划具体包括识别项目成本控制负责人、介绍成本绩效是如何测量和报告的，以及成本偏差是如何控制和纠正的。其中，项目成本控制负责人管理批准项目预算变更。

接下来介绍的成本管理计划可以作为项目的模板使用。

1. 目的

成本管理计划要先说明进行成本管理的目的及制订成本管理计划的目的。当然，在这部分中说明谁负责成本管理及谁负责成本报告会更好。大部分项目是由项目经理负责的。

2. 成本管理方法

成本管理计划的这部分内容详细介绍用于成本管理的方法。此外，还识别了项目执行阶段中用于管理成本的过程、程序和工具。

这部分介绍了预算基线的构成情况、资金的具体来源、谁将参与管理成本及他们各自的角色。

3. 跟踪预算支出

这部分主要关注在项目执行阶段预算是如何跟踪的，讨论如何对支出进行跟踪，可以使用哪些工具进行跟踪，从哪里获得支出数据，多久更新一次支出数据，可以获得有关支出的哪些报告，谁提供报告及数据出现了偏差怎么处理等内容。

4. 指标与报告

这部分介绍用于跟踪和报告项目预算支出的指标。此外，还介绍支出报告的格式、内容要求及多久向项目提交一次报告。

5．分析成本差异

介绍项目成本偏差（不管是积极的还是消极的）及对成本偏差进行分析。定义项目控制临界值及可能采取的纠偏措施。

6．项目预算变更

这部分介绍预算变更的审批程序、审批级别及如何制定新预算。

7．项目预算

最后一部分详细介绍项目预算。项目预算要包含以下几部分：

- 固定成本。
- 原材料。
- 其他直接成本。
- 间接费用。
- 项目总预算。

此外，如果项目单独设有预算储备金或管理准备金，最好明确列示出来。

■ 10.1.2　运用成本管理计划

要定期对项目成本进行管理。项目成本管理作为主要的项目管理过程，需要提前制订计划。项目经理在制订成本管理计划时，还要详细介绍成本是如何管理的及谁来管理成本，确定项目团队成员在成本管理过程中的角色和职责。

成本管理计划在项目计划阶段完成，在执行阶段和收尾阶段执行。无论是小项目还是大项目，是简单的项目还是复杂的项目，都要制订成本管理计划。

10.2　预算消费曲线

预算消费曲线是一个以时间为坐标，描述项目支出情况的图形方法，项目经理可以用这个工具了解当前预算耗费状态。与第 9 章介绍的燃尽图一样，这个方法最大的优势在于它能显示资源随时间的消耗程度。

如图 10-1 所示，预算消费曲线图由横轴和纵轴组成。横轴代表项目时间，纵轴代表项目预算。

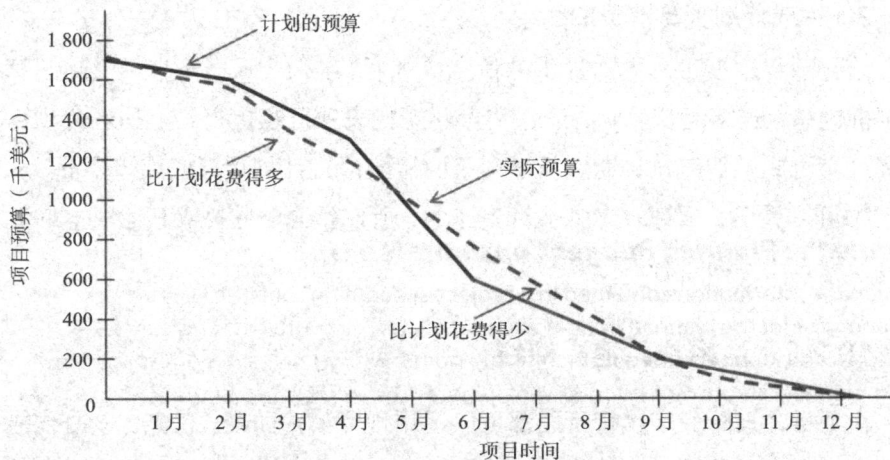

图 10-1　预算消费曲线示例

项目经理要牢记预算消费曲线不能用于衡量整个项目的成本绩效，尤其是项目进度绩效。但是，预算消费曲线关注项目预算消耗的情况，能帮助项目经理全面分析项目成本状态。

10.2.1　制定预算消费曲线

制定预算消费曲线之前要详细了解项目的范围、完成项目工作所需要的资源、资源的成本及项目的整体预算等相关内容。此外，项目预算基线没有考虑已批准的变更导致的成本增加，需要对变更进行影响评估，并纳入预算消费曲线之中。

1. 生成预算消费曲线模板

预算消费曲线只能向项目经理介绍项目预算的可用量。首先，沿着纵轴画出时间基线，如果在项目执行阶段使用的是滚动计划法或迭代法的话，那么只需画出其中的一段时间。横轴的 0 点代表项目执行阶段的开始时间，或者可以代表一次迭代的开始时间。

纵轴代表项目的预算，沿着纵轴均等划分。纵轴最上面的点代表项目的总预算值，0 点就是横轴和纵轴的交叉点。项目开始的时候，预算值最高。随着项目的实施，预算逐渐被消耗。项目收尾，预算值为 0。

2. 生成计划预算消费曲线

结合项目进度工具方法提供的信息（如甘特图），画出检查点上的预算支出，将这些点连接起来。此外，这些点还能代表项目在检查点上的剩余预算及主要可交付成果的交付日期。所以项目收尾阶段，计划预算值应该是 0。从图 10-1 中可以看出，预算的支出不是匀速的，所以资源、材料或其他成本的耗费没有呈现直线，而是有点像 S 形曲线。

■ 10.2.2 运用预算消费曲线

在项目计划阶段和执行阶段都可以运用预算消费曲线。首先，该曲线能显示项目在一定时期内可用的预算值。在项目计划阶段，预算消费曲线能用来分析在不同的范围、资源、时间下，项目费用支出的各种情景分析。预算消费曲线很适合资源受限的项目或资源能及时获得的项目，如长期的政府投资项目。其次，该方法能直观显示检查点上预算的消耗和剩余情况。

预算消费曲线还能给项目经理提供预算是节约还是超支的信息。理想情况下，实际曲线与计划曲线靠得越近越好。但是，项目预算完全按照计划进行几乎是不可能的。从图 10-1 可以看出，如果实际曲线高于计划曲线，则表明预算消耗量少、剩余量多；如果实际曲线低于计划曲线，则表明预算消耗量多、剩余量少。

如果偏差过大，就有必要采取纠正措施。但是，什么时候应该采取纠正措施呢？成本控制实践中认为，可以使用纠正措施触发机制——高于或低于计划预算消耗百分比。例如，进行项目评审时，发现成本偏差在 10%以上，就表示要进行纠正措施分析了。

谨记，不要过快地做出决策。预算消费曲线仅能显示某方面（预算消耗）的信息，缺乏项目进度、资源及风险等方面的信息。前面内容阐述了，这个方法最好用于项目经理判断项目绩效状态。为什么？因为它只能提供某方面信息，仅凭一方面的信息决定是否采取纠正措施是非常危险的。因此，如果想得到全面详细的成本信息，预算消费曲线最好可以结合其他成本管理工具一起使用。

10.2.3　其他形式

图 10-1 介绍的情景包含一个重要的假设：项目开始执行时就可以获得整个项目的预算。事实上，很多项目并不是这样的，如政府采购项目。图 10-2 介绍了调整后的预算消费曲线，调整后的图能反映项目预算的变化。

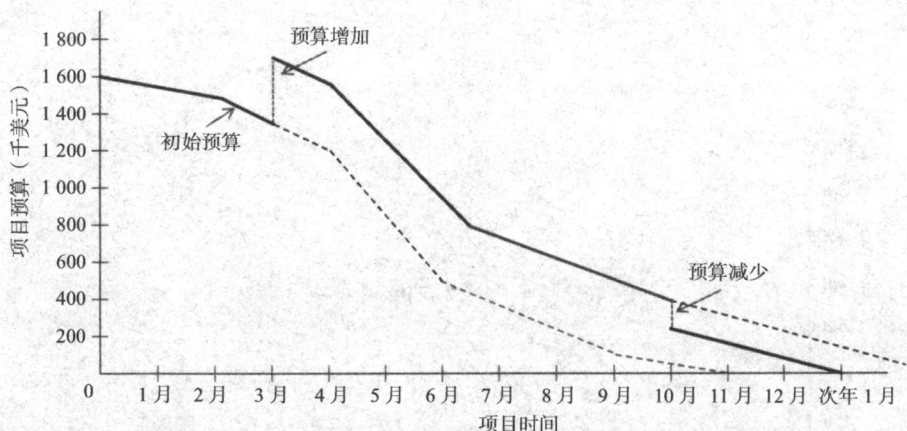

图 10-2　变化的预算消费曲线

项目资金增加，预算也增加，预算消费曲线垂直上移。相反，项目资金减少，可能是由于工作范围的减少导致的，预算消费曲线垂直下移，项目经理可用的预算减少。预算基线变更，预算消费曲线也要重新制作。

10.2.4　预算消费曲线的优点

项目的一个主要约束条件是预算，任何项目都需要一个能快速、简易跟踪预算消耗的工具。预算消费曲线能简要、直观地为项目经理介绍项目的预算状态。

虽然这个方法不能精确地描述项目成本绩效，但是通过与预算基线的比较，它能为确定整个项目的绩效状况提供一些必要的信息。

10.3　挣值分析法

　　目前，确定项目绩效状况的最佳方法就是挣值分析法（Earned Value Analysis，EVA），尤其在成本绩效测量方面。EVA 是综合考虑范围、时间与成本的项目绩效测量技术，通过定期观测项目绩效状况，预测项目未来的绩效（见图 10-3）。

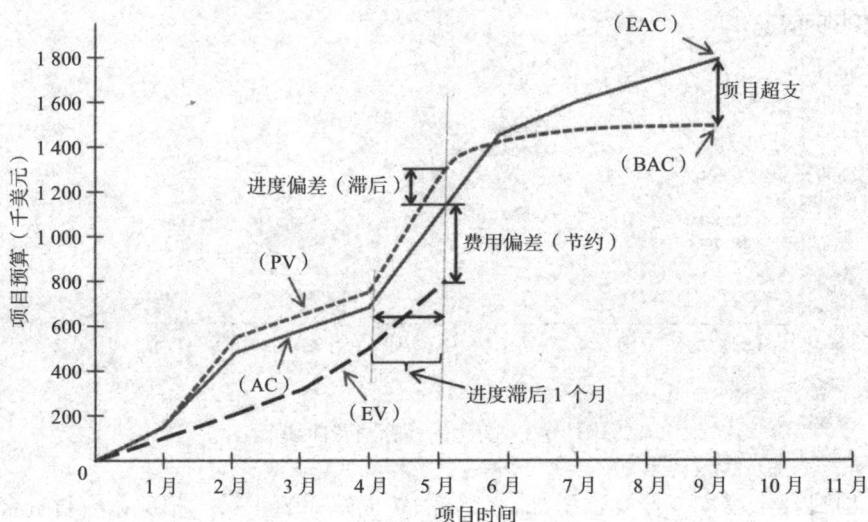

图 10-3　挣值分析法示例

　　对项目进展进行评估时，通过测量项目的进度绩效和费用绩效，EVA 不仅能判断项目是提前还是滞后、节约还是超支，还能解释造成项目偏差的原因。根据现有绩效状况，可以预测项目完工成本和完工日期。EVA 的精髓不仅在于能综合考虑项目的范围、时间和成本，还能进行主动预测。事实上，进行预测能发现潜在的风险，及时制定措施解决问题，确保项目在正常轨道上运行。总之，EVA 能较好地比较项目的实际情况与计划情况，较准确地预测项目完工成本和完工日期。接下来将详细介绍 EVA。表 10-1 介绍了 EVA 的基本术语，表 10-2 则是对一些关键公式的定义。

表 10-1 挣值分析法的基本术语

术　语	简写	说　明
计划成本（Planned Value）	PV	也称预算，是指在一定时期内，工作或项目耗费的总计划成本。PV 通常记作计划完成工作的预算成本（BCWS）
实际成本（Actual Cost）	AC	在报告日前项目耗费的实际成本，通常记作已完成工作的实际成本（ACWP）
挣值（Earned Value）	EV	报告日前项目耗费的实际成本和间接成本，通常记作已完成工作的预算成本（BCWP）
成本偏差（Cost Variance）	CV	已完成工作的预算成本与已完成工作的实际成本之间的偏差
进度偏差（Schedule Variance）	SV	已完成工作的预算成本与计划完成工作的预算成本之间的偏差
成本绩效指数（Cost Performance Index）	CPI	反映已完成工作的预算与预算成本比较的指标
进度绩效指数（Schedule Performance Index）	SPI	反映项目进度提前或滞后的指标
项目总预算（Budget at Complete）	BAV	完成整个项目或任务的原始预算
完工时估算（Estimate at Complete）	EAC	根据现有情况，估算项目的总成本
预测剩余工作的完工成本（Estimate to Complete）	ETC	根据现有情况，估算项目的剩余工作成本
报告日（Report Date）		EVA 检查点

表 10-2 挣值分析的关键公式

术　语	公　式
成本偏差	CV=EV−AC
进度偏差	SV=EV−PV
成本绩效指数	CPI=EV/AC
进度绩效指数	SPI=EV/PV
完工时估算	EAC=（BAC−EV）+AC
预测剩余工作的完工成本	ETC=EAC−AC

🔳 10.3.1 制定挣值分析法

EVA 起源于 19 世纪末的工业项目，经过政府部门项目的实践和研究后得到了迅速发展。在发展的过程中，术语也逐步得到规范。尽管 EVA 已经得到了广泛的应用，尤其在大型的政府项目中，但是在私人企业的项目（建筑行业除外）中却很少使用。私人企业的项目一般是小规模或中等规模，最近才慢慢开始采用正式的项目管理方法。

这些企业认为 EVA 简单，因为它的术语简单，通常用货币单位标志。Stellar 项目，尽管很少见，是一个运用 EVA 的典型项目。不管是大项目还是小项目，运用 EVA 之前，都要先全面、深入地掌握该方法的基本术语。

进行 EVA 分析时，要收集与项目有关的关键信息。将每个任务的实际进度与计划进度比较，能获得项目进度状态；将项目的实际成本与计划成本比较，能获得项目的成本绩效状态。最后，还要参考有关项目范围的信息。

充分定义项目范围不是一个简单的工作，尤其对新项目而言。在可参考的范围定义工具中，WBS 是一个较好的工具，通过把项目分解成一个个独立的、可管理的工作，充分定义项目（见第 5 章）。WBS 的一个黄金法则就是包括有且仅有的项目工作。这很重要，因为 EVA 需要估算每个工作的完工程度。如果在没有完全定义项目范围的情况下，估算完工程度是 20%，那么这种估算是不精确的，因为可能没有包括项目的所有工作。合理地运用 WBS 能获得一份相对全面的范围定义。

WBS 为制订工作的进度计划提供了基础，仔细分析每个任务的开始实施时间。进度计划要详细包括每个任务的开始时间、完成时间及持续时间。上述信息和批准的预算信息决定了计划工作的预算成本。随着项目的开展，可以获得项目的完工成本和挣值等相关信息。计划成本和挣值可以判断项目的进度绩效，对 EVA 来说是一个关键。

除了全面的项目范围定义和进度计划，EVA 还需要资源估算方面的信息。例如，完成每个 WBS 工作所需的资源及按照进度计划生成的资源分配计划，即以时间为基础的资源预算计划。上述信息能帮助确认计划成本，而对已完成工作的这些估算能帮助确认挣值。所以，以时间为基础的预算也是 EVA 方法的关键。总之，EVA 方法需要在全面定义项目范围的基础上，生成资源分配计划和进度计划。有时候，这三份计划也称为自下而上的项目基线计划。

1. 制定绩效测量基线

衡量项目团队的完工情况要以绩效测量基线（Performance Measurement Baseline，PMB）为基础。PMB 的制定包括三部分：决定项目管理控制点及负责人；选择测量挣值的方法；制定基线。

项目基线计划是任务的基础，包括全面定义项目范围、分配资源及制订进度计划，这些工作都要在 WBS 的框架内进行。因为 WBS 存在多个级别，所以要决定哪个级别的哪个因素可以成为管理控制点。这些点也称控制账目计划（Control Account Plans）。尽管这个术语看上去很复杂，实际上它就是一个概念——CAP，衡量和监控绩效的检查点。"控制账目计划的主要组件"介绍了CAP 的构成。

> **控制账目计划的主要组件**
> - 详细的范围定义。
> - WBS 的构成（如 0 级指项目，1 级指 CAP，2 级指工作包）。
> - 工作的构成（如 2 级的工作包）。
> - 时间（如每个工作包的开始时间和完成时间）。
> - 预算（每个工作包的资源和成本消耗）。
> - CAP 的负责人（如软件项目经理）。
> - 工作的类型（如重复进行或非重复进行）。
> - 挣值的测量方法（如加权里程碑）。

CAP 可用在 WBS 的任何一个级别中，也可以使用 WBS 的最低级别作为CAP。CAP 的本质在于它是一组可管理的、同类型的工作。一个 CAP 的规模应该多大？目前的私人企业项目实践表明，CAP 的规模变得越来越大。其中一个原因就是，项目经理希望关注 WBS 级别较高、规模较大的 CAP。此外，这样做的好处在于，能把同一类型的工作归入一个 CAP 组织单元中。因此，项目经理关注的控制点虽然越来越少，但是每个控制点的重要性却越来越高，项目经理的控制效率可以大幅提升。

CAP 包括详细的范围定义、同类型的工作、时间及预算，位于 WBS 中。预算除了货币单位的表现形式，还有其他的表现形式，如小时。因为有的项目经理管理的是以小时为单位的项目，本章介绍的就是这种情况。要给每个 CAP 派遣一个负责人，确保预算的可控性。

第 5 章的图 5-5 介绍了 WBS 如何把任务分解成一系列工作包。不同的职能人员负责不同的工作包，并进行交付。图 10-4 将 1 级与 CAP 联系在一起，对 WBS 进行了进一步分解。

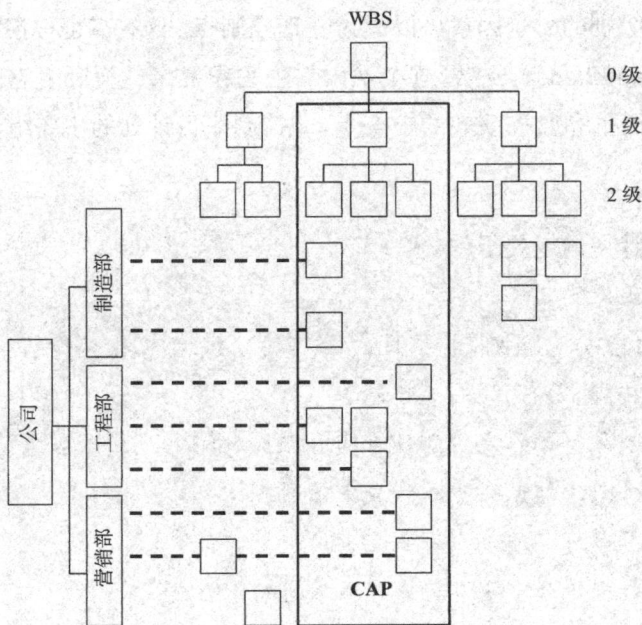

图 10-4　组织 CAP

CAP 的测量是 EVA 的基石，需要准确的测量方法。通过对各类方法的分析（见表 10-3），可以看出测量方法的选择并没有一个严格的标准。选择哪种方法，取决于个人经验和各个项目的特点。选择时，项目经理和 CAP 经理应该关注数据测量的准确性和操作简便性，能够一直满足项目的需求。

表 10-3　主要的测量方法

方　　法	何时使用	优　　点	缺　　点
完工百分比	工作包定义全面，适当的管理评审，一次性的任务	简单、易行	主观性强
固定百分比	工作包详细、幅度小，一次性的任务	容易理解	相当主观
权重里程碑	工作包可以分成两个或两个以上的绩效期，一次性的任务	客观	计划和管理难度大
里程碑关口完工百分比	任何行业、任何类型的项目，一次性的任务	容易、客观	要花费时间和精力定义里程碑
挣值标准	提前制定绩效标准，一次性任务或重复性任务	精确度高	需要严格的执行
完工程度	绩效时期长，一次性任务或重复性任务	简单、有效	需要详细的自下而上估算

完工百分比是指定期（一个月或一周）对工作包进行测量，获得完工程度。完工程度是一个累计值，以百分比表示，如 65%。这种方法简便、快速，广受欢迎，但是缺点是过于主观。全面地定义工作包、核实估算的准确性能降低这种方法的主观性。

固定百分比的表现形式包括 25/75、50/50、75/25 等。例如，25/75 是指工作包开始时可以获得预算的 25%，完工时可以获得另外的 75%。任何加起来是100%的组合都是可行的。这种估算方式快速，适合时间跨度小的工作包。

权重里程碑是将时间跨度长的工作包分解成若干个里程碑，每个里程碑分配一些预算，当里程碑完成时就可以获得。这个方法相对客观，但是依赖对里程碑定义的能力。

里程碑关口完工百分比能在完工程度估算的简易性与里程碑的准确性之间进行平衡。例如，有一个工作包要花费 600 小时，那么可以把它分解成三个里程碑，每个里程碑是 200 小时，那么 200 小时就是关口。在第一个 200 小时进行检查，分析是否达到了第一个里程碑的完工标准。其他里程碑以此类推。

挣值标准适合工业项目，这类项目的工作包绩效已经提前制定，用于确定工作包的预算，测量工作包的挣值。例如，一杯柠檬水的计划采购成本是 0.20

美元，那么 1 000 杯的价格就是 200 美元。如果采购 500 杯，不管实际成本是多少，挣值是 500×0.20=100（美元）。该方法还能用于重复进行的工作。在运用这个方法时，要根据历史数据制定标准。

完工程度是指工作包完工时获得预算。同样，完成计划的一部分也可以获得相应的预算。例如，一个 5 公里的高速公路项目，每公里的成本是 300 万美元，5 公里全部完工的总成本是 1 500 万美元。如果完成 0.5 公里，那么挣值就是 150 万美元。这种方法需要详细的自下而上估算，在建筑行业大受欢迎。

对上述六个方法进行简单比较之后，还需要介绍有关测量 EVA 绩效的两件事。第一，要对工作进行测量，CAP 测量则是工作包测量的汇总。第二，没有一个能适合任何项目的最佳方法，即不同的项目采用不同的方法。也许最合适的方法就是综合使用各类方法，这主要依赖各个 CAP 经理集体对工作包的挣值估算。例如，有一个使用多个测量方法的项目，见图 10-5（a），包括三个 CAP，在 WBS 的 1 级中分为三个阶段。每个阶段使用的测量方法分别是完工百分比、权重里程碑及完工程度。每个 CAP 包括多个工作包，CAP 下的工作包使用的测量方法是一致的。

挣值分析法是CAP构成要素的最后一个（见"控制账目计划的主要组件"），所以接下来介绍 PMB 的制定。

PMB 是指分时段、单独、详细地测量 CAP。CAP 要包括哪些内容取决于企业的项目经理如何定义成本管理职责。有的公司允许内部的项目经理直接管理直接劳动工时，以上述案例为例，CAP 和 PMB 仅指直接劳动工时。有的项目经理则可以管理所有的项目成本、管理储备金及利润。相应地，这类项目的 PMB 也要反映出来。还有的项目的 PMB 及项目经理的成本管理职责介于两者之间。

对于不确定性较高的项目而言，PMB 与 CAP 要提前制定。如果项目开始实施时，前面的 CAP 已经完成，后面的则因为缺乏信息还没有完成，怎么办？CAP 的范围变更该怎么办？第一个问题可以使用滚动式计划法解决，随着项目的进展，不断更新 CAP。对于第二个范围变更问题，需要制定 PMB 变更控制程序。通过仔细管理范围变更，可以采取更新或保留 PMB 的措施，这也是 EVA 能取得效果的前提之一。

(a) 项目挣值测量方法

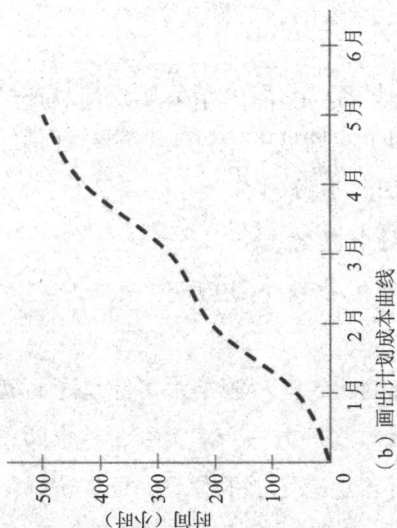

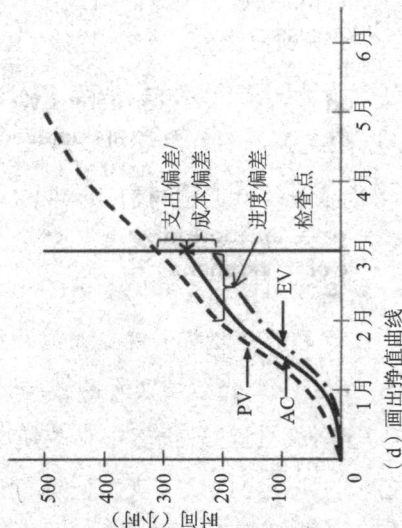

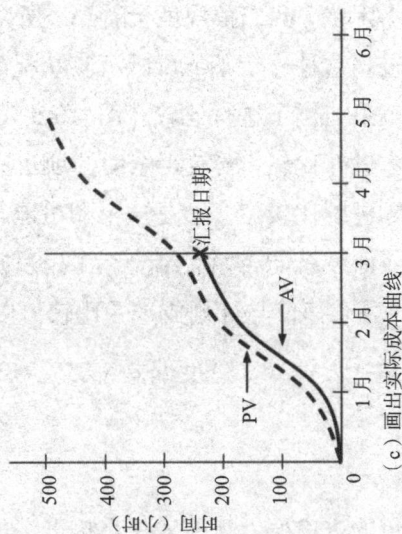

CAP	挣值法	测量	1月	2月	3月	4月	5月
概念设计阶段	完工百分比	计划 净值	45	55			
		实际	35	45	50		
详细设计阶段	权重里程碑	计划 净值		100	100	50	
		实际		100 / 115			
模型阶段	完工程度	计划 净值			25 / 25	100	50
		实际					
项目	计划	Inc.	45	155	100	150	50
		Cum.	45	200	300	450	500
	挣值	Inc.	20	130	75	100	50
		Cum.	20	150	225		
	实际	Inc.	35	160	75		
		Cum.	35	195	270		

(b) 画出计划成本曲线

回报（千元）：0　100　200　300　400　500　　　1月　2月　3月　4月　5月　6月

(c) 画出实际成本曲线

回报（千元）：0　100　200　300　400　500　　　1月　2月　3月　4月　5月　6月

标注：PV、AV、汇报日期

(d) 画出挣值曲线

回报（千元）：0　100　200　300　400　500　　　1月　2月　3月　4月　5月　6月

标注：PV、AC、EV、支出偏差/成本偏差、进度偏差、检查点

图 10-5　制定 EVA

分阶段的 PMB 是一条累计曲线,如图 10-5(b)所示,该图的数据来自图 10-5(a)。总之,项目的 PMB 包括多个详细的 CAP。

2. 评估项目绩效

这个步骤就是将实际绩效与 PMB 比较的过程。尽管大多数比较都是在某个 CAP 之内进行的,但还可以从三方面定期(一周或一个月)监测和评估绩效:CAP 层面、某个中间合计层面、项目层面。步骤如下:

- 进度方面——进度偏差(SV)和进度绩效指数(SPI)。
- 成本方面——成本偏差(CV)和成本绩效指数(CPI)。
- 可能的话,分析引起偏差的原因。

图 10-5(c)介绍了实际曲线与计划曲线的比较。尽管结果可能是不真实的,但大部分项目经理仍然很喜欢使用这个成本管理方法。案例中 3 月末两条曲线之间的偏差可以成为支出偏差,显示了是否还有足够的预算时间。这并不能判断项目真实的成本绩效状态。如图 10-5(c)所示,项目的绩效是节约 30 小时,项目状态好。事实上,我们被这个数据给误导了。项目真实的状态是陷入成本困境,我们很快就会看到。所以,不能简单地用实际发生值与计划值进行比较。这种比较不能反映真实状况的原因在于比较的范围不同。换句话说,是把苹果与橘子进行比较。图 10-5(c)的这种二维比较的另一个问题是它仅对成本进行比较。要获得全面的项目进度绩效信息,需要其他单独的计划进度与实际进度比较图,但是这个图可能与成本图不匹配。图 10-5(d)介绍的挣值绩效曲线就能将两者结合起来,反映真实的成本绩效和进度绩效。

3 月末挣值与计划成本的比较可以表示为:

$$进度偏差(SV)=EV-PV$$
$$=225 小时-300 小时$$
$$=-75 小时$$

负的进度偏差意味着项目进度滞后。图 10-5(d)有两个 SV,一个是垂直线、用预算量表示的,一个是水平线、用时间量表示的。通常情况下,选择用时间量表示的较多(天、周、月),也容易理解。这里有必要解释一下,当 SV 为负值,进度滞后;SV 为正值,进度提前。

还有一个进度衡量的方法就是 SPI，即已完成工作的预算费用与计划成本的比值。换句话说，就是检查点上工作的完成程度。SPI=1，实际进度与计划进度一致；SPI>1，进度提前；SPI<1，进度滞后。

根据图 10-5（d），3 月末的计算如下：

$$SPI=EV/PV=225/300=0.75$$

SPI=0.75 代表已经完成计划的 75%工作，进度滞后，计划的 25%的工作还没有完成。因为报告日是 3 月末，项目到目前的时间是 90 天，因此进度落后 22.5 天。

使用 EVA 的进度分析时要注意：SV 为负值或 SPI<1 说明进度滞后，但进度偏差可能不是基于关键路径信息得出的，所以这个数值具有欺骗性。某些非关键工作包或任务的进度滞后会影响整个项目进度绩效，导致进度绩效较差。因此，EVA 进度分析时要结合关键路径进度计划和风险分析一起进行。如果关键路径上靠后的工作风险很大，那么前面的工作就需要尽早完成。

现在，可以开始计算 CV 和 CPI 了。如图 10-5（d）所示，3 月末的 CV 和 CPI 为：

$$成本偏差（CV）=EV-AC=225 小时-275 小时=-45 小时$$

以及

$$CPI=EV/AC=225/275=0.83$$

CV 是已完成工作的预算成本和已完成工作的实际成本之间的差值。因此，CV 是正值，代表项目节约；CV 是负值，项目超支。实际上，案例多花了 45 小时完成工作。

CPI 是指成本效率，通过已完成工作的预算成本与已完成工作的实际成本比较得出，代表累计的成本绩效。当 CPI=1，实际花费与计划花费一致；CPI>1，低于预算花费；CPI<1，高于预算花费。案例中的 0.83 是指已完成工作的预算成本是已完成的工作的实际成本的 83%，即给定的预算只完成了 83%的工作量。

如图 10-6 所示，CPI 和 SPI 累计曲线能有效地跟踪项目。请注意：这两个比率的趋势线很重要，要使用累计数据，而不是增量数据（每周或每个月）。

增量数据有波动，累计数据不一样，累计数据比较平缓，能有效预测项目的趋势。

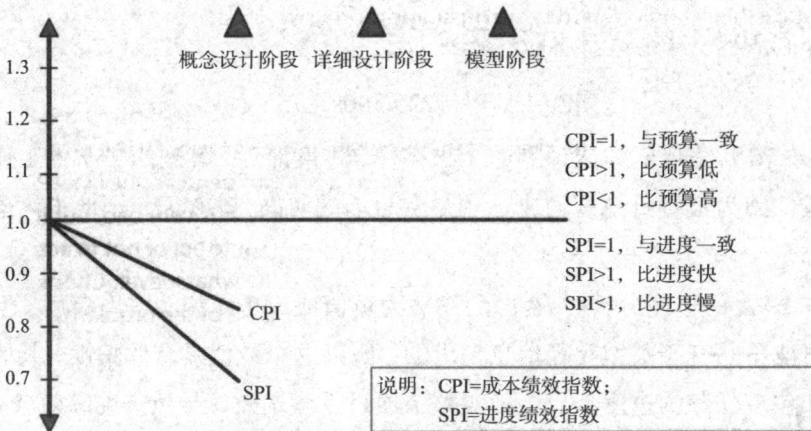

图 10-6　进度绩效指数（SPI）和成本绩效指数（CPI）跟踪曲线

根据图 10-5（d）3 月末的相关数据，快速预测项目的完工日期为：

预测的完工日期（SAC）=原有工期/SPI

=150 天/0.75=200 天

这种预测方法具有一定的风险。正如前面介绍的，图 10-5（d）显示进度滞后，但是这个分析不是基于关键路径做出的，具有欺骗性。因此，进行进度预测时，要结合关键路径一起分析。

目前，至少有 20 种以上的公式估算项目的完工成本，这里只介绍两种较低端的常用公式。

完工时估算（EAC）=预算值/CPI

=500 小时/0.83=600 小时

这是指要完成整个项目需要 600 小时，比之前的预算值增加 100 小时。显然，这个方法的前提条件是，项目在完成前会以固定的比率超支，即固定成本效率。图 10-3 显示了 SAC 和 EAC 的快速预测。

还有一个方法是综合考虑成本超支和进度滞后的因素，即固定的进度效率和成本效率：

预测剩余工作的完工成本（EAC）=预算值/（SPI×CPI）

=500 小时/0.625=800 小时

这个方法认为完成整个项目需要 800 小时。有的研究人员认为这类低端方法在预测最少花费方面比较准确，而高端方法适合预测最大花费。他们认为，高端方法是最合适的方法，低端方法则是最精确的方法。使用的方法不同，预测值的差异也不同，从 600 小时到 800 小时。这也能体现预测精髓所在，即找出项目未来的趋势和方向（至于影响项目成果的主要因素，见"影响项目成果的三因素"）。在上述案例中，预测效果不好，也可以说很糟糕。但是，预测值是需要项目经理决定采纳与否的，如果项目经理不采纳，那么预测值就毫无意义。EVA 的目的在于帮助项目寻找引起偏差的原因及采取何种措施纠正偏差。

影响项目成果的三因素

（1）可靠的项目基线。只有全面定义了项目范围，制订的进度计划可行及预算准确，才可以进行项目成果预测。

（2）项目实际状态。项目的实际状态，如 SPI 和 CPI，是进行项目成果预测的关键指标。SPI 和 CPI 指标越好，预测的效果越好。

（3）纠正措施。如果预测效果不好，管理层会怎么做？是置之不理，还是采取纠正措施，改变项目成果？因此，管理层的决策会影响项目的最终成果。

10.3.2 运用挣值分析法

EVA 的主要作用体现在它的预测性，大部分时候在项目执行阶段能提前预测项目的最终成果。这里之所以说大部分时候，是因为只有实施了 15% 及以上的工作才可以进行预测。预测步骤包括：

- 预测项目完工日期。
- 预测项目完工时成本。
- 有必要的话，采取纠正措施。

任何行业、任何规模的项目都可以运用 EVA。大型项目需要的资料数量较多，可以进行全面的 EVA 分析。对于小项目而言，只需要进行简单的 EVA 分析（见"其他形式"一节），如成本分析及绩效分析。项目不同，分析的内容也不同。

10.3.3 其他形式

基于挣值分析项目成本的方法还有很多，这些方法的精确度不高，是 EVA 方法的简化形式，如里程碑分析和进度分析。这些简化形式很受欢迎，因为它们的术语和流程简单。因为里程碑分析是一种独特的工具，所以下面一节会进行专门的介绍。图 10-7 对成本与进度分析进行了简要的描述。

成本与进度分析						
项目名称：_____					估算日期：_____	
1	2	3	4	5	6	7
任务名称	任务描述	预算（小时）	完工程度	已完工量（3）×（4）	实际成本	预测的最终成本（小时）$(6)+\dfrac{(3)-(5)}{(5)+(6)}$
12	准备材料清单和路由	8.0	40%	3.2	5.0	12.5
	合计	312.0	36.4%	113.6	118.0	206.1

图 10-7　成本和进度分析示例

根据任务的范围和进度计划，可以确定项目的预算（EVA 方法中的计划成本）。预算乘以完工程度等于已完工量（EVA 方法中的挣值），可以在历史文档记录中算出实际耗费小时（EVA 方法中的实际成本），根据项目预算、已完工量和实际成本三个数值可以预测最终成本。对每个任务定期进行监测，对整个项目的计划成本、实际成本和已完成工作的预算成本进行累计测量，并预测项目的最终成本。这种方法非常适合小型项目。

10.3.4 挣值分析法的优点

EVA 除了能帮助了解项目的完成状况，还有其他很多优点。EVA 能解决当今项目运营过程中遇到的一个基本问题：项目进度是提前还是滞后？结合关键路径法，使用 SV 和 SPI 能给出这个问题的答案。同样，CV 和 CPI 能回到项目成本超支还是节约的问题。

　　每次对成本和进度进行分析都是一个重要的过程，能解释项目在检查点上的状态，以及项目之前发生了什么。虽然历史是不能改变的，但积极的项目经理能根据这些信息分析和影响未来。过去对 EVA 使用的研究表明，大型项目完工 15%时的累计 CPI 最稳定。简言之，在项目早期 CPI 较稳定，能有效进行成本预测分析。同样，结合关键路径分析进度绩效能预测项目的最终完工日期。所以，要经常问："从现在的绩效状况看，项目的完工成本和完工日期分别是多少？"这个问题的答案提供了项目的绩效趋势，如果趋势线与项目基线不同，就对项目进行预警。EVA 最大的优点是能对项目问题进行早期预警，项目经理可以尽早采取纠正措施。

　　EVA 能综合考虑项目范围、进度和成本。WBS 的层级结构可以作为这种集成的载体，即工作元素。根据工作范围，分配资源、估算进度、估算成本。分析每个工作的当前状态、预测每个工作的未来趋势并结合 WBS，能确定整个项目的当前状态并预测整个项目的未来趋势。这种集成的方法客观有效，与进度测量方法和成本测量方法有着很大的不同。

10.4　里程碑分析

　　里程碑分析将里程碑的实际成本绩效与计划成本绩效进行比较，找出进度偏差和进度偏差，确定项目的进展状态（见图 10-8）。纵轴代表成本，横轴代表进度。里程碑的计划成本与实际成本之间的间距就是成本偏差，计划进度与实际进度之间的间距就是进度偏差。实际曲线和计划曲线都是累计曲线。这两条曲线（与 EVA 的计划曲线、实际曲线和挣值曲线不一样）综合考虑项目的范围、进度和预算，运用里程碑进行分析。里程碑不仅可以用于进展更新，还可以用于预测项目最终的完工成本和完工日期。

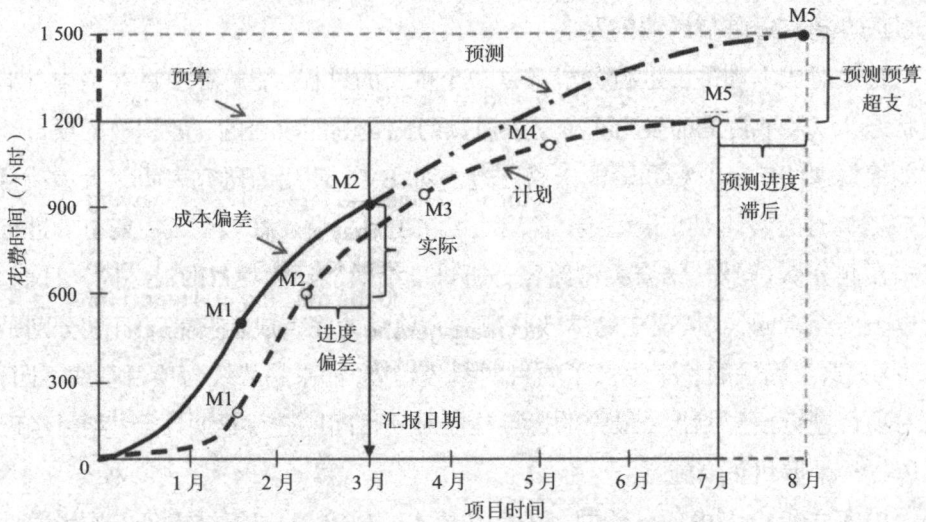

图 10-8　里程碑分析示例

10.4.1　制定里程碑分析

里程碑分析技术在分析整个项目绩效的时候综合考虑了项目的范围、进度和成本。分析结果的质量完全是分析的输入（依据）决定的。因此，里程碑分析的有效性取决于项目范围的定义、详细的进度计划及分阶段预算。此外，如果要做出准确的成本绩效分析，还需要考虑所有已批准的范围变更请求，因为现有的计划并没有考虑这些变更请求。

1. 确定、跟踪里程碑

根据成本基线（分阶段预算）画出计划曲线，标注里程碑（见图 10-8）。这是一条累计曲线，通常用小时或货币单位表示。每个里程碑的预算是固定的，因为是累计曲线，所以里程碑完成时，里程碑花费应该与预算一致。

随着项目的进行，可以收集有关成本的数据并累计计算。所以真正重要的是，当里程碑完成时，画出实际成本曲线。因此，采用 EVA 中的固定百分比0/100，可以分析里程碑的绩效。里程碑刚开始，可以获得预算的 0%；里程碑完成，可以获得预算的 100%。因为曲线的累计性质，里程碑起到了累计检查点的作用。在这个检查点上，实际等于计划。

2．评估项目结果

这个步骤是指将实际情况与计划进行比较，计算 SV 和 CV。如果有偏差的话，还需要分析导致偏差的原因。较好的做法是在召开进展会议之前，与里程碑负责人提前沟通。

项目执行阶段，要定期召开项目进展会议。通常，大型项目一个月一次，小型项目一周一次。每个里程碑负责人都要参加会议，报告里程碑成本进展。项目经理主要回答这五个方面的问题：

（1）实际成本与成本基线之间有哪些偏差？

（2）导致偏差的原因是什么？

（3）按照当前情况发展，项目的完工成本是多少？

（4）有哪些新的风险会影响项目的完工成本？

（5）可以采取哪些措施确保项目不超预算？

如图 10-8 案例所示：

$$进度偏差=计划进度-实际进度$$
$$SV=2 个月-3 个月$$
$$=-1 个月$$

以及

$$成本偏差=计划成本-实际成本$$
$$CV=600 小时-900 小时$$
$$=-300 小时$$

偏差为负值，则进度滞后；偏差为正值，则进度提前；没有偏差则代表实际进度与计划进度一致。

3．预测最终成果

当然，所有步骤中最难的、也是最重要的步骤就是预测最终成果。因为，它能帮助预测项目的方向和趋势，即项目的完工成本和完工日期。在缺乏公式的情况下进行预测是完全凭直觉的，具有极大的挑战性，可以使用 EVA 中的公式，尤其在进展会议中。这个过程与第 9 章详细介绍的工具——里程碑预测图很相似，里程碑负责人介绍里程碑的实际进展、可能的偏差及造成偏差的原因，其他里程碑负责人还需要分析该里程碑对相互关联的里程碑造成的连锁反应。这种连锁反应分析要结合关键路径一起进行，因为关键路径显示了里程碑或任务之间的相互依赖关系。根据分析结果，可以预测得出项目的完工成本和完工日期就可以。如果预测结果不理想，就有必要采取纠正措施，确保项目回到正常轨道。

10.4.2 运用里程碑分析

里程碑分析适用于各类项目。这种方法直观，制作简单，尤其适合小型项目。对大型项目而言，这种方法能为高层介绍整个项目的状态及主要的里程碑完成情况。

10.4.3 里程碑分析的优点

里程碑分析的主要优点在于它是 EVA 的简化形式。里程碑是项目定义的结果，该方法能综合考虑项目进度、成本和范围。里程碑分析不再单独分析挣值曲线，只有两条曲线，而 EVA 则有三条曲线。所以，这个方法虽然比 EVA 更简单，但也能提供 EVA 的某些功能，因此更具吸引力。里程碑分析能分析项目的成本状态和进度状态，进行早期预警。通常情况下，小型项目可以用这个方法进行全面分析，而大型项目则用于分析项目进度绩效。

此外，里程碑分析图形简单，使用人员能快速获取信息，进行预测，非常适合企业高层管理人员使用。

10.5 成本管理工具选择

本章介绍的成本管理工具适合不同的情况。大部分项目经理认为在项目进度管理中使用 1~3 种工具比较合适，但是如何选择是一个问题。项目经理要询问："哪个方法最适合我的项目？"表 10-4 介绍了各个工具适合的具体情况。根据实际情况，结合表格的内容，形成你自己的项目管理风格。

表 10-4 成本管理工具比较

具体情形	成本管理计划	预算消费曲线	挣值分析法	里程碑分析
小型、简单的项目	✓	✓		✓
大型、复杂的项目	✓	✓	✓	✓
正式进展审查			✓	✓
非正式进展审查		✓	✓（简化版本）	✓
短期培训如何使用工具	✓	✓		✓
关注特殊情况			✓	
提供早期预警			✓	✓
综合考察范围、成本、进度			✓	✓
为各个管理层提供各类项目的简要控制系统	✓		✓	
实施时间短	✓	✓	✓（简化版本）	✓
既可以用货币单位，也可以用时间单位		✓	✓	
需要详细的信息	✓	✓	✓	✓
两条曲线		✓		✓
三条曲线			✓	
显示项目趋势			✓	
具有预测功能			✓	
成本管理时间少	✓	✓		✓

第 11 章

敏捷项目实施

敏捷是适应性项目实施的一种形式，常用于软件研发。传统的方法强调工作的依赖关系或线性过程，需求收集、规划、设计、编码、测试及实施。与传统方法不同，敏捷方法论则强调工作流的迭代及项目成果的增量交付（见"敏捷方法论的价值主张"）。常用的敏捷方法包括极限编程（Extreme Programming，XP）、动态系统开发方法（Dynamic Systems Development Method，DSDM）、特性驱动开发（Feature-driven Development，FDD）、水晶方法（Crystal）、精益软件开发（Lean Software Development，LSD）、敏捷统一过程（Agile Unified Process，AUP）及敏捷开发。

敏捷方法论的价值主张

很多人对敏捷方法论存在错误的看法，这种错误看法会造成项目干系人之间的沟通障碍。将敏捷方法与"快速、便宜"等同是不对的！有的客户错误地认为，一旦使用敏捷方法，项目团队就能在 2~4 周内完成他们提出的任何要求。还有的客户错误地认为，相比使用瀑布模型，敏捷项目应该提前完工。这些看法都不对。

敏捷方法的核心不是"更快"，而是在项目生命周期内尽早为客户提供合适的产品。所以，敏捷方法关注通过短期的迭代工作交付项目成果：

- 与瀑布式方法相比，能更早地交付项目，实现业务价值，客户也能更快实现项目的价值。

- 为客户提供工作排序的机会。当项目完工 80% 或 90% 的需求时，客户觉得产品已经足够好了，于是决定放弃另外 10% 的需求，这种情况经常发生。有的客户会希望另外 10% 的需求推迟完成，因为他们有更重要的项目。
- 有时，允许客户在对成本和进度影响较少的情况下调整需求。
- 让客户看到项目的实质性进展能降低风险，客户能全面了解交付物是否符合他们的预想。

　　XP 适合需求变更的项目。与分别开发、组装模块不同，XP 是持续集成。XP 项目分成一个个迭代，1~3 周能交付项目产品（通常在软件发布中使用）。迭代包括开发、集成及测试，适合小团队。每个迭代开始前要召开规划会议，决定迭代的内容，满足需求的变化。

　　XP 的 4 个价值主张是：加强交流、从简单做起、寻求反馈、勇于实事求是。XP 团队要求团队遵守 12 个核心实践。例如，实践包括规划策略、小型发布、测试驱动开发、简单设计、结对编程、代码集体所有权及持续集成。

　　与 XP 一样，DSDM 的主要特征包括客户参与、迭代和增量式开发、增加交付频率、在每个阶段集成测试及满足需求。

　　FDD 也用于迭代和增量式软件开发，但是主要关注特征（客户价值功能）。

　　敏捷开发是一种广泛用于管理项目实施活动的敏捷方法。本章将会着重介绍这种方法。

11.1　敏捷开发的基础知识

　　敏捷开发框架提供了用于软件开发的一套结构，包括角色、会议、原则及产品原型。在框架内，项目被分解成几个独立管理的团队（6~9 人），每个团队关注自己的领域。在开发软件时，识别出一系列客户需求，称为产品订单（见图 11-1）。敏捷开发用于长度固定的迭代，称为冲刺（一次迭代），通常在 2~4 周内完成。进行冲刺时，敏捷开发团队负责从积压中找出特性，并开发一套可部署的特性。冲刺时，团队获得了充分的授权。每天团队要进行 15 分钟的敏捷站立会议，沟通昨天做了什么、遇到哪些困难、今天要做什么。冲刺的最后就是对客户进行展示。一个冲刺完成后，紧接着开始一个新的冲刺。

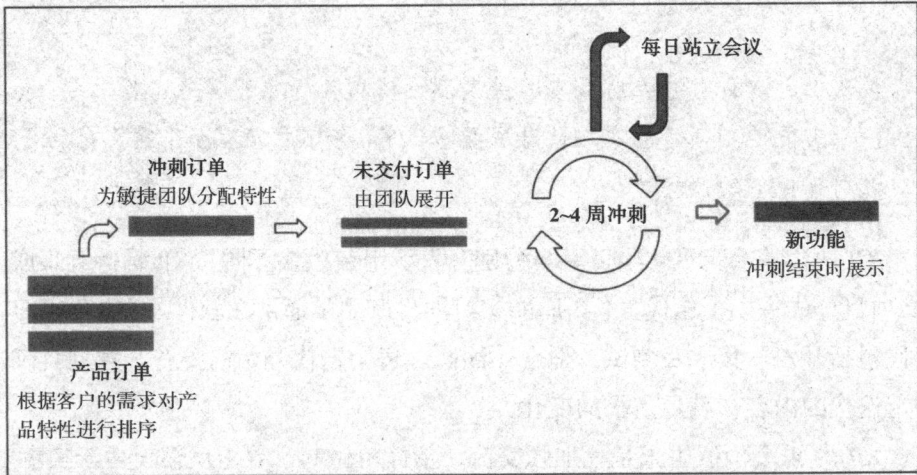

图 11-1　敏捷流程

资料来源：Eric J.Brande and Michael E.Bernstein.Software Engineering, 2nd ed.（Hoboken, NJ: John Wiley & Sons, 2011）: 72.

与传统方法不一样，敏捷开发是一种迭代方法，在尽早开发高价值功能的子集的同时，尽早获得客户的反馈。敏捷框架强调经验反馈、团队自我管理、在短迭代内努力创建合适的测试产品。敏捷框架内，有多种角色划分，如产品负责人、敏捷开发团队及敏捷教练（也可以理解为项目经理、敏捷主管）：

- *产品负责人指项目的客户。根据产品需求，产品负责人要负责为团队提供以客户为中心的特性（用户故事）、对特性进行排序并放入产品订单。产品负责人要保证，从业务角度来说在做正确的事情。只有经过产品负责人的许可，才可以将产品投产。*
- 敏捷开发团队通常由来自跨领域部门的 6~9 人组成。他们负责分析、设计、开发、测试、沟通及在每个冲刺结束时记录增量。团队自我管理，但有时与项目管理办公室沟通项目进展。
- 敏捷主管负责扫除影响团队交付项目可交付成果的障碍。他不是团队的领导，但确保敏捷开发过程按照初衷使用，是规则的执行者。

接下来将介绍六种用于敏捷管理框架的工具，分别是产品订单和冲刺订单、发布计划、每日站立会议、冲刺任务板、冲刺燃尽图及冲刺回顾会议（冲刺评审会议）。

11.2　产品订单和冲刺订单

敏捷管理框架通常包括两类订单：产品订单和冲刺订单。产品订单是一个产品特性排序表，这些特性需要在未来实现。产品订单既没有明确指出特性实现的时间，也没有说明哪个特性由谁完成。

冲刺订单则是敏捷团队根据产品订单要确定的特性清单，需要在下一个冲刺前完成。

■ 11.2.1　订单信息

产品订单对项目干系人是可见的，由以客户为导向的特性组成，其中特性是站在客户或用户的角度对产品的描述，称为用户故事。这些特性被进行了优先级排序，但是可以进行调整。图 11-2 是一个在线旅游预订网站的产品订单。

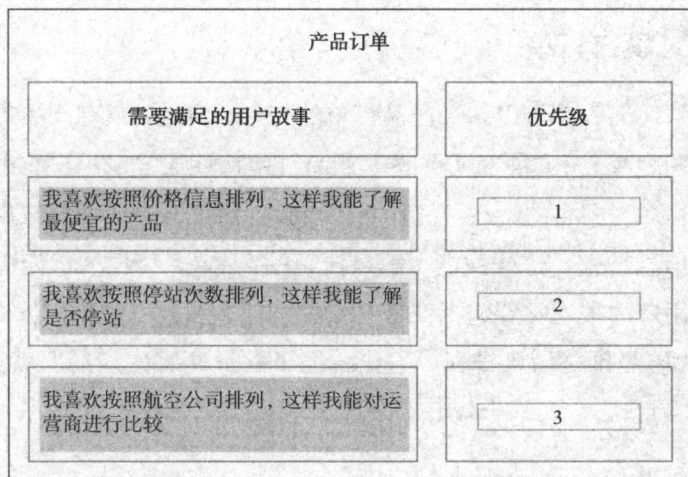

产品订单	
需要满足的用户故事	优先级
我喜欢按照价格信息排列，这样我能了解最便宜的产品	1
我喜欢按照停站次数排列，这样我能了解是否停站	2
我喜欢按照航空公司排列，这样我能对运营商进行比较	3

图 11-2　产品订单示例

冲刺订单包括在冲刺阶段完成客户特性的具体任务，根据产品订单获得。冲刺订单不需要排序，因为这些工作是有发布周期的。

冲刺订单对团队成员可见，在每日站立会议使用。图 11-3 介绍了一个冲刺订单，是根据图 11-2 中的第 1 个和第 3 个用户故事生成的。

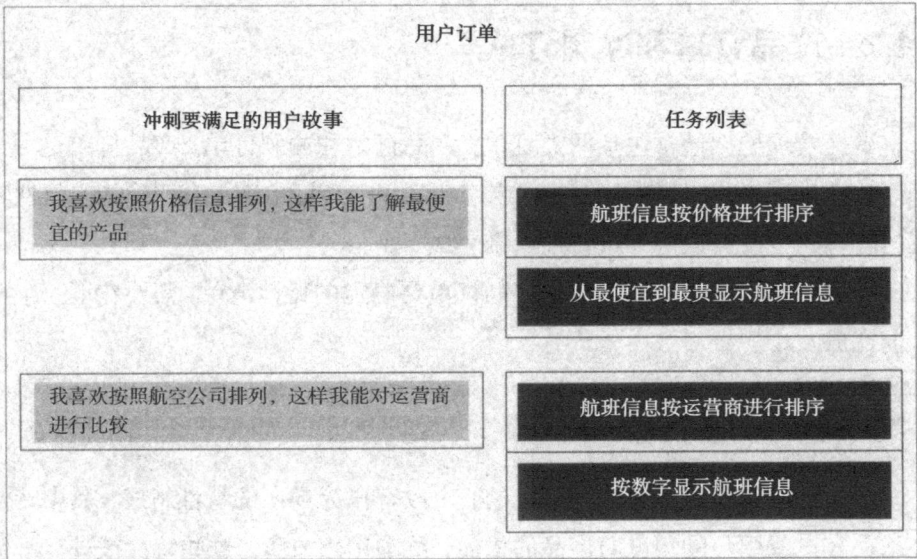

图 11-3　冲刺订单示例

11.2.2　填充订单

团队中的任何人都可以增加产品订单的特性。但是，只有产品负责人有权对特性排序和删减。正如前面介绍的，产品订单特性通常以用户故事的形式呈现，强调以客户为中心的特性。例如，在线旅游预订网站的用户故事为"我喜欢按照价格信息排列，这样我能了解最便宜的产品"。特性的优先级由产品负责人决定。用户故事通常要包括"谁"希望"什么"，所以"为什么"。

"我喜欢按照价格信息排列，这样我能了解最便宜的产品"就是对"谁""什么"及"为什么"的一个较好的表述。

产品订单特性通常庞大且定义不明确，所以需要细化。团队会召开一个订单细化会议定义和划分产品订单特性，估算完成产品订单特性的时间，为产品负责人确定产品订单特性排序提供信息。要强调的是：每个特性都要独立排序，每个特性的排序都不一样。产品订单特性需要记录每个特性的估算工作量。

在冲刺计划会议，每个敏捷开发团队负责填充冲刺订单，并随后讨论。在填充冲刺订单时，团队要深入分析产品订单，确定需要完成的特性。要先考虑产品订单中优先级别最高的特性，但是优先级别高的特性有时会受到限制条件的影响，如任务之间的依赖关系。所以，优先级别最高的特性不一定会首先进入冲刺订单中。但是大部分情况下，冲刺订单包括优先级别最高的特性。

冲刺订单在冲刺计划会议中产生，需要经由产品负责人、敏捷主管及所有团队成员的同意。在确定冲刺订单时要考虑的因素包括：团队的能力、限制条件及特性的优先级。图 11-4 介绍了产品订单、冲刺订单及冲刺计划会议之间的关系。

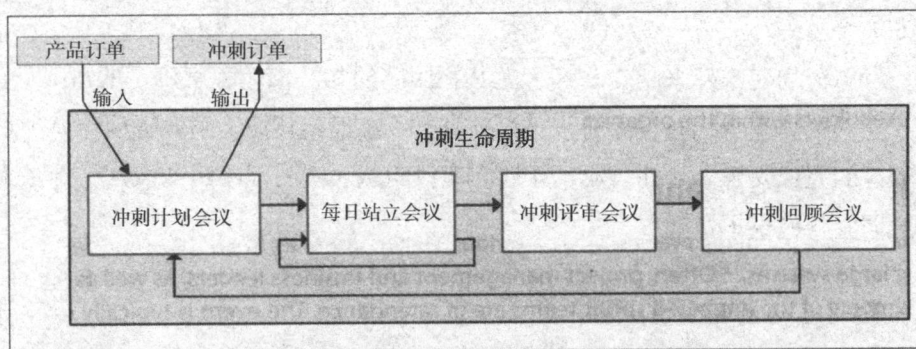

图 11-4　冲刺生命周期的产品订单和冲刺订单

■ 11.2.3　产品订单和冲刺订单的优点

产品订单介绍了团队需要完成的特性及这些特性的排序，包括列出所有特性、优先级排序及变更优先级别，能更好地应对项目的挑战。

冲刺订单把业务与团队联系在一起，清晰地说明了每个团队需要完成的特性。

产品订单和冲刺订单制作简单，干系人容易理解，但是订单使用时也遇到一些障碍（见"克服启动障碍"。）如果能有效运用订单，可以很好地理解团队是如何完成项目目标的。

> **克服启动障碍**
>
> 挑战1：知识缺口。产品负责人很难定义工作，需要团队成员帮助定义特性，如定义技术要求。
>
> 挑战2：最初的优先级排序。产品负责人发现很难对产品订单中的特性进行排序。但是，增加用户故事或调整优先级会比较容易。

11.3　发布计划

发布由一组冲刺组成。在开发一个复杂、大型的系统时，需要多个敏捷团队的参与。团队经常将冲刺集中发布，发布的冲刺数量由项目组织决定，通常是6~8个。

发布计划变得越来越受欢迎，尤其在团队的相互依赖程度确定的情况下。在开发一个大型系统时，发布计划能帮助项目经理和其他干系人提前预见项目里程碑的完成安排。此外，发布计划为项目团队、应用程序团队及其他干系人的共同参与提供了机会。

11.3.1　发布计划事件

开发一个大型系统的发布计划事件需要各个干系人的参与，通常包括项目管理人员、企业领导及相关冲刺团队成员。一般情况下，要2天时间确定事件。第一次发布时，要先发布计划事件；以后再进行发布时，在结束时进行事件的发布。图11-5显示了一个4周发布的生命周期。

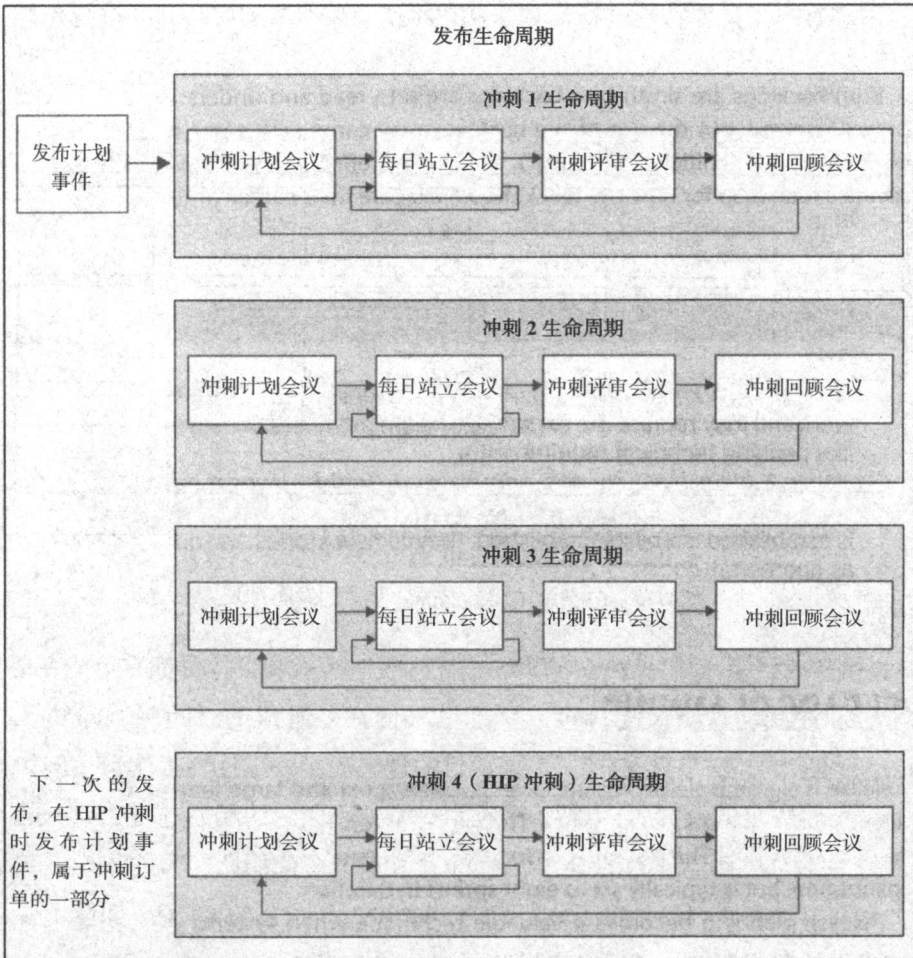

图 11-5 发布计划事件

▪ 11.3.2 发布计划草案

在各个团队召集前，每个敏捷团队需要先制订自己的发布计划草案，包括给各个冲刺分配的产品订单特性。例如，如果某个团队会参与包括 5 个冲刺的发布，他们需要综合考虑各个冲刺的依赖关系和能力，以及每个特性对其他 4 个特性的影响。团队要将计划向每个人进行展示（见图 11-6），最后一个冲刺是 HIP 冲刺（Hardening、Innovation、Planning，硬化、创新及规划）。这个阶段，不会对产品订单特性进行计划。HIP 冲刺会在本章的后续部分进行探讨。

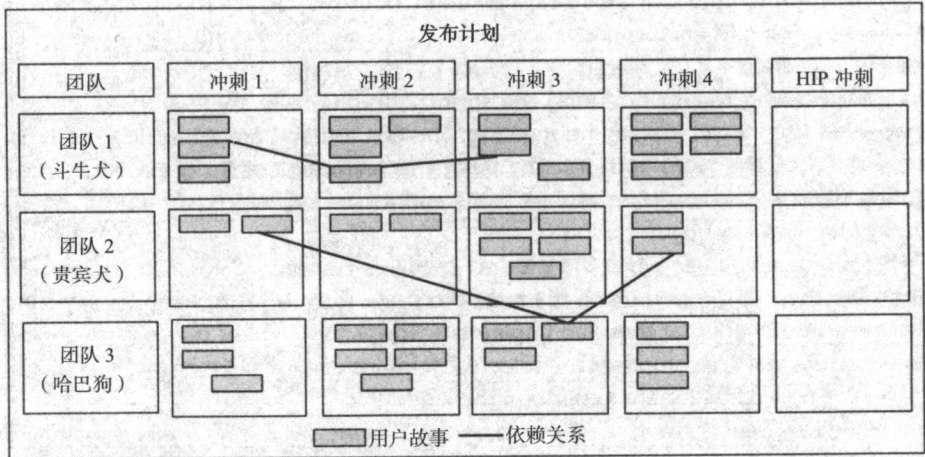

图 11-6 由多个敏捷开发团队制订的发布计划

提前计划多个冲刺是存在风险的，优先级、需求及工作量都有可能变更。为了缓和或减轻这类风险，可以考虑"补偿意外延误的时间"（Contigency Time）。也就是说，在发布时，根据项目的进展逐步减少计划工作量。例如，有一个 6 周的冲刺，产品订单特性根据第一个冲刺团队的能力进行 100%分配，第 2 个冲刺分配团队能力的 80%，第 3 个冲刺只分配团队能力的 60%，第 4 个冲刺和第 5 个冲刺各分配团队能力的 40%和 20%。这样做的话，团队不仅可以接受更长期的需求，还可以应对范围和方向的变更。

■ 11.3.3 最终发布计划

在所有的敏捷团队生成了自己的发布计划草案之后，可以通过各种方式将草案递交给各个敏捷团队，所以每个团队能有机会审查其他团队的发布机会。这个阶段，鼓励各个团队相互沟通、提问，了解每个团队在下次发布计划中要做哪些事情。每个团队成员都要仔细了解活动之间的依赖关系，讨论活动之间的沟通与协作，从而更新发布计划草案。

有必要再次评审发布计划草案更新。评审和更新过程要反复进行，直到确保所有的计划都是恰当的。在发布计划最终确认之前，每个敏捷团队成员都要对计划做出承诺。如果有任何人反对，他需要解释具体的原因，随后整个团队会针对问题再次进行讨论。发布计划事件需要所有人的同意才可以完成。

11.3.4 HIP 冲刺

每次发布的最后一个冲刺就是 HIP 冲刺。这个冲刺能为下一次发布打下坚实的基础。硬化（H）是指减少活动的技术债务，如系统范围的特性测试、基础设施升级、在架构指南中加入代码及文档更新。在 HIP 冲刺时鼓励创新（I），敏捷团队可以利用这个机会找出任何会对系统有利的想法。HIP 冲刺要为下次发布进行规划（P）。

11.3.5 发布计划与冲刺计划

要强调的是，发布计划不能取代冲刺计划。每个冲刺开始时，产品负责人和团队成员要召开冲刺计划会议，讨论和选择他们可以实施的产品订单特性。冲刺计划会议一般会有两个输出。一个是冲刺目标，这是由团队成员确认的，描述团队成员希望在冲刺期间完成的事情。还有一个是冲刺订单。

正如前面介绍的，尽管产品负责人负责识别各个特性的优先级，但是团队成员要负责选择他们能完成的具体特性。在冲刺计划会议的最后，团队成员负责将选择的特性分解成冲刺任务列表，并做出承诺完成任务。

冲刺计划关注点是每个冲刺，而发布计划则关注包含多个冲刺的整体发布。有时候，团队可能会将某个产品特性的开始时间提前，因为他们有能力这么做。团队也可能重新安排特性的顺序，甚至放弃这个特性。因为在发布计划阶段已经识别了依赖关系，团队可以与其他团队沟通这些变更。

11.3.6 发布计划的优点

发布计划能帮助敏捷团队计划某些长期活动。发布计划时间可以增加团队之间的协作，尽早识别团队之间的相互依赖关系，在发布计划中解释。

一个成功的发布计划时间能确保组织整体目标与团队目标保持一致。

发布计划能有效识别阻碍项目进展的跨团队依赖关系。尽早识别依赖关系，并在发布计划中进行解释，可以降低开发过程中意外延误发生的概率。

11.4 每日站立会议

每日站立会议是一个快节奏的会议。冲刺计划会议一旦完成，就要开始召开每日站立会议，并要求团队的每个成员都参加（见图 11-7）。每日站立会议的主要目标是回答以下 3 个问题：

（1）昨天做了什么？

（2）遇到哪些困难？

（3）今天要做什么？

图 11-7 冲刺生命周期中的每日站立会议

在每个团队成员回答了这 3 个问题之后，团队能全面了解过去发生了什么、冲刺的进展状态及今天需要做出的调整。

敏捷团队会在每日站立会议中使用任务板进行沟通。任务板是一个很有用的工具，可以显示冲刺订单的当前状态，本章后续部分会详细介绍。

任务板包括 4 栏：用户故事或产品订单特性、需要做的任务、任务的进展及已经完成的任务。

11.4.1 组织每日站立会议

每日站立会议的地点和时间要固定，且每天召开。早上召开会议通常是最有效的，有利于安排当天需要完成的任务。会议的时间要控制在 15 分钟以内，每个团队成员需要介绍昨天做了什么、遇到哪些困难、今天要做什么。典型的

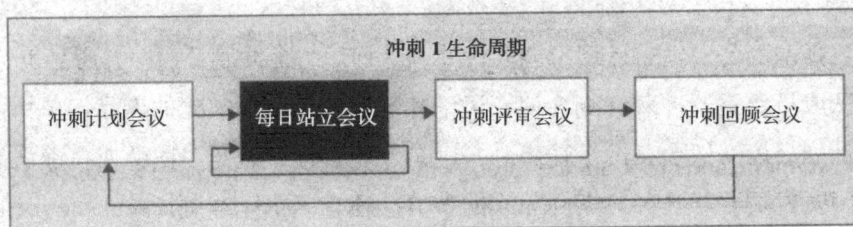

站立会议由敏捷主管开始，按照顺时针的方向进行介绍，直到每个成员介绍完毕。团队成员要时刻牢记回答 3 个问题，避免提及日程上没有涉及的事项。召开站立会议时，团队成员最好是站着的。但是对于某些时间较长的站立会议，也可以适当坐着。

每日站立会议需要敏捷团队所有成员及敏捷主管参加。产品负责人可以参加会议，也可以不参加会议。要确保每日站立会议有效，所有参与会议的敏捷团队成员需要做好充足的准备，快速介绍他们各自的工作，这很重要。

同样重要的是，敏捷主管要排除干扰，确保每日站立会议如期举行。任何干扰事项都可能延长会议时间，分散团队成员回答 3 个问题的注意力，甚至打乱日程。所以，如果遇到了干扰事项，敏捷主管要尽快把会议恢复正轨（见"有效的每日站立会议的要求"）。

有效的每日站立会议的要求

（1）资源。每日站立会议要求敏捷团队成员都参加会议。如果管理不当的话，人员过多会给整体速度带来负面影响。

（2）准备和焦点。缺乏准备肯定会给每日站立会议带来影响。团队成员要先回答 3 个问题，并留出足够的时间解决可能存在的漏洞和问题。

（3）时间。每日站立会议要坚持每日举行，时间不超过 15 分钟。如果会议受到影响，敏捷主管要确保会议按照日程进行。允许的话，可以在每日站立会议之后讨论其他问题。

11.4.2 每日站立会议的优点

每日站立会议的主要优点是为每个敏捷团队成员提供沟通冲刺订单特性的机会，确保团队能了解工作的进展。此外，每日站立会议能为冲刺内的小调整提供机会。

每日站立会议是一个积极的方法，能增强团队的自我管理能力，促进团队成员的相互信任。与冲刺回顾会议一样（本章后续部分会专门介绍），会议是基于团队合作的概念、授权的理念及开放式的合作召开的。

每日站立会议能有效用于跨团队的信息沟通，让每个团队成员了解大局，减轻下游的压力。

11.5 冲刺任务板

敏捷团队可运用冲刺任务板，结合任务的完工程度将任务进行分类。冲刺
任务板常使用便笺，这样可以直观地显示正在进行的工作及取得的进展。冲刺
任务板也称"看板图"。

简单的任务板包括 4 栏：用户故事、需要做的任务、任务的进展及已经完
成的任务（见图 11-8）。在冲刺的开始阶段，所有任务标记在"需要做的任务"
这一栏。随着任务开始进行，便笺可能被移到"任务的进展"这一栏。如果任
务完成，便笺就移入"已经完成的任务"这一栏。冲刺完成，所有的任务都应
该在"已经完成的任务"这一栏。

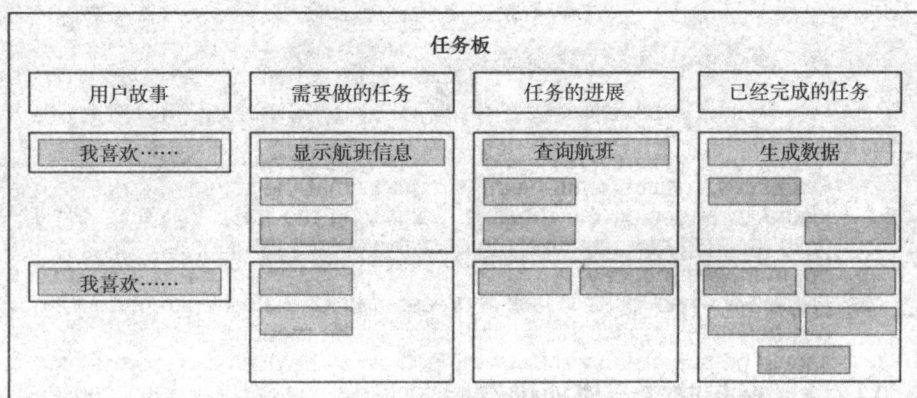

图 11-8　冲刺任务板示例

11.5.1　运用冲刺任务板

冲刺任务板不仅局限于图 11-8 介绍的 4 栏，也可以包括其他内容，这些
内容能给冲刺团队成员提供更精确的信息。例如，可以增加"设计中""编码
中""测试中"或其他生命周期阶段，如图 11-9 所示。

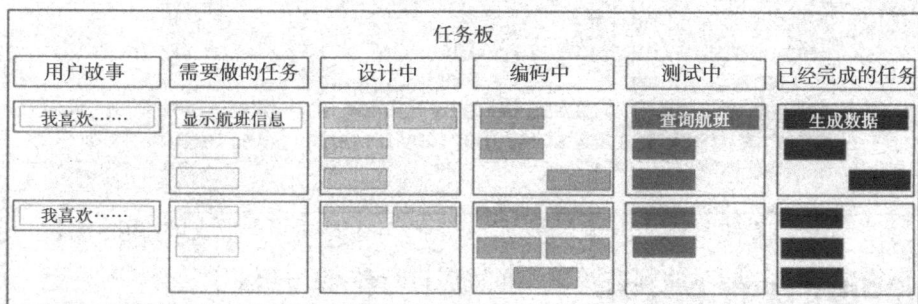

图 11-9　其他冲刺任务板形式

　　任务之间的依赖关系要在便笺上显示。随着任务进入新的一栏，任务负责人要在便笺上写上自己的名字。如果出现了新的需求，这样能方便团队成员之间的沟通和合作。如图 11-10 所示，任务"按照最便宜到最贵的顺序显示航班"是在任务"从现有表格中查询航班，按价格排序"之后进行的。一旦任务开始，设计师 Jeffrey Leach 就在便笺上写上自己的名字。当设计工作完成，编码人员James Henry 就在便笺上写上自己的名字，同时划掉设计师的名字。

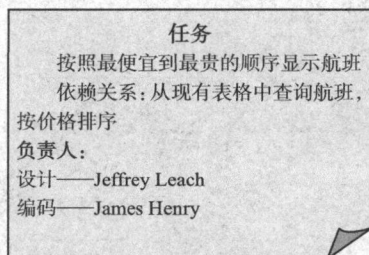

图 11-10　任务便笺示例

11.5.2　冲刺任务板的优点

　　任务板不仅能让任务进展对团队成员可见，还能促进团队成员的合作，尤其团队在进行一系列工作时。如果冲刺任务板使用正确，那么每个人都能了解相互的任务、任务之间的依赖关系及不应该存在重复的工作。

　　此外，冲刺任务板简单，很容易管理工作流和信息流。冲刺任务板能显示每个团队成员的工作和进展状况。团队成员可以用这个工具了解其他成员的工作状况。

11.6 冲刺燃尽图

冲刺燃尽图通常用于介绍需要完成的工作的时间量与计划时间的比较。这个图简单易用，能对冲刺进展或发布进展进行较准确的估算。

生成燃尽图需要详细的任务细节，通常在冲刺计划阶段完成。团队成员会在计划会议上估算每个任务的完成时间。

11.6.1 制定冲刺燃尽图

如图 11-11 所示，尽管冲刺燃尽图很简单，但是在日常工作中对团队成员很有用。

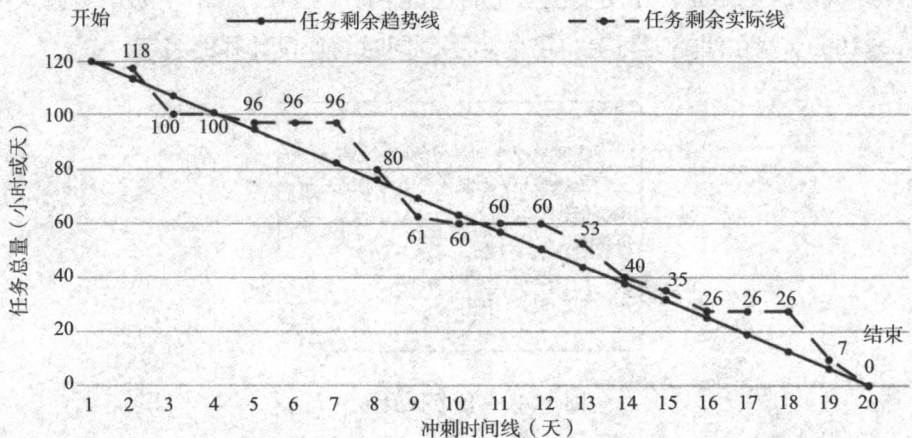

图 11-11　冲刺燃尽图示例

在图中，横轴代表一个冲刺的整体时间量（案例中是 20 天）。纵轴代表冲刺任务的完成时间（可以是天，也可以是小时）。随着任务的展开，任务的完成时间逐渐减少，直至 0。可以计算出一条趋势线，换句话说，计算工作何时完成。

◾ **11.6.2　运用冲刺燃尽图**

任务负责人需要每天更新冲刺燃尽图，他们可以采用各种技术收集和沟通信息。表 11-1 是个简易的表格，包括用户故事、任务、任务描述、状态、负责人、耗费时间及剩余时间。在本案例中，任务 B 已经耗费了 1 天，但分析人员认为还需要 5 小时才能完成任务。于是分析人员运用"剩余时间"更新了信息。

表 11-1　任务跟踪表

用户故事	任 务	任务描述	状 态	负责人	耗费时间	剩余时间
	A	制定需求	关闭	SME	8	0
故事 1	B	与客户合作	进行中	BA	6	5
	C	代码模块 1	开放	开发 2	10	10

每个任务更新完之后，进行合计并绘制在图中，从而判断冲刺的进展是否符合计划（见图 11-12）。如果"任务剩余实际线"在"任务剩余趋势线"的上面，表明冲刺的进展比计划慢，工作可能没有完成。如果"任务剩余实际线"在"任务剩余趋势线"的下面，表明冲刺的进展比计划快，工作可能提前完成。

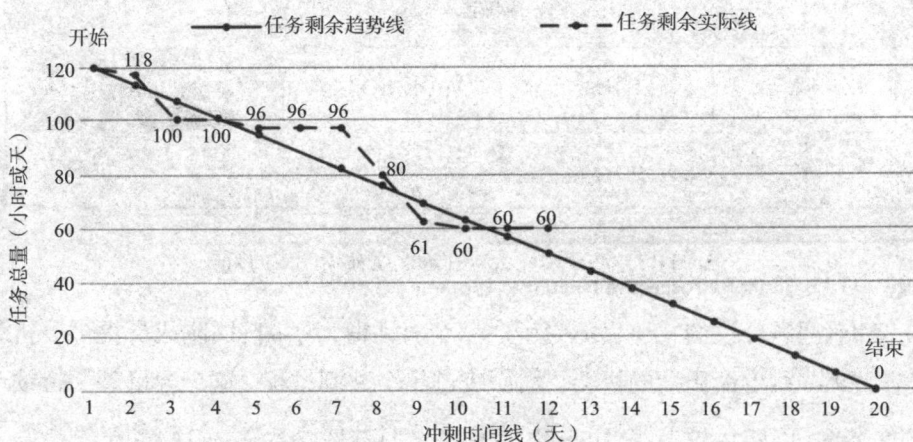

图 11-12　按进展绘制工作

■ 11.6.3 冲刺燃尽图的优点

冲刺燃尽图能让每个团队成员直观地分析和比较所有需要完成的任务的总估算时间与完成一个冲刺或发布的计划时间。这个图能帮助团队成员主动地估算完成每个任务的时间。因为数据都是累计的，所以团队成员能判断当前的状态是落后还是提前。

这个图能帮助整个团队成员沟通冲刺或发布的状态。如果项目状态呈现积极或消极的趋势，团对成员能提前发现可能存在的风险。冲刺燃尽图能在整个过程中促进跨部门团队成员的有效沟通。

最后，冲刺燃尽图能帮助团队成员根据准确的数据做出决策。

11.7 冲刺回顾会议

冲刺回顾会议在冲刺评审会议之后召开，通常是冲刺生命周期的最后一个步骤。冲刺回顾会议结束之后，就可开始新一轮的冲刺计划会议、每日站立会议、冲刺评审会议及新的冲刺回顾会议（见图 11-13）。

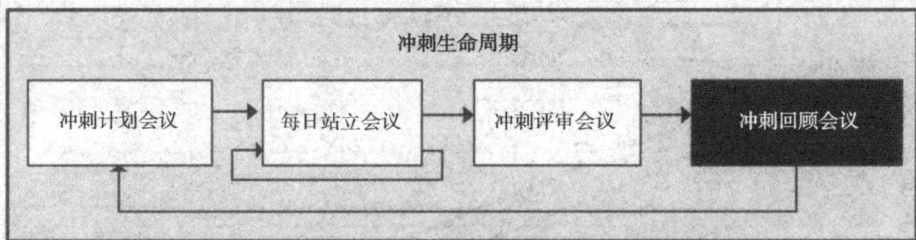

图 11-13　冲刺回顾会议在冲刺生命周期中的阶段

冲刺回顾会议的主要目的是生成一个对话框，为敏捷团队成员提供分析和审查整个冲刺生命周期的机会，从而改进整个冲刺过程。这个会议基于持续改进的理念，因此在每个冲刺的结束阶段，要召开回顾会议，分析和审查哪些工作做得好及哪些工作做得不好。

在整个会议期间，敏捷团队要分析现有过程、技术、合作、沟通技术等。一旦冲刺回顾会议得出了结论，敏捷团队要在以后的冲刺中选择使用。

■ 11.7.1　组织冲刺回顾会议

一个有效的冲刺回顾会议是在冲刺的结束阶段进行的，专门讨论了冲刺回顾日程中的事项，并且进行了记录。冲刺回顾会议的持续时间通常是 1 小时或更少，但是有时候时间会较长，这取决于冲刺的持续时间、项目的规模、团队的规模及团队成员对敏捷方法的掌握程度。

冲刺回顾会议通常要求所有敏捷团队成员和敏捷主管参加。所有参加人员是否觉得舒适和安全是冲刺回顾会议能否有效的关键，尤其当他们提出建议时。大多数情况下，产品负责人不会参与冲刺回顾会议，因为他们的权力较大，其他参会人员可能不敢说出真实的想法。不能提出真实想法的对话框对未来的冲刺起到的作用不大。

■ 11.7.2　运用冲刺回顾会议

正如前面介绍的，冲刺回顾会议的目标是判断哪些工作做得好及哪些工作做得不好，所需的信息可以通过多种方式获得。

视觉学习是一个很好的技术，能促进敏捷主管与团队成员的沟通。例如，一个简单的白板可以划分成 3 个区域：好的、坏的及新的（见图 11-14）。好的区域包括在冲刺期间做得好的工作，不需要进行任何改进，如坚持每天 15 分钟内召开每日站立会议或坚持使用"自定义客户端查询"；坏的区域包括做得不好的工作，如需要更准确地定义"已完成"这个词、在订单完善阶段把产品订单细分成小的部分或将每日站立会议的时间由上午 9 点提前到上午 8:30。

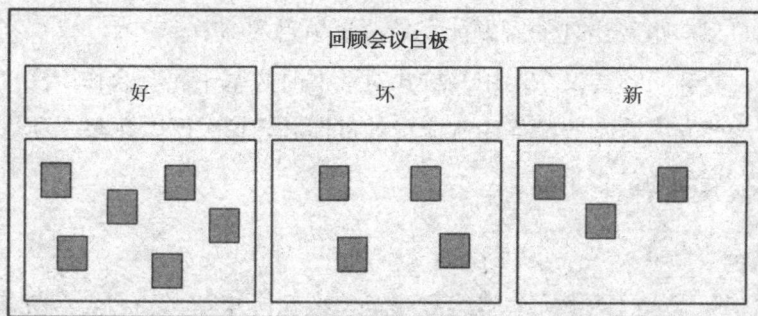

图 11-14　回顾会议白板

最后，新的区域主要关注整个流程中没有被定义或遗漏的工作，包括建立一个知识管理系统，储存每日站立会议之外的日程事项，或者为了增进与外部团队成员的沟通与合作，采用视频会议方式进行沟通。

有很多方法可供团队成员收集和分类信息。例如，团队成员在使用便笺时可以定义颜色（绿色=好，红色=坏，黄色=新）。每个团队成员在提供建议时，可以尽可能地增加便笺。这项工作一旦完成，每个团队成员就将便笺投进一个盒子里，交给敏捷主管。敏捷主管可以根据颜色，再把便笺分类贴在各个合适的栏目中。使用盒子的原因在于确保所有的建议都是匿名的、不受限制的，能给团队成员带来安全感和舒适感。

在合理运用图 11-14 介绍的白板之后，团队成员现在可以在改进区域挑选下个冲刺将会使用的方法和技术。给团队成员分发星星贴纸（3~5 个）是一个很受欢迎的方法，他们可以在所选的方法中贴上标记，这些方法是他们认为会对项目产生最大影响的方法。如果某个团队成员认为某个方法非常好，他也可以在这个方法中贴上所有星星贴纸。当然，也可以把星星贴纸贴在其他区域中。投票完成后，团队成员要讨论投票结果，分析哪个方法获得了最多的票数。在产品订单会议中，敏捷主管、敏捷团队成员和产品负责人会讨论决定在下个冲刺中使用哪个方法或技术。

■ 11.7.3 冲刺回顾会议的优点

冲刺回顾会议的主要优点是，每次冲刺后及时收集团队的反馈，为敏捷团队成员提供专业建议。持续改进是项目的基础，贯穿项目生命周期的始终。持续改进项目以前重复出现的问题能有效改进项目的绩效。

此外，冲刺回顾会议在运用开放式对话框时是基于团队合作、授权及合作理念的。这种方法能有效获得团队成员的反馈和建议，可以在整个项目汇总中使用（见"要避免的事情"）。

要避免的事情

（1）准备不足。准备不足的冲刺回顾会议肯定会影响整个会议的效果，包括缺乏结构化的日程安排、缺乏材料（便笺、笔、白板）及会议室存在技术障碍等。

（2）复杂。正如前面介绍的，冲刺回顾会议简单，但是如果事情变得复杂，那么冲刺会议的效果会迅速下降，如参会人员过多或建议过多。有时候，由于项目的政策，选择最合适的项目和团队的订单特性是非常困难的。

11.8　总结

本章介绍了敏捷管理框架的 6 种工具和技术，用于实施敏捷项目，分别是产品订单和冲刺订单、发布计划、每日站立会议、冲刺任务板、冲刺燃尽图及冲刺回顾会议。作为敏捷项目实施方法的一部分，这些工具和方法能促进迭代工作流程，管理增量交付工作。

鼓励参与人员根据实际需求持续选择和使用这些工具和技术。当然，敏捷管理方法远不止这些，参与人员如果有兴趣，可以进一步学习。

第 5 部分
项目报告和收尾工具

第 12 章

绩效报告

项目绩效报告包括收集检查点有关项目绩效的关键数据，分析数据，并将绩效信息提交给项目干系人，让他们了解项目当前状态。有效的项目绩效报告要包含成功项目管理的两类因素：沟通渠道开放且强大，沟通信息透明。

绩效报告的目的体现在以下三个方面：决定和沟通项目资源是如何使用的；提供项目当前绩效与项目计划或绩效基线之间的比较；利用信息进行项目决策。

本章介绍的工具能帮助项目经理有效地达到上述三个目的。所有的项目经理都要进行绩效报告，所以本章介绍的工具是项目经理必备的工具。先来看看项目报告清单。

12.1　项目报告清单

项目状态报告有多种形式，而且包含的信息差异较大，因为可能报告的目的和干系人的要求不同，各行业报告标准和实践不同，以及项目的规模和复杂度也不同。所以，项目状态报告的格式和内容因情况而异，但是对最终使用该报告的干系人来说，有必要标准化和一致化。如何建立和维护一个标准的报告呢？

项目报告清单就是一个简单且有效的工具，能帮助项目经理决定哪些信息
应该一直记录在报告中。

12.1.1 制定项目报告清单

有效的项目状态报告应该最新、简洁且仅包括干系人需要的信息，这些信
息能帮助干系人了解项目的进展和资源的使用情况。

每个组织的项目报告清单都是有差异的，因为每个组织的报告清单需要呈
现的信息都不一样。制定一套标准的清单是一个很好的做法，能确保组织内的
项目报告格式和内容的一致性。

制定报告清单时，首先要包括项目发起人和项目关键干系人需要了解的信
息。其次才是项目其他特有的信息，或者次要干系人需要的信息。

表 12-1 介绍了一个项目报告清单示例，可以参考使用。这个清单包含的
项目较多，但是请记住：最佳的项目状态报告是简明扼要的。在使用的时候，
可以根据表 12-1 提供的内容进行定义。

表 12-1 项目报告清单示例

状　态	清　单
项目范围	
✓	项目的目标变更了吗?
✓	项目计划的可交付成果变更了吗?
✓	项目范围发生变化了吗?
✓	有没有正在等待批准的范围变更?
项目进度	
✓	进度更新了吗?
✓	项目是使用关键路径还是关键链?
✓	项目的时间与计划相比延长了吗?
✓	按照进度安排，资源够用吗?
✓	项目分包商或合作方的进度有问题吗?
✓	项目的估算完工日期是多少?

续表

状　态	清　单
	项目预算
✓	预算更新了吗？
✓	按照项目计划，预算够用吗？
✓	平均每月预算消耗速度是多少？
	项目绩效
✓	可交付成果按期交付了吗？
✓	项目里程碑按期交付了吗？
✓	挣值（EV）是多少？
✓	进度偏差（SV）是多少？
✓	进度绩效指数（SPI）是多少？
✓	成本偏差（CV）是多少？
✓	进度绩效指数（CPI）是多少？
	问　题
✓	有哪些问题需要报告？
✓	每个问题有哪些解决方法？
✓	分包商或合作方存在问题吗？
✓	需要项目发起人和高级管理层的介入吗？
	风　险
✓	有哪些高级别风险？
✓	高级别风险的应对措施是什么？
✓	项目的整体风险是什么？
✓	需要项目发起人和高级管理层的介入吗？
	综　合
✓	项目受到了外部因素的影响吗？
✓	项目成果有质量问题吗？
✓	按计划如期收到报酬了吗？
✓	需要项目发起人和高级管理层的介入和决策吗？

　　"状态"栏用于介绍制定项目状态报告所需的信息。有的项目经理会另外增加一栏"资源"，用于介绍资源的来源或提供一个资源数据链接。

◾ 12.1.2 运用项目报告清单

大部分组织会定义项目绩效报告的时间，不过最好从项目启动就开始。无论什么时候报告，项目经理都要尽早运用这个报告清单。

实际上，项目报告包含的内容是经常重复的。但是，对报告进行定期检查也是很有必要的，检查项目报告里面是否出现新的信息。通常，这类信息包含在清单的"综合"部分。

此外，项目干系人在不同的阶段对信息的需求不同。在各个阶段审查项目报告清单能帮助项目经理及时调整报告的内容。

◾ 12.1.3 项目报告清单的优点

项目经理从项目报告清单中能获得的最大价值是，它能给项目干系人提供他们所需的信息，帮助项目经理确保报告的内容是合适的。

清单还能帮助确定项目报告的内容是准确且及时的。

12.2 项目好球区

正如前面介绍的，项目绩效报告的首要原则是沟通项目的绩效是如何进展的。很多时候，项目经理过度关注项目的成本和进度状况，但是忘了项目的目的是完成业务目标。

项目好球区（The Project Strike Zone）是一个用于评估和沟通项目目标进展情况的好工具，它能用于识别项目的关键目标，在帮助项目经理和干系人跟踪项目进展的同时，还能帮助高层经理制定项目经理和团队成员的运作边界。

如表 12-2 所示，项目好球区包括项目目标、具体目标、临界值及"实际"区域。其中，"实际"区域能显示项目的运营目标和临界值大小及项目的状态。

Bill Shaley 是一家行业领先的电信公司的项目经理，他认为公司的文化是："在这家公司管理项目就像背上绑了一个火箭、脚上穿了一双溜冰鞋。当你遇到困难的时候，没有任何停止的机制。"听上去熟悉吗？项目好球区就是这样一个机制，一旦触发消极的临界值，既可以临时也可以永久停止项目。其中，消极的临界值是指项目被评估暂停或需要重新制订计划。

表 12-2 项目好球区示例

项目好球区				
项目目标	好球区		实 际	状 态
价值主张	具体目标	临界值		
• 增加产品细分市场份额				绿
• 订单连续 6 个月增长	10%	5%	7%	
• 1 年后市场份额增加	5%	0%	4%	
时间目标				
• 项目启动获批	1/03/2018	1/15/2018	1/04/2018	
• 商业计划获批	6/01/2018	6/30/2018	6/01/2018	红
• 集成计划获批	8/06/2018	8/20/2018	8/17/2018	
• 验证发布	4/15/2019	4/30/2019	6/29/2019	
• 发布给客户	7/15/2019	8/01/2019	TBD	
资源	6/30/2018	7/15/2018	71/2018	
• 团队成员承诺完成	以最低水平配置团队	没有关键资源缺口	已配备	绿
• 人员缺口				
技术	4/30/2018	5/15/2018	4/28/2018	
• 技术识别完成	技术 1 和技术 2 交付@Alpha	技术 1 交付@Alpha	步入正轨	绿
• 核心技术开发完成				
财务				
• 项目预算	计划的 100%	计划的 105%	计划的 101%	
• 产品成本	8 500 美元	8 900 美元	9 100 美元	黄
• 利润指标	2.0	1.8	1.9	

◾ 12.2.1 制定项目好球区

制定一个有效的项目好球区是一个关键活动，它能确保项目经理、团队成员、高级管理层及其他项目干系人理解和同意项目的目标。同样，制定触发决策机制的边界条件也很重要。

定义一个有意义的项目好球区需要大量高质量的信息。最初的目标可以从项目商业论证中获得（见第 3 章）。项目发起人不仅需要与项目经理协商制定每个目标控制界限，还要了解每个团队成员的能力和经验，综合考虑项目的复杂性和风险。

1. 识别项目目标

要在项目的启动阶段识别项目目标，各个指标因素的跟踪应该由团队成员进行。项目好球区仅包括项目高层目标（通常指业务目标）。每个组织的项目目标都是特定的，可以从战略管理与投资组合管理过程中获得。

当项目目标数量控制在几个时（5~6 个），项目好球区是最有效的，因为项目团队和高级管理层只关注与项目成功有关的高级别因素，包括市场、财务、进度目标及项目成果的价值主张。

2. 设置建议的具体目标和临界值

表 12-2 介绍的具体目标和临界值构成了每个目标的好球区。具体目标以项目的商业论证和基线计划为基础，所以具体目标要直接从项目商业论证中获得。

临界值则代表项目目标成功的上界值和下界值，目标值范围的大小可以经过讨论决定。例如，计划的预算值是 50 万元，临界值就是 52.5 万元。也就是说，即使项目的实际花费是 52.5 万元，尽管没有达到 50 万元的目标，项目从预算角度来看也是成功的。

3. 确定最终的具体目标和临界值

在设置完每个目标的建议具体目标和临界值之后，项目经理要把这些信息提交给高级管理层。基于项目的复杂程度和风险等级及项目经理和项目团队的能力和经验，项目发起人会进行适当的调整。例如，对于复杂性小、风险低且由经验丰富的项目经理管理的项目，项目经理能获得较大的授权确定具体目标和临界值的范围；而对于复杂性和风险等级都较高且由经验欠缺的项目经理管理的项目，项目经理的授权程度则很低，尤其在启动阶段。

在具体目标和临界值确定之后，项目团队只要不触发临界值，就要尽可能地快速完成项目。

12.2.2 运用项目好球区

对项目经理、项目执行发起人及项目治理主体来说，项目好球区有很多功能。项目经理用它来确定项目关键目标，与高层管理者制定团队的授权程度，沟通项目的进展状态，以及在整个项目生命周期内制定各种权衡决策（见"当事情开始变坏"）。

> **当事情开始变坏**
>
> Santiam 是一家行业领先的消费电子公司的数百万美元的新产品开发项目的代号。公司的主要战略目标是进入新的市场，Santiam 项目的产品则是进入新市场的首个产品。如果要成功完成进入新市场这个战略目标，具体的目标则包括在合适的时间推出产品、获得市场份额及比竞争对手的价格更具诱惑力。
>
> 正如大多数项目经理知道的，在多变的环境下，任何计划都是有风险的，都有替代方案，Santiam 项目也不例外。进入执行阶段后的第 6 个月，一个关键部件的供应商传来消息说，遇到了重大的技术难题。项目好球区认为项目处于高度危险状态。
>
> 在与管理团队评估后，Santiam 项目的项目经理 Mellissa Bingham 将项目好球区的状态更新为"黄色"（警戒状态）。随后，他们对当前存在的风险、问题及成功的标准进行了详细的讨论和评估，提出了一个缓解方法：在供应商所在地替换供应商并持续监控项目状态，这个缓解方法得到了管理层的批准。Santiam 项目团队虽然获得批准继续开发新产品，但是风险等级很高。
>
> 3 周后，新的供应商宣称要延迟 6 周交付。很明显，问题变得越来越严重。延迟 6 周交付会影响产品的上市时间，因此，项目好球区的状态由"黄色"变为"红色"，需要高级管理层的介入。对项目其他具体目标的评估显示，如果产品推迟上市，会严重影响到产品的市场份额，那么产品的利润指标也会低于目标值 1.8（见表 12-2）。
>
> 事实上，项目的商业论证已经处于红色区域。Bingham 需要向项目发起人提交一份建议书，建议终止项目，以免在未来遭受更大的损失。做出终止项目的决策是很困难的，尤其在已经投入了大量资金的情况下。最终，Bingham 和她的团队借助项目好球区这个工具取消了项目。

高层管理者不仅可以利用项目好球区确保项目的定义支持企业的业务，还可以制定控制界限，确保项目团队的能力与项目的复杂程度是一致的。正确运用项目好球区，高层管理者能确保项目与企业的业务目标保持一致。当项目出现问题，这个工具能进行早期预警，识别项目目标实现的"搅局者"。如果项目暂停，高层管理者可以重新制定项目具体目标与临界值，调整项目的范围，确保项目的顺利实施。如果出现了非常不好的事件，高层管理者也可以取消项目。

高层管理者和项目治理主体制定了项目好球区的边界条件（具体目标和临界值）、项目经理的授权程度。只要项目在项目好球区临界值内进行，项目状态就是正常的，可以授权项目经理继续管理项目。但是，如果项目不在项目好球区内进行，项目状态就是非正常的，高层管理者需要介入。

12.2.3 项目好球区的优点

在实践中，项目好球区的优点体现在项目经理与项目发起人能共同沟通确认项目成功的关键参数。随后，把这些参数记录在好球区进行管理和跟踪，确保项目与业务目标一致。

通过项目团队和高层管理者对相关信息的交流，该工具能创造一种"高层管理者毫不惊讶"的氛围。因此，高层管理者在评估重要问题和障碍的同时，能迅速做出决策并找出解决方案。

定义项目经理和项目团队的权力、职责和业务并合理地运用该工具能帮助项目经理和团队成员获得充分的授权。项目经理经常抱怨他们要为项目的成功负全部责任，但是他们却没有足够的权力，项目好球区是应对这个问题的最佳工具。

12.3 项目仪表盘

在当今，许多项目的节奏非常快速，项目经理需要了解他负责项目的关键绩效指标，但是他却没有足够的时间阅读项目状态报告，所以项目仪表盘就产生了。

就像汽车仪表盘可以显示汽车的当前状态一样，项目仪表盘能为项目经理提供项目最新的状态信息。但是项目仪表盘与项目好球区不一样，后者主要关注高层级的项目目标完成状况，前者则主要关注项目当前的低层级关键绩效指标（KPI）。

项目仪表盘应该简单、易读、精确，如图 12-1 所示。

项目仪表盘的形式多种多样，可以根据每个项目的特点设计最适合项目的仪表盘。推荐使用图 12-1 介绍的仪表盘，因为它不仅图形简单，还能准确地提供各类项目绩效信息。

12.3.1　制定项目仪表盘

在项目经理的工具箱里，项目仪表盘是最灵活且可定制的工具。正如前面介绍的，它可以围绕项目 KPI 进行设计。因为每个项目都是独特的，所以每个项目的 KPI 都会有所不同，因此项目仪表盘的设计也是不同的。

1．识别 KPI

要设计项目仪表盘，先要识别项目的 KPI，KPI 的识别可以借助其他工具，如项目商业论证或项目章程。

项目好球区识别并定量化的项目目标确定项目要达到的最终状态，也就是项目最终能为企业提供哪些价值。量化的 KPI 能说明项目是如何完成的。

项目的 KPI 是测量体系的一部分，必须理解和掌握。业务成果支持组织的战略目标，项目目标支持企业的业务成果，而 KPI 能支持项目目标。例如，某企业的战略目标是成为某个细分市场的龙头企业，业务目标就可能是先进入市场并提供产品，而项目目标则是确定项目的完工时间，确保企业可以先提供产品。针对上述案例，有两个关键的 KPI：进度绩效和资源投入百分比。资源的延期投入可能会影响项目的进度。

项目仪表盘识别的 KPI 要与项目好球区的项目目标相关。图 12-1 介绍的 KPI 包括进度绩效、预算绩效、成本绩效及资源利用程度。

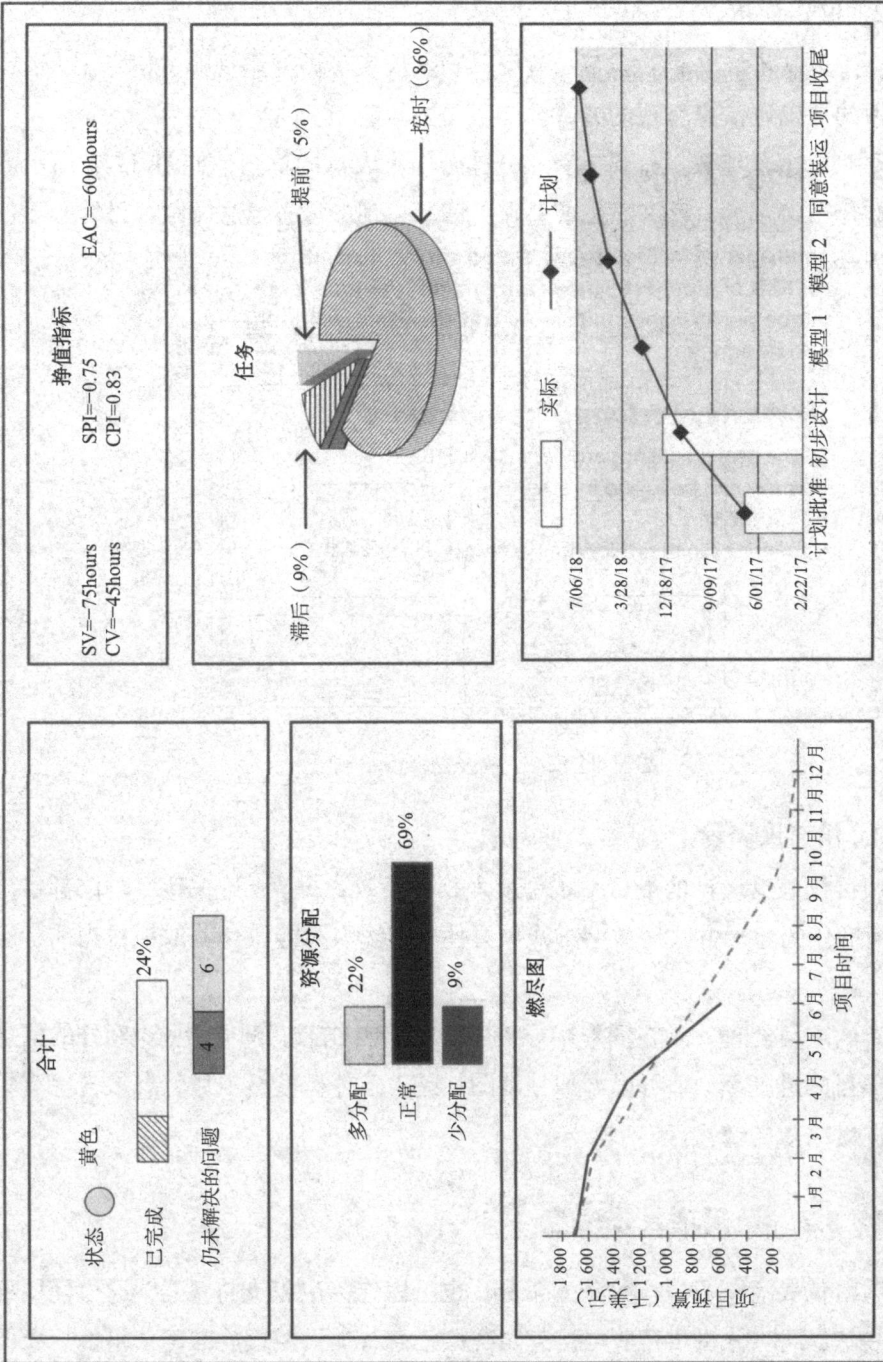

图 12-1 项目仪表盘示例

2．仪表盘布局

经过上一步 KPI 的挑选后，就可以确定仪表盘需要呈现哪些信息了。现在需要做的是确定信息呈现的方式。

要完成这个步骤，需要耗费几分钟画出仪表盘的草图，如图 12-2 所示。这没有什么特别的，只需要在纸上画出信息呈现的位置。这样做的目的是不仅能呈现全部的信息内容，还能吸引眼球。

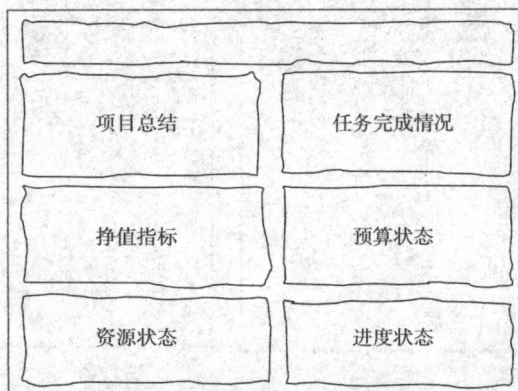

图 12-2　仪表盘结构示例

3．填充仪表盘

项目仪表盘设计的最后一步是填入相关绩效数据。无论在什么时候都要记住，图形化的显示方式比文字方式更方便，阅读人员能快速获取项目当前状态信息。

有的项目经理喜欢在图形中导入 KPI 信息的链接。例如，需要额外的信息介绍项目的进度绩效，可以增加甘特图、里程碑分析甚至项目状态报告等有关项目进度绩效的链接。

12.3.2　运用项目仪表盘

项目仪表盘既可以作为沟通工具，也可以作为决策支持工具。通过使用项目仪表盘，同时分析项目底层信息与高层信息，项目经理能准确获得他想要的信息，合理分析项目状态。此外，在项目的整个流程中需要很多决策，可以根据项目仪表盘提供的信息做出决策（见"项目仪表盘运用技巧"）。

> **项目仪表盘运用技巧**
>
> 虽然项目仪表盘简单实用，但是项目经理需要记住，仪表盘不是灵丹妙药。有效的项目仪表盘需要合理的结构设计、合适的评价指标及精准的数据提供，还需要有效的沟通和正确的决策。
>
> 项目经理在运用仪表盘时要避免陷入定量分析困境，即必须有投资回报，信息的回报价值要远远大于信息的获取和分析成本。
>
> 警惕项目仪表盘上出现的虚假数据，所以要花时间确认信息是最新的、准确的。如果信息有误，项目仪表盘会带来更大的危害！

项目仪表盘还用于集中显示项目的各类绩效信息。例如，甘特图能反映项目的进度绩效，燃尽图能反映项目的预算绩效，挣值管理系统能反映项目的成本绩效，而项目仪表盘则集中显示了项目关键绩效信息。

项目仪表盘可以呈现项目的总体状态。虽然 KPI 是常用的项目报告数据呈现方式，但是项目经理也可以把仪表盘当作数据呈现工具。

12.3.3 项目仪表盘的优点

项目仪表盘的优点很多。例如，仪表盘能帮助项目经理关注 KPI 及项目是如何进行的。在衡量项目团队绩效方面，与 KPI 相比，仪表盘允许项目经理报告关键的数据。

项目仪表盘不仅直观，还能及时提供信息，所以可以运用这个工具快速分析项目进展、识别数据异常，以及分析数据的相关性（如资源的投入程度与进度绩效之间的关联程度）。

如果在仪表盘中加入趋势数据，那么项目经理还可以根据过去的数据和未来的预测数据做出决策。所以，在大数据运用的今天，这个工具会变得越来越有用。

12.4　简要状态报告

项目经理每天要花大量的时间与不同的项目干系人沟通项目状态，可以是正式或非正式的沟通，也可以是走廊式谈话，还可以是评审会议或决策会议。无论采用哪种形式或与谁进行沟通，沟通信息都应该是一致的。

一致的沟通信息是跨项目合作的关键要素之一。项目经理要沟通与项目有关的重大差异和变更。同样，职能团队遇到的变更也要与项目经理进行沟通。信息滞后或无效沟通都会很快导致返工、延误或成本增加。

项目简要状态报告是一份高度概括的文件，用于介绍项目的状态，具体包括范围、成本和进度差异、显著的成就、识别的问题、预测的趋势及可能采取的纠正措施等。有人认为这份报告仅是对历史信息的介绍，其实不然，它应该是基于历史信息对未来进行预测的报告。图 12-3 介绍了一种项目简要状态报告。

12.4.1　制定简要状态报告

制定一份有意义的简要状态报告需要高质量的信息依据。可靠的项目基线计划是良好进展报告的基石，将项目基线计划（如范围基线、成本基线和进度基线）与项目实际状态进行对比，可以评估项目的绩效。项目的实际状态可以从平时的工作记录中得出。根据平时的工作记录，可以通过进度和控制工具报告哪些任务或可交付成果已经完成，哪些资源已经支出，如缓行线和挣值法。其他可能记录了项目实际状态信息的记录包括通信记录、会议记录及项目进程表等。

1．设计报告系统

报告系统是指定义简要状态报告的目的、层级、频率、职责及分布，这样可以确保风格和格式的统一，有效进行项目的横向和纵向对比。报告通常要提交给内部干系人或外部干系人。大部分情况下，外部报告与内部报告的细节详细程度与信息量是不一样的。例如，外部报告帮助客户关注资助项目的当前状态。但是不管哪种报告，都是层级结构的，具体包括简要状态报告、详细进展报告及备份资料。

简要状态报告

项目名称：Silverbow   项目经理：Lance Martin   日期：2016 年 7 月

目标：新电脑/平板电脑可转换设备的设计、开发、测试及上市

计划与实际

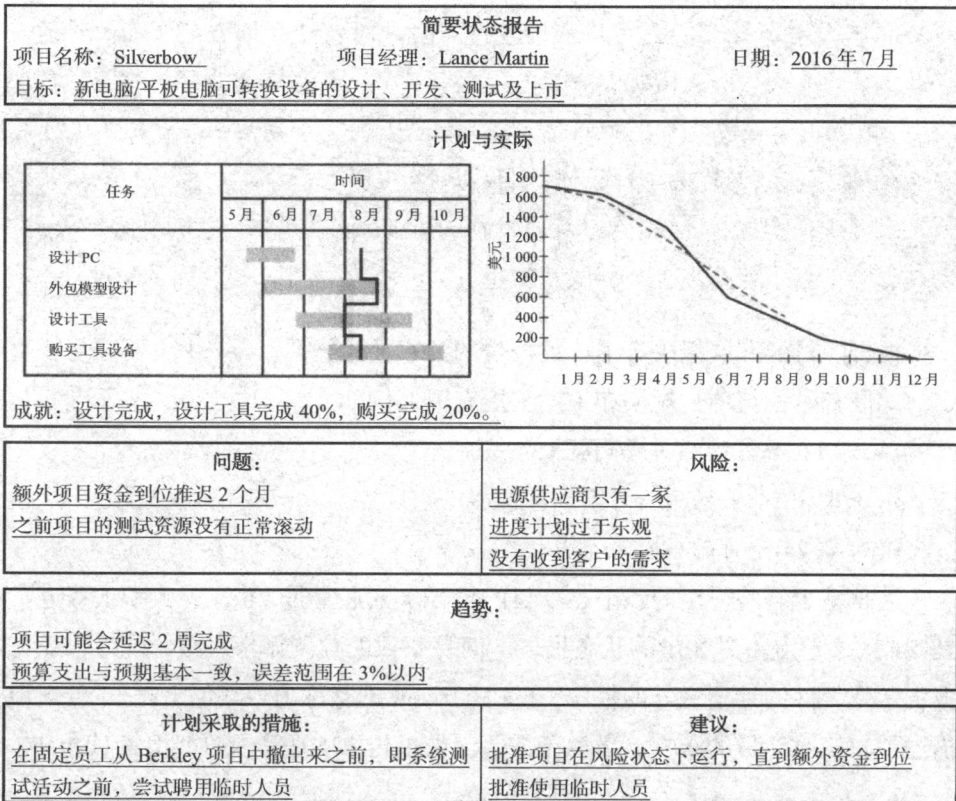

任务	时间					
	5 月	6 月	7 月	8 月	9 月	10 月
设计 PC						
外包模型设计						
设计工具						
购买工具设备						

成就：设计完成，设计工具完成 40%，购买完成 20%。

问题：	风险：
额外项目资金到位推迟 2 个月 之前项目的测试资源没有正常滚动	电源供应商只有一家 进度计划过于乐观 没有收到客户的需求

趋势：

项目可能会延迟 2 周完成

预算支出与预期基本一致，误差范围在 3%以内

计划采取的措施：	建议：
在固定员工从 Berkley 项目中撤出来之前，即系统测试活动之前，尝试聘用临时人员	批准项目在风险状态下运行，直到额外资金到位 批准使用临时人员

图 12-3　简要状态报告示例

　　简要状态报告能介绍整个项目的重点，帮助管理层快速审查项目的绩效进展和趋势。详细进展报告包括项目的一般状态、主要成就、显著的偏差、主要的问题、完工进度和成本预测及纠正措施说明等。两类报告本质上提供的信息类型是一致的，只是详细程度有所不同（见"过度报告"）。正因为它们之间的相似性，本章仅介绍简要状态报告。

过度报告

　　这是一个 IT 项目经理的进展报告故事，遗憾的是，这类故事很常见。根据项目经理的描述："在我们部门，项目经理每个月要为他管理的每个项目提交项目状态报告。我会告诉你我到底花了多少时间管理项目，尤其是所有的行政工作。如果每个项目要用常规工作量的 100%进行报告的话，我们就要花费

130%的工作量，这还不包括我们进行报告的时间。这些报告实在是太长了，通常要求 6~7 页。而我同时管理 4~5 个项目，每个项目都需要提交报告。我不仅要管理项目，还要花费大量的时间提交报告。我觉得高层管理者们不太可能有那么多时间来阅读 20~25 页的详细报告。"

这就是过度报告，既浪费了项目经理的时间，也浪费了高层管理者的时间。较好的解决办法就是提供简要状态报告。

报告的目的和层级决定了项目报告的频率。报告的节奏是由主要接受者决定的，但有时也与项目规模和工期长短有关。例如：
- 工期 6 个月的项目每周提交报告。
- 工期 12 个月的项目每两周提交报告。
- 工期 24 个月的项目每个月提交报告。

这是基于经验得出的：中小项目的报告次数通常是 26 次，大型项目通常是 24 次。重点不是大量的状态报告，而是一致的控制循环次数。此外，还有报告意外事件的计划之外的报告，F.L.Harrison 把它称为"红色土匪"，恰当地描述了它们对项目的影响。最后还需要定义报告人的职责及谁将会阅读报告。

2. 确定偏差

确定了报告系统之后，就要把收集到的数据转换成有用的项目绩效信息了。先要计算项目基线和实际项目状态之间的偏差。这很容易，只需要计算两者之间的差值。

偏差分析的工具有很多，可以根据项目所处的环境决定使用哪种工具。例如，小项目可以使用缓行线介绍进度偏差，非项目驱动型的部门也倾向于使用这种工具。但是对大型项目或项目驱动型企业而言，可以使用里程碑分析或挣值法介绍进度偏差和成本偏差，甚至可以借助文字描述介绍质量偏差和范围偏差。

请记住：按照项目层级进行报告，使用第 5 章介绍的 WBS 是一个较好的方法。报告的时候先从工作包层级开始，识别偏差并进行合计，最后确认整个项目的偏差。识别问题、预测趋势及建议采用的纠正措施也可以借助 WBS 工具，详见第 9 章。

3．识别问题和风险

如果存在偏差，尤其是消极偏差，就有必要报告引起偏差的原因。同时，还要报告未来可能存在的风险及风险对项目造成的影响。第 类（问题）是了解哪些问题导致了偏差及其对项目的影响。第二类（风险）是研究未来可能存在的麻烦及它们未来对项目的影响（见图 12-3）。当然，重点在于现在找出应对方法。例如，某个项目的项目经理刚刚了解到项目的一个主要部件的供应商可能会破产，这就是一个高风险事件，需要写入简要状态报告。因此，团队要制订一个紧急方案，而不是等待对方几个月后宣布破产，否则到时候团队已经来不及采取措施了。

任何事情都可能会影响项目进展，可以使用问题跟踪器跟踪所有的项目问题（见"维护问题数据库"）。问题日志也能用于跟踪项目可能存在的问题。简要状态报告需要记录会影响项目的问题及需要高层管理者介入的问题。图 12-4是一个问题跟踪器示例。

维护问题数据库

很多企业都会借助过去的经验教训进行持续改进，问题数据库是一个较好的技术。它可以分类数据，为以后的项目提供借鉴。换句话说，问题数据库通常记录三类信息：对过去的项目造成重大影响的问题；影响的性质；成功解决问题的方法。

如何开发数据库？可以根据风险日志分析过去的项目、正在进行的项目及项目后评价，识别信息的类型。然后，根据类型对信息进行分组。例如，团队问题、流程问题、供应商问题、进度问题、风险管理问题等。当然，计算机数据库是非常有价值的。数据库能为项目做什么？它可以是规划未来项目的清单，可以是识别问题和风险并监控进度、成本和范围的工具，还可以是进行影响评估和采取措施（减轻问题造成的影响程度）的"半成品"。

项目问题日志					
问题编号	问题描述	提出日期	负责人	优先级	状 态
1	第二轮融资没有通过	10/8/2018	Williams	1	关闭
2	要到 1 月才能获得研究数据	10/25/2018	Owens	1	正在进行
3	快速设置功能坏了	10/26/2018	Powers	2	正在进行
4	供应商延误了第一次交付	11/23/2018	Gupta	1	关闭
5	……				
6	……				

图 12-4　问题跟踪器示例

4．预测趋势

这部分是根据项目现有的状态预测项目未来的趋势。尽管这很难，可靠性和精确度也不高，但是它的本质是进行早期预警。例如，在图 12-3 介绍的简要状态报告中，"项目可能会延迟 2 周完成"就是一个很明显的预警，有必要采取纠正措施。不论是每周一次，还是其他报告频率，拥有趋势预测的能力对项目团队建立趋势预测的氛围至关重要。项目团队成员不仅要关注项目过去的进展，还要更关注未来将发生什么。

5．纠正措施说明

如果趋势预测是不利的，这部分就是制定相应的措施，从而按计划交付产品。展望未来、分析趋势，根据纠正措施说明评估影响并委派相应的负责人。所以，本部分应该是报告的核心，因为它能让项目团队变得积极主动。尽管绩效信息能显示项目当前的状态，但它已经成为历史，我们不可能改变历史。不过，我们还有机会改变未来，这就是趋势分析和纠正措施能做到的：从现在开始预期未来和构筑未来。

■ 12.4.2　运用简要状态报告

不论是小项目还是大项目，都需要简要状态报告。由于存在资源的压力，尤其在多项目环境下，小项目可能会把简要状态报告作为唯一的报告方式。

尽管大部分项目会使用正式的书面报告，但是小项目的项目经理有时也会采用口头的方式进行报告（见"漏报"）。

漏报

这个故事是我与一家技术公司的项目经理 Eric Biesot 在 10 分钟午餐的谈话中听到的。Biesot 说："我们为公司的其他部门开发部件，他们再把这些部件组合成新产品出售给客户。现在，我管理的项目有 7 个，我实在没有时间提交书面报告。事实上，其他项目经理也一样。我们都同时管理多个项目，我们都认为没有时间进行报告，因为我们每周通常要工作 70 小时。我的老板也愿意采用报告这种方式，但是考虑到我们的工作量，他并没有提出强制的要求。他在晋升之前也担任过项目经理，所以我认为他能体谅我们的处境。每次召开团队例会时他都会询问是否需要他提供帮助，但我知道他其实帮不上忙，因为他做不到。我通常会为每个项目制作甘特图，但是目前这种状况下，我根本没有时间更新甘特图。"

这就是漏报，很危险！因为没有使用简要状态报告，这位项目经理和他的上级乃至整个企业会一直处于"救火"的状态。

中小型项目只需要 1 小时就可以准备出一份简要状态报告。当然，项目的规模越大、复杂性越高，需要的时间也会越长。但是哪怕是大型项目，也只需要几小时就可以做到。最极端的情况是花费 10 小时计算报告所需的绩效数据。

■ 12.4.3　简要状态报告的优点

如果把制作报告的时间当作一项投资，可以从多方面计算它的投资回报。首先，报告的流程能确保项目控制、信息沟通是主动的，高级管理层和项目团队能及时采取措施。

其次，简要状态报告能确保干系人积极参与项目。通过向干系人介绍项目的绩效，他们能了解项目的未来及他们为项目做出的贡献。所以，简要状态报告能提升干系人的参与程度，促进他们之间的沟通，增进团队的凝聚力。

最后，报告周期能增强制度。项目经理们每天都要处理各种日常事务，而报告就像一个强迫机制，要求他们坐下来，收集项目数据、展望项目未来及制定相应的措施。与日常处理事务不一样，这才是项目管理的实质——思考、预测、处理。

如果项目经理在组织的影响力很低，那么报告就有第四个优点：向高级管理层发声，证明他有能力管理项目，从而提升项目经理的影响力。

12.5　项目指示器

在大多数组织里，项目经理需要定期向高级管理层口头汇报项目的状态，进行正式或非正式的审查。在与项目团队讨论后，项目经理能利用项目指示器总结整个项目的状态。项目指示器与简要状态报告直接相关，项目指示器是一个演示设备，用于沟通简要状态报告中所含的信息，能帮助项目经理站在总体角度判断项目是运行良好还是存在潜在威胁或障碍。

企业有必要设计一个适合所有项目的通用项目指示器格式，从而确保信息传递的一致性和可比较性。报告格式要包括高级管理层需要的所有关键项目要素，以便高层管理者能迅速评估项目的进展，决定是否需要进一步的介入，如图 12-5 所示。

项目指示器简单，一般只有一两页，需要提供精确且全面的信息，具体包括项目当前状态、遇到的关键问题和变更、绩效状态及重大风险时间的管理。

12.5.1　制定项目指示器

制定项目指示器，先要了解与高层管理者沟通的信息，不管是正式的还是非正式的。正如前面介绍的，如果项目指示器采用的是标准格式，那么对高层管理者会很有用。可以使用二八法则（80/20 法则），项目指示器 80% 的信息是通用知识，另外 20% 的信息是项目特有的信息。项目指示器通常包括：

- 项目发生的重要变更。
- 上次评审之后完成的工作。
- 下个报告周期计划完成的工作
- 绩效信息。
- 遇到的问题。
- 识别的风险。
- 其他因素。

项目绩效指示器

进度绩效

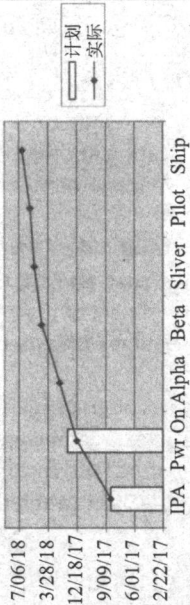

预算绩效

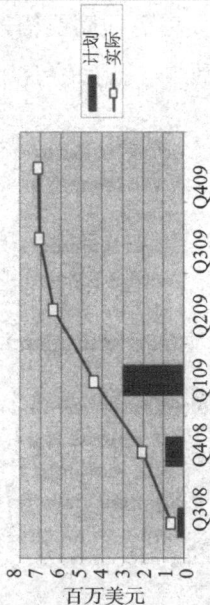

项目总风险

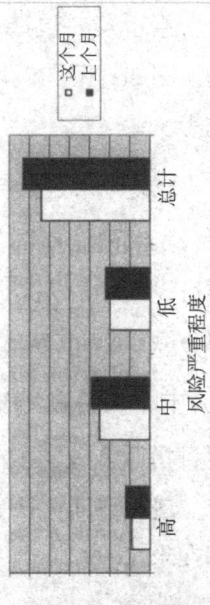

项目变更
- 额外的测试循环已批准
- 第二原材料供应商已批准

项目审查
- 电路板上电已完成
- 目前进度滞后 4 周
- 目前耗费 120 万美元，低于预算

项目状态
上个月完成的工作：
- 已经识别出了战略客户，并获得客户的支持
- 电路板上电已完成
- SW 构建 42 已交付

接下来 1 个月要完成的工作：
- 测试团队组建完成，并投入工作
- 营销计划完成
- 外壳 CAD 文件交付给供应商

当前问题
- 测试平台的稳定性
- 进度滞后 4 周
- 下个电路板的关键部件短缺
- 存在 5 周的资源缺口

图 12-5 项目指示器示例

1. 项目发生的重要变更

项目指示器要包括项目重大变更的简要描述，因为变更会对项目的绩效造成影响。例如，范围的增加或减少、预算的变化、项目资源的变化及项目目标的变化等。

2. 上次评审之后完成的工作

项目指示器的这部分提供自上次报告之后项目主要工作的完成情况，具体包括项目里程碑的完成情况、项目可交付成果的完工程度、主要问题的解决情况、风险事件的处理情况及项目重大事件的完工情况，如客户审查或协议的签署。

3. 下个报告周期计划完成的工作

项目指示器除了要介绍已完成的工作，还要包括下个报告周期内应该完成的工作。这可以让高层管理者了解过去发生了什么，未来要发生什么，以及项目经理在未来一个报告周期内的期望。

4. 绩效信息

项目指示器应该提供准确的绩效信息，可以采用图表（推荐使用）或文字的形式提供信息。如果使用挣值分析法（见第 10 章），也需要介绍挣值分析法提供的信息。

5. 遇到的问题

这部分简要介绍项目在运行中遇到的问题。请牢记：简明扼要。项目指示器是一个用于口头报告的工具，所以应该简单介绍遇到的问题。如果需要进一步详细说明的话，可以以后与高层管理者详细沟通。对于每个提出的问题，项目指示器也要相应介绍解决方案。

6. 识别的风险

与项目问题一样，项目指示器也需要简要介绍项目的主要风险事件，最好是 3~5 个风险事件。如果可以的话，采用图形显示风险事件，如图 12-5 所示。

7. 其他因素

因为每个项目都是独特的，这部分只介绍本项目的特有信息。本部分的信息可以参考前面部分介绍的项目报告清单。

12.5.2 运用项目指示器

正如前面介绍的，项目指示器适用于与高层管理者沟通整个项目的状态，能促进项目经理和高层之间的沟通。项目指示器里介绍的每项内容，要确保有可以支持进一步沟通的详细信息，或者团队中有专人负责解释数据。

项目指示器是保证高层管理者参与项目重要事件的工具，必要的时候，可以请求高层管理者的援助。

项目指示器也能用于项目团队有效沟通项目的状态。通常，项目团队成员只参与项目的部分工作。运用项目指示器是最有效的，项目经理可以把与项目团队成员有关的信息转达给他们。

项目经理通常一起使用项目指示器和项目好球区，从而全面介绍项目的状态，包括项目的历史信息、操作状态及绩效状况。

12.5.3 其他形式

有的项目经理会在项目团队内使用项目指示器，促进团队内的进展报告。所以，项目内的职能负责人会准备和制作一份详细的、主要关注职能指标的指示器，反映每个职能团队的工作（见图 12-6）。

项目经理应该与职能团队负责人商讨决定职能指示器的格式与内容。项目经理要定期要求职能负责人提交一份全面准确的状态报告，确保职能指示器是最新的。此外，职能指示器可以作为项目指示器的信息输入依据。

12.5.4 项目指标器的优点

项目指示器采用的是标准格式和数据模型，能帮助项目经理判断项目的当前状态，了解项目团队面对的关键挑战及项目可能的趋势。

项目指示器也是项目经理与高层管理者进行沟通的重要工具，强调了需要高层管理者介入的跨项目问题，能促进项目经理与高层管理者的沟通。如果项目经理有不适合与高层管理者进行讨论的话题或新机会，项目经理也能使用项目指示器进行卡片提示。

软件开发项目指示器

软件缺陷趋势

20
15
10
5

高　　中　　低
严重程度

进度绩效

12/18/16
10/29/16
9/09/16
7/21/16
6/01/16
4/12/16
2/22/16
1/05/16

A1　A2　A3　B1　B2　B3　C1　C2
可交付成果

软件开发状态

上周完成的工作
● 更新为最近的软件版本与用户指南
本周需要完成的工作
● 调试关键缺陷
● 完成 Linux 支持计划
下次可交付成果
● Linux 支持计划——10 月 14 日完成
● 软件构件——11 月 1 日完成

关键缺陷

1.操作系统崩溃
2.新的固件版本导致系统中断

风险

风险：Linux 开发人员没有按照预期时间进驻

影响：
进度可能滞后 2 周

减轻措施：
从技术营销团队短期外借一部分开发人员缓解项目
的风险

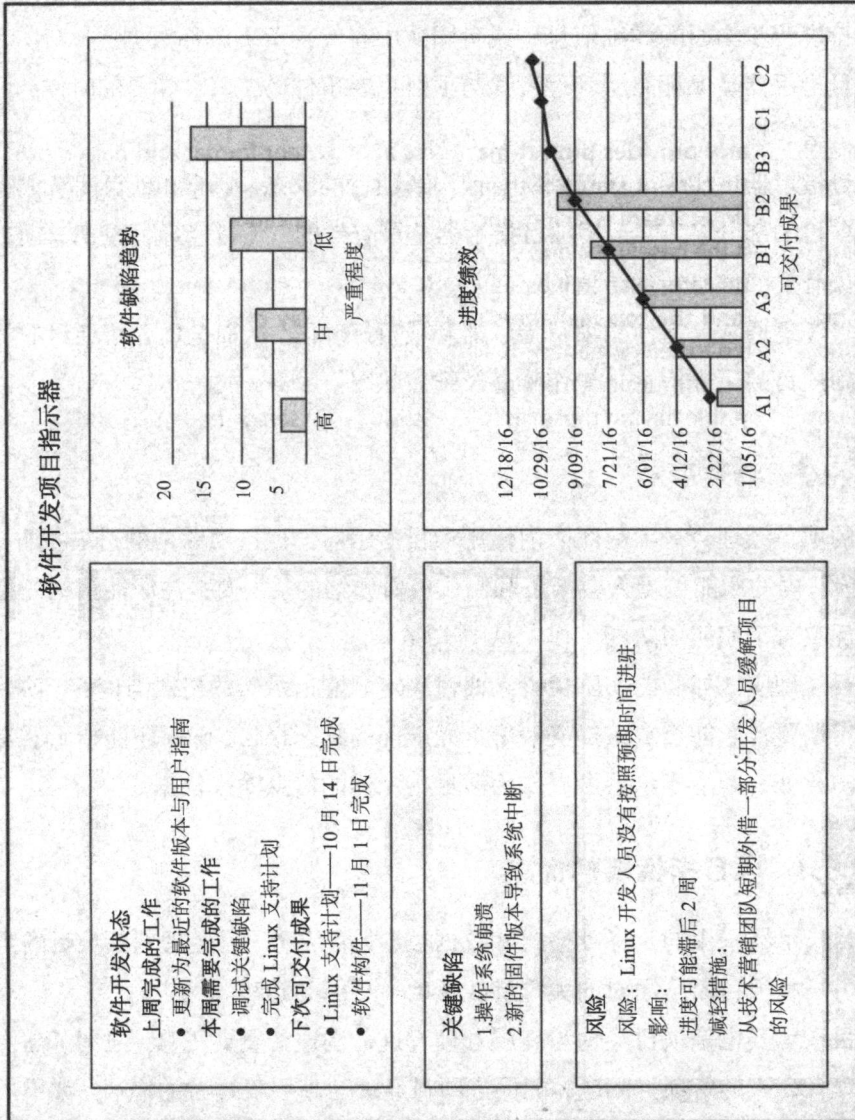

图 12-6　职能显示器示例

12.6　绩效报告工具选择

以上介绍的绩效报告工具适合不同的情况，但是如何选择是一个问题。表12-3 介绍了以上工具适合的具体情况。根据实际情况，结合表格的内容，形成你自己的项目管理风格。

表 12-3　绩效报告工具比较

具体情形	项目报告清单	项目好球区	项目仪表盘	项目指示器	简要状态报告
准备报告信息	✓		✓		
基于项目生命周期定制报告信息	✓				
沟通绩效信息		✓		✓	✓
促进项目层级决策制定		✓	✓		
沟通项目绩效信息，非 KPI 指标			✓		✓
与项目经理沟通职能状态			✓	✓	
与高层管理者沟通项目总体状态		✓		✓	✓
描述现有问题			✓	✓	✓
沟通项目趋势和风险		✓	✓		✓
适合书面状态报告					✓
适合口头状态报告		✓	✓	✓	

第 13 章

项目收尾

持续改进的意义体现在持续学习。学习既不是毫无目的的，也不是一直学习新颖的事务。多年来，我们一直坚信组织和团队学习能创造竞争优势。这一概念在彼得·圣吉的《第五项修炼》(*The Fifth Discipline*)(也包括工具和技术)中提出，在 20 世纪 90 年代大受欢迎。很多学者出版了大量书籍并提供了很多关于"学习"的想法，所以本章的意义重大。

优秀与不优秀的主要区别在于是否学习。通过学习知识和总结经验教训，个人和团队能轻松地获得信息、整理信息并利用信息，从而具备竞争优势。通常，这些知识来自项目经理和团队成员，他们开发新产品、提供新服务或帮助组织进行变更。优秀的会更优秀，糟糕的也会更糟糕。

本章主要关注收尾工具和技术的最佳实践，促进项目经理学习经验教训及持续改进。本章将详细介绍三种工具：项目收尾计划和清单、项目收尾报告以及项目后评价。此外，还会专门介绍项目回顾。但是在介绍这些工具之前，需要简要介绍什么是项目收尾。

13.1　理解项目收尾

项目是各种各样的，因规模、范围和复杂程度而异。不论哪种项目，所有项目的生命周期都很相似——从启动到收尾。项目的生命周期通常包括开始或启动阶段、计划阶段、执行阶段及收尾阶段。在哈罗德·科兹纳和其他专业人士出版的相关书籍和文章中，他们把项目划分为工程项目、制造项目、软件开发项目及建设项目。由于科兹纳先生的研究文章里已经进行了详细介绍，这里就不再介绍了。项目经理可以运用图 13-1 介绍项目的通用生命周期阶段，有效理解各阶段使用的工具和技术。

图 13-1　通用项目生命周期

需要强调的是，项目生命周期与项目过程组不同，项目经理和项目团队使用过程组来组织他们的工作。还要强调的是，《PMBOK®指南》介绍的生命周期也与项目管理过程组不一样。但是事实上，还是很多人会混淆。这五个过程组分别是启动、规划、执行、监控及收尾。这几个词与科兹纳先生对项目生命周期阶段的划分很相似。它们都提及了周期或过程，工作量（也可以是可交付成果或决策之类）的多少也因阶段而异。

图 13-2 显示了项目生命周期中的各个过程组及过程组之间的关系。此外，该图也介绍了阶段和过程组之间的区别。在图中，生命周期的各阶段是线性的，有着明确的开始和结束。而过程组之间存在重叠。我们还可以看出，大部分的过程组在整个生命周期中存在同时发生的工作。同时发生的工作不是很好理解。例如，尽管每个阶段都有项目收尾活动，但是项目经理和项目团队通常只在收尾阶段进行收尾。只在收尾阶段进行收尾会影响项目的学习，增加项目和企业的风险。本章会进行详细的介绍。

本章关注的项目收尾和收尾过程组包括结束工作或竣工工作及与任何阶段或过程组相关的工作。例如，与合同有关的工作、采购文书工作、项目团队与运营团队之间的传递协议及资源的重新分配等。

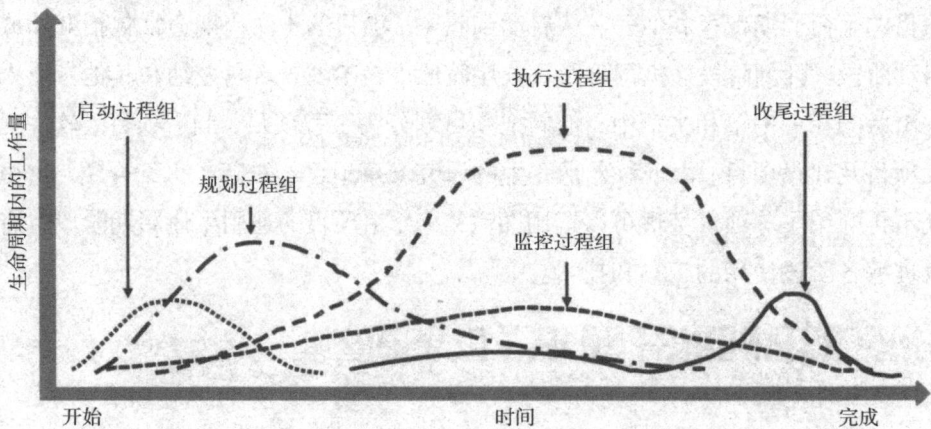

图 13-2　项目生命周期内各个过程组

13.1.1　项目收尾活动

当从事收尾活动时，项目经理的职责是审查之前阶段的工作，确保所有计划的工作都已经完成，目标也已经达到。收尾过程组的作用体现在两方面。首先，确保所有计划的工作已经完成。在项目计划阶段，计划了每个时间段的资源、范围、质量、成本及其他活动。合适的收尾活动能确定计划阶段的哪些事情已经按照期望完成。如果存在偏差，项目经理需要解释为什么会存在偏差，并决定是否应该对项目以后的工作做出调整。这里所指的偏差既可能是积极的，也可能是消极的。

尽管合适的项目收尾的第一个作用是以项目为中心的，但合适的项目收尾的第二个作用则超出了项目团队的价值，即以企业为中心。有效的学习型组织有一套流程、系统和文化，促进组织的知识共享。项目经理有责任向其他项目经理传播经验教训、最佳实践和解决问题的技巧。如果可以知识共享的话，项目团队能更有效地工作、更有效地计划和更有效地实施项目工作。项目会更有效率，也能为企业创造更大的价值。

虽然收尾工作的重点是确保所有的相关活动已经完成，但是更重要的是，收尾是一种学习。这就需要项目经理与团队成员和其他干系人一起努力，也需要他们进行监督。正如前面介绍的，大部分项目经理只关注项目收尾阶段，而不是每个阶段的收尾过程。

项目管理收尾不仅是收尾阶段的工作，而是贯穿整个生命周期的评审和学习。

众所周知，不论项目的大小和复杂程度，项目管理都涉及大量的工作。成功完成一个项目需要使用大量的资源、交付多个可交付成果，以及做出很多决策。项目经理和项目团队经常认为可交付成果的交付是完工的标志。但是，有经验的项目经理和成熟的学习型组织却并不这么认为。里程碑事件、可交付成果甚至交接都不是完工的标志，项目收尾过程才标志着项目结束。图 13-3 介绍了生命周期内的项目收尾工作。

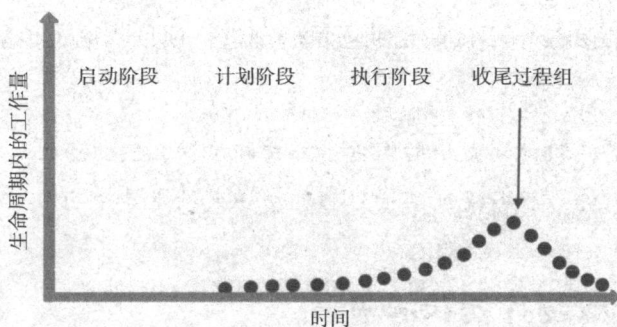

图 13-3　项目生命周期内的项目收尾工作

从图 13-3 可以看出，项目收尾不是项目结束时所特有的工作，而是整个项目生命周期内的进展评估、工作完工及学习。之所以在这里要进行强调，是因为在与很多项目经理沟通时，我们发现他们只关注项目的结束。

你是如何从你自己的项目学习的

一家项目管理机构在审查太平洋西北地区的一家公司时，发现该公司在项目收尾时存在一个共同的问题。Ashley 是这家不成熟企业的优秀项目经理，她说："我们通常在项目结束后与项目团队成员一起做一些检查，学习我们自己项目的经验，当然，这些团队成员是还没有进入其他项目的成员。遗憾的是，我们学习的时间太少了。在我看来，应该在整个项目生命周期内进行学习，总结经验教训，从而对以后的工作进行适当的调整。我们总是一次次地重复同样的错误。这不是学习，而是在浪费资源。"

Ashley 的经历是很常见的。由于她所在的企业项目结束后才总结经验教训，时间过长，很多经验教训可能已经被遗忘了，也没有进行系统的收集、整理和分享。此外，越早总结经验教训，以后阶段的工作越会变得更有效率，效果也会更好。如果企业内的项目都是这样处理的，那么企业的成本就会越来越高，风险也会越来越大。

直到生命周期的收尾阶段才进行学习不仅对项目不利，也对整个企业不利，项目团队也会失去学习和提高的机会。成熟的企业、经验丰富的项目经理都深知项目干系人主动参与项目收尾所具有的价值。

本章后续部分将详细介绍项目经理在他们的项目中如何进行项目收尾。本章介绍的工具和技术不仅能帮助项目经理进行项目收尾，也能提升企业的价值。

识别所有需要对计划做出的变更，并立即启动相应的变化。

- 收尾过程组。执行完所有的过程组，正式结束某个项目或某个阶段。

13.2　项目收尾计划和清单

好的项目收尾需要合理的项目规划。当进入项目收尾时，规划就显得尤为重要，因为在规划时常常忽略项目收尾工作。要确保项目收尾不被忽略，较好的做法是在项目的计划阶段就开始进行项目收尾工作。这样做的话，可以提前分配项目收尾资源，并计划整个项目生命周期内的收尾工作。这包括两方面的问题：

（1）项目收尾工作包括哪些活动？

（2）什么时候进行项目收尾？

项目经理在进行收尾工作时，要审查三个主要的任务。不论在项目的哪个阶段，这三个任务都是一样的。首先，项目经理必须评估项目的成果、决策或可交付成果是否达到了所有干系人的期望，可以归纳为以下几个问题：

- 可交付成果和里程碑都按计划完成了吗？
- 到目前为止，项目和项目团队都健康吗？

- 到目前为止，干系人满意项目的进展吗？对以后的工作乐观吗？
- 所有的合同和采购工作都完成并更新了吗？
- 对于下一阶段的工作，团队准备好了吗？资源准备好了吗？前景乐观吗？

实际上，项目经理要把这些问题当作开始项目收尾活动的框架。理想状态下，这些问题的答案应该是"是"。如果有问题的答案是"不"，项目经理要进行深入的分析，决定对下一阶段的工作做出哪些变更。在某些情况下，可能需要高层、治理主体和项目发起人的支持和指导。

随着项目收尾的开始，摆在面前的是大量工作。项目收尾清单能为收尾工作提供指导，确保所有的工作顺利进行。表 13-1 是一个通用的项目收尾清单，可以根据项目的特点和实际情况做出调整。

表 13-1　通用项目收尾清单

状　　态	清单内容
✓	确认所有可交付成果已完成
✓	召开项目收尾会议
✓	制订资源重新分配计划
✓	关闭所有订单、合同与分包
✓	准备最终报告（项目、财务、质量等）
✓	向客户和高级管理层提交最终报告
✓	关闭项目文档
✓	关闭所有财务文件
✓	核实所有成本费用项目
✓	把发票移交给客户，付款
✓	归档最终的变更管理日志，确定最后的项目范围
✓	记录所有可交付成果的实际交付日期
✓	召开项目后评价会议
✓	提交最终的客户验收文档
✓	正式通知客户项目完工
✓	正式通知供应商和合作方项目完工
✓	整理、储存所有的文档，以便进行长期数据管理

状　态	清单内容
✓	处理所有文件和设备
✓	感谢项目团队成员的努力
✓	收集整理和归档所有的项目经验教训
✓	庆祝项目的成功

在进行收尾时，项目经理的第一项工作是决定哪些工作做了及哪些工作没有做。项目经理的第二项工作是对文件进行归档。这里的归档是指更新项目的部件、可交付成果、与下一阶段有关的规划文件，以及记录最佳实践和模板。如果可以的话，项目经理和项目团队可以作为专家（研究人员或教师）分享经验和知识。因此，项目经理需要有效地分享项目的经验教训。坚持分享的话，团队和组织都会变得更快、更好。学习得更快，你就能变得更好，这就是团队或企业能具备竞争优势的关键所在。当项目经理和团队之间分享知识成为一种文化时，那么知识、最佳实践、工具和流程就能从一个团队传递给另一个团队，企业就能持续改进。

13.2.1　制定计划和清单

合理规划是项目成功的重要因素之一。通常，项目经理会综合考虑项目的范围和进度制订项目收尾计划。因此，项目经理在结合项目各种活动的情况下，可以确定收尾工作的频率。项目管理计划通常包括以下几项：

- 范围。
- 时间和进度。
- 成本。
- 质量。
- 沟通。
- 风险。
- 采购。

遗憾的是，在项目计划阶段，收尾活动通常被忽视，但是收尾会对上述几项造成直接的联系和影响。收尾活动应该和范围、时间及成本一样被纳入合理规划中，并促进项目的质量管理、沟通管理、风险管理及采购活动。因此，合理项目收尾的第一步是在项目计划阶段制订项目收尾计划。

确保合理收尾就是识别关闭项目各方面的过程，包括决策、可交付成果、里程碑及项目的主要生命周期阶段。图 13-4 介绍了项目收尾计划的输入和输出。

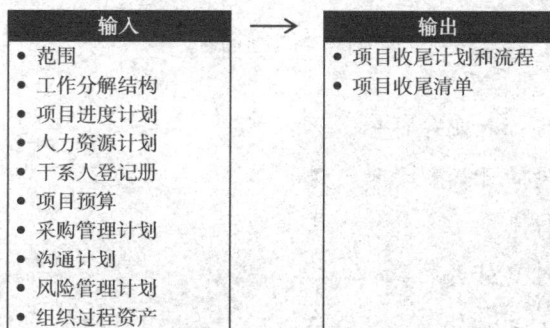

输入 →	输出
• 范围 • 工作分解结构 • 项目进度计划 • 人力资源计划 • 干系人登记册 • 项目预算 • 采购管理计划 • 沟通计划 • 风险管理计划 • 组织过程资产	• 项目收尾计划和流程 • 项目收尾清单

图 13-4 项目收尾的输入和输出

从图中可以看出，项目收尾的输入包括项目的各项核心计划。在计划阶段，应该先详细编制各单项计划，再根据各单项计划编制收尾计划的过程、实践、期望及清单等。

因为每个项目都是独特的，因此每个项目的收尾计划（广度和深度）也不同。大部分项目经理面临的挑战是确保项目收尾活动没有被遗忘或工作量过大。在每个里程碑或可交付成果交付时进行收尾，这说起来很容易。但是，真正难的是项目经理要辨别哪些关键点需要投入时间和资源进行分析、学习，从而进行更新、归档和分享。这需要项目经理掌握平衡艺术（见"项目管理的平衡科学与艺术"）。

项目管理的平衡科学与艺术

关于项目管理是不是一门科学是一个长期存在的争论。确实，多年来，越来越多的科学方法加入项目管理体系中，如时间估算技术、用挣值法计算绩效及资源计划和分配方法等。这都是科学！但是，项目管理不是简单地把它们加在一起。项目经理对团队授权、运用组织政策、激励团队成员、与不同的干系人沟通等，这些同样重要，需要项目经理的领导艺术。

事实上，项目管理不是一道"二选一"的选择题。也就是说，项目管理既是一门科学，也是一门艺术。优秀的项目经理能在科学的管理方法和领导艺术之间进行平衡。他们知道何时使用工具和方法，何时运用领导魅力。这就是管理的科学与艺术。

项目收尾计划通常包括：

- 行动纲要。
- 项目范围目标和业务目标。
- 项目各阶段的开始和结束日期。
- 项目完工标志。
- 项目收尾可交付成果。
- 项目收尾文件。
- 项目收尾资源。
- 项目收尾沟通计划。
- 最终批准。

需要强调的是，在项目完工时，项目收尾计划是项目收尾报告的基础。因此，运用这个大纲能帮助项目经理尽早为结束做准备。接下来将逐一进行介绍。

1. 行动纲要

行动纲要详细介绍收尾的工作量、需要花费的时间及商业价值。此外，行动纲要还列出了重要的结论、问题、最佳实践、建议及经验教训。

2. 项目范围目标和业务目标

本部分概括介绍了项目的范围和要达到的关键业务目标，详细解释了项目的干系人群体（组织内外的），确保项目的可交付成果与业务目标的一致性。需要强调的是，本部分介绍的目标应该是详细、准确的，而且有相应的测量工具。同时，本部分还要包括项目章程（见第 3 章）、项目商业论证（见第 3 章）、工作分解结构或项目集工作分解结构（见第 5 章）。

3．项目各阶段的开始和结束日期

本部分概括介绍了每个阶段预计的开始时间和结束时间。有的项目经理还会介绍每个里程碑的持续时间。这么做可以强调每个工作的时间，以及明确收尾的时间。同时，明确各个项目收尾事件能帮助确认项目资源（尤其是人员）可用。

4．项目完工标志

本部分详细介绍了项目和业务的完工标志，用于评估项目是否完工。表13-2 介绍了需要审查的活动或可交付成果、完工标准及用于判断的指标等，确保项目的成功完成。

表 13-2　项目完工模板

活动/可交付成果	完工标准	指　标

5．项目收尾可交付成果

本部分列出了两大收尾需求。首先，本部分可以作为审查所有可交付成果的清单，审查它们是否完工。其次，它识别需要交付给业务负责人的项目可交付成果。表 13-3 常用于介绍这些细节。此外，还可以介绍强调哪些可交付成果没有交付或移交、相关的建议和解决方法等。

表 13-3　项目收尾可交付成果模板

可交付成果	业务负责人	完　工	交付计划

6．项目收尾文件

任何项目文件都需要整理、更新和归档。因此，在项目计划阶段就要进行详细的文档登记，并在整个项目生命周期内持续更新。本部分包括注册登记、表明项目的负责人和项目后的负责人、文档的位置及更新的版本。

7. 项目收尾资源

本部分介绍了收尾活动需要使用的资源。在计划阶段计划需要使用的资源能确保收尾资源的及时获得。表 13-4 可用于计划项目收尾资源。

表 13-4 项目收尾资源模板

资源名称	收尾活动责任	批准的资源	持续时间

8. 项目收尾沟通计划

本部分详细介绍了需要沟通的信息，包括经验教训、新的最佳实践、任何更新的工具和模板或其他技术。表 13-5 介绍了沟通计划的关键因素，可以作为信息沟通的摘要图。

表 13-5 项目收尾沟通模板

负责人	信　息	接收者	沟通渠道	时　间

9. 最终批准

本部分是指最终签署项目收尾的位置。通常，项目发起人或负责项目可交付成果的业务领导一起在指定位置签字，这是一种正式的手续。一旦签署了姓名和日期，就代表项目正式收尾，可以释放资源了。

■ 13.2.2 运用项目收尾计划和清单

项目经理有责任使用收尾计划和清单，因为它能帮助项目经理协商收尾工作的资源分配，还起到监督项目的作用，加快对完工工作的审查。正如之前介绍的，这其实是艺术（领导力）与科学（管理）的平衡。运用收尾计划和清单的目的是在核实工作已经完工并准备进行交接的同时，总结经验教训，提升企业价值。要严格进行项目收尾，尽管这会加大项目成员的工作量。

13.2.3　项目收尾计划和清单的优点

运行项目时，会发生传递、移交、决策及其他大量的重要活动。是否运用项目收尾计划和清单可能就是项目成功与失败的区别。重要的是，超越自我的项目一般都会遵循合理的计划和清单。相比其他项目，它们学习能力好，竞争优势大。学习能力好的项目，能以更快的速度提供产品，能为客户提供更高质量的产品，也能带来更大的利润。

13.3　项目收尾报告

大部分项目发起人都希望获得一份最终的项目报告。当项目完工时，项目收尾计划就变成了项目收尾报告（见图 13-5）。项目收尾报告很重要，因为它是项目最终的报告，代表项目的结束。进一步来讲，它不仅确认了项目的完工，也代表项目从项目团队移交给了业务负责人或客户。

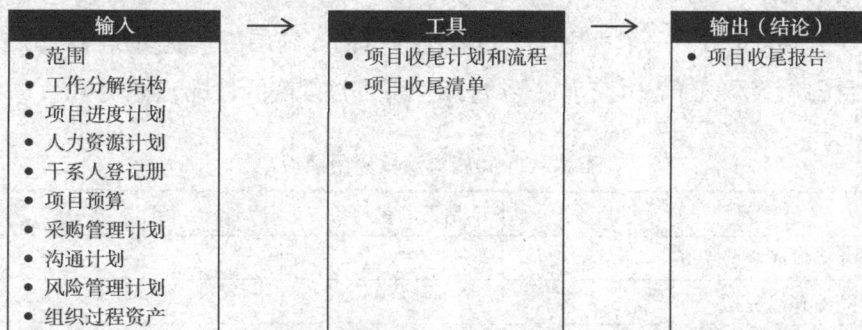

输入		工具		输出（结论）
• 范围 • 工作分解结构 • 项目进度计划 • 人力资源计划 • 干系人登记册 • 项目预算 • 采购管理计划 • 沟通计划 • 风险管理计划 • 组织过程资产	→	• 项目收尾计划和流程 • 项目收尾清单	→	• 项目收尾报告

图 13-5　项目收尾报告的输入和输出

13.3.1　制定项目收尾报告

项目收尾报告是记录整个项目评审情况的文件。它强调了项目工作的完成，也强调了已完成工作和计划工作之间的差异，如进度偏差、成本偏差、资源利用偏差及其他相关的指标偏差。它还需要突出项目成果运用的可能性，强调最初的商业论证问题或机会已经实现。请注意：项目收尾报告也有与项目收尾计划一样的大纲和格式，包括：

- 行动纲要。
- 项目范围目标和业务目标。
- 项目各阶段的开始和结束日期。
- 项目完工标志。
- 项目收尾可交付成果。
- 项目收尾文件。
- 项目收尾资源。
- 项目收尾沟通计划。
- 最终批准。

另外，在上述清单和表格的基础上，你也可以选择在实施层清单中加入主要收尾活动总结。项目实施层总结了项目的里程碑、可交付成果、关键决策、移交和签署及项目其他相关方面。实施层可以综合介绍可交付成果，也可以单独详细说明每个里程碑或可交付成果，这主要取决于项目、项目经理的喜好和发起人的要求。

表 13-6 介绍了一个可用于项目收尾报告的实施层清单通用模板。由于每个项目的内容和细节程度不同，项目经理可以根据实际情况选择使用。

表 13-6　实施层清单通用模板

因　　素	完工（是/否）	备　　注
所有可交付成果已完成		
所有里程碑已完成		
所有合同已关闭		
所有问题已解决		
所有交付文件已签署		
所有支付已完成		
所有票据已交付		
所有账户已关闭		
所有组件已更新		
所有经验教训已收集、记录、分享		
所有人员已解散		
所有额外的材料已处理		

　　除了前面介绍的，项目经理还要根据项目的实际情况向干系人详细介绍项目的提示。因为，你的项目可能对其他项目、产品、团队或资源造成有利或不利的影响。进行一个全面的调查或根据提示找出解决方法可能超出了项目收尾的范围，但是详细介绍提示是项目团队范围内的工作，也是项目预期的工作。

　　此外，在制定报告时，项目发起人和干系人可能会要求做一个最终报告陈述。因此，在制定报告的同时，要注意把报告转换成 PPT。

▉ 13.3.2　运用项目收尾报告

　　要在项目生命周期的计划阶段就开始运用项目收尾报告。如果没有特殊要求的话，项目经理要在计划阶段就明白项目发起人和其他干系人需要哪些项目收尾信息，指导项目经理提交项目收尾报告。项目收尾报告的主要目的是使项目发起人签署项目结束文件及永久归档项目成果文件。

　　尽管在计划阶段就要计划项目收尾报告，但是直到项目完工，项目收尾报告才可以全部完成。从计划阶段到收尾阶段，项目经理要定期更新报告。这样做的话，可能会加快收尾时间。即使做出了直到收尾阶段才制作项目收尾报告的决定，也要坚持在整个项目期内使用项目收尾计划和清单。到了项目的结束阶段，就可以根据项目收尾计划和清单完成项目收尾报告。

　　经验丰富的项目经理知道，项目收尾能提高团队士气。项目的工期越长，项目团队成员形成一种文化的机会就越大，团队成员的关系也会越好，团队成员会认为"这是我的项目"。项目收尾意味着过渡，"我的项目"要结束了。团队成员会有危机感，对未来感到不确定。通常，项目的完成意味着新事物的开始，而任何新的事物都是一个新的挑战。

　　出于以上考虑，项目经理要尽量满足个人和组织的需求。认真倾听团队成员的想法，和他们一起庆祝项目的成功，总结项目的问题，鼓励他们接受下一个项目。请记住，项目收尾不仅仅是向客户移交可交付成果。作为项目经理，还需要帮助团队成员继续他们的下一个项目。

13.3.3 项目收尾报告的优点

管理项目最大的困扰是还有工作没有完成。项目收尾报告能帮助完成所有工作。对于项目团队和干系人而言，项目收尾报告还有很多优点。对项目发起人来说，这是一份能总结整个项目的概要性文件；对最终用户或运用团队来说，这是一份正式的移交所有权的文件；对项目经理和项目团队来说，这是一份代表他们要进行下一个项目的文件；对其他项目团队来说，这是一份获得经验教训、最佳实践及项目收尾提示的文件。最后需要说明的是，运用项目收尾报告能帮助企业学习，提高竞争优势。

13.4 项目后评价

项目后评价也称项目后评审、执行后评审等。但是不管怎么称呼，项目后评价就是指项目收尾之后、所有项目完成之后、项目运行一段时间之后的评价。进行项目后评价的目的包括：

（1）项目是成功的吗？

（2）所有的收尾活动合理吗，尤其是项目团队向运营团队或客户进行的最终移交？

（3）记录和分享了经验教训吗？

（4）项目是否达到了预期的运营成果——在项目商业论证中设定的业务目标和项目目标？

可以想象，项目后评价很难，尤其项目不那么成功的时候。因为这时候，大家会相互指责、相互责备、推卸责任，错失学习和改善的机会。因此，如果项目状况是不理想的，那么项目经理有责任与项目发起人、业务负责人一起确保项目后评价的正常进行。

诚实且积极的项目后评价，需要项目经理与项目发起人、团队成员从项目最早就开始一起工作，形成一个有效合作的文化：团队的文化、"我们"的文化、"共赢"的文化，而不是"他们"的文化、个人的文化。图13-6介绍了能用于项目后评价的早期规划文件，突出了早期工作对项目后评价的重要性。当然，可以根据项目的实际情况做出调整。

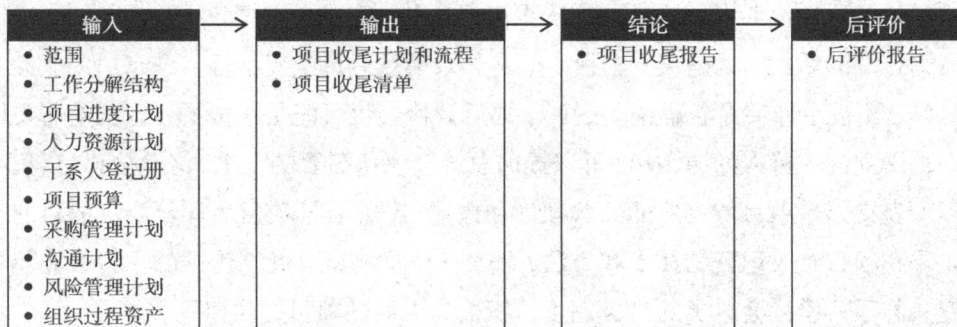

输入	输出	结论	后评价
• 范围 • 工作分解结构 • 项目进度计划 • 人力资源计划 • 干系人登记册 • 项目预算 • 采购管理计划 • 沟通计划 • 风险管理计划 • 组织过程资产	• 项目收尾计划和流程 • 项目收尾清单	• 项目收尾报告	• 后评价报告

图 13-6 项目后评价的早期规划文件

13.4.1 实施项目后评价

项目后评价通常包括三个步骤：收集项目团队和运营团队的反馈；组织和召开团队和关键干系人会议；根据会议结果，提交后评价报告。

1. 收集反馈

反馈是很重要的，尤其对项目后评价来说更重要。除了要收集团队成员的想法和建议，更重要的是收集有关项目本身和运营的情况。要获得这些信息，项目发起人和运营负责人最好任命一个受人尊敬、无偏见的人收集项目团队信息和干系人信息。此外，他还可以负责主持后评价会议。我们不建议项目经理担任后评价会议的主持人。

在会议召开之前收集信息能加快会议的进程，还能让主持人提前了解会议可能出现的情况：会议是气氛热烈还是冷清？会议的效果是积极的还是消极的？为会议做准备时，可以提出三个问题：

（1）有哪些好的最佳实践可以分享？

（2）有哪些指标可以提前发现项目可能出现问题？

（3）其他的项目借鉴经验教训时，要注意哪些区别？

这三个问题的提出方式是多种多样的，但是这是后评价中最常用到的三个问题。信息的收集可以采用面对面采访、电子邮件、网络调查的方式，还可以从项目整个生命周期内整理的文档中寻找经验教训。

2．召开会议

项目后评价会议可能是一次庆祝会议，也可能是一次绩效检讨会。如果项目运行好的话，那就是庆祝会议。但是如果项目运行状况不好、没有达到业务目标、出现了冲突及各种偏差的话，那后评价会议可能是消极的。这就是需要一位中立的主持人的原因。他可以提前总结会议所需要的反馈，深入分析信息，以便获得以后项目能借鉴的经验教训和最佳实践。召开项目后评价会议的目的是寻找项目有效运营的技术和方法，增加个人参与的文化。优秀的主持人能转变参与项目检讨会人员的消极态度，积极为以后的项目提供建议。

3．提交报告

后评价报告是一份非常重要的文档，不能过于简洁，也不能过于详细。经验表明，这份文件不能是一份概要性文件，需要详细介绍哪些事情可以做，哪些事情不能做。如果仅是几个要点介绍而缺乏详细说明的话，会产生理解上的歧义。详解的说明能方便阅读人员的阅读、理解和使用。进一步说，这份报告的阅读人员不仅包括项目团队成员和运营人员，还包括企业的其他人员。

项目后评价成功的十条建议

（1）尽早开始。尽量在制订项目资源计划和进度计划时就开始后评价工作。

（2）形成团队文化。制定团队成员和干系人需要遵守的团队法则和期望达到的团队目标。

（3）了解会议的内容。与团队成员和客户一起识别后评价会议中会谈到的问题，这样大家就不会觉得很惊讶。

（4）与专家合作。让专家、记录员和其他第三方人员参与会议，因为他们是无偏见的。

（5）陈述适当。确保关键的项目团队成员和运营人员在陈述想法、理念和观点时，是舒适的、思维开放的且不受约束的。

（6）全员参与。召开会议时，参与人员毫无压力，没有受到高层的监督。

（7）基于事实。确保所有提出的建议和事实是客观的，而不是主观的。

（8）关注未来。尽管后评价会议是讨论过去的事件，但是会议的主要目的是为未来的项目提供经验，因此会议的大部分时间需要讨论这些经验在以后的项目中如何使用。

（9）尽量详细。与总结会议不同，后评价报告要详细说明，以便日后学习和分享。

（10）分享。确保与其他项目团队成员分享后评价报告。可以的话，建立相关数据库，以便其他项目经理使用。

许多后评价会议主持人发现清单对后评价流程很有用，从信息收集、会议召开一直到移交最终的后评价的报告。表 13-7 介绍了一些相关的问题。

表 13-7 项目后评价问题清单

类 别	问 题	备 注
项目规划	1. 商业论证中详细介绍了问题或机会吗？	
	2. 业务目标和项目目标清晰且可测量吗？	
	3. 项目范围、进度计划、预算和质量详细描述了吗？	
	4. 项目计划详细、准确、可用吗？	
客户焦点	5. 客户参与了项目的所有阶段吗？	
	6. 可交付成果和里程碑满足了客户或其他干系人的期望吗？	
	7. 与客户沟通效果好吗？	
可交付成果	8. 项目的成果达到了你的期望吗？	
	9. 项目的最终成果和你的期望之间存在差异吗？	
	10. 项目监督和控制工作有效吗？	
进度计划	11. 项目的进度计划有效吗？	
	12. 里程碑计划和项目关键工作计划可视吗？	
资源计划	13. 项目资源合理吗？	
	14. 团队有效吗？团队是高效的吗？	
	15. 有没有判断资源需求的评估工具？	
	16. 角色、职能、职责、依赖关系都界定清楚了吗？	
	17. 高级管理层支持吗？	
管理风险	18. 风险管理计划和流程完善吗？	
	19. 风险计划和管理有效吗？	
	20. 应急计划有效吗？	

类　别	问　题	备　注
沟通	21. 项目的沟通计划有效吗？	
	22. 进行了合理的干系人管理吗？	
	23. 沟通有效吗？	
决策	24. 有没有明确的决策执行流程？	
	25. 决策速度快吗？	
其他	26. 从项目中，你学到的最重要的经验教训是什么？	
	27. ……	
	28. ……	

根据后评价清单中的问题答案，就可以进行深入的探讨。例如，如果对问题的回答是"不"或"没有"，那么以后的项目该怎么做？主持人应该询问是否有指标能提前预知问题的发生。

13.4.2　运用项目后评价

与项目收尾报告一样，要在项目计划阶段开始为项目后评价会议及最终的报告做准备。经验丰富的项目经理明白，在项目计划阶段合理地制订计划能确保模型完成后资源（时间和人员）的可获得性。项目的后评价工作一般在项目交付后 3~6 个月内进行。从项目交付到项目进行后评价之间的这一段时间，项目运营团队需要充分理解项目的价值和作用。

需要强调的是，尽管项目后评价的各种工具和模板能显示项目的过去状况，但是进行后评价的主要目的是为以后的项目积累经验。过去的状况可以从项目收尾报告中获得，还可以在与关键的项目团队成员和干系人的谈话中获得信息。这样，可以尽量减少后评价工作的工作量。尽管后评价工作的工作量少，但是这项工作产生的价值却是巨大的。后评价使用的工具，尤其是项目后评价会议，主要关注过去项目的经验教训能为以后的项目及企业带来的价值。

大部分后评价会议的持续时间在 1~4 小时。项目的规模和复杂程度越高，后评价会议的持续时间也越长。因此，后评价会议的主持人应该是诚实、公正且客观的，他关注的是后评价流程，而不是后评价人员，这点非常重要。这些行为基本准则可以作为参与人员和主持人的指南，能帮助形成一种利于讨论和学习的建设性氛围，还能防止会影响学习的某些人身攻击。

除了在开会前收集信息和制定规则以外，有效的后评价会议还需要一份精心制作的日程。当然，收集到的信息不同，后评价会议的日程也是不一样的。接下来将介绍后评价会议常用的模板：

- 欢迎词和简要介绍。
- 主持人重申基本原则。
- 主持人简要介绍收集到的信息（如果可能的话，提前将信息分发给参会人员）。
- 评价问题和关键的成功因素，排序。
- 生成"错误的做法"列表。
- 生成"正确的做法"列表。
- 专门介绍可以进行改进的机会。
- 列出要进行专门沟通的要点，以及以后的安排。

项目后评价会议的召开方式是多种多样的，如可以采用开放式的圆桌会议方式。还比如，主持人可以强调会议也算入参会人员的工作量中。但是，后评价会议应该与组织的文化及沟通的氛围一致。最后的成果也要列出哪些适合个人、那些适合团队及哪些适合组织学习。

▪ 13.4.3　其他形式

正如前面介绍的，项目经理经常在项目结束的时候进行项目收尾，而不是在整个项目生命周期内进行。较好的做法是，定期审查项目的进展，评估项目是否达到预期目标。

回顾包括一系列的事件，团队成员可以讨论哪些方面起到了作用，哪些方面值得改进。目的是为项目的后续阶段提供经验教训，也可以为以后的项目提供借鉴。

回顾与传统意义上的后评价活动不同。在许多公司，后评价会议是在项目完成或取消之后进行的。因为后评价会议是在项目结束的时候召开的，所以对项目而言采取纠正措施已经太晚了。因此，后评价会议的成果只能用于以后的项目。实际上，对项目团队工作来说，后评价会议常常是事前没有计划的，缺乏一个客观的流程，对当前的项目没有任何变更。

相比而言，回顾的优点有很多。首先，大部分团队只关注负面的状况，而忽视了积极的绩效。回顾可以帮助确认项目的哪些方面起到作用了，确保这些好的实践能保留并延续使用。其次，回顾可以帮助组织对正在进行的项目进行积极的变更。因此，组织不需要耗费几个月的时间才认识到学习的重要性。最后，团队学习是解决当前问题的最佳方法。回顾方法的一个主要内容是，团队要关注那些虽然数量很少但是能获得改进的重要机会，在实践中制订进行变更的具体行动计划。这些行动计划应该由各个具体的项目团队成员提出并实施。

回顾能起作用的一个主要原因是主持人训练有素，善于从分布式团队中提取问题和进行学习。这位高效、训练有素且客观的主持人（不是团队负责人）能指导团队分析哪些可用及哪些不可用，帮助项目经理提出改善的建议，以及如何用于以后的项目。

项目回顾是一个组织学习活动。要创造组织学习的氛围，是否需要使用回顾或其他方法进行组织学习不是关键因素，关键的是组织能够持续反复地停止、反馈、学习和改善。

制定一个通用的回顾惯例能帮助识别项目成功所需要的改进因素。实施改进措施需要项目治理主体的批准，在组织内有系统的实施。改进措施越早实施，组织就能越早受益。但是要注意的是不能超过组织能接受的变更范围或程度。

▗▘ 13.4.4 项目后评价的优点

通常，项目在启动、计划、执行和收尾阶段不发生问题是不可能的。在项目中发生错误或失误是很常见的。当问题出现，关键是停止、反馈和学习，以及如何阻止问题再次发生。同样，项目中也会存在很多好的经验，需要学习并在以后的项目中运用。没有学习，我们注定会重复地犯同样的错误。学习是项目收尾的核心。从别的项目中持续学习能提升项目成功的概率。

从过去项目中学习到的经验教训能增加未来项目成功的概率，而项目后评价则是项目知识管理过程的关键。基于这种理解，项目生命周期就由线性流程转变成了循环周期，如图13-7所示。

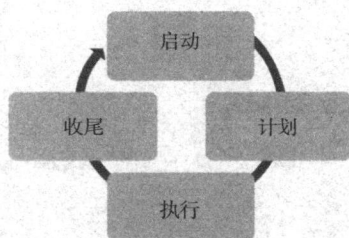

图 13-7 项目学习生命周期

采用后评价流程进行学习的效果是显著的，所以很多企业都将后评价作为企业知识管理的一部分。

正如前面介绍的，学习是后评价工作的核心功能，能带来长远的利益。短期利益是确保项目能够顺利移交到运营阶段并运行良好。后评价工作量少的话，后评价的价值也会降低。后评价工作能大幅提升团队的绩效，增强组织的核心价值，创造持续学习和改进的氛围。

13.5 结论

本章我们介绍了三个工具：项目收尾计划和清单、项目收尾报告及项目后评价。此外，还专门介绍了项目回顾。

每个工具设计的目的是不一样的。作为项目收尾工作的一部分，它们是企业极其重要的资产——竞争优势，能确保工作的正常完工和移交，确保经验教训已经获取和分享。作为一种辅助工具，它们能监控、报告和控制项目风险，也能帮助我们持续学习。

第 6 部分
风险和干系人管理
工具

第 14 章

管理项目风险

对于很多公司，要确定在行业中的领先水平就需要开辟未知的领域，通常需要面对更高的风险。在当今环境下，开发一种新能力自然也会面临商业风险，尤其当一家公司想要确立或保持领先地位的时候。但是，接受风险也不意味着理解机会，它包括理解风险报酬及管理与项目相关的风险。

项目风险就是在项目启动阶段，无法交付承诺收益的潜在可能性。通过了解和控制项目的风险，项目监理可以以积极的方式管理项目。没有良好的风险管理实践和工具，当一个问题接一个问题出现时，项目经理将会被迫卷入危机管理活动中，项目团队不得不每天（或每小时）都在持续地应对这些问题。就像一位有名的作者所言："如果你不积极地应对风险，风险将会积极地攻击你。"风险管理是一种预防性的措施，可以允许项目经理在风险发生之前就识别出潜在的问题，并采取正确的措施来避免或减轻风险带来的影响。最终，这些行动将允许项目团队以非常快的节奏加快项目的周期。

理解与项目相关的风险水平对项目经理是非常关键的，主要原因有：首先，通过了解与项目相关的风险水平，项目经理能够知道为了应对项目面临的不确定性，需要多少进度和预算储备（风险储备）。其次，风险管理提供一种聚焦机制，可以为哪里需要关键的项目资源提供指导，风险最大的事件需要足够的资源来避免和消除风险。最后，好的风险管理实践也预示着制定基于风险的决策。对项目潜在的负面影响或风险有一些了解之后，结合具体的实际情况做出决策，通过允许项目经理和项目团队对潜在的选择进行衡量或折中改善决策过程，从而优化风险报酬率。

本章提供的工具主要有利于识别项目的风险，评估风险带来的潜在影响，采取行动减轻它们，以及监控风险的动态。虽然我们的项目管理工具箱不会缺少风险管理工具，但这里我们主要选择了一些被普遍使用的工具，并且可以广泛运用于各种类型和规模的项目。我们先从风险管理计划开始。

14.1　风险管理计划

风险管理计划主要用于确立风险管理的框架和体系，在风险管理计划中项目团队将确立与项目相关的风险的识别、监控和管理。为项目开发一份风险管理计划可以帮助消除潜在问题，或者当它们发生的时候，至少可以降低它们对项目的影响。拥有一个良好构思的计划将帮助项目经理在风险事件影响他们的项目之前，在最佳时机处理项目的不确定因素。

14.1.1　制订风险管理计划

做决策也许是项目经理最艰难的工作之一，但是他们还不得不做这项工作。在情况总体确定的情况下，进行决策也许并不是一件难事，因为进行决策需要的所有信息都是可用的，而且决策的成果是可预测的。但是，项目经理面临的情况通常更复杂，他们的大部分决策都面对不完备的信息，而且结论是不可预测的，这就是项目风险管理的范畴。这些范围之外的则是完全不确定性，即完全缺乏相关信息和完全不清楚产出物。图 14-1 介绍了总体确定型（完全知道）—风险型（部分知道、部分不知道）—总体不确定型（完全不知道）的系列图。

无信息			完全信息
不知道		知道	
不知道		不知道	知道

完全不确定　　　　　　　　　**不确定**　　　　　　　**完全确定**

项目风险管理的范围

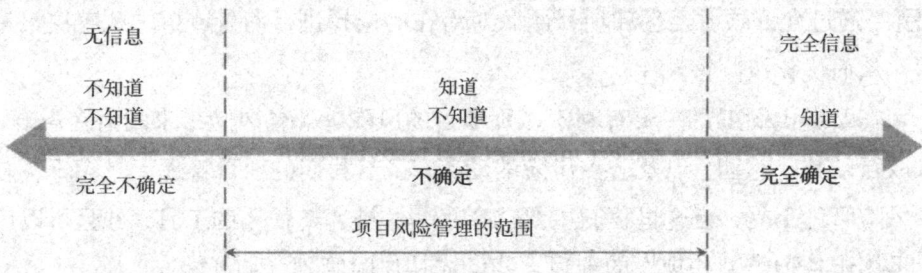

图 14-1　项目风险管理连续图

1. 风险管理方法

风险管理计划是在项目开始时开发的一种文档,用来提供贯穿整个项目生命周期的风险处理的框架。风险管理计划包括一般用来识别、评估、管理和监控项目风险事件的方法的描述,应该包含如下信息:

- 风险管理的方法论。识别和描述可以用来处理风险的路径、工具和数据来源。
- 角色和责任。定义由谁对项目中的哪些风险管理负责,包括从项目管理团队成员到公司的风险管理团队成员。
- 预算和时间安排。为项目的风险管理指定预算及风险管理过程的频率。
- 工具。描述需要哪些具体的定性和定量的风险分析工具,以及何时使用这些工具。
- 报告和监控。定义如何报告风险及如何与干系人交流风险,在整个项目周期如何监督风险事件和风险触发器,以及为了从经验中学习,如何展示这些资源。

很多行业都已经很好地记录和使用风险管理方法,重点在于关注风险的识别、评估、应对计划、监控这个简单的周期。风险管理的基本术语的定义见"基本的风险相关定义"。

基本的风险相关定义

项目风险。不确定事件对项目目标的不利影响的累计效果。

风险事件。对哪些事件的发生将会影响项目的描述。

风险概率。风险将会发生的可能性。

风险影响。风险事件对项目目标的影响程度，也称风险后果和风险损失量。

风险事件状态。对风险事件重要性的测量，也称风险等级。

应急储备。也称风险储备。这是用来将项目风险减少到一个组织可接受的水平的资金或时间的总额，通常包含在项目成本和进度基线里。

2. 风险识别

这部分的计划主要是识别并描述所有可能影响项目成功的潜在风险的过程，它应该描述如何识别风险并以什么样的格式将其记录下来的方法。

有效地完成这个步骤包括多种途径，包括项目团队成员参加头脑风暴会议、咨询有经验的组织成员，以及向与本项目不相关的专家征询建议。识别风险的典型方法包括：专家访谈法、回顾来自相似项目的历史信息、指导一个风险头脑风暴会议，或者使用一些像德尔菲法一样的更正式的技术（见"德尔菲法的基础"）。

德尔菲法的基础

德尔菲法在结果或趋势非常不确定的情况下是非常有用的，特别适用于以前从未遇到过的新情形。

德尔菲法包括征求一组和未来情形相关的专家的意见，最好能在安全的情况下，提前思考和准备与未来某种情形相关的专业知识。这些知识差距将指导选择正确的专家小组，以及将小组的讨论集中于正确的领域。

德尔菲法也可以用于不正式的情况。例如，将小组专家组织到一起，讨论和争辩与未来情况相联系的主题，并重点聚焦于知识差距领域，然后将小组的意见和建议收集起来并进行总结。然后针对讨论的问题进行第二轮、第三轮的讨论，直到大家的意见趋于一致。

将德尔菲法用于正式的情况时，将问题抛给每个小组的专家（两轮或多轮），在每轮过后，收集专家意见并进行总结，然后将总结的结论再次发送给每位专家，观察每位专家下一步的反应，如此循环该过程，直到大家的意见趋于一致或得到解决方案。

一定要深切地意识到，达成完全一致的共识是几乎不可能的，也不是很有用的。当趋于一致意见的情况发生时，主持人需要根据具体情况进行衡量并做出判断。利用德尔菲法识别潜在风险，其价值主要来自危机观念，而不是将各自的想法达成一致意见。

在识别风险时，需要考虑多方面问题。首先，项目生命周期中不同的阶段会有不同的风险。一般来说，项目在早期阶段由于信息缺口很大，所以面临的风险水平比较高；随着项目的进展，很多未知事件逐步发展成已知事项，所以风险水平也相对更低。另外，还有一些风险只在特定的阶段才会有。例如，项目验收测试的风险在项目收尾阶段才会有。有时候，假设也是风险的一项来源（见"假设是风险吗"）。

风险的动态性本质要求风险识别过程不断重复，这就要求一旦在项目的早期阶段进行了风险识别，就需要不断地回顾审查并进行恰当调整。

假设是风险吗

"一项假设就是一项风险吗？"项目经理经常在风险识别会议上问这个问题。假设是一项完全不知道或不确定的因素，但是对于计划目的，它又是真实的或确定的。例如，某公司发动一个在某国开发和销售某产品的项目，一个重要的假设就是这个国家的市场以每年10%的速度在持续增长。为了管理好每项假设，公司首先定义假设并形成文档，记录假设的责任人，并定义监控的尺度。然后，项目经理指派假设的责任人定期测量度量标准，从而确保项目的假设没有变更发生。通过积极的探索，责任人定义在什么时候假设变成了一项风险（或触发点）并需要潜在的风险应对措施。

几个月以后，这个国家面临经济衰退，而且市场增长率急剧下滑，项目团队重新修订该假设。由于认为经济衰退会在未来很长一段时间内持续，于是项目团队决定将假设变更为一项风险，并随之修改了风险应对计划。因此，"一项假设就是一项风险吗？"答案是否定的，假设是风险的潜在来源。

其次，风险事件很少单独发生，它们经常与其他风险事件相互作用，共同结合形成大型风险。在风险识别过程中寻找这些相互作用的可能性是非常重要的。

最后，由于风险来自所有类型的工作包，计划者需要有一套系统的方法指导风险识别，这样才能保证不会遗漏任何来自外部环境和项目内部的风险，包括对干系人的管理，在这方面采用风险分类将会受益匪浅。

3．风险分类

项目计划的范围、成本、进度和质量基线这些产出物，都会包含风险。完全理解这些风险对开发产出物将面临的风险的应对计划是非常关键的。这些风险可以分为不同的种类。一种分类方法是按照它们对项目的影响，可将风险分为范围、质量、进度和成本风险（换句话说，如果没有完成项目任务，将会对项目已经计划好的范围、质量、进度和成本绩效产生影响）。另一种分类方法是按照风险的主要来源将其分为不可预测的外部风险、可预测的外部风险、内部非技术风险、技术风险和法律风险，这种方法主要是为了寻找内部影响和外部影响的平衡。关键是每个公司和项目都需要一个适合自己企业和文化的、连续的风险分类模式，可以为系统识别和对待风险提供框架。

4．风险定性评估并排列优先级

一旦风险被识别，下一步的重点就是决定风险发生的可能性及一旦风险事件发生将会带来的影响。为了确定已识别风险的严重性，需要为每项风险评估其发生的概率和影响程度，然后在此基础上，项目经理根据项目可能带来的影响对风险的优先级进行排序。

一个经常会遇见的问题就是，当初始的风险识别执行后，会识别出大量的风险。究竟哪些风险最值得关注呢？为了回答这个问题，项目团队需要分析每项风险的影响、可能性及严重性（紧急性）。

在定性评估中，我们偏向于使用非数值的概率尺度。例如，1~5 的尺度，1=几乎不可能，2=可能性低，3=可能，4=可能性高，5=接近肯定。如果你没有足够的经验或数据以可靠地定量评估发生的可能性，你可以在后面再进行定量评估，定性评估也是非常不错的选择。接下来，你将要使用非数值的尺度定性地评估每项风险发生的可能性。

接下来评估每项风险的影响，再次使用非连续的尺度。一个尺度的例子如，1=非常低的影响，2=低影响，3=中等影响，4=高影响，5=非常高的影响。为了描述它的使用，让我们假设一个将要被评估的风险有三方面的影响：项目成本增加、进度落后、生产绩效降低。对于这三方面的每个方面，都可以将测量标准分为三个水平。在三方面的每方面都进行定级之后，总体的级别为三方面的级别中最高的级别。

通过这种方式对所有的方面进行评估之后，就可以用公式将风险发生的概率和风险的影响程度结合起来，确定风险的严重性。可以采用非线性的方程式，也可以方便地采用线性的方程式，如"严重程度＝概率＋N×影响程度"。

例如，N等于 2，意味着在估算风险的严重性时，影响程度比概率重要 2 倍。在这种情况下，每项风险评估后的概率和影响程度都应该带入公式中，严重程度＝概率＋2×影响程度，得出的严重程度的大小决定了风险的优先级。

这个问题依旧存在：我们需要处理多少个优先级别最高的风险呢？一些较大的项目一般会关注风险等级最高的前十项风险；而一些较小的项目决定只管理风险等级最高的前三项风险，理由是没有过多的资源被风险占用。其实这两种情况都比较危险，因为项目的风险超过了十项或三项，他们必将忽略一些重要的风险；同时，如果项目仅有一项风险是真的高概率、高影响的风险，如果对前十项或前三项风险进行管理，又会浪费资源。基于此，什么方法比较合理呢？本章的后续部分将讨论一些诸如风险登记册、风险评估矩阵之类的方法，为风险优先级的确定提供可视化的工具，同时也将帮助确定哪些风险需要采取行动并分配资源。

如果你没有足够的数据可靠地进行定量评估，根据非数据的尺度进行定性的评估也足以令你对最关键的风险开发应对措施。当项目有足够的可靠的数据时，下一步就可以进行定量的风险评估。

5．风险定量评估

定量的风险评估通过数据化的分析评估每项风险发生的可能性、它对项目目标的重要性，以及风险的总体影响程度。它们既可以单独用于定量评估，也可以综合起来进行定量评估。

风险定量评估的过程始于前一阶段风险识别得出的结论。对于每项识别的风险，你需要通过询问"这项风险发生的概率是多少"定量地分析风险发生的可能性。如果团队认为"90%"，就意味着有10%的概率风险不会发生。很明显，风险发生的概率加上风险不会发生的概率等于1。评估风险发生的概率无非基于过往项目的相似经验得到的历史信息，或者考虑专家的意见进行的评估。

接下来的一步是决定风险的影响。这里需要问"如果风险发生，将会带来什么后果"这个问题。这些影响的表达可以有多种方式，从失去的市场份额的百分比到损失的收益，这里的重点是估算对进度和成本的影响。例如，项目的最高优先级的目标是进度，那么风险事件的状态可以用时间术语进行计算。例如：

$$风险事件状态=风险概率×影响=90\%×60\ 天=54\ 天$$

在本案例中，该特定的风险事件对项目潜在的进度影响为 60 天，由于发生该项风险事件的概率为 90%，则当前的风险事件状态为 54 天，这就是该事件当前的风险状况。

当所有的风险事件都计算了状态值之后，自然就会出现一个问题：哪些风险是非常重要并值得关注的？哪些风险属于小事？为了回答这个问题，我们需要像定性评估的严重程度一样，根据有关的准则进行判定。首先，确定严重程度的数值区间，确定风险事件的状态是非常关键、比较关键还是不关键。例如，在一个小型项目中，风险事件的状态超过 15 天是关键的，7 ~ 14 天是比较关键的，7 天以内是不关键的。其次，对高等级的风险采取应对措施，将其降低到可接受的水平。

6. 决定风险应对措施

一旦风险被定性或定量评估，项目团队就需要决定如何应对对项目潜在影响最大的风险，这部分的风险管理计划将解释应对措施的选择，从而便于项目团队管理风险。

任何适合的风险应对措施从本质上都可以分为四类应对战略：风险规避、风险转移、风险减轻和风险接受。改变风险计划或条件从而消除选择的风险事件就是风险规避。例如，如果面临没有一个可用的专家实施质量经营过程分析的风险，可以外租一位专家，这就是风险规避。

风险转移简单地包括将风险事件的结果及责任的所有权统一转移给第三方。例如，某项目所在的公司依靠自己内部的能力进行质量测试时，曾经有进度很慢的历史，这种风险可以通过分包给第三方专业的公司进行质量测试得到解决，这就是风险转移。

风险减轻的目的是降低不喜欢的风险事件发生的可能性或影响（或同时降低），从而达到可以接受的水平。例如，由于执行发起人非常繁忙，许多项目面临一种相当常见的风险，即潜在的决策延迟风险。这种风险可以通过多种方式进行减轻，如减少主要里程碑决策点的数量，或者指定一个代表为执行发起人者代签直接报告。

风险规避、风险转移、风险减轻这三种应对战略是针对当风险处于排名最高位置时的策略，很明显，这些应对计划都会包含在项目计划中。

对于那些并非排名最高的风险，或者那些没有其他有效的应对战略的风险，可以使用风险接受策略，这就暗含着项目经理的决策不改变项目计划或不能够采取可行的应对计划处理项目风险。一个典型的风险接受的例子就是设立应急补贴。应急补贴是如何形成的，见"需要计划多少金额的储存或补贴"。

需要计划多少金额的储存或补贴

让我们回顾一下总体确定型（完全知道）—风险型（部分知道、部分不知道）—总体不确定性（完全不知道）的系列图，当我们遇到一种风险时，为了应对风险，我们需要准备多少储备金呢？

首先，对于总体确定型风险，无需任何储备金。那如何为风险型（部分知道部分不知道）的风险结果准备补贴呢？很多公司把这部分补贴加入成本估算基线中，将进度和成本应急补贴单独作为一部分基金。还有部分公司把这些补贴直接放入单独的活动中。当然，我们更喜欢前者，因为后者使用的风险太大，活动的责任人更趋向于不受限制地耗尽本活动的补贴，这种现象广泛存在。

如何形成这些基金呢？最流行的做法是根据以往的经验运用标准补贴和百分比来确定。我们认为风险应对计划也是最适合计算这种基金的方法。从计划中而不是从排名最高的风险中找出风险（我们称为排名较低的风险），用风险发生的概率乘以风险事件的影响，得出可以用成本或进度术语表示的风险事件的状态，这个数字本质上就是风险事件的成本或进度需要的储备。将计划中所有的排名较低的风险事件的补贴加总，就得到项目应急补贴的基金。

最后，如何确定总体不确定性（完全不知道）的风险事件的金额呢？尽管这些事件是完全不能预测的，但它还是可能会发生。为了应对这种未来可能出现的情形，防止无法实现成本和进度目标，有一些公司也设置一些包括成本、进度或两者都包括的管理储备。一旦使用了这种储备，成本基线也会随之变动。管理项目的管理储备是高层管理者（典型的如项目发起人）的管理范畴。

应对计划开发的主要部分是识别和分配风险的所有者，即每项预防活动、触发点和应急行动的责任人或责任团体。在这种情况下，当面临的一些风险是独立的时，让该项风险的所有者承担它的所有责任；当面临的一些风险是非独立的时，它们的预防活动、触发点和应急行动的开发和拥有权也是非独立的。

7. 风险监控

大部分项目经理对项目风险的关注都趋向于聚焦于与风险识别和风险应对计划相关的活动，而他们一直花很少的时间和注意力在风险监控相关的活动上。因此，当一项风险在项目的早期已经被识别，但是没有实施监控，突然变成了项目中的一个问题时，项目经理非常惊讶，这样的情况屡见不鲜。为了预防此种现象发生，勤勉地进行风险监控必须成为项目经理活动的一部分，他们的项目管理工具箱内必须包含这部分工具，从而能高效地实现这部分功能。

风险监控活动主要包含四项要素：系统地跟踪前面已经识别的风险的状态；识别、记录和评估任何紧急出现的新风险；高效地管理风险储备；为未来的风险识别和评估工作获取相关经验。

这部分的风险管理计划主要讨论如何在项目进展过程中监控项目风险。进行风险监控的关键在于确保在整个项目周期中都能进行监控，并且需要包含识别和使用触发条件，从而可以精确地识别风险发生的概率是正在增加还是降低了。

如前所述，项目经理的优势在于为排名最高的风险分配风险所有者，风险所有者的主要角色是持续不断地监控他所负责的项目风险的状态，并定期将风险状态向项目经理和项目团队进行汇报。

由于风险事件影响项目是有时间限制的，所以并不需要在每次状态汇报会上汇报所有的风险。根据项目进度，当风险事件的触发点接近的时候，项目经理必须确保合适的风险所有者在合适的时间内提供了最新的状态报告。

14.1.2 运用风险管理计划

由于所有的项目都包含未来不确定的因素，所以所有的项目都可以从开发项目风险计划中获得收益。小项目一般会更依赖风险定性评估，经常决定最终仅处理少量排名最高的风险事件。不足为奇的是，风险管理计划的主导模型是非正式的，在整个项目过程中需要对计划不断地进行定期再评价。

尽管有时大型的复杂项目的风险管理计划也过度简单，但这种风险管理计划无法被广泛实施，而需要更加正式和更加强大的定量风险评估和优先级排序。聚焦于大量的排名最高的风险事件，大项目更易于开发正式的风险管理计划，并定期对计划进行再评价。

尽管在项目中，风险管理计划的使用应该制度化，但计划的开发还是形式多样的。对于小型项目，仅需要数个小时指导一次计划会议并开发一个计划。当项目规模越大和越复杂时，需要的时间也会随之增加。一个团队为一个大型的复杂项目开发一个有质量的风险管理计划也许需要几十小时。

14.1.3 风险管理计划的优点

开发和使用风险管理计划可以获得多种好处。该计划可以帮助在工作开始之前和项目整个过程中，筛选各种各样的不确定性，准确指出并重点突出项目排名最高的风险。这将为项目经理提供识别通过合适的方式降低这些风险的有效途径的机会，而不是等风险转化为问题之后才面对这些问题（见"问题和风险"）。

风险管理计划提供一个系统的应对措施。通过开发一个风险管理框架和体系，项目经理可以冷静、系统地应对风险，这可以有效减少凭空做出未计划的决策和行动。

项目一般会包含来自组织内部或外部的大量干系人。当项目经理已经开发了一个风险管理计划并正在实施该计划时，他们为所有的干系人合理预防风险将会获得他们对收益的信心。这将有利于保护项目免受来自干系人的不想要或不需要的干扰。合理的风险管理会让项目经理对项目和项目决策保持更好的控制。

最后，一个记录充分的风险管理计划可以为未来的项目提供更多的获取学习经验的机会。许多风险与组织经营的具体环境、一般性政策及公司的相关实践有关。这些风险往往会影响组织中的每个项目，但可以通过项目的风险管理计划直接提出并处理。

问题和风险

问题和风险有什么不同？为了深入了解"不同"的语义，我们先看看它们在行业中的运用。首先，这两个术语经常可以交换，如《PMBOK®指南》认为"报告一般用于监控和控制风险，包括问题日志……"一些项目经理认为风险和问题有不同的关注点和应该做的事情，因此它们应被定义为需要不同的应对计划的不同种类。我们也同意第二种观点。

一个问题是指已经发生的事件，范围包括过去发生的事件及正在发生的事件。例如，损失一个团队成员会导致项目延后一个月，这就是一个问题。相比之下，风险可以定义为什么将会对项目产生危害。例如，"有一种可能性，如果失去了项目经理将会导致项目延期"，风险是发生在未来的。因此，当我们致力于解决问题的时候，我们的管理应对是预防风险及其产生的影响。

对于"造成差异的因素是什么"这样的问题，其目的是识别发生了什么将会导致进度差异；从另一方面来说，也是回答"在未来哪些新风险将会突然出现，以及它们如何改变初始的预计完成日期"这个问题，试图去寻找需要采取行动从而降低它们对项目影响的候选事件。

14.2　风险识别清单

风险管理过程的第一步为识别所有可能会影响项目成功的风险事件。虽然风险识别是风险管理过程的第一步，但它不是一项一次性的事件，而是发生在项目生命周期内的一个反复循环的过程。一些项目团队通过风险分类对风险进行识别，如技术风险、市场风险、经营风险、人力风险，再使用头脑风暴法或其他问题识别技术识别每项类别内的所有潜在风险事件。

这一步的关键要素是试图识别所有的潜在风险，不要在这一步判断某项风险是否真的需要关注或管理，这是下一步需要做的事情。当风险识别做得很好之后，风险的数量可能非常多，特别在项目的早期阶段，这个时候不确定性因素的数量是最多的。记住，风险识别的目的是识别出尽可能多的潜在风险，从而把它们放入表格中进行讨论。

风险识别清单是一种很好的工具，可用于识别不同种类的风险，以及作为许多不同项目的大量共同风险的指引和框架。

14.2.1 制定风险识别清单

每个组织都会有一份独特的风险识别清单，因为每个组织都存在自己独特的不确定性，这些不确定性与经营环境、政策方针、团队的约束条件及获取和使用未来事件信息的能力有关。表 14-1 是一个简单的风险识别清单示例，当你开发自己的清单时，可以用它作为你开始的起点和参考。

表 14-1 风险识别清单示例

项目管理风险	
进度计划过度乐观	时间基线估算的具体资源也许是不可用的
工作比估算的要多	目标完成日期提前了，而范围、时间或成本却没有调整
要求没有基线化并不断地变更	预算没有基于结构化估算
职能需求缺乏用户的参与和投入	尚未开发风险应对计划
缺少绩效测量和/或绩效报告过程	没有清晰地定义项目的范围、设想和目标
项目没有高级管理者或客户认同	其他相似的项目被推迟或取消
工作估算的工时数是不合理的	职能小组之间的依赖关系尚未被定义
资源风险	
租赁比期望的时间更长	最能胜任项目工作的人不可用
项目团队和顾客之间存在矛盾	为了获取需要的技能要进行额外的培训
评估的工作人员的资源与项目的范围和/或复杂程度不匹配	在项目进度内没有包含资源的转换时间
干系人风险	
最终用户拒绝项目产出物，导致返工	最终用户的输入并不是需求
最终用户或客户不参与审核周期	项目团队、最终用户或顾客的沟通时间比预期要长

续表

技术风险	
使用已选择的技术导致必要的功能无法运用	组件是分开开发的，不容易组建在一起
质量保障活动被忽略或压缩	不精确的质量监视可能会导致质量问题
对程序语言或其他技术不熟悉	开发工具没有到位或不能按预期进行工作
技术中的某一部分还在开发中	对组织来说使用或开发的技术是全新的

环境风险	
项目依赖政府的规则	项目依赖可能会发生变化的行业标准
项目的可交付物由第三方开发（分包商）	与项目外部各方之间存在相互依赖关系

开发一个标准化的风险分类是一种非常良好的实践，因为这样可以持续不断地识别影响项目结果的各种风险。风险识别清单中包含的问题首先可以通过理解项目 WBS 中的不同种类的工作活动、项目必须允许的约束，以及诸如项目计划书、项目章程这些引导项目的文件得到；其他的问题可以通过对影响过去项目的风险事件或问题进行回顾或从历史经验中学习得到。

14.2.2　运用风险识别清单

高效的风险管理始于全面的风险识别。很多人都提出风险识别的本质是良好的风险计划和实施的重要基石。他们的观点的出发点是所有的项目都面临大量的不确定性，如果忽略或对这些不确定性置之不理，它们将会转化为项目的问题和障碍，所以需要进行预测并积极应对。处理不确定性需要的能力就是一个项目团队预测他们潜在风险的能力，这种能力的根源就是风险识别的能力。

风险识别清单需要在项目的启动阶段开发，最好由项目办公室的成员创建一份标准工作模板。无论风险识别清单后续如何发展，它都需要在项目的最早阶段采用。

风险识别清单可以作为所有试着预测风险事件可能性的项目参与者的指南，这就意味着它可以帮助项目经理确保所有不同的风险观点都已经囊括，包括管理项目的相关风险、环境风险、资源和协作风险、干系人风险及特定技术风险等。

为了在组织内形成制度，风险识别清单需要定期进行更新，从而能够反映组织的项目将会遭遇的普通风险实践。一个最好的更新风险识别清单的时机就是在每个项目的事后回顾过程中（见第 13 章）。这时候可以回顾项目遇到的所有问题和风险，这些问题和风险有可能影响未来的项目，所以可以将其添加到未来相关和使用的风险识别清单中。

▞ 14.2.3　风险识别清单的优点

如前所述，好的风险识别是好的风险管理实践的基础。风险在被积极管理之前必须要进行识别，这时风险识别清单通过确保从多个视角看待风险而有利于团队成员进行风险识别。事实上，许多项目团队只关注项目风险。风险识别清单能拓展他们的视野，帮助他们关注其他领域的风险，如经营环境、资源和协作活动、干系人等。

如果能够定期更新，风险识别清单还可以通过服务于组织风险知识数据库为组织提供价值。每个组织的风险和问题都有系统性，通过将这些系统风险和问题的来源文档化并形成风险识别清单，每个项目都会从过去项目的知识中获得收益。

14.3　风险登记册

风险登记册提供一个与项目相关的已定义风险的记录，并作为开始和关闭的风险事件的储存中心。风险登记册一般包括对每项风险事件的描述、风险事件的识别者、风险评估的产出物、对已计划的风险应对计划的描述，以及对采取的行动和当前状态的一个总结。很多时候，风险登记册会根据风险评估的得分或定性分析对风险事件排列优先级。表 14-2 展示了一个风险登记册的示例。

表 14-2　项目风险登记册示例

编号	风险描述 如果	风险描述 那么	日期 开始	日期 触发	日期 关闭	分析 可能性	分析 影响	分析 严重程度	应对或应对行动	所有者	状态
1	本项目使用的有经验的设计师2周内不能结束他们当前所在的项目	项目开始需要延后2周	2017/3/12	2017/3/28	2017/3/22	5	2	10（高）	规避风险：在下次档案验收会上请求需求资源	Ranger	关闭：档案验收委员会决定额外租用三人
2	没有足够的数字存储能力支持周末的客户交易	系统会经历非计划停机时间，高达60小时	2017/2/28	2017/4/22		3	4	12（高）	减轻风险：在能提供额外的储备之前，每周末对系统传输进行限制	Jordan	活动：对传输进行限制，请求引用已经被释放的额外储存能力
3	主要干系人不同意建议的产品价格	设计中的某些特征需要被移除	2017/1/29	2017/1/5		2	2	4（低）	接受风险	Harkin	不活跃：风险被视为低级别风险，每月都进行监控

■ 14.3.1 制定风险登记册

风险登记册一直被认为是管理项目风险的最关键的工具。一份好的风险登记册包含了所有与项目风险相关的需要的信息，提供一个易于理解的风险记载，提供风险严重程度的测定，并描述风险事件的可能应对措施。

风险登记册的信息可以通过多种方式进行展示，如数据库、段落形式的文档或电子表格。电子表格的形式就是一种最常使用的形式，因为它只需展示所有的项目风险包含的信息，而不需要用户通过多页进行滚动。

风险登记册并没有统一的标准信息组成部分，我们建议你搜寻大量的风险登记册案例，然后根据自己的具体需求对内容进行取舍。我们鼓励你尽量简化你的风险登记册，因为你的风险登记册越复杂，你就需要消耗越多的时间管理你的文档，而剩下管理项目的时间就越少。风险登记册需要包含下面一些要素。

1．风险识别者

为了对风险进行登记和监控，每项风险事件必须有特定的识别者。分配每项风险事件的最常用的方法就是将其定义为按时间顺序排列的数字；另一种分配方法就是根据每项与风险事件相联系的 WBS 要素编排风险事件，如与 3 级的 WBS 要素相关的风险可以定义为 3.0.1.1、3.0.1.2、3.0.1.3 等一系列的数字。

2．风险描述

风险描述是风险登记册的重要组成部分，至少与风险事件的识别相关。我们推荐使用"如果/那么"的格式进行你的风险描述（见表 14-2）。这种格式不仅仅描述风险，同时描述潜在的结果："如果"这个事件发生（风险事件），"那么"会产生什么后果（结果）。

3．日期

为了对风险定时、测定时效和跟踪，风险登记册必须包含日期。最常用、最有效的日期是风险开始日期、触发日期（风险最有可能在什么时候发生），以及关闭日期。

4．严重性

为了对风险排列优先级（记住，你不可能处理所有已被识别的风险），需要在风险登记册中包括风险的严重性。既可以定量（1、2、3），也可以定性（高、中、低）地用可接受的方式展示风险的严重性。风险的定量价值和定性价值的具体定义都需要形成文档。

记住，从两个视角评估风险的严重性：风险发生的可能性，以及风险一旦发生，其后果严重程度。总的风险严重性必须是可能性和严重程度两方面共同作用的结果。

5．应对

对于每项项目团队决定去管理的风险事件，都需要决定一个应对途径，并记录在风险登记册中，从而有利于参考和跟踪。对于那些低风险等级及其他项目团队决定不进行管理的风险事件，可以定义为风险接受。风险登记册必须包含一些为每项风险事件定义选择应对方式的内容。

6．所有者

每项风险事件，无论它的优先等级如何，都需要分配所有者，所以风险登记册必须提供所有者这部分内容。风险所有者就是在需要的时候对项目风险事件进行监控和发起风险应对措施的人。

7．状态

风险事件具有动态性，这就意味着它们会随着时间的推移而改变状态。为了便于沟通，风险登记册必须包含风险状态的部分。最常用的风险状态包括开始、监控风险触发事件、应对措施启动及关闭。

风险登记册是一种非常有弹性的工具，它可以包括前面所说的各种组成部分。在项目的启动阶段，花时间去设计风险登记册的格式和组成部分，将会支持风险管理计划中的风险管理体系。

◾ 14.3.2　运用风险登记册

作为管理项目风险的核心工具，风险登记册有很多有价值的好处。由于它能够记录所有的项目风险，风险登记册作为所有风险事件重新定位的中心，必须在项目早期阶段进行初始化，并适用于整个项目生命周期。识别新的风险并对风险登记册进行更新是风险管理过程的一部分。

由于风险登记册包含了项目的所有风险事件，所以也可以用这种工具对风险事件进行分类。由于大部分项目都比一个拥有管理资源的项目包含更多的风险，所以当考虑风险事件时不得不采用折中决策管理项目的风险，并决定哪些需要接受或简单地监控。风险登记册可以为风险事件的优先级提供必要的数据和结构。正常的实践是一次关注前三项或前十项风险。

风险登记册同时还促进项目干系人的相互交流，既可以通过使用风险登记册作为交流的手段，也可以在风险登记册中选择信息从而得出其他的项目交流工具。使用风险登记册整体作为交流工具，我们不推荐使用这种方法，因为这种方法会由于信息量太大而使项目干系人受到惊吓。我们推荐从一些优先级别最高的风险事件中选择一些信息，这些事件在某一特定的报告期内非常活跃，把这些信息记录在风险登记册中和当前的状态报告总结中。

由于大部分风险事件都会带来一系列后果，风险登记册可以帮助项目经理开发风险预算储备和进度储备，并把这些储备列入风险计划中。通过有效地使用前面讨论的"如果/那么"这种方法描述风险事件，对风险等级最高的潜在问题进行估算，可以得出项目某些方面的最小值、最可能值和最大值的范围。

最后，风险登记册可以用于定期监控已经识别的风险的状态。项目团队成员在任意时间都必须在项目的各个任务中进行平衡，因此他们需要一个持续的过程和工具提醒他们风险管理方面的职责。通过有效地使用风险登记册中的日期，项目经理可以跟踪项目的总体风险趋势（见图 14-2）。

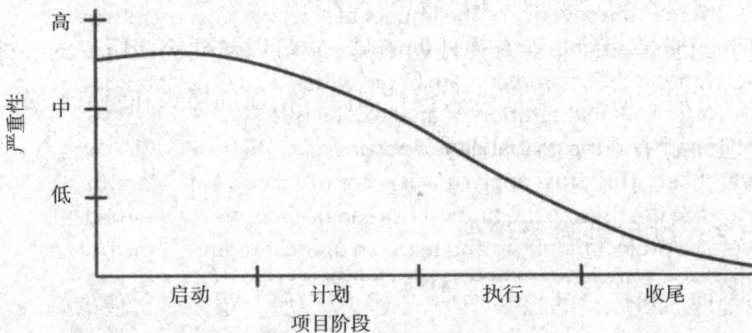

图 14-2　风险趋势

风险趋势图追踪了随着时间的推移，项目的总体风险趋势。如果项目风险得到有效的管理，则项目风险的严重性会随着时间推移而下降，如图 14-2 所示。如果未得到有效的管理，可能需要增加资源从而解决特殊的风险事件，或者需要考虑进行项目的终止评估。

■ 14.3.3　风险登记册的优点

使用风险登记册将获得巨大价值。风险登记册为项目经理和组织提供了一个整体的风险框架，不仅包括可以用于管理具体项目风险的关于风险不确定性的知识，还可以用于降低会给组织内的多个项目造成困扰的系统风险。

风险登记册还通过协助项目经理的分配资源活动而提供价值。由于一般情况下不可能让项目经理承担所有风险，风险登记册中包含的风险优先级别的信息有利于洞察为了预防高优先级别的风险应如何分配资源。

通过使用风险登记册估算风险储备，这种工具有助于开发更实际的项目计划。

尽管如此，风险登记册最大的价值在于保护项目目标和经营目的，使它们不受项目外围的各种各样不确定性的负面影响。

14.4　风险评估矩阵

当你已经识别出影响项目产出物的风险时，并不是所有风险都会消耗项目预算、时间和资源，所以你需要决定哪些风险会消耗这些。这就需要风险评估的步骤，从而从所有的风险事件中识别出哪些风险将对项目的成功产生最严重的威胁，结果就可以得出一份简短的已经排好优先级别的项目风险清单，然后项目团队可以据此进行管理。

情景分析法是评估风险事件的最常用的方法之一。情景分析法包括分析风险事件的产出、对后果影响的严重程度、风险将会发生的概率及理解风险将会在什么时候发生。

我们推荐项目团队风险评估的第一步为定性评估，至少在第一次交互分析中要包含这方面的内容。通过分析，我们可以评估出对于每项已识别的风险，其后果的严重性及发生的概率是高、中还是低。这项总体分析包含两件重要的事情：首先，它可以快速对风险事件进行排序，从而迅速识别出最高等级的风险。其次，它能让项目经理和项目团队理解项目的整体风险水平。风险评估矩阵是一种风险评估的特别好的工具（见图 14-3）。

概率（P）↓	严重性=P+（2×I）				
NC=5	7	9	11	13	15
HL=4	6	8	10	12	14
L=3	5	7	9	11	13
LL=2	4	6	8	10	12
VU=1	3	5	7	9	11
	VL=1	L=2	M=3	H=4	VH=5
影响（I）→					

高严重性
中严重性
低严重性

图 14-3　风险评估矩阵示例

如果需要一些附加的分析，在下一步风险评估中可以采用更多的定量分析法。对于一些复杂的项目，我们推荐采用蒙特卡洛分析法进行定量分析，该方法将在本章的后续部分进行讨论。

14.4.1　制定风险评估矩阵

一个好的项目管理决策实践包括充分理解在决策时代表项目状态的数据，更好的项目管理决策还包括理解会影响决策结果的关键不确信或风险。试着将所有的项目风险包含到决策中是不可能的，因此项目经理必须有一种能够将关键风险从非关键风险因素中筛选出来的方法。通过关注风险的严重程度，风险评估矩阵可以提供此项筛选服务。

该过程的第一步就是设计符合项目经理需求的风险评估矩阵。

1. 设计矩阵格式

风险评估矩阵可以有多种不同的格式，项目经理可以搜寻并将其调整为自己需要的格式。图 14-3 中的格式是一种用于大型项目的最常用格式。

该矩阵是一个简单的 5×5（有时是 4×4）矩阵，一个坐标轴（该案例为纵坐标轴）代表风险的可能性（概率），另一个坐标轴代表风险的影响（严重性）。每个单元格显示了风险事件发生的概率（概率必须介绍）。同样，每个风险事件对一个或多个项目目标的影响也需要体现在风险影响单元格中。

在开始构造矩阵时，不同水平的可能性和影响的单元都还是空白的，一种流行的方法包含如下几个步骤。

2. 定义评分量表

接下来的一步就是为即将评估的风险可能性和风险影响定义量表。记住，这一步的风险评估是定性的而非定量的，尽管如此，我们仍需采用数值代表定性的量表。基于此，评分量表必须能够简单、明确地为所有的风险进行连续的定性评估。在图 14-3 的案例中，我们使用五个级别的量表定义发生的可能性：接近肯定（NC）、可能性高（HL）、可能（L）、可能性低（LL）、几乎不可能（VU）。这些定性值是不够的，项目团队还为每项值的定义进行了描述，如表 14-3 所示。通过同样的方式，将项目风险的影响定义为一个离散的量表。该量表的定义主要依据项目的具体细节，当从不同视角定义项目目标时，我们建议采用第 12 章给出的项目好球区这种工具。使用优先级别最高的目标（如项目完工日期）开发与目标相关的风险影响程度。表 14-4 描述了如何根据项目的时间表构建风险影响量表。

表 14-3 五个级别的风险可能性量表案例

	1	2	3	4	5
量表	接近肯定	可能性高	可能	可能性低	几乎不可能
可能性描述	发生的可能性为 81%～100%	发生的可能性为 61%～80%	发生的可能性为 41%～60%	发生的可能性为 21%～40%	发生的可能性为 1%～20%

表 14-4 五个级别的风险影响量表案例

	1	2	3	4	5
量表	非常低的影响	低影响	中等影响	高影响	非常高的影响
风险对进度的影响	进度严重延后	总体项目进度延迟<5%	总体项目进度延迟 5%～14%	总体项目进度延迟 15%～25%	总体项目进度延迟>25%

定义评分量表的最后一步为定义风险严重程度量表。这一步通常需要根据公式并结合风险可能性和风险影响的值计算得出。尽管没有非线性的方程可以用，但可以简短地运用诸如"严重程度=概率+（$N \times$ 影响程度）"这样的线性

方程。例如，*N* 等于 2，意味着在估算风险的严重性时，影响程度比概率重要 2 倍。在这种情况下，每项风险评估后的概率和影响程度都应该带入公式中，严重程度=概率+2×影响程度，并将得出的严重程度的值带入概率–影响（P-I）矩阵中。这就是利用公式进行风险严重程度的计算，如图 14-3 所示。

3. 填充风险评估矩阵

使用前面步骤的风险严重程度计算公式，为矩阵中的每个单元计算风险严重性。接下来，根据组织对风险严重程度的定义，将矩阵划分为三个层级的严重水平——高、中、低。矩阵单元中的值越大，则其等级越高，而且对项目的潜在影响越严重。例如，风险的严重程度得分为 15 分的风险事件的严重程度比得分为 8 分的风险事件的严重程度要高，因此其优先级别也越高。

严重程度的等级的划分依据严重性得分的计算方法及项目经理决定如何对矩阵中的数值进行划分而定。例如，在图 14-3 中，项目经理决定将风险严重程度得分为 12 分及以上的风险定义为高优先级别的风险，得分为 9～11 分的风险定义为中等优先级别的风险，得分为 8 分及以下的风险定义为低优先级别的风险。

随着风险评估矩阵的开发和填充数据，它现在已经可以用于项目中了。

14.4.2　运用风险评估矩阵

实施一个定性的风险评估最具有挑战性的就是充分定义评分量表，一旦完成了此项工作，该评分量表就可以用于项目期间，从而有效地管理项目风险。

如果项目风险定义是完善的，通常情况下，大部分风险是可以识别的，不过这主要取决于项目的类型。项目经理面临的挑战是识别那些对项目影响很大的风险及最可能发生的风险，这里正好可以使用风险评估矩阵满足该项要求。

由于资源的限制，项目经理不得不使用风险评估矩阵决定哪些风险事件最具有资源使用权。一些大型项目经常聚焦于前十项等级最高的风险，而一些小项目由于没有管理大量风险事件的资源，所以决定管理前三项等级最高的风险，这两种途径在本质上都是临时安排的。因此，什么是合理的途径呢？答案就是矩阵，这种途径可以有效地将矩阵中的最高等级的风险降低到可以接受的水平。例如，聚焦于处理得分为 11 分及以上的风险（见图 14-3），并将其他风险视为非关键风险。采用这种方法，既不会浪费资源，也不会忽略重要风险。但是需要注意的是非关键风险并不意味着不重要，而是意味着由于项目资源的缺乏，不需要立即处理该项风险事件，但可能在未来需要处理。

在排列好项目风险优先级及选择了准备采取应对措施的风险事件之后，项目团队可以开发项目应对战略和行动。项目应对战略和行动与项目的风险管理计划相关，可以为项目所在的具体阶段及当前的项目状态提供更好的应对计划途径指导。记住，项目经理采取消除或避免风险行动的能力受到项目所处的生命周期的限制。具体来说，当项目接近执行阶段的末期时，采取有效的消减或避免风险的措施也许会太晚了，在这种情况下可以选择的措施可能只有接受风险或终止项目。

■ 14.4.3　风险评估矩阵的扩展

项目分析过程的产出物为一个简短的关键风险清单，该清单可用于监控、管理并与干系人进行沟通。对风险评估矩阵（也叫风险图）进行适当的变化，可以更有效地监控和沟通风险。

如图 14-4 所示，风险图从发生的可能性和风险的影响两方面展示最关键的风险，采用横轴和纵轴展示每项风险事件的评估值。我们给出的是数字量表，还有的项目也许更喜欢选择定性的分析值，如高、中和低。

一般情况下，可以画一条临界线将关键风险事件与低严重性水平的风险事件区分开来，这条线由前面已经讨论过的量表的水平描述决定。重要的是，要包括那些在临界点之下但接近临界点的风险事件，因为这些风险很有可能会转移到关键风险范围内。

风险图中包含的项目信息的最后一部分就是改变风险发生的可能性或影响程度，如图 14-4 中的箭头所示。我们鼓励包括这部分信息，因为它可以推动风险监控和分析。

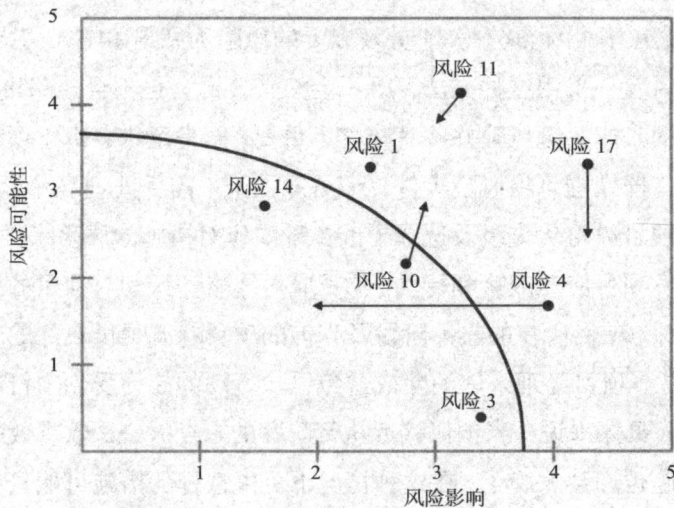

图 14-4 风险图示例

14.4.4 风险评估矩阵的优点

风险评估矩阵可以帮助在工作开始之前和在项目的整个生命周期内, 从无数不确定性中筛选出风险最高的项目领域, 这将提供一个关注项目资源的机会, 并通过积极的方式减少项目风险事件, 而不是等到其在项目的后期已经转化为问题后才面对问题。

另外, 风险评估矩阵会为更合理的应急计划和高效制定项目决策提供信息, 它可以预测所有可能的风险事件。因此, 最佳实践组织可以通过风险分析制订进度应急和成本应急计划, 这些计划可以通过包含在风险评估矩阵中的风险影响信息得到。

风险评估矩阵的大部分效用来自它对风险严重性的可视化展示及简单的设计。当不需要详细的定量风险分析的时候, 使用它就足够了, 尤其在项目周期的早期阶段。

最后, 风险评估矩阵有利于增加可视性, 并使高层管理者意识到项目内部的关键风险, 这将保证通过合适的内容做出与风险有关的合理决策。

有些未来事件将会阻止项目团队成员完全认识项目目标, 当项目经理的工具箱里有了风险登记册和风险评估矩阵之后, 他就有了识别、记录、评估、排列优先级和监控任何未来事件的能力。尽管如此，这些活动都没有达到风险管理的真正意图，项目风险管理的真正意图在于使用已获得的信息积极主动地对项目计划进行调整，从而应对每个项目面临的不确定性，以及做出更好的风险指引决策。接下来的两项工具可以在这两方面帮助项目经理，我们以蒙特卡洛分析法开始。

14.5　蒙特卡洛分析法

将不确定性转化为风险将会减少像文档化的成功标准那样成功完成项目的可能性。如果项目不存在不确定性，我们的投资组合就可以多次实现项目的进度、成本和绩效目标。但是每个项目都具有不确定性，项目经理不得不寻找方法处理将会使项目面临巨大风险的不确定性。

在管理一个项目时，项目经理将会面对这样的情况：他们拥有一个很长的风险事件清单，但是对于风险如何影响项目目标的线索比较少。一旦确立风险事件的优先级，可以采用蒙特卡洛分析法定量地估算关键风险的潜在影响。

蒙特卡洛分析法是一种确定已识别风险的影响的有效方法，它通过运行数学模拟软件，确定与成功可能性相关的不同置信区间的产出物的范围。该模拟分析法为项目经理提供了一个产出物可能的范围，以及他们采取任何行动的概率。这个过程提供了一个有价值的工具，通过考虑一个项目所面对的已知的不确定性，决定需要风险准备金的总数，增加成功的概率，从而补偿关键风险事件的影响。

蒙特卡洛分析法对关键项目风险概率分布进行随机抽样，通过成千上万次模拟项目场景应对风险的影响。它可以为计算的项目持续时间提供统计分布，并提供持续时间的近似期望值，如图 14-5 所示。根据这些分布，你可以确定不同进度方案的风险。例如，如图 14-5 所示，项目将有 40%的概率在 5 月 20 日或之前完成。

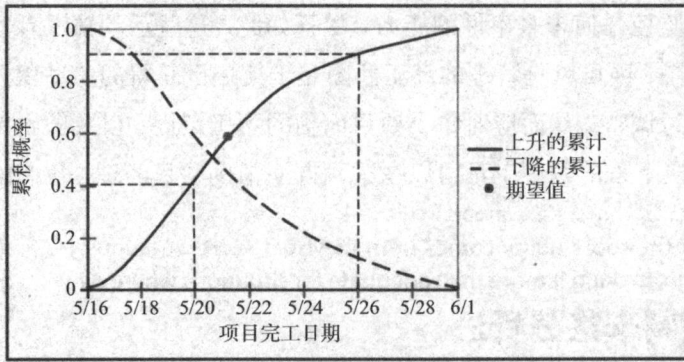

图 14-5 根据蒙特卡洛分析法得出的项目持续时间的累计分布

14.5.1 制定蒙特卡洛分析

一般情况下可以采用蒙特卡洛分析处理进度、成本和现金流的风险，有时也可用于分析其他要素，诸如项目最终输出质量等。总体上，执行进度风险分析比成本分析更加复杂，仅仅因为为了定义关键路径需要确立项目活动之间的相互依赖关系。为此，我们的重点是观察蒙特卡洛进度风险分析的过程（见图14-6）。

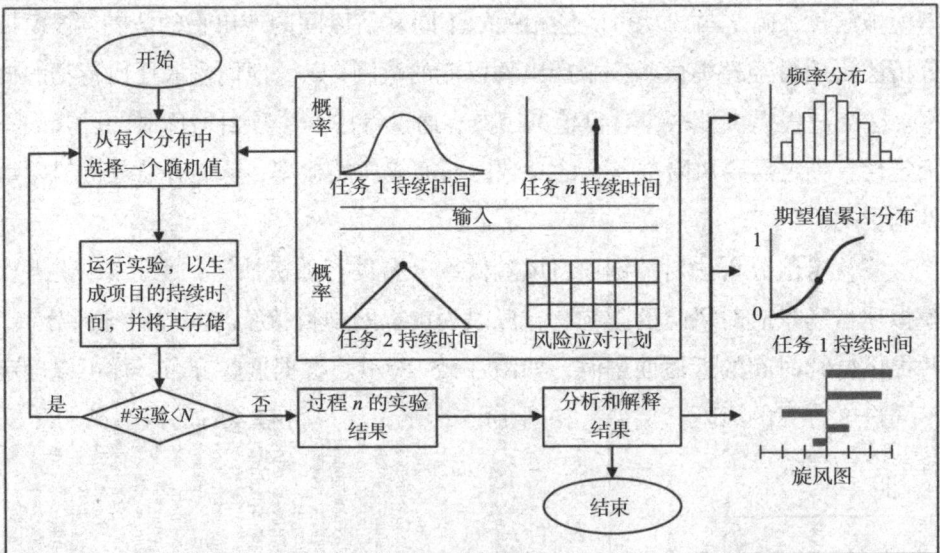

图 14-6 进度风险的蒙特卡洛分析过程

成功的蒙特卡洛分析需要大量的重要输入要素。首先，风险管理计划可以为何时使用和如何使用蒙特卡洛分析提供指导。其次，关键项目风险和它们对项目影响的评估提供了风险的影响，这是模拟分析的基础。最后，蒙特卡洛分析还需要项目进度或项目预算，从而确定概率影响情况的基线。在分析对项目进度计划的影响时，时标网络图是最有帮助的进度形式（见图 14-7）。

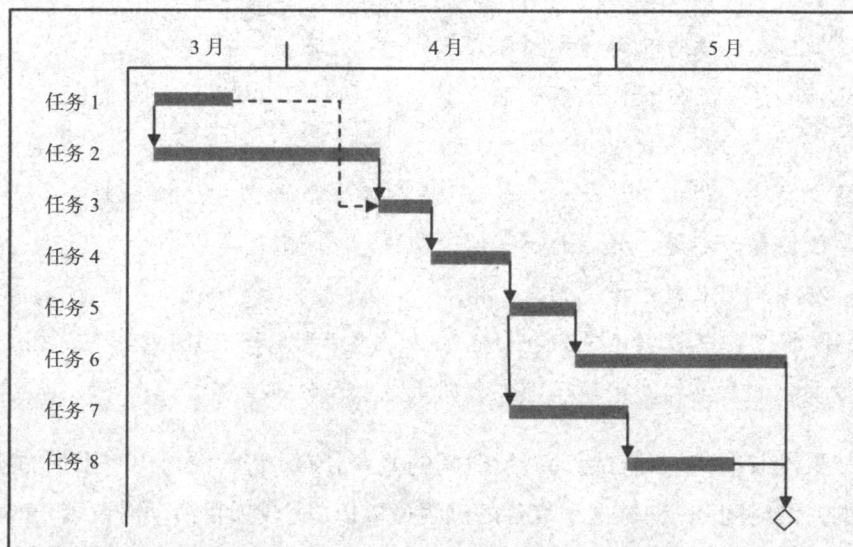

图 14-7　基于蒙特卡洛分析法的时标网络图的风险分析

这些信息将被输入蒙特卡洛分析中，并产生一系列可能的项目工期（见"蒙特卡洛分析法的基本术语"）。

蒙特卡洛分析法的基本术语

随机事件。随机事件是指一个不能提前预知产出物的过程或测量。

连续分布。连续分布用于代表在某一价值指定范围（区域）内的价值。

离散分布。采取一组可识别的值，每个值都有一个可计算的发生概率。

确定型模型。确定型模型是指各个参数都是固定的，仅有单一的估算值。

期望值（Expected Value, EV）。期望值是所有可能结果的概率加权平均值。同义词：均值、平均值。

众数。众数是最可能发生的特定结果，是概率分布曲线上的最高点。

模型。模型是一个系统的简化表示，如项目关键路径图。它展示了项目的成果（如项目持续时间）或结果（如 18 个月）。

概率。概率是指事件发生的可能性，它的取值范围为 0~1（或等量的百分比）。同义词：可能性、机会。

概率分布。概率分布是表示随机变量在数学或图形上的变化范围，以及随机变量取值的概率规律。同义词：概率密度函数、概率函数。

项目状态。项目状态是指项目未来的一种情况。

随机抽样。随机抽样是指一个产生一系列 0~1 的随机数字的过程，这将决定输入变量的概率分布。

随机变量。随机变量是一个机会事件的度量。同义词：机会变量。

单值估算。单值估算只有一个值。同义词：点估算。

标准差。标准差是方差的平方根。

随机模型。随机模型是指包含随机变量的模型。同义词：概率模型。

方差。方差是指与平均值的偏差的平方之和的期望值。

如果没有准备好项目活动持续时间的概率分布，将无法得出一系列的项目可能的持续时间和概率。这个准备的过程可以以"完成项目活动需要多长时间"这个问题开始。假设你已经多次实施了该活动，每次都用了 10 天完成，如果让你估算未来某项目的同样活动的持续时间，你很有可能把它设为 10 天。如果项目的每项活动都是像这样的点估算（也称单值估算），作为计算项目进度的持续时间，那么得出的持续时间也只有一个值。在这种单值决策模型中，由于所有的值都是确定的，所有的项目活动的持续时间都没有太多的不确定性。在当今的大多数项目中，这种情况是不现实的，下列概率模型（随机模型）更符合实际情况。

想象一下你大量地重复了某项活动（称为活动 1），由于各种各样的问题出现，使得它的持续时间为 5~39 天（产出物的范围）。你将每次持续时间的值都记录下来，具体结果的取值接近活动 1 发生的概率。当我们拥有这些所有可能结果的近似概率时（你做的实验次数越多，计算出的结果和真实概率越接近），我们可以把这些数据描绘成概率分布图（见图 14-6 中的任务 1），假定这种基于经验的概率分布同样适用于项目中的其他活动（见图 14-6 中的任务 2）。如果我们从已完成的系统知识中而不是个人的信念中获得这些概率分布，它们会接近客观的概率（见"经常使用的概率分布"）。

经常使用的概率分布

经常使用三个值来描述一个非常简单和常用的三角分布 [见图 14-8（a）]：三角形（5，10，20），最小值（L=5），最可能值（M=10），最大值（H=20），括号内的数字代表项目任务的持续天数。平均值的计算方法为（L+M+H）/3。

图 14-8（b）中的贝塔分布，已经在计划评审技术（PERT）中使用了很长一段时间。该分布也和三角分布一样需要三个参数。最小值（L=5），最可能值（M=10），最大值（H=20），平均值的计算方法为（L+4M+H）/6。

图 14-8（c）用均值（10）和标准差（2）两个参数描述一个对数正态分布。

总体分布 [见图 14-8（d）] 以灵活性著称，它允许将分布描绘成可以反映专家意见的形状。图 14-8（d）是用一组数值（7，10，15），概率为（2，3，1），最小值为（5），最大值为（20）的数据描绘成的总体分布。

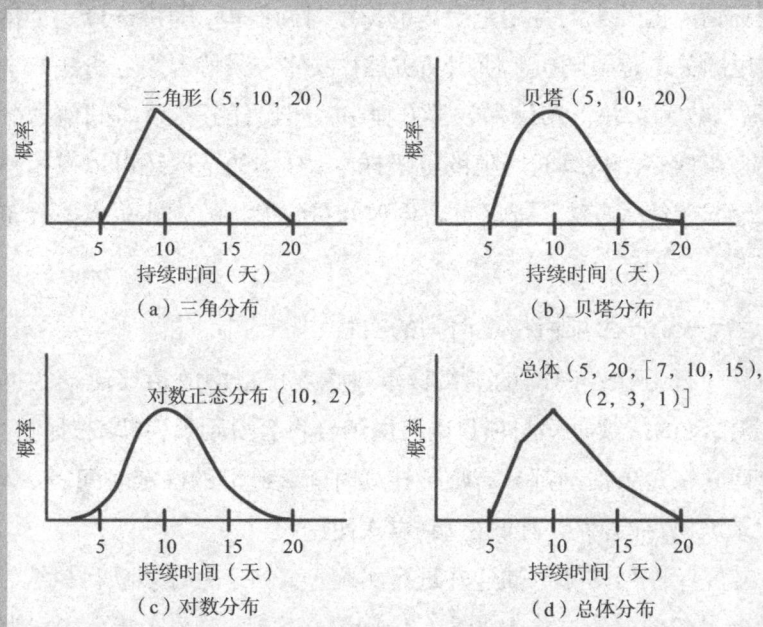

图 14-8　经常使用的概率分布

尽管有些公司开发了项目活动近似分布的经验数据库，但这并不是规则，而是一些例外情况。在制定活动持续时间的概率分布时，需要做哪些准备呢？我们需要确认在项目中哪些是主导实践的，这依赖于客观概率而不是主观判断得出。最有效的方法就是借助专家或有经验的项目参与者的帮助，和活动所有者进行头脑风暴，研究过去项目相似活动的持续时间，咨询一些不参与该项目的公司的专家，这些都会帮助确定活动持续时间的概率分布及单值。单值估算被纳入项目进度基线。

现在可以应用风险的影响了。从单值估算中得出的进度基线代表最好的情况，而蒙特卡洛分析法基于概率分布提供了潜在成果从最好情况到最坏情况的分布，因此，我们需要定义最坏情况。最坏情况是当面临最高级别风险时所处的情况，涉及风险评估矩阵。找到所有高严重程度的风险，结合高严重程度的风险的进度影响就可以得到最坏情况。

1. 从每项分布中随机选择一个值

当项目任务已经设置好概率分布之后，就可以开始下一阶段工作了。在由最好和最坏情况值约束的特定范围内的持续时间值内，随机选择一个持续时间值，在这里的关键是要随机。使用随机抽样技术，蒙特卡洛分析法产生了一个 $0\sim1$ 的随机数字，并将其代入数学方程中，得出任务持续时间值的分布，所有选择的值组成一个持续时间值的随机样本。样本的选取还可以采用其他有效方法。无论选择什么方法，都以重新再现分布的形状的方式从概率分布中随机选取样本。

2. 运行一个产生项目持续时间的实验

拥有一个任务持续时间的随机样本意味着项目中的每项活动的进度仅有一个值，将活动的持续时间与项目网络图结合将会得到项目持续时间。事实上，这是一个建立在每项活动都只有唯一持续时间基础上的确定时间表。因此，我们需要记录该项目的持续时间，直到再次使用它。

多次重复此序列的随机抽样并进行实验，直到产生许多项目持续时间，每个值都是合乎情理的。这将会产生一个问题："我们需要实验多少次呢？"一般来说，需要达到预先设定的次数（见图 14-6 中决策框中的数字 N），这个数字主要取决于变量（活动）的数量及需要的执行水平，一般为 100～1 000。本书认为，足够数量的实验可以保留原始的活动和持续时间的概率分布的特征，以及项目持续时间的拟解决方案的分布。

3．处理结果

当我们完成实验后，我们将得到 N 种项目持续时间，每种持续时间都是运行项目进度的一种可能情况。用软件处理它们，将得到各种形式的结果，然后，我们的关注点应该在以下几方面（见图 14-6 的右边部分）。

- 项目持续时间的期望值。平均值近似等于项目持续时间的平均实验值，它是所有可能结果的概率加权平均值。实验的次数越多，期望值越精确，越接近项目持续时间概率分布的形状。

- 频率分布。这是一个直方图，显示了每组数据的频率，通过将生成的项目工期的数据分组到条目或类别中，频率就是每组的数量。将频率除以数量总额将会得出项目持续时间在某一类别范围内的概率（见图 14-9）。

- 累计频率。累计频率有两种形式（见图 14-6），既可以表示为上升的形式，也可以表示为下降的形式。上升的形式表示该项目持续时间小于或等于横轴上的值的概率，而下降的形式表示项目持续时间大于或等于横轴上的值的概率。期望值用一个黑点表示。

- 旋风图。这个图显示了某项单独活动的不确定性对项目进度持续时间的不确定性的影响程度（见图 14-10）。确切地说，横条代表活动（输入变量）对项目进度（项目输出）的影响程度，横条越长，代表项目活动对项目持续时间的影响越大。按照标准做法，自上而下绘制的横条代表对降低程度的影响，既有积极的影响也有消极的影响，图的形状有点像龙卷风，故名旋风图。为了避免图看上去过于复杂，建议限制这些活动图的使用，至少达到最大观测值的 1/4 时才需要在图上表示出来。

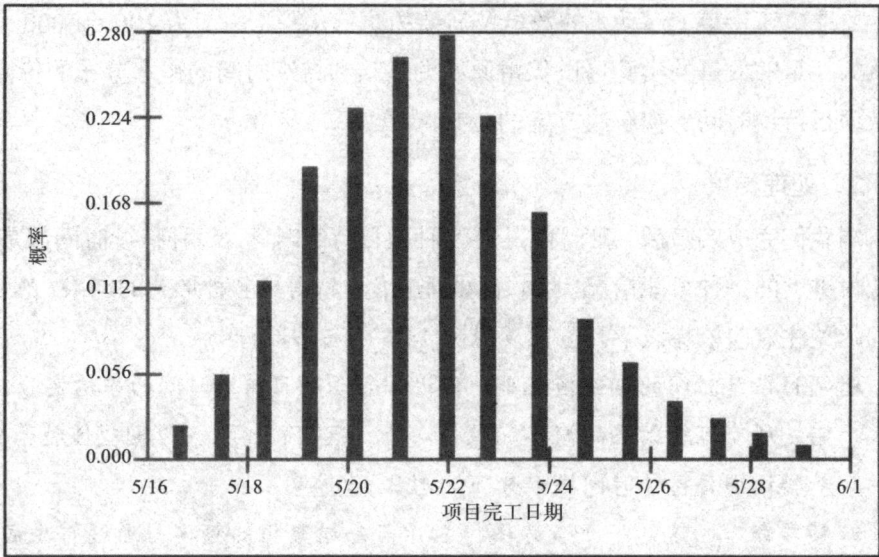

图 14-9   项目持续时间的概率分布

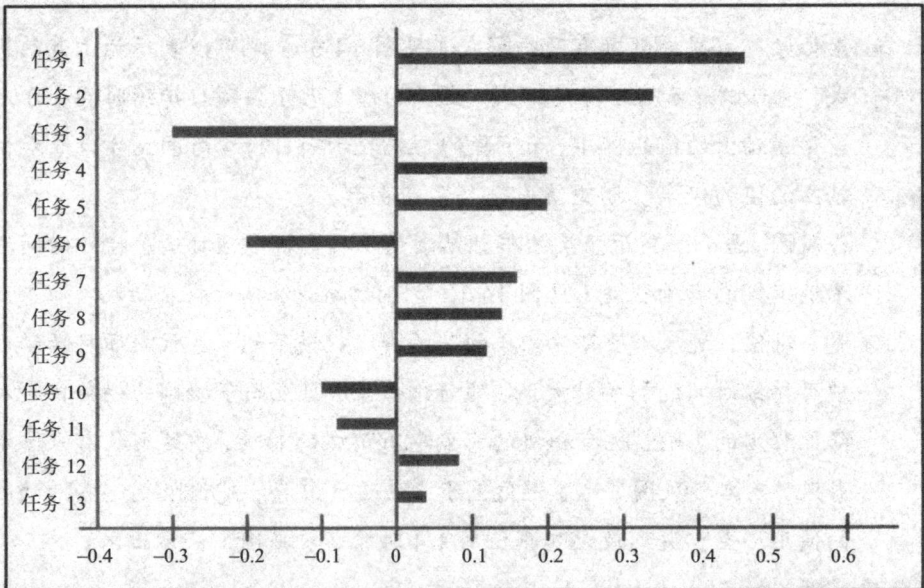

图 14-10   旋风图示例

4．分析和解释结果

对于那些分析最初提出的问题，进度风险分析的结果必须给出清晰的答案，基于此，进行进度风险分析时遵循下列原则是有益的：

- 聚焦于问题。
- 将统计数据保持在最小值。
- 任何时候只要合适，尽量使用图表。
- 理解模型（如时标网路图）的假设。

为了证实这些原则，我们假设项目团队制定执行进度风险分析来回答这些问题：

- 项目团队有多大的可能性达到管理规定的最后期限（5 月 20 日）？
- 如果概率低于 90%（该团队建议的概率），我们需要在管理方面做什么来与最后的期限进行协商？
- 如果我们成功地商定了最后期限问题，究竟哪三项活动最能影响项目持续时间呢？

首先，为了回答第一个问题，团队使用累计分布图（见图 14-5），他们将：

- 在横轴中输入管理规定的最后期限（5 月 20 日）。
- 向上移动累计曲线。
- 向左移动从而与纵轴的值相对应，这时的纵轴的值是在规定的最后期限内完成项目的概率（40%）。

可以很清楚地看到，40% 的概率是非常低的，远远低于该团队建议的 90%。为了回答第二个问题，项目团队决定征询管理者是否能在规定的最后期限内再增加 6 天的应急时间，这样项目可以在 5 月 26 日完成，而且完成的概率为 90%。为了建立一个更好的谈判情境，团队开发了一个强劲和清晰的正当理由——描述最可能影响进度的前三项风险，在这种情况下没有应急储备，成功的概率仅有 40%。消减和避免管理风险，并请求管理层采取行动，能够帮助项目团队将成功的概率提升至 90%。

最后，该项目团队创建了一幅旋风图（见图 14-10），该图解释了最能影响项目最后期限的三项关键任务，这三项任务是在实施过程中监控优先级最高的活动，这正好可以回答第三个问题。

14.5.2　运用蒙特卡洛分析法

传统上认为，大项目和复杂项目最常享受蒙特卡洛分析法的好处。与小项目不同，大项目有更重要的目标，并能承担实施蒙特卡洛分析法所需要的资源。如今，这一观点开始改变："项目化管理"的发展趋势导致较小但重要的项目逐步增加；同时，非常强大的计算机软件使得蒙特卡洛分析法也是可以负担的。最后，能够支持许多项目进行蒙特卡洛分析的项目办公室已成为一种常见的组织单位。所有这些事件帮助更小的项目也能实现蒙特卡洛分析，改变了蒙特卡洛分析在组织内的应用方式。

现在，蒙特卡洛分析法已被大项目和小项目用于应对特定的情形。例如，如果一个项目对完成的最后期限比较敏感，蒙特卡洛分析法就是一个优先选择。同样，如果有许多项目的方案和假设分析需要探讨，蒙特卡洛分析法是一种比其他方法更好的方法。

蒙特卡洛分析的方法直接影响着执行蒙特卡洛分析需要多长时间。一种典型的方法就是根据项目团队提供的数据，利用项目办公室的专家执行蒙特卡洛分析。例如，对一个只有 50 项活动的小型项目，输入数据并运行蒙特卡洛分析可能需要 10~30 分钟；假设某项目已经拥有项目逻辑图，通过头脑风暴法准备活动的概率分布并将其格式化成一个表，然后送到项目办公室，这需要花费 1~2 小时。项目的规模越大、复杂程度越高，则执行蒙特卡洛分析所需要的时间越长。

14.5.3　蒙特卡洛分析的优点

原始的项目进度和预算经常是不实际的或过于精确、不充分的，不充分的主要原因是项目的活动都具有不确定性。为了应对这种不确定性，许多项目团队分配给活动一个随意的时间或成本，并希望其是最好的。将这种方法和蒙特卡洛分析法进行对比，蒙特卡洛分析法通过使用基于成功分布的概率的风险因素的情境，可以更丰富、更详细地表示出风险问题。因此，随意的风险应急计划被定量的分析所替代，用于确定基于概率预测的应急的需求总数。

蒙特卡洛分析还可以为多项成果提供图形表示，尤其使用市售的软件应用程序，这样的图形化分析可以加强对决策选择的评估和交流。

通过综合考虑变量因素（如进度任务或成本要素），蒙特卡洛分析还可以发现哪些变量对项目的结果有最大的影响。通过同样的方式，蒙特卡洛分析还可以分析得出多种变量结合对项目的影响。例如，如果增加新人员，可以并行实施某些项目任务而无须按顺序执行。

总之，蒙特卡洛分析的价值在于它有能力检查每个项目的情况（包括极端的情况），看看什么条件会引起什么样的结果。这不仅可以帮助验证项目的真实性，还可以区分哪些是可能的、哪些是不可能的，最重要的是，如何将不可能转化为可能。

14.6　决策树

决策树是一种用于分析涉及不确定性或风险的项目状况的图形，反映了决策过程。决策树以一棵树的分支的形式显示顺序决策，从左到右由一个初始的决策点延伸到最终结果（见图 14-11）。通过分支的路径表示单独决策的顺序和发生的偶然事件，通过计算每个路径的期望值和概率进行评估决策。典型的决策树的组成，见"典型决策树的五大组成要素"。

> **典型决策树的五大组成要素**
>
> 决策节点。也称决策点，都是做出决策或选择替代的时间点，用正方形表示，由项目决策者控制。起始节点被称为根。
>
> 机会节点。代表一个概率事件的结果发生时的时点，决策控制者无法控制它们。机会节点也称概率节点或概率点，用圆圈表示。
>
> 分支。将决策点和机会节点按顺序连接起来的线。引出决策点的分支代表可能的决策，同时，从机会节点所产生的分支代表概率事件可能的结果。
>
> 概率。在分支上给出的概率代表这项事件发生的可能性大小，它们大多是有条件的，且对于任何一个特定的机会节点，概率之和必须等于 1。
>
> 结果值。也称报酬。每种选择方案的结果值都标注在分支的末端，它们代表将现值折现为决策日期的价值或成本。

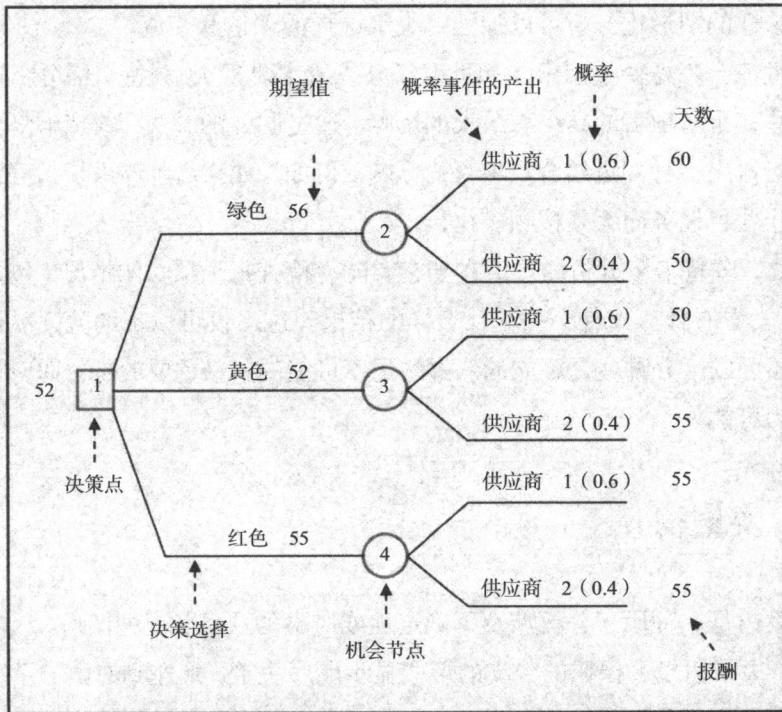

图 14-11　项目风险情形下的决策树

▪ 14.6.1　制定决策树

决策树通常都是通过选择提供最大净现值或最低成本的决策方案而降低风险，这些丰富的例子促使我们采取不同的方法。我们以一个减少进度持续时间的例子说明分析决策树的一般过程，这是当前很多项目面临的风险，作为不容商榷的优先级，必须执行最快的进度计划。

使用决策树技术需要有多个来源的输入，风险管理计划具体规定了如何使用决策树支持风险决策。风险评估矩阵中的各个风险及应对策略的信息是非常关键的，在图 14-11 的例子中，这些信息都用来计算决策树中每种产出物的持续时间。由于这也包括项目的进度计划，所以我们还需要决策方案的进度信息。

1. 描述基于风险的决策

依据常识可知，为了做出最好的决策，我们先要理解决策的内容和项目面临的相关风险，一个非常便利的方法就是对决策进行描述，下面举个例子。

考虑一家公司竞争进入市场的速度的能力。当进入某个新产品开发项目的设计阶段时，它们的目标就是在它们的竞争对手之前尽可能快地完成设计，进入市场。所以，项目的每一天都极其关键，而开发成本则显得不那么重要了。在这种情况下，该项目团队正试图决定为该产品设计适当的方法。设计产品中心模块的时间是一个主要的不确定性时间量。设计产品中心模块主要有三种方案，每种方案可以用一个词来表示：

- 绿色（G）。在中心模块设计的早期采用路由规则。
- 黄色（Y）。在早期对路由规则进行预测并在中心模块设计的结尾进行修正。
- 红色（R）。在中心模块设计的结尾采用路由规则。

无论哪种选项，第二个不确定性关于模型中心的现货供应部分，有两家供应商都可以生产该部分。众所周知，两家公司都在竞相发布最新升级的部分，并且他们对外宣布的发布日期都完全一致。为了表示这一决定的描述并使其能够进行分析，团队必须先构建模型。

2. 构建模型

该模型由左向右画（为了更好地了解，可以重新阅读"典型决策树的五大组成要素"）。因此，先画一个决策点（正方形 1），往右画三条分支代表三种可行的设计方案——绿色、黄色、红色（见图 14-11），再在每个分支的末端画一个机会节点（圆圈 2、3、4），每个圆圈后面再画两个分支，每个分支后面都有概率事件的产出——供应商 1 率先上市和供应商 2 率先上市。构建模型就像展示的那样非常单调，它的珍贵之处在于加强我们的理解。复杂的决策需要一个层级化的结构帮助其简化决策选项。

3. 评估可能产出物的概率

在开始他们自己的设计过程之前，公司的新产品开发团队不能等到供应商 1 或供应商 2 率先上市后才开始，这将大大延长模块的设计进度，损害项目的最终完成日期。因此，项目团队决定估算供应商 1 率先上市和供应商 2 率先上市的概率。根据他们的研究及两家供应商过去的绩效，得出供应商 1 率先上市的概率为 60%，供应商 2 率先上市的概率为 40%。团队内的所有成员都清晰地知道这是一个受到他们的观察力、信念及历史事件影响的主观概率。

4. 决定可能的产出

项目团队在如果供应商部分已经可用的情况下，为每种设计选项（绿色、黄色、红色）都开发了初始的进度计划，每种选项包含的设计活动及设计活动的顺序是不一样的。另外，尽管两种供应商的部分都可以用于中心模型中，但他们参与设计的过程是不一样的，这就导致持续时间的每项结果都各有不同。由于团队的期望为供应商在模块设计中途的某个时候率先上市，所以他们需要估算这种发布如何改变初始的网络计划。他们的估算将得出一组可能的结果值，这些进度持续时间的结果值以天来表示，并标注在每个分支的末端（见图14-11）。

决策树分析有两个概念上不同的部分：第一部分包括构建模型、评估可能结果的概率及它们的报酬，这是一个特别的非结构化的任务，需要更大的努力。第二部分为评估方案和选择战略，这是模型中比较简单的一部分，并且是风险决策分析的核心，我们将在下一步进行讨论。

5. 评估备选方案

我们的目的是评估可能的结果并选出进度可能最短的方案。为了完成此项工作，为了解决这个决策树问题（见"解决决策树的两个简单步骤"），我们需要使用下面这些步骤。

步骤 1：机会节点 2 的期望值=（0.60×60 天）+（0.4×50 天）=56 天

机会节点 3 的期望值=（0.60×50 天）+（0.4×55 天）=52 天

机会节点 4 的期望值=（0.60×55 天）+（0.4×55 天）=55 天

步骤 2：最好的备选方案就是期望值最低的方案，即进度最短为 52 天的方案，这意味着团队应该选择黄色方案。

解决决策树的两个简单步骤

解决决策树的过程也称将树"滚回来"或"折回来"。简单地说，就是由决策树的右边开始工作并回到左边。我们用期望值对每个节点进行注解，得出了每个节点的值，该期望值可以用成本（用货币衡量）或进度（用时间进度衡量）代表。解决决策树的两个简单步骤如下：

（1）将每个分支的结果值（报酬）乘以概率，得到每个机会节点的期望值，该值就是节点和分支得出的值。

（2）在每个决策节点上，我们找到最佳的期望值方案，最佳方案是指最高值方案（当处理现值的时候）或最低值方案（成本或进度）。

当折回过程完成之后，从左边的决策节点中得出最好结果值的方案就是最佳方案。

决策树分析不仅仅用来找出最佳方案，敏感性分析及旋风图都能用于更好地理解基于风险的决策。

14.6.2　运用决策树

从理论上讲，无论项目的复杂程度如何，只要明确规定了决策和可能结果的概率，就可以使用决策树评估基于风险的任何决策。实际上，事实并非如此，实施项目经理仅将决策树用在需要简单而快速地选择最佳方案的时候。为什么会这样？这里的问题是复杂的决策情形会导致"组合爆炸"，并需要大量的时间。当我们增加决策和机会节点时，决策树会迅速增大。例如，多个备选方案和多个不确定性可以使决策树突然增长至几百条路径，这时更适合采用蒙特卡洛分析。这种情形的一个主要约束就是用决策树建立和解决问题可能需要花费几百上千小时。实施项目经理通常在需要迅速评估简单的方案、选择最好的方案并继续日常工作的时候使用决策树。这种情况大多数都发生在大型项目中，尽管我们见过项目经理使用最小时间消耗，非正式地采用有 4 ~ 6 条路径的两种方案模型。

两个极端可以帮助理解决策树的时间需求。假设所有需要的关于估算概率和结果值的信息都是可用的，花费 10 ~ 15 分钟构建和估算一个带有 4 条路径的两种方案的决策树对项目经理来说是比较现实的；从另一个方面来说，构建一个拥有成百上千条路径的决策树需要消耗几十到上百小时。偌大的决策树有专业软件的力量支持，分析一个大型决策树可能只需要几分钟时间。

14.6.3　决策树的优点

有两个主要的好处看起来是项目经理使用决策树的动机。首先，决策树减少了评估值。与所有基于风险的决策方案相比，它是一个单一的度量值，该指标表明项目目标的支持程度。在我们的案例中，度量的指标是时间，用于测量上市时间的速度的进展。在这样的情况下，一个额外的便利之处源于一个事实，即大部分时间这一价值度量用货币来表示，这是经营和项目的共同语言。这个单一的货币值可以结合成本、进度和绩效标准。

其次，许多项目经理认为决策树的真正价值不是数值结果，而是有助于我们洞察决策问题。无论是不是数据结果，用户都应该明白决策树并不完全属于客观分析。在没有足够的经验数据进行完整的分析时，分析的许多方面都是基于个人判断的，如构建模型、评估概率或报酬。

决策树分析还有一个好处在于，通过项目团队成员和专业问题专家进行评估和沟通，可以获得进行不确定性分析的知识。很多时候由于和正确的人进行了正确的沟通，在没有充分开发和分析决策树的情况下也可以进行决策。

14.7　风险仪表盘

由于项目风险的动态性本质，新风险将被识别，许多期望的风险将会消失，一些风险将会减轻，或者由于发生的概率改变或对项目潜在的影响发生变化，都将导致风险的严重性发生变化，所以风险监控必须在整个项目周期中持续进行。

定期进行风险评估从而加强持续进行的风险监测，并使风险识别、评估、分析和应对过程能够在项目整个生命周期中重复进行。为了便于风险评估，项目经理需要大量的工具帮助其有效地实施监控过程。可以使用的最好的工具包括前面讨论过的风险识别矩阵、风险评估矩阵、风险图，以及即将讨论的风险仪表盘。

■ 14.7.1　制定风险仪表盘

风险仪表盘提供了一个项目的重要风险统计。风险仪表盘可以帮助项目经理或高层管理者评估项目的健康程度及项目会面临的问题。图 14-12 就是一个风险仪表盘的例子。

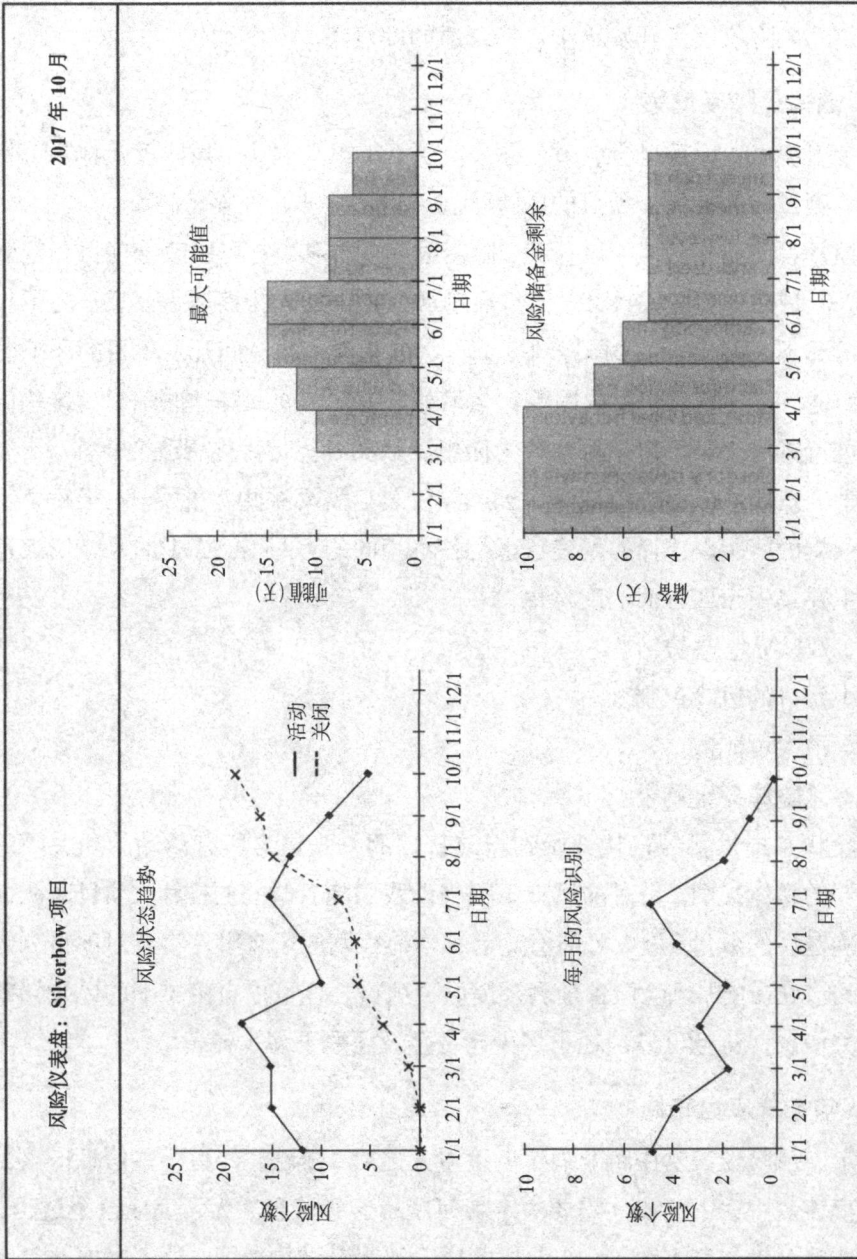

图 14-12　风险仪表盘示例

风险仪表盘需要进行仔细的设计。风险仪表盘是一个商业情报工具，你要确保最重要的情报已经被收集，并被有效地表示，而且能够很容易和正确地理解。有效的风险仪表盘开发始于选择合适的度量集。

1. 选择风险度量集

一个组织（如项目组合或项目办公室）不得不开发一个风险度量体系，从而有效地测量和监控每个项目的风险状态，但这并非一件容易的事。

选择并且使用好的风险度量集，随着时间的推移，它可以改善项目和经营的绩效。但是如果管理不善，它们将通过加强错误的行为而适得其反。为了确保这种情况不会发生，在选择你的度量集之前花费一些时间开发项目的风险管理哲学，这将使你聚焦于需要跟踪什么信息、为什么要跟踪这些信息、这些信息能够进行哪些决策，以及哪些行为你想加强及哪些行为你想改变。

哲学的发展可以促进组织意识到风险仪表盘需要哪些度量集。由于每个组织都是独特的，所以选择的仪表盘也是各不相同的。图 14-12 中的风险仪表盘的例子主要集中于四方面的度量集：

（1）风险状态趋势。

（2）每月的风险识别。

（3）最大可能值。

（4）风险储备金剩余。

风险状态提供了项目从开始到当前日期的一张包含所有活动的和关闭的风险事件的整体视图。每月的风险识别告诉我们随着时间的推移，项目团队面临的不确定性的数量。最大可能值显示了当前识别的风险事件将会对项目和经营产生的潜在影响。风险储备金剩余提供了项目经理可以自由支配的风险储备金的相关信息，包括已经消耗了多少储备金及还剩下多少储备金。

2. 勾勒仪表盘布局

在定义风险仪表盘中将要展示的度量集之后，你已经知道哪些信息应该被展示在仪表盘中，下一步你需要决定如何展示这些信息。为了完成这个过程，你需要花几分钟勾勒出图 14-13 那样的风险仪表盘结构草图。这不需要非常完整，其意图是从逻辑上构建这些信息及如何展示这些信息。

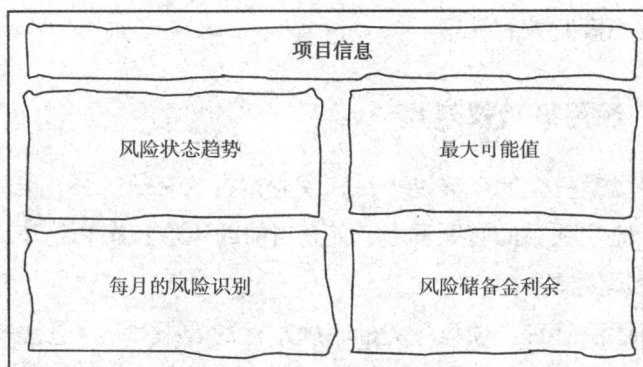

图 14-13　仪表盘布局草图

仪表盘的左侧是项目风险事件的总结信息和趋势信息，仪表盘的右侧则是项目风险事件的影响程度信息。风险仪表盘的这种展示方式能从左到右地介绍风险的原因和效果。

3．创建仪表盘图

仪表盘的工作是以简明的和利于决策的方式展示大量与项目相关的关键信息。因此，风险仪表盘需要非常简单且容易理解，只有少数关键指标，很像汽车上的仪表盘。风险仪表盘最好的完成方式是用图形表示数据。

确定了关键的测量和度量集之后，你现在就需要细看如何用图形将这些测量表达出来。趋势的相关信息最好用直线图表示，而比较信息（如活动的、不活动的和关闭的风险的数量）最好用条形图或饼状图表示。

我们推荐使用普通的图形风格并保持简单。记住，风险仪表盘的主要客户将会是你的高级管理团队，你的时间应该花在与他们谈论你的项目的风险状况，而不是帮助他们理解你的图。

4．填充仪表盘

开发仪表盘的最后一步包括收集、合成和描绘出项目目前的风险信息。前面所有的步骤通常是在项目开始时一次性发生的，只有本步骤是在项目的生命周期内持续进行的。

众所周知，由于项目风险具有动态性的本质，所以最好的风险管理实践是能够持续实施，或者至少能定期实施的。持续更新风险仪表盘内的信息可以确保风险正在被积极监控和管理。

■ 14.7.2　运用风险仪表盘

风险仪表盘是一个能够提供项目和商业情报的有效工具，也就是说，它的关键效用包括监控项目的健康程度、交流当前的风险状态和趋势，并为各种基于风险的决策提供支持。

一个项目团队管理与项目相关的不确定性的效果如何，通常表现在项目的健康程度上。一个健康的项目是指一个在正确的道路上实现目的和商业目标的项目，这意味着该项目正在积极保护自己免受不确定性的风险所造成的负面影响。风险仪表盘是项目经理的项目健康指示器，它通过收集关于风险状态的关键信息，并以项目健康程度的方式表达出来，从而有效地支持风险监控。

由于风险仪表盘包含了项目健康程度的关键信息，它同时是一种重要的交流手段。所有干系人都会由于各种原因对项目结果有既得利益，因此干系人也会从了解项目的健康情况中获得既得利益。风险仪表盘以综合和概括的方式向项目干系人展现了风险的状态和趋势信息。如果成功地设计了风险仪表盘，项目干系人将能在几分钟内了解项目的健康程度。

风险仪表盘也是一个很好的决策支持工具。好的项目决策是根据项目的当前状态进行的，更好的决策则根据和项目有关的当前和未来的风险相关信息，风险仪表盘包含了支持基于风险的关键决策需要的关键信息。

在项目计划过程中，风险仪表盘可以用于确定项目需要的风险储备金的总数。风险储备金是指所需的时间和资金超过估算部分的总数，以减少超支的风险。风险事件将会发生，并且不是所有的风险事件都会被预测到，除此之外，并不是所有的已识别风险都能被避免或消减，因此，每个项目经理都需要风险储备金。

随着一个项目在其生命周期的进展，风险仪表盘被用于决定为了完成项目的某方面（如完成一个里程碑），何时使用风险储备金并跟踪风险储备金的剩余数额。

■ 14.7.3　风险仪表盘的优点

无论是大项目还是小项目，是简单项目还是复杂项目，所有项目都会从使用风险仪表盘中获得收益。仪表盘是一个在项目执行过程中重点关注项目健康状况的有效工具，因此，它为项目经理和组织的高层经理进行基于风险的项目决策提供了理论基础。

风险仪表盘作为一个前瞻性和预测项目和商业情报的工具，具有很大的价值。如果风险仪表盘能够包含潜在的风险值、风险严重性趋势、风险储备金的消耗，更是如此。

最后，风险仪表盘为持续进行风险监控和管理提供了便利。项目风险管理以风险识别为开始，以评估活动为结束，是一个令人遗憾和非常普遍的做法。风险管理真正的价值来自在项目期间，当新的不确定性出现时，要不间断地监控和持续地管理风险。

14.8　风险管理工具选择

本章给出的风险管理工具是为不同的项目风险管理情形所设计的，将它们最适当的用法与相应的工具进行匹配有时让人有点困惑。为了帮助匹配，下面的表格中列出了各种各样的风险管理情形，并为每种情形定义了最合适的工具。以表 14-5 为出发点，创建你自己个性化的风险管理工具，从而适应你的独特的项目管理风格。

表 14-5　风险管理工具比较

具体情形	风险管理计划	风险识别清单	风险登记册	风险评估矩阵	蒙特卡洛分析法	决策树	风险仪表盘
为项目确立风险管理体系	✓						
确定风险应对选项	✓		✓				
支持项目风险的识别		✓	✓				
确定风险分类		✓					
确定项目的风险数据库			✓				

续表

具体情形	风险管理计划	风险识别清单	风险登记册	风险评估矩阵	蒙特卡洛分析法	决策树	风险仪表盘
用于决定风险的严重性和优先级				✓	✓		
能聚焦于最关键的风险			✓	✓	✓		✓
开发许多项目情景并进行假设分析					✓		
用于帮助决定是否需要行动或资源				✓	✓	✓	✓
用于决定风险储备金				✓	✓		
提供风险时机的相关信息			✓				✓
监控风险状态			✓				✓
支持定性风险分析				✓			
支持定量风险分析					✓		

第 15 章

管理项目干系人

干系人通常被定义为在项目产出中具有既得利益的人或组织。更进一步，对于项目经理而言，干系人是对项目的产出可以产生积极或消极影响的人，其中包括组织内部和外部的某个人或某群人。对干系人的管理是项目经理运用智慧管控博弈、增进交流、处理冲突，以确保项目获得积极产出的一个过程。

项目是否可以取得成功往往依赖在组织中的权力有限却对项目的成功负有责任的项目经理的能力。项目经理获得的授权一定是通过与干系人建立良好关系并可以成功地影响关键干系人而得到的。

一个项目中往往聚集着很多具有各自的经历、立场、看法、观念、忧虑，甚至相互冲突的个人日程安排的干系人，因而如何找到一种方式可以有效地管理这些人的项目诉求便成为一个巨大的挑战。应对这个挑战最基础的工作便是对这些干系人进行辨别区分，将对项目具有重要影响的干系人从众多干系人之中区分出来，并制定出相应的策略，通过执行这些策略，使得他们对于项目的期望与项目的现实情况之间达到一种平衡状态。

本章中所介绍的项目管理工具可以协助项目经理制定出对干系人的态度和行为产生积极有效影响的管理策略。这些工具通常可以在项目经理工具箱中找到，而我们对这些工具进行了优化，使之可以适应不同类型和规模的项目。首先，成功的干系人管理工作总是以干系人管理计划为开端的。

15.1 干系人管理计划

干系人管理计划通常是相关管理工作的构架和一系列方法，项目团队通过这些构架和方法对干系人进行辨别、分类，同时分析关键项目干系人，进而制定和实施行之有效的干系人管理策略。

在项目的早期阶段制订干系人管理计划可以使项目关键干系人的目标达成一致，同时促使关键干系人转化为项目取得成功的有力支持者。干系人管理计划可以帮助项目经理在遇到问题时取得先发优势，即将对项目具有重大影响力的干系人转化为支持者而不是阻碍者。

15.1.1 制订干系人管理计划

项目经理需要花费大量的时间和精力与干系人进行接触、沟通，并处理他们的诉求。干系人管理计划则可以帮助项目经理有序地处理这些事务，使得项目经理可以集中精力在恰当的干系人的身上，为获取期望的项目产出而全力以赴。

一个完善的干系人管理计划可以使项目经理辨别出恰当的干系人，使项目经理协调干系人的目标，与项目的整体目标达成一致，使项目经理建立起与干系人良好的私人关系和工作关系，因而干系人管理计划成为帮助项目经理制定干系人策略的有效工具。

1. 干系人管理方式

干系人管理计划是项目计划文件中的一个组成部分，这份文件明确规定了项目经理应该怎样承担干系人的管理责任。这份文件综合描述了辨别、分析和影响项目干系人的方式。在这份文件中应该包含的信息有以下几条：

- 干系人管理的过程。这个计划应该辨别和描述干系人的管理工作如何被执行，包括描述全部管理工作过程。
- 角色和责任。项目经理承担干系人管理的全部责任，但是项目经理必须借助项目管理团队全体成员的力量，将干系人的管理责任具体分派到每个人身上。这个计划应该具体指出每个项目管理成员所负责的干系人，同时要指出每个干系人具体由哪个项目管理成员负责维护。

- 工具。这个计划应该描述用来辨别、分析干系人的利益、态度、权力和影响的各种工具，以便于制定和执行干系人策略。

2. 识别干系人

有效的干系人管理以识别所有与项目有关的干系人为开端。干系人管理计划应该讨论如何对项目的干系人进行讨论。广泛地考虑项目产出对哪些人的既得利益会有影响，并将他们在项目干系人的名单中列举出来是十分重要的（见"沙拉供应商也有可能成为干系人"）。

沙拉供应商也有可能成为干系人

如果在干系人分析中没有广泛地考虑各方利益，什么事情都有可能发生，这个近乎离奇的例子就说明了这一点。这个项目涉及欧洲某国与某中东国家之间的快速轨道制造技术。在这个项目刚开始不久，项目经理便接到了供应商的电话，指出所有通向他办公室的道路都被一些群情激愤的人给堵住了，结果造成一些重要的计算机设备无法送到。调查证明供应商的说法是对的。那些堵路的人是生菜沙拉的供应商，他们对国外承包商不从当地购买沙拉而从国外进口感到不满。

围困事件持续了很长时间，运输工作被拖延，致使整个项目进度受到影响。最终，项目经理发现了自己的失误——项目与当地社会群体的联系对整个项目具有十分重要的影响，是不能被忽视的。在这个案例中，沙拉供应商作为当地社会群体的一部分，也是项目的干系人。当发现这个疏忽后，承包商开始购买当地的沙拉，而项目的运输活动再也没有耽搁。

干系人图是一种常见的干系人识别工具，可以有效地帮助项目经理识别出各个干系人主体。这个图中应该包括诸如上层管理者、项目监管委员会成员、部门经理、职能部门员工（会计、质检员、人力管理人员）和项目团队成员等组织内部干系人；还应该包括诸如承包商、供应商、监管当局、服务提供者及其他人员等组织外部干系人。干系人识别的目标便是寻找出所有可能在项目产出中受到影响的主体。

干系人的识别也包括将项目干系人分门别类地划分到其所属的当地团体中。这种类别可能包括上级监管者、决策执行部门、团队成员和资源提供者或其他一些名称。同时认识到有些干系人有可能同时属于多个团体是重要的。划分到同一类别中的干系人往往具有共同的利益，这样干系人管理清单便可划分为若干个不同的利益结构体，便于对干系人的管理。

3. 分析干系人

干系人管理计划应该描述项目团队将如何分析已经被识别出的项目干系人。干系人分析包括确定干系人对于项目有着什么类型的影响，如决定权、资源控制、拥有项目的关键知识及他们对于项目的忠诚度。换句话说，干系人是希望项目取得成功还是失败，或者他对项目的产出是否漠不关心？

干系人分析过程将识别主要干系人，解释主要干系人为什么被当作项目成功的关键。主要项目干系人通常是对于项目产出具有最大影响力或受到项目影响最大的人。

决定主要干系人对于项目经理很重要，因为项目经理没有足够的时间和精力与所有的干系人进行接触。为了与恰当的干系人建立联系，项目经理必须付出大量的时间去分辨出主要干系人，清楚地了解主要干系人对项目影响的类型和影响程度，确认主要干系人对于项目的感触。而这些干系人也需要更多的沟通与联系，以获得和维持他们对于项目的支持。

4. 制定干系人策略

干系人分析是与意义建构相关的活动。这意味着需要理解已获取的各个干系人的信息的意义。信息的意义经常被用作制定策略，以连接和管理干系人中具有权力的人。这些权力干系人一般是具有权力和影响力，能够影响项目产出的人。

大部分有关干系人的文献中，直接将主要干系人定义为具有较大能力，同时对于项目具有较高忠诚度的人。这显然是不准确的，因为这种论述忽略了潜在的最具危险性的干系人，即那些拥有较大能力，同时对于项目具有负忠诚的干系人。这些人也需要被考虑为主要干系人。图 15-1 有助于解释其中的原因。具有较高能力和负忠诚度的干系人被划分为紧密接触。

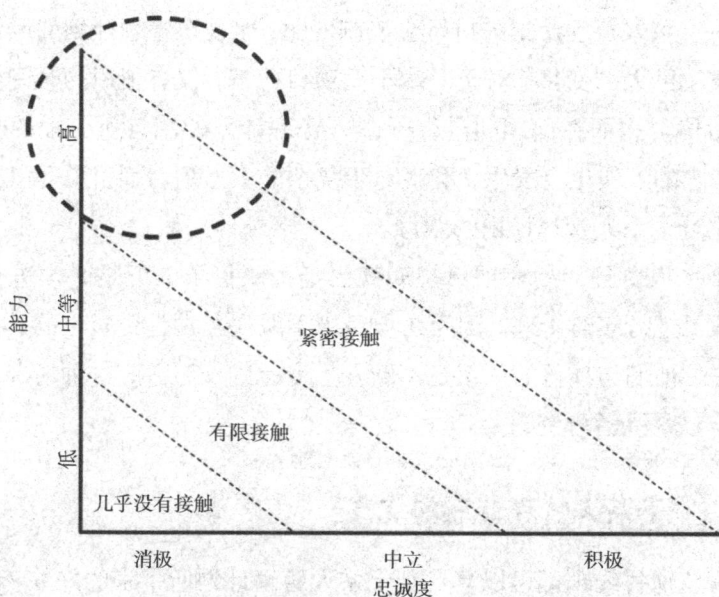

图 15-1　能力–忠诚度坐标图

项目经理运用能力–忠诚度坐标图分析项目的干系人，一个核心的干系人管理策略将会初步呈现。这个策略应该包括针对每个主要干系人的交流和执行计划。这个核心策略应该包含保持与项目倡导者的联系，描述他们之间如何相互影响，而且规划出如何将当前对项目忠诚度低的干系人转化为项目的支持者。

■ 15.1.2　运用干系人管理计划

每个项目经理，无论他们所管理的项目规模大小及复杂程度如何，他们都将从干系人管理计划中获益。所有项目干系人聚集在一起时，很少可以取得完全一致并对项目持支持态度。

正因为这样，需要制订干系人管理计划并需要贯彻和执行，以确保项目可以和干系人保持密切的沟通，并对干系人开展行之有效的管理，进而保证项目能够取得成功。干系人管理计划是项目经理制定干系人策略最重要的工具。

干系人管理计划一般在项目的开始或计划等早期阶段便会被制定，通常会作为对项目进行通盘考虑后而形成的项目计划的一部分。

虽然对干系人管理计划的执行应该制度化，但是在管理计划的制订过程中却通常会发生巨大的变化。对于一些小型项目而言，仅有很短的时间分配到项目的计划阶段，因而在此期间进行干系人管理计划的制订所分配的时间将更少，因而相应的工作也会发生变化。对于复杂的大型项目而言，可以有大量的时间用来进行干系人管理计划的制订。

即使干系人管理计划在项目初期就已经被制订了，但是必须进行动态管理，根据项目进行实时管理。因为在项目中干系人经常是短暂性的，在不同的项目周期中，他们与项目的关系是不断发生变化的。为适应这种情况，干系人管理计划应该是灵活可变的。

15.1.3 干系人管理计划的优点

虽然每位项目经理都可以享受到干系人管理计划所带来的好处，但是其最大的价值则体现在当一个项目中有众多干系人，同时他们的观点和看法不能全部达成一致的时候。在这种情形中，干系人管理计划是项目经理将干系人从无序的争吵中带回有序状态的有力工具。

从干系人管理计划中得到的最大益处则是可以协调各个干系人，使其与项目目标一致，同时可将相互冲突的观点和日程安排展现出来并加以商讨。

15.2 干系人图

干系人图是一个十分有力的工具，可以清晰地展现受项目影响的干系人和可以对项目产生影响的干系人。它可以将通过头脑风暴活动得出的干系人进行排序，使之呈现结构化。

15.2.1 制定干系人图

干系人图的绘制首先要识别出所有的干系人。在这里着重强调的是需要将所有可能的干系人考虑进去。制定干系人图的目的并不是得到一个完整的干系人图，而是确保在后期可能会对项目产生影响的干系人可以不被遗漏。干系人辨别工作不是一个筛选过程，而是辨别所有现在可以对项目产生影响，以及未来也可能产生影响的人。而筛选工作在下个阶段展开。表 15-1 辨别出了一些干系人以进行考虑。

表 15-1　干系人的来源

内部干系人来源	
☑ 项目团队	☑ 项目发起人
☑ 组织的上级管理人员	☑ 部门经理
☑ 商业战略家	☑ 监督机构
☑ 项目集或项目组合管理者	☑ 信息技术团队
☑ 内部客户	☑ 客户服务团队
☑ 人力资源团队	☑ 财务团队
☑ 法律团队	☑ 生产团队
☑ 采购团队	☑ 质量监督团队
☑ 销售团队	☑ 运营团队
外部干系人来源	
☑ 客户	☑ 竞争者
☑ 社区组织	☑ 供应商
☑ 监管部门	☑ 商会
☑ 媒体	☑ 议员
☑ 用户	☑ 风投基金

1. 选择干系人图的形式

干系人图可以通过多种方式展现。通过互联网就可以搜索出诸多相关的格式以备选择和运用。选择干系人图的形式，关键在于你对项目相关者的理解及打算如何在图中展示这些信息。

对于小而简单的项目，不需要过于复杂的干系人图。图 15-2 展示的就是一个成功的例子。

对于大而复杂的项目，添加结构在图中以将项目干系人进行分类是必要的。图 15-3 展示的就是一个适合复杂度高的项目的干系人图。

对于涉及干系人更多的项目，尤其包含了大量的外部干系人的项目，需要加入的结构更多。运用表格的形式更加合适（见图 15-4）。

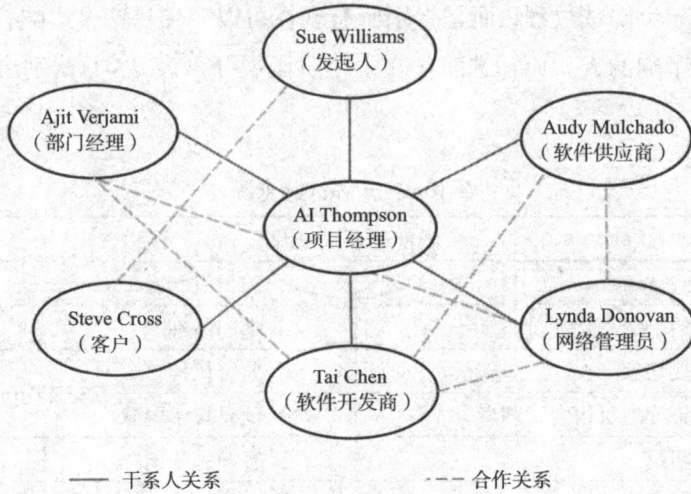

图 15-2　简单项目干系人图

图 15-3　复杂项目干系人图

干系人分类	姓名	职责	角色
管理人员	Sue Williams	产品线管理	发起人
	Ajit Verjami	软件研发管理	资源提供
	Mark Williamson	客户服务	工作专员
	Brian Vegassa	策略制定	策略专家
公司职员	Chris Heiler	采购工作	工作专员
	Anna Tamara	法务工作	工作专员
	Fern Wilde	合同制定	工作专员
客户	Steve Cross	负责人	客户
供应商	Andy Mulchado	软件供应商	研发经理
	Ian Langly	管理咨询	工作专员
分包商	Matty Knowles	完成分包工作	经理
	Eric Lnnis	完成分包工作	合同管理
	Tuan Ngyen	完成分包工作	检测工程师

图 15-4　以表格形式展现的干系人图

　　表格的形式可以包含很多结构，也可以在干系人分析过程中加入更多的信息。这些信息可能涉及项目发起人、项目领军人、项目的支持者和阻碍者。

　　2．填制干系人图

　　一旦图的形式根据项目的类型和相关信息得以确定，就可以将干系人分析中得到的信息填入图中。若需要进行分类，则建议将姓名填入相应的分类下面。在这里建议使用姓名而不是头衔。因为干系人图表示的是人与人之间的联系，而不是头衔与工作关系。

　　当完成干系人图后，从项目团队外部寻找相关人士对其进行审阅，检查是否遗忘了一些干系人。项目团队成员在项目初期发现工作中的疏忽要比项目结束时上级管理者指出项目团队遗忘了一些关键干系人好得多。

15.2.2　运用干系人图

　　干系人图应该在项目的早期阶段就被制定出来，在开始阶段只是理论上的图，并根据项目的实际情况不断做出调整。耽搁的时间太久会对整个项目造成不利影响，尤其当没有识别出对项目造成不利影响的干系人和没有及时与可以对项目产生巨大推动作用的干系人建立联系时，对项目造成的不利影响会更大。

干系人图最基本的作用便是将干系人根据某种逻辑结构进行划分，尤其当项目中涉及干系人众多时，其作用更加凸显。在之前的论述中，我们指出与干系人进行接触要成体系地有序进行，而干系人图恰恰呈现了这种体系。

如果掌握了干系人对项目的期待及他们如何被项目影响，项目团队成员可以利用干系人图做初步的干系人分析。干系人图也可以被用来解释为什么一些人或群体在项目中有着重大利益。

干系人图是一个十分灵活的工具，它总是在不断地发生变化，这是因为它必须根据项目周期不断进行修正和升级。干系人在项目周期内与项目的关系不断发生变化，他们对于项目的看法和观点也在不断发生变化。干系人图是将这种变动情况聚集在一起的最好的工具。

■ 15.2.3 干系人图的优点

尽管每个项目经理都可以从干系人图中获益，但是它的最大价值则体现在当项目中涉及干系人众多，而且他们对于项目的观点和看法并不完全统一时。在这种情形中，干系人管理计划则是项目经理将干系人从无序的争吵中带回有序状态的有力工具。

干系人图可以作为信息汇总工具，尤其从干系人识别阶段到干系人分析阶段，利用图可以清晰地解释干系人与项目产出之间的关系。通过图可以初步感知干系人对于项目的态度，是支持还是反对，或者是漠不关心。

15.3 干系人分析表

项目的干系人可能有很多，彼此之间相互分散，各具特色，看待项目的角度也并非一致。做好干系人的识别工作是十分重要的，但是识别干系人的工作价值本身对于项目经理而言是有限的，对干系人的利益、观点和角度进行深层级的理解则需要进入干系人管理进程的下个阶段。这个阶段便是干系人分析。

干系人分析的目标便是确保项目经理与对项目具有重大影响作用的个人和组织保持互动关系，以实现项目目标的顺利达成。干系人分析可以为有效的干系人互动提供支持：

- 将干系人各自的利益通过谈判统一为干系人的共同利益。
- 制定有效的计划和战术，与各个干系人进行谈判，以统一目标和利益。
- 保证来自项目的干系人领军人的支持活动（见"干系人领军人"）。
- 采取行动，防止不支持项目者对项目产生不利影响。
- 将与关键干系人对接的任务分派到每个人身上。

干系人领军人

干系人领军人是一个非正式称谓，但是对于项目而言是一个很重要的角色，也称项目拥护者。干系人领军人是关键干系人，他们给予项目强有力的支持，同时保持着与其他干系人持续不断的联系，对其他干系人也有重要的价值。领军人经常作为高级管理层的联络人，在各级别的管理十分有效。他们也可以帮助项目经理驾驭政治环境，清除阻碍项目进度的因素。

由于领军人在组织中所处的位置与自身的影响力，他们通常可以更好地理解其他项目干系人的中心焦点、目标、观点。基于这个原因，他们是项目经理进行项目干系人分析的重要对象。

以下列出干系人领军人的几个特征：

（1）受人尊重。一个领军人应该被人信任，同时他的观点和看法是经过深思熟虑的。

（2）富有影响力。一个领军人可以不依靠自身的职权而对其他干系人产生影响。

（3）善于沟通。为了可以推动项目顺利实施，提高项目价值，并对其他人产生影响，领军人必须拥有高超的沟通技能。

（4）富有政治智慧。一个领军人应该对于正式和非正式的政治环境十分了解，并可以有效地利用政治资本使个人的行为与项目的目标一致。

干系人分析的许多活动是对干系人的重要性进行排序。干系人中一小部分人（通常称为重要的干系人或关键干系人）对项目的进程具有显著的推动或阻碍作用，因而这些干系人必须被识别出来。

有效的干系人分析同时有助于帮助项目经理识别出关键干系人的关系，如能力和利益或影响和联系水平。

有效的干系人分析工具很多，后面章节会对其中的一些进行详细的介绍，下面首先介绍干系人分析表。

◢ 15.3.1　制定干系人分析表

干系人分析表是一个分析干系人的有效工具。绘制干系人分析表的目的有很多，首要目标是汇总干系人的预期和保留。分析表以简单的方式将这些信息呈现出来，简单的例子如图 15-4 所示。

如前所述，干系人分析的一个重要作用是分析干系人的共同利益，并对各个干系人的利益进行协调。在制定干系人分析表时进行交流会是必要的，通过交流会，项目成员可以了解干系人对于项目的理解、观点（见"问询干系人的关键问题"）。另外，在交流会中可以收集干系人如何看待自身在项目中所扮演的角色，哪些关于项目的问题需要他们做决策，他们对于项目的兴趣点有哪些（如资源、预算或项目时间）。这些信息都应该汇总到干系人分析表中以便于日后参考。

问询干系人的关键问题

理解干系人的需求、期望和存在的潜在问题，对于任何项目而言都是取得成功的重要前提。项目人员的工作便是熟悉干系人并尽可能多地向他们学习，无论是项目的支持者还是反对者。

充分了解干系人并对其做出分析需要一些必要的信息，问询以下问题可以作为收集这些信息的起点。

（1）谁将接受项目的产出？

（2）从项目中获得的直接收益是什么？

（3）谁将和你一起实施这个项目？

（4）对于一些专业事务，谁可以充当你的顾问？

（5）客户是谁？

（6）你可以利用的资源有哪些？

（7）项目的主要诋毁者是谁？

（8）谁掌握项目的预算？

（9）干系人怎样定义项目的成功与否？

（10）对于项目而言，达到业务目标需要什么？

（11）干系人如何看待他们在项目中的角色？

（12）干系人担忧项目什么？

（13）干系人之间存在利益冲突吗？

（14）干系人需要项目的什么信息？

（15）还有其他更好的投资项目吗？

■ 15.3.2　运用干系人分析表

干系人分析表和其他项目管理工具一样，通常要在项目的启动阶段就制定和运用。在制定干系人分析表之前，干系人图中显示的干系人可以帮助项目人员确定第一次引导交流会的对象。

干系人分析表成为有关项目干系人的一个单独信息来源，根据其提供的信息，干系人分析活动得以执行。在开始分析之前，应该利用干系人分析表内包含的信息聚焦四类关键信息：

（1）确定谁是项目的关键干系人。

（2）干系人对于项目目标、项目范围和项目产出一致性的评估。

（3）辨别干系人潜在的观点冲突。

（4）识别项目的支持者和不支持者。

项目人员需要在项目的早期阶段了解已经识别出的干系人是否同意项目目标。这要比在项目后期来不及调整项目目标或对干系人进行协调，以使得他们的目标与项目目标相一致好得多。项目目标反过来会影响项目的工作范围和产出。干系人的突然变更是项目范围变化的主要因素，所以越早进行变更对项目的影响越小（见第 8 章）。

除非项目中的干系人人数非常少，否则认为干系人之间没有观点和利益冲突是不现实的。因而这一点应该被揭示和理解，以便于制定策略调和他们之间的冲突。如果对此视而不见，则会成为项目失败的导火索。

干系人分析表还用来在干系人名单中提供新的结构，以明确指出为确保项目取得成功需要与之加强联系的最重要的干系人。开展相关工作就要对一些重要的信息进行收集和分析。这些信息是哪些干系人的介入最深、他们在项目中的角色是什么，以及他们是如何对项目做出贡献的。

项目经理承担不起天真地以为所有的干系人都支持项目取得成功的后果。基于此，干系人分析表可以先分析谁是支持项目的人，而谁又是反对项目的人。尤其要高度关注干系人分析表中"保留"栏中的信息。通常，不支持者一般会在与项目经理的交流中表现出他们的疑问。正常情况下，要增加一个标准用以判断不支持者是否会阻碍项目的实施。在这阶段，项目经理应该可以将支持者从不支持者中区别出来。

◼ 15.3.3　干系人分析表的优点

为了制定干系人管理策略，项目经理应该先对他们的干系人个人或群体有清晰的认识。干系人分析表创造了新功能，通过提供一种干系人识别之外的方法帮助项目经理了解干系人的期望、忧虑、问题和意见。

在这个过程中，分析表也可以用来证实干系人是否对于项目目标形成共识。如果没有，应该确保及早地调整项目目标和相关的项目范围，以确保实现项目目标。

期望和观点冲突在干系人之间是常见的。利用干系人分析表记录他们的期望、保留意见和想得到的项目产出，当冲突意见出现，这些问题就可以被解决和协调。另外通过倾听干系人的意见，可以发现潜在问题和风险。将这些进行记录就可以对其进行管理。

干系人分析表可以帮助项目经理准确确定关键干系人，同时帮助他们将联系策略聚焦在关键干系人人和群体上。这些对于项目经理是有帮助的，否则项目经理可能会花费大量的时间和精力管理干系人，这会使项目经理的其他工作受到影响。

最后，干系人分析表的最大的益处是无形的。制定干系人分析表的过程中，项目经理与干系人之间需要进行交流，倾听干系人的期望、忧虑和观点，而倾听行为是一种强有力的建立关系的方式，无形之中便会加强项目经理与干系人之间的联系。

15.4 干系人评价矩阵

干系人评价矩阵通常也称干系人坐标图，是对干系人进行更深入评价的管理工具，是对干系人的特性、组织影响力和他们对项目的忠诚度之间的关系进行评价的，如图 15-5 所示。

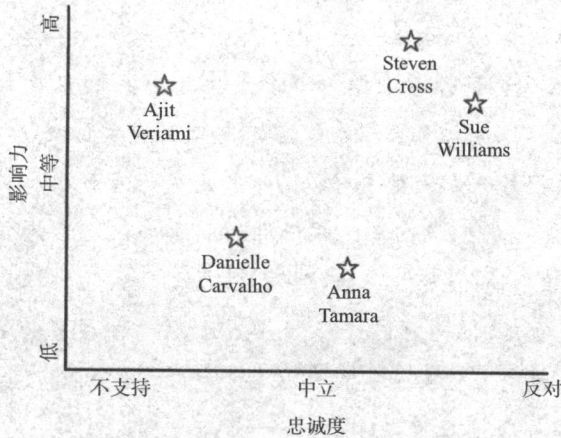

图 15-5　干系人评价矩阵案例

干系人评价矩阵一个重要的用途是评价项目干系人之间形成的政治层面上的环境（见"我从没想过成为政治家"）。干系人评价矩阵有助于形成政治意识。这种意识对于项目经理着手制定干系人策略是十分重要的。特别地，通过干系人评价矩阵，项目经理可以评价他们是否有足够的影响力，或者他们是否需要争取其他干系人的帮助。

我从没想过成为政治家

约瑟夫·格里最近有些困惑和沮丧。他刚刚从部门的上级领导办公室回来，他不明白为什么两周以前通过项目计划会批准的几个关键项目团队决议会被上级改变，之前的决定主要关注病人调度系统的功能，而现在全被上级改变了。另外，约瑟夫发现原来的系统开发师已经被开发团队的基层管理者重新委派到其他项目上去了。现在系统的功能有了变动，项目时间已经扩展了，项目的费用也增加了，他不得不重新修订项目预案，并从商业角度重新审定项目是否还有执行的必要。

事实上，约瑟夫没有意识到问题的关键在于他的上级领导缺乏对项目经理足够的影响力。而这种情形并非不常见。这使得项目经理处于一种脆弱的位置——项目经理需要对项目负全责。结果便是项目经理可能处于一种组织内部的政治环境中，在这种环境内个人和部门的日程和优先权取代项目目标成为项目内的主导。出于组织行为特性原因，项目经理必须接受他们有时候处于一个面临巨大压力的位置，应该学会如何管理相应干系人。

组织内部的相互争夺源于组织内部个人为完成他们自身的个人事项及享受特权而不惜牺牲组织整体利益。组织内部政治由两方面组成：一方面是希望在组织内获得发展，另一方面是追寻权力（其形式为决策权和对组织资源的分配），在直线职能结构的组织内部，政治源于职能部门经理为本部门谋求特殊利益。但是，如果这些部门利益不能被满足甚至与公司的整体目标相违背呢？

遗憾的是，没有任何一种组织结构或商业模式可以排除政治行为，这是一种很自然的现象，只要人们在一起工作就会产生。组织的高级管理者需要采取行动去避免组织内部的政治争斗对组织产生的消极影响。

正如 Patrick Lencioni 在 *Silos，Politics and Turfwars* 中所说的那样："如果有一个地方要因政治争斗而受到指责的话，那一定是组织的顶层。每个部门的各自为政都可以追因于这些部门的领导者没有全面理解部门之间的相互依赖关系。"为实现项目的顺利进行，公司的上级领导人必须做出艰难的决定去调和项目经理和职能部门经理之间的权力分配问题，既使得权力向项目经理平衡，又可以使得职能部门对项目给予大力支持。

项目经理也必须积极地管理组织内部的政治环境。项目经理既要理解组织的含义，也要有政治头脑建立其与整体组织之间的紧密关系，并借助这种关系影响公司的高层。项目经理必须明白，政治活动只是他们为了取得项目的成功而采取的行为活动。对于这种政治活动，最有效的途径是借助干系人及那些社交网络可以影响项目成败的人的力量。

▪ 15.4.1　制定干系人评价矩阵

当干系人已经被识别出来，同时关键干系人也已经被确定出来之后，就可以绘制干系人评价矩阵。绘制干系人评价矩阵需要用到很多干系人图和干系人分析表中的信息。

1．记录重要的干系人

在这个阶段进行干系人评价，项目经理需要将所有的注意力放在那些可以对项目的重大决策和资源分配产生影响的干系人身上，同时要关注那些同样具有重大影响力而对项目不支持的人。

重要干系人的数量一般和项目的规模有关。项目越大，则需要更为宽广的组织和合伙人关系，涉及的干系人的数量也就会越多。

重要的干系人应该在干系人分析表中记录，之后则体现在干系人评价矩阵中。

2．评价干系人的影响力水平

每个重要的项目干系人对于项目的产出都是有影响的，这点是确信无疑的。需要将精力集中在可以影响项目重要决定、关键资源分配的干系人身上，或者是可以影响项目预算的人。同时要关注对项目持保留意见的人。

通过评价干系人对于项目的影响力，将每个干系人按照影响力的高、中、低标记在评价矩阵中。在做这项工作的时候，要依据干系人对项目的发展方向有多大程度的影响。

3．评价忠诚度水平

评价矩阵的第二个维度关注干系人对于项目的态度，以及他们的态度在多大程度上影响他们对于项目的支持。将干系人按照支持、反对、漠不关心三个程度进行划分，同时对于支持者和反对者要制定进一步的策略。

4．将干系人标记在矩阵中

每个干系人按照之前的划分方式都可以标记在评价矩阵中。完成矩阵以后，干系人的情况便形象地展现出来了，通过这个矩阵可以分析干系人的政治环境。

15.4.2　运用干系人评价矩阵

干系人评价矩阵的重要应用是评价重要干系人的影响力和对于项目的态度，同时构思促进干系人在矩阵中的位置转移到对项目更为有利位置的策略。

在评价过程中，将一个坐标轴加入评价矩阵中，如图 15-6 所示。我们建议在开始阶段加入 2×2 的格子，将整个评价矩阵分割成四个部分。如需要进行进一步的细分，可以加入分割为 3×3 的矩阵。

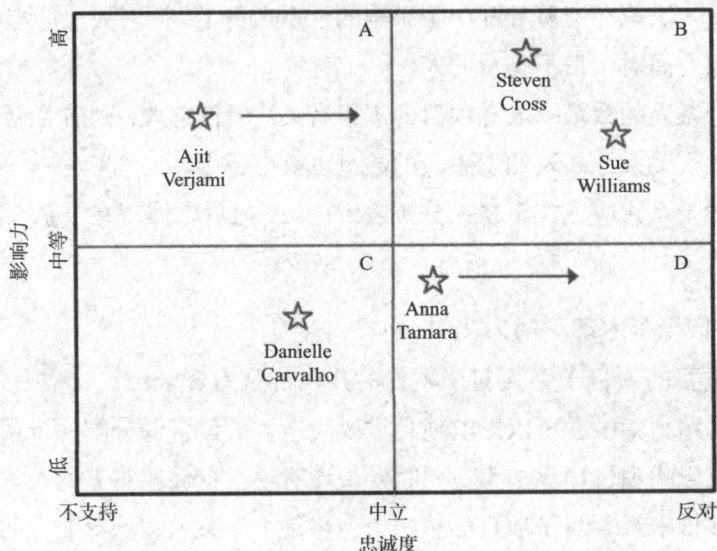

图 15-6　带有坐标的干系人评价矩阵

处在 A 区域的干系人对项目的影响力高，但是对项目的认可度较低，或者漠不关心，这部分的干系人构成了项目的最大风险，需要对其加以足够的关注。

处于 B 区域的干系人，对项目有较高的影响力，同时对项目的认可度高。这一部分的人或组织有可能成为项目的干系领军人，需要继续开展相关工作确保与这些干系人的联系。处于 B 区域的干系人可以帮助项目经理促进处于其他区域的干系人向更加有利于项目的区域移动，尤其是处于 A 区域的干系人。

处于 C 区域的干系人对于项目的认可度低，但是对于项目产出的影响有限。这部分干系人也不能被忽视，因为项目处于一个动态的过程。有时，处于 C 区域的人在项目实施期间其影响力会得以提高（如通过升职），如果他们对于项目的态度不发生变化, 一旦他们的影响力提高, 就会增加整个项目的风险。

处于 D 区域的干系人对于项目的支持度高, 但是在当前的情况下其本身对项目的影响有限。与这些人保持良好的沟通与联系, 将他们作为项目的合作者。通常, 这些干系人拥有专业的知识和观点, 可以在做某些决策和采取行动的时候提供帮助。

15.4.3　规划干系人规划活动

将从干系人评价矩阵中得到的信息填入一个坐标图中, 自然而然地绘制出各个干系人的活动, 这些活动对于确保干系人对项目的支持是必要的 (见图 15-7), 它可以形象地展示政治环境的未来状况。这些信息可以为制定干系人策略和开展联系活动提供工作重心。

制订干系人活动计划时应该符合现实情况。例如, 将对项目具有强烈抵制心理的干系人转化为支持项目的干系人是不现实的。而比较现实的情况是将他们对项目的态度转化为中立。这样本身就可以减少项目的风险。

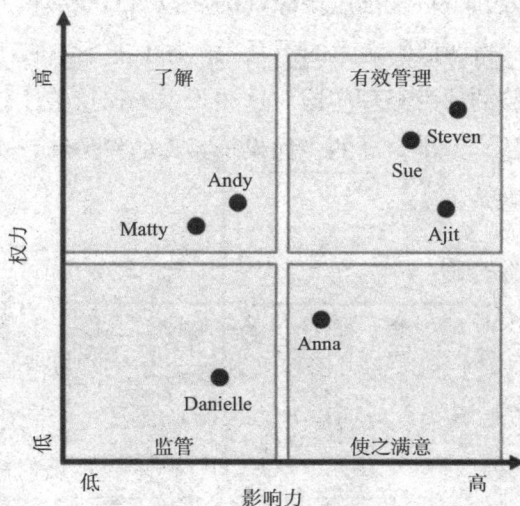

图 15-7　权力–影响力图

15.4.4 干系人评价矩阵的扩展

权力–影响力图是干系人评价矩阵的变体,该工具聚焦于直接分析每个关键干系人的权力与其对项目产出的影响力(见"权力与影响力的区别")。图 15-7 展示的是一个典型的权力–影响力的分析图。

如同干系人评价矩阵一样,权力–影响力分析图被分成了 2×2 的矩阵块,每个矩阵块代表不同的干系人策略。确定干系人的权力和影响力是一个主观行为,因而精确地标准每位干系人所处的位置不会提高分析表的利用价值。确定他们所处的矩阵区域才是至关重要的,因为他们所处的区域位置不同,决定了对他们采取的联系策略不同。

处于高权力(职务和决策权威)和高影响力(改变项目产出的能力)区域的干系人,要求项目经理采取积极的行动与之保持密切的联系。

处于高权力和低影响力区域的干系人,要求项目经理对他们保持沟通,使他们对于项目的进度保持了解。

低权力和高影响力的干系人不需要拥有高的组织权力,但是可以影响项目的产出。对于这些人,项目经理应该保证满足他们对于项目的利益需求。

最后,对于低权力和低影响力的干系人,并不能不采取任何行动。具有丰富项目风险管理经验的项目经理应该对这些干系人保持关注。因为权力和影响力在项目的过程中是会发生变动的,如果干系人的权力和影响力得到了提升,则应该加强与其的联系。

权力与影响力的区别

如果意图取得项目计划和实施的成功,那么必须在干系人管理方面取得成功。除了对干系人进行识别和排序外,成功的项目经理应该可以区分出每个干系人的权力和影响力。然而,即使经验丰富的项目经理也把对权力和影响力混淆不清。掌握两者的区别和特征可以从以下几个方面入手:

权力	影响力
职务的	个人的
正式的	非正式的
被组织授予的	个人赢得的

控制	同意
管理	领导
命令	请求
支配	对话

有些干系人拥有权力更大，有些干系人则具有影响力更大，项目经理必须对此十分了解，同时应该学会如何借助这些人的力量确保项目取得成功。这就要求对干系人进行管理。干系人可以促进项目取得成功，也可以阻碍项目的成功。

虽然会被滥用，但是权力和影响力本身并没有害处。权力是一个人指导其他人行为和行动的能力，与之类似但又有不同的是，影响力是一个人影响其他人行为的能力。

对干系人的权力和影响力的管理，目的在于增加项目成功的可能性。项目管理者必须与干系人进行联系、分享消息、做出承诺，同时做出决策。在这之前，分析干系人拥有的权力和影响力，同时对其进行等级划分。

另一种结合干系人评价矩阵和权力-影响图的工具是权力图（见图 15-8）。权力图集中体现了项目过程中干系人的权力变动情况。当项目因为干系人之间的不同观点和过往的矛盾不能达成一致的时候，该工具最具作用。

权力图展示了关键干系人之间的权力结构，通过该图可以看出干系人在什么地方存在问题，以及如何依靠其他干系人积极影响和改变权力的作用方式。

为了构造有效的权力图，制定一系列的权力关系规则是必要的：

（1）圆圈的大小代表权力的大小。圆圈越大，干系人拥有的权力越大。

（2）双线代表两个干系人之间的积极关系。

（3）单线同时带有一杠代表两个干系人之间的消极关系。

（4）线越短，代表干系人之间的联系越紧密，二者之间的联系越强。

如果用图形的形式制作了干系人图（见图 15-2），图可以被用作制作权力图联系结构的基础。图 15-8 就是运用这种方法制作的。

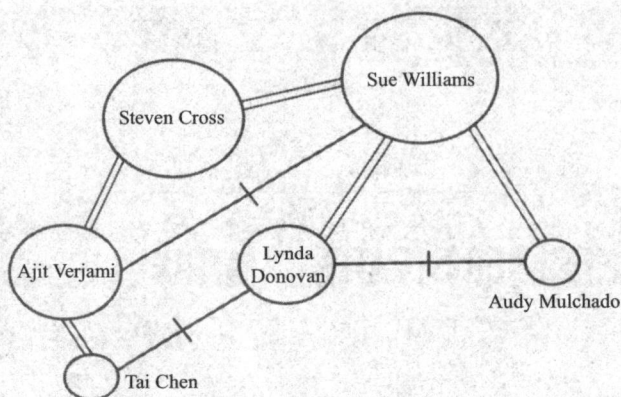

图 15-8　权力图示例

从权力图中可以分析得出权力的相互作用方式。Sue Williams（项目发起人）和 Steven Cross（客户）是最具有权力的干系人，Ajit Verjami（部门经理）也是权力较大的干系人。权力图中显示 Williams 和 Verjami 之间的关系紧张，但是 Williams 和 Steven 之间的关系是紧密的，Steven 和 Verjami 之间的关系也是紧密的，可以借助 Steven 的关系对 Williams 和 Verjami 之间的关系做出积极的改善。最后，Lynda Donovan（网络管理员）和 Chen、Mulchado 的关系都比较紧张。因而，Williams 和 Donovan、Mulchado 的关系可以促进这三个干系人之间达成一致。

权力图是一种非常简单但是十分有效的管理工具，它不需要极高的准确性，可以帮助项目经理了解项目环境中权力的相互关系。

■ 15.4.5　干系人评价矩阵的优点

干系人评价矩阵及其衍生工具帮助项目经理更深入理解关键干系人，也是其价值所在，尤其在了解干系人对于被评价项目的态度、干系人的权力、干系人对于关键决策的影响能力方面。对这几方面的分析可以帮助项目经理感知对于项目具有潜在威胁的干系人，以及可以帮助项目顺利进行的干系人。对这几个方面的分析也有助于帮助制定干系人策略。

简单形象的表现方式也有利于帮助展示干系人评价结果。可以清晰地指出哪些干系人需要最多的关注和行动。当把干系人的未来情况添加进图表中时，项目经理可以清楚地了解所需采取的沟通工作。

如果运用权力和影响力评价，评价矩阵也可以增加项目经理的政治智慧。现在被广泛认同的是政治智慧是项目经理在管理项目过程中需要努力提高的。

15.5　干系人策略矩阵

干系人联系活动的首要目标是确保干系人与项目目标、商业利益、项目主体活动、项目原则保持一致性。这包括建立工作联系以促进对项目的支持，以及对干系人的行动、语言和决策进行监控。项目经理应该主要关注主要干系人，以防止对于干系人的管理工作付出的精力过多，而影响项目的其他主要方面。

对于不支持项目和对项目产出构成威胁的干系人的管理工作将会考验项目经理的智慧和勇气。对于这些干系人不应该回避，应该采取积极的行动。聆听他们的意见，通过聆听他们的意见找出折中的办法，促进其对项目的支持。

干系人策略矩阵是一个十分有价值的工具，可以确保项目经理集中精力于适当的干系人，可以周全地制定干系人策略，最大化地促进干系人的一致，并可以有效地掌控项目的政治环境。

15.5.1　制定干系人策略矩阵

本章中的所有工具都集中在分辨干系人，从多个复杂的因素中分析他们的利益。在此过程中要重点关注信息的收集和制定策略的知识，以便制定有效的联系和沟通策略。干系人策略矩阵（见图 15-9）作为一个知识宝典，可以清晰地阐释从干系人分析活动中获得的信息和知识。这些存储在干系人策略矩阵中的信息将成为干系人策略的重要依据。

干系人姓名	与项目的关系	影响力等级	对项目的支持度	资　源					
				人力	资金	原料	设备	知识	决策
Sue Williams	发起人	H	⇧		✗			×	✗
Ajit Verjami	职能经理	H	⇩	✗		✗			✗
Steve Cross	软件供应商	L	▭	✗			✗	✗	
Lynda Donovan	核心项目成员	M	⇧					✗	

影响力指标：L=小或没有　M=中等　H=较大

忠诚度指标：⇧ 高　▭ 中立　⇩ 低

图 15-9　干系人策略矩阵示例

1. 构建矩阵

构建矩阵的第一步是确定矩阵的结构，以阐释在干系人策略中选择的信息。

如图 15-9 所示，我们选取建立矩阵结构的关键信息，这些信息是我们选择用来制定干系人策略必备的信息：

- 干系人姓名。
- 干系人与项目的联系。
- 干系人的影响力水平或组织权力。
- 我们对于干系人忠诚度的观点。
- 干系人所控制的资源。

在项目的实际过程中，项目经理应该根据项目的实际情况选择干系人策略矩阵中所要包含的信息，而不应该只是局限在上述示例中的信息种类。

2. 向矩阵中填入数据

现在，项目经理应将从干系人分析中得到的数据填入矩阵中。在我们给出的示例中所填入的信息包括每个干系人的姓名，与项目关系的描述，确定他们对于项目的影响力，他们对于项目的认可度，并判断他们是项目的支持者、阻碍者还是对项目漠不关心。最好填入的信息是他们所拥有的资源，如预算、人力等。

当项目经理将所有数据填入矩阵时，项目经理就掌握了有关干系人的一系列有价值的信息，这些可以用来制定干系人策略。

15.5.2　运用干系人策略矩阵

实事求是地讲，我们在图 15-9 中展示的信息只是用来介绍管理工具的示例信息。详细的干系人分析信息是机密的，而且被项目经理严格地控制。为什么这么说？因为真实的信息可以透露出项目的政治环境和项目特性，而这些必须被妥善管理，通常是积极而敏感的。

许多项目经理只是在头脑中做分析，这种方法也不错。但是在头脑中做分析容易导致考虑不周全和不必要的错误，当然，这种方式对于制定简单的干系人策略是可以的。在进行策略制定的过程中可以增加一个步骤，将干系人的信息记录下来，手写或电子存储都可以，这样可以保持连贯性和清晰度。

正如前面所论述的，策略应该关注与项目支持者保持联系，描述如何通过他们影响其他干系人，以及如何争取对项目认可度不高的干系人。

干系人策略应该从以下几个方面考虑：

- 需要从干系人那里得到什么？
- 干系人之间的什么信息需要被传递？
- 保持与干系人联系和沟通最好的方法是什么？
- 策略可以影响干系人吗？

"如果项目不涉及人，项目经理将会比较容易"是尝试着制定干系人策略的一个案例。应当牢记，没有最合适的干系人策略，只有更好的干系人策略。

如果项目不涉及人，项目经理将会比较容易

某个社会服务部门作为大型政府组织发起了一个项目，用以提高社区在疾病认知服务方面的责任。新任命的对于组织不熟悉的项目经理——Lee，决定完成干系人分析，并为项目制定策略。

通过私下和部门经理及部门内的其他同事沟通，她基本了解了当下与项目有关系的关键干系人的信息：

发起人，Sue Williams，对于项目十分赞成，而且在组织内具有相当大的影响力。

职能经理，Steven Sainz、Diane Best 和 Ajit Verjami 都为项目工作，他们也是项目委员会的成员。其中 Ajit 与 Lee 的看法不一致，他认为存在另一种解决方式，同时项目应该已经被筛选和资助。

Lee 的核心项目团队有三人：Tai Chen、Jose Hernandez 和 Lyuda Donove。她现在对于她的核心项目团队知之甚少。但是她了解一些关于 Lyuda 的消息。Lyuda 曾经申请成为本项目的经理，但是在筛选的最后时刻被换掉了。

组织已经聘请了外部的软件开发公司开发新的网站和讨论入口。最初的开发工作和网站的建设被作为项目的一部分进行管理。已经多次尝试和软件公司的负责人联系，但是一直都没有得到回应。

利用相关信息，你可以制定出一个干系人联系策略吗？

15.5.3 干系人策略矩阵的优点

干系人策略矩阵提供了很多重要的益处。该工具帮助项目经理精确辨认正确的干系人以便联系，这对于项目而言会产生巨大影响。

矩阵也可以帮助项目经理集中于采取正确的行动以确保项目结果。例如，引入一个项目领军人，影响其他对项目持消极态度或对项目漠不关心的干系人。

利用该工具可以理解组织的影响力和权力结构，项目经理可以借助权力结构促进项目实施。

最后，干系人策略矩阵可以帮助项目经理确保在项目遇到困难和挑战时号召项目支持者对项目进行帮助。

15.6 干系人管理工具选择

本章介绍的管理工具适用于各种各样的项目干系人管理活动和情形。将各个工具与其最合适的应用情景匹配有时是令人困惑的。为了解决该问题，我们在表 15-2 中列出了各种工具适合的场景。这个表只是一个引导，在选择过程中要根据项目自身特点选择适合自身管理体系的工具。

表 15-2　干系人管理工具比较

具体情形	干系人管理计划	干系人图	干系人分析表	干系人评价矩阵	干系人策略矩阵
确保干系人管理工作系统化	✓				
辨识干系人		✓			
确定干系人结构		✓			
跟踪干系人的变化		✓			
确定干系人的利益			✓		
确定干系人如何被项目影响			✓		
识别重要干系人			✓	✓	✓
识别支持者和阻碍者			✓	✓	✓
评价干系人与项目目标一致性			✓	✓	
确定干系人的相反观点			✓		
防止反对者阻碍项目进展			✓		✓
评价干系人特性				✓	✓
用来制定干系人管理策略			✓	✓	✓

结束语

项目管理工具箱的最终思考

与其他工具一样，项目管理工具并不是可以让所有人成为优秀的项目经理的灵丹妙药，要想成为优秀的项目经理，需要逐步地积累丰富的经验，以及持续地提升个人的技能和竞争力。当然，工具不仅能让项目经理更有效地实施项目管理工作，还能帮助项目经理更好地提供独特的项目可交付成果。

例如，定义项目范围时可以使用范围说明书、工作说明书及工作分解结构或项目集分解结构。又比如，如果要加快项目进度，可以利用赶工技术或关键链进度工具。几乎各种项目情形都有可供使用的工具。

本书提供的用于选择和使用的项目管理工具主要有两个目的：① 需要时，有可供选择的工具；② 制定系统的项目工具箱，增强工具的使用效率。

制定项目管理工具箱需要系统的思考和设计。工具箱的目的是确保业务战略与项目一致、战略目标与项目可交付成果一致，以及高层管理者和项目经理一致。

如今的商业环境已经发生变化，并将持续变化。因为公司的业务需要，管理的项目也越来越多。这些变化迫使制定新的方法，这也是本书的主旨：制定和使用项目工具箱，提升项目管理能力，提升项目管理绩效。